Zu diesem Buch

«Dieses Buch ist nichts für Leser, die von Literatur in die erhabenen Gefilde der Erbauung gehoben werden wollen. Wer aber Literatur als Instrument zum Verständnis eigener wie fremder Erfahrung für existenznotwendig hält, der ist bei diesem Autor besser aufgehoben als bei der von zahlreichen Kritikern derzeit wieder hoch gelobten alten deutschen Innerlichkeit. Dieses Buch ist verzweifelt, übermütig, es ist voll Wut und Zärtlichkeit, voll Haß und Liebe, wie das Leben sein könnte. Bei all seinen Handicaps, mit denen der behinderte Hobrecht sich herumschlagen muß: von dem hierzulande weitverbreiteten Handicap der Verdrängung, der Unfähigkeit zu trauern, ist er verschont geblieben – genau das macht die Qualität seines ersten Buches aus. Es ist die Qualität der Literatur von Rang, bei der die Frage nach der Behinderung oder Nichtbehinderung eines Autors keine Rolle mehr spielt» (Wolfgang Körner in Radio Bremen).

«Ein Buch wie ein Schrei und manchmal so schneidend kalt wie Gletschereis, auch zart und anrührend... Vieles von dem, was Hobrecht schreibt, hätte auch ein ‹normal› gebauter zorniger junger Mann, ausgerüstet mit ähnlich sensiblen Antennen, schreiben können. Seine sezierenden Augen durchdringen erbarmungslos das Gehabe der Wohlanständigkeit; denn wo in aller Welt hätte er wirklich so etwas wie Barmherzigkeit erfahren?

Aber Jürgen Hobrecht ist behindert, und das heißt in unserer Gesellschaft – trotz wohlmeinender Beteuerungen – immer noch soviel wie: aussätzig.

Jeder, der das Buch liest, widerwillig, verstört, weiß, daß er auch gemeint ist. Und er lernt, daß es keinen Trost gibt, weder für Jürgen Hobrecht noch für ihn, den Leser. Und er erfährt außerdem, daß es noch andere ‹Behinderungen› gibt als die, die medizinisch als solche ausgewiesen worden sind» («Rheinische Post»).

Jürgen Hobrecht

Du kannst mir nicht in die Augen sehen

ro
ro
ro

Rowohlt

Veröffentlicht im Rowohlt Taschenbuch Verlag GmbH,
Reinbek bei Hamburg, September 1983

Umschlagentwurf Manfred Waller (Foto: Inge Werth)
Satz Sabon (Linotron 404)
Gesamtherstellung Clausen & Bosse, Leck
Printed in Germany
780-ISBN 3 499 15185 5

I

Ich drehe mich auf die Seite, öffne die Augen leicht, die Fensterläden sind geschlossen. Das spärliche Licht des Tages, das durch die Ritzen dringt, reicht nicht, um einen Punkt zu beleuchten, an den sich die Augen heften können. Das einzige hörbare Geräusch, mein verschnupftes Ausatmen durch die Nase. Die Decke ist mir von den Beinen gerutscht, ich friere. Jemand drückt auf die Türklinke, lehnt sich gegen die Tür, das Schloß quietscht. «Warum hast du dich eingeschlossen?»

Widerwillig lehne ich den Oberkörper aus dem Bett, bekomme den Schlüssel zu fassen, drehe ihn nach links. Ihr Kopf schiebt sich durch den Türspalt, das grelle Licht blendet mich. Die Sonnenbrille ist ihr leicht von der Nase gerutscht, es stört mich, daß sie meine blaue Jeansjacke trägt. «Ich komme in einer Stunde wieder, ich will versuchen jemanden zu finden, der die Heizung repariert, ich möchte dich bitten zu warten, bis ich zurück bin!» Es klingt wie eine Anordnung, die Tür schließt sich. Ihr «Tschüß» erwidere ich nicht.

Sie ist nur zufällig in das Ferienhaus mitgefahren, in dem ich einige Monate allein leben wollte. Zwei Tage vor der Reise bekomme ich Angst vor der zweitausend Kilometer langen Fahrt. Die Anstrengung, bei dem Schnee, den schlechten Straßenverhältnissen – wo übernachten, wie den Rollstuhl allein aus dem Auto, mit dem vielen Gepäck, den vielen Treppen, den engen Türen vor den Toiletten? – Es ist eben einfacher, ich nehme jemanden mit. Und so fährt sie dahin mit, wo ich eigentlich allein sein will.

Ich will ein Buch schreiben. Die Geschichte eines Behinderten, der merkt, daß Behinderung mehr ist, als nicht laufen, nicht hören oder nicht sehen können, daß mehr Menschen behindert sind als jene, die man in die entsprechende Schublade steckt, weil sie einen sichtbaren Makel haben.

Sie ist mitgekommen, um ihre Examensarbeit zu schreiben.

Ich liege in diesem dunklen Zimmer, während sie nach einem Heizungsmonteur Ausschau hält, und meine Geschichte ist mir plötzlich nichts mehr wert. Wochen vorher, noch während der Fahrt, ja, noch gestern abend bei der Ankunft war ich entschlossen, zu schreiben und nicht mehr zu flüchten. Jetzt kann ich es mir nicht mehr vorstellen: Hier am Schreibtisch zu sitzen, die Aufzeichnungen, die dort in der Aktentasche neben dem Tisch liegen, so aufzufüllen, daß daraus ein lesbares Manuskript entsteht. Ich denke, was ich im Kopf habe, ist zu dünn. Panik erfaßt mich bei der Vorstellung, nach Kassel zurückzukehren ohne das Manuskript, von dem ich so vielen erzählte.

In ihrer Gegenwart fühle ich mich bedrückt. Auf der Fahrt von Kassel nach San Felice erzählt sie mir ihr halbes Leben. Vater Polizeibeamter. Aber ein netter ... Mutter Hausfrau, aber etwas dümmlich ... Kleines Dorf in Nordhessen ... Sie ging sofort nach dem Abitur nach Berlin, um ein Lehrerstudium zu machen. Wohnte in Wedding. Die Szene in Wedding, Arbeit mit den Kinderreichen ... Arbeit mit den Gastarbeitern ... Arbeit an einer Schule ohne Lehrerexamen ... Arbeit hier, Arbeit dort ... Nur nicht mit Studenten, die, findet sie, seien intellektuelle Idioten und die Unis so tot, ihre Gruppen und Vereine so lahm. «Ja, ich habe mich auch engagiert, brauchst nicht zu denken, daß ich nur still war.»

Es interessiert mich nicht. Ich gucke sie auf dem Beifahrersitz an, bemerke die gelbe Tönung ihrer Gesichtsfarbe. Die breiten braunen Ringe unter den Augen. Wenn sie aufhört mit ihrem Redeschwall, will ich etwas sagen. Aber ich muß nachdenken, bis mir etwas einfällt. Ich rede über meine Erfahrungen in politischen Gruppen, aber meine Sprache kommt mir so dünn vor. Kaum, daß ich zu reden beginne, verspreche ich mich. Meine Erzählungen wirken blaß neben ihren stundenlangen Reden. Irgendwann im Auto denke ich, das einzige, was ich ihr sagen will: Rede nicht mehr, dein Reden erdrückt mich. Weil ich mich gezwungen fühle, dann gleichfalls zu reden. Und ich will nicht mehr reden.

Zweiunddreißig ist sie. Sie ist zu alt für mich. Sie ist mir überlegen. Ist es das?

Als ich sie das erste Mal sah, an einem kalten Winterabend, legte sie ihren weiten Poncho über meine Schultern. «Mutter Dorothee» nannten sie einige meiner Bekannten. Es ärgert mich, daß sie meinen Rollstuhl schiebt. Aber ich sage nichts dagegen. Sie hat Schneiderin gelernt. Will für mich nähen. Im Auto fragt sie mich nach meinen Lieblingsfarben und Lieblingsstoffen. Die Frage macht mich verlegen. Darüber habe ich noch nicht nachgedacht. Sie holt mir Zigaretten, Coladosen und belegte Brötchen aus den Kiosken. Ungefragt und ungebeten. Immer, wenn ich sie gerade bitten wollte, ist sie schon ausgestiegen.

Vielleicht ist sie so mütterlich, weil sie Angst hat vor Angriffen.

Oder ist es meine Wachsamkeit vor scheinbar selbstloser Fürsorglichkeit, die mich sie mit einer Mutter verwechseln läßt?

Ich fühle mich unsicher, um das zu verbergen, mache ich dumme Bemerkungen. «Ich weiß nicht, was du für eine Stimmung erzeugen willst, wenn du so rumlaberst», sagt sie. «Es macht mich traurig.» Sie zieht sich zurück.

Am Abend der Ankunft steht sie in der Küche und kocht. Ich will wenigstens die Zwiebel, den Fenchel oder Knoblauch für den Salat schneiden. Aber es macht mich unsicher, wie sie durch die Küche läuft, nach Geräten, Messern, Tellern und Gewürzen sucht, routiniert die Leber zubereitet. Die ungeschickten Hände, mit denen ich hier etwas verrichten würde, störten diesen Ablauf nur.

Wir essen im Wohnzimmer vor dem Kamin. Sie holt einen Campingtisch heran, stellt einige Kerzen darauf. Trägt dann das Essen auf. Ich zünde den Kamin an. Ich sage, daß es mir schmeckt. Und ich sehe ihr an, daß sie dieses Lob braucht. Ich sage nicht, daß mich ihre Perfektion lähmt. Nach dem Essen stochere ich schweigsam und unruhig im feuchten Holz herum, es will nicht richtig brennen. Sie fragt mich nach meinem Buch. Ich erzähle von der Beziehung zu dem Mädchen C., daß ich durch sie gelernt habe, zu meinen Problemen und Schwächen zu stehen. Nach dem Ende der Beziehung brauche ich eine Möglichkeit, hier alles in Ruhe aufzuarbeiten und aufzuschreiben. Ich will mich nicht mehr vor mir verstecken, indem ich in Gruppen über die Probleme anderer Menschen debattiere.

Es stellt sich heraus, daß Dorothee und C. sich kennen. Sie haben gemeinsam in einer Bar in Kassel gearbeitet. Ich frage, wann sie sich zum letztenmal gesehen haben. Wie C. ausgesehen habe. Ob ihr Freund dabeigewesen sei. Wir schweigen eine Weile. Ich denke an C. Sage dann, ich fahre jetzt nach San Felice ein Bier trinken. Dorothee schüttelt verständnislos den Kopf. Früher habe sie das auch gemacht, sei viel in Kneipen gegangen, nur um Menschen zu sehen. Sie meint, sie brauche das jetzt nicht mehr. Ich beginne mich zu rechtfertigen, als sei es eine Frage von großer Wichtigkeit. Aber ich bin hier nicht hingefahren, um mich zu rechtfertigen, wie man sich in Gruppen und Seminaren rechtfertigen muß, weil man das letzte Mal aus einem ‹privaten Grund› nicht erschienen ist. Ich brauche diese Freiheit, selbst zu wissen, was meine Bedürfnisse sind, sonst kann ich auch zu Hause bleiben. Ich hätte doch alles im Kopf, die Feten, die Kneipen, die Gespräche, die Beziehung. Warum ich denn nicht beim Schreiben diese Hektik produzieren könne, fragt sie mich. Ich will darauf nichts sagen. Um elf verschwindet sie. «Ich lege mich ab.»

Ich bleibe am Kamin sitzen, werde wütend, fühle mich beaufsichtigt. Warum kann sie mich nicht machen lassen, was ich will, diese Mutter? Ich bin nicht hier, um mich einengen zu lassen.

Was wird sie denken, wenn sie mich jetzt wegfahren hört? Würde ich mir morgen einen herablassenden Kommentar gefallen lassen müssen? Ich suche den Autoschlüssel. Dann die Angst vor der Dunkelheit draußen. Die unbekannte Gegend. Was würde sie morgen ... Diese Mutter.

Draußen ist die Luft angenehm mild. Ein leichter Wind weht. Es ist Mitte Januar. Ich setze mich ins Auto, packe nicht mal den Rollstuhl ein. Als ich aus dem Feldweg abbiege, gucke ich noch einmal zurück auf das dunkle Haus. Musik von Supertramp dröhnt aus den Stereoboxen des Autos. Je länger ich in schneller Fahrt durch die Straßen des Ortes fahre, desto mehr löst sich mein Krampf, verfliegen die Gedanken an die Frau. Ich treibe mit dem Auto und der Musik umher. Ich fahre einen Berg hinauf. Die Straße sehr eng, durch Häuser begrenzt. Es kostet mich Anstrengung und Konzentration, die Serpentinen so schnell hinaufzufahren. Einige Kilometer geht die Straße steil hinauf, aus dem Ort hinaus, durch einen kleinen Wald. Nach dreihundert oder vierhundert Metern komme ich auf ein Plateau. Links und rechts einige Pinien, vor mir ein Zaun. Ich lasse den Wagen bis vor den Zaun rollen. Ich spüre jede Erschütterung des Wagens, jeden Stein, über den er fährt. Hinter dem Zaun fällt ein Abhang steil ab. Fast erschrecke ich, kann erst nicht hingukken, eine riesige weite Wasserfläche. Zum erstenmal sehe ich das Meer in Italien. Unten am Wasser führt eine Straße entlang. Ihre Lichter ziehen sich die Bucht entlang wie eine Begrenzungslinie. Ich bin wie geblendet durch die Wasserfläche, mache Motor und Musik aus. Der Wind rüttelt am Auto. Ich zucke erschrocken zusammen, panisch lasse ich den Motor an, lege den Rückwärtsgang ein und rase los. Ich kann das Meer nicht mehr sehen. Ich stürze fast den Berg hinab mit dem Auto, höre Stimmen im Wagen, kann sie nicht identifizieren, verstehe nicht, was sie meinen. Ich stelle die Musik wieder an, um die Stimmen zu übertönen. Mir ist, als sehe ich Schatten über die Straße huschen, als stünden hinter jeder Ecke Menschen, die über die Straße laufen, direkt vor mein Auto. Vor dem Haus lasse ich die Scheinwerfer aufgeblendet, bis ich die Haustür aufgeschlossen und Licht gemacht habe. Ich will sichergehen, daß mir in der Dunkelheit niemand auflauert. Ich gehe schnell durch die Diele hindurch in das Wohnzimmer hinüber zum Schlaftrakt.

Schließe die Tür hinter mir ab, glaube mich so vor Verfolgungen sicher. Gehe dann, ohne mich auszuziehen, ins Bett und verkrieche mich unter der Decke.

Am nächsten Morgen warte ich nicht auf Dorothees Rückkehr. Ich will noch einmal hinauf zu dem Parkplatz am Meer. Obwohl es fast Mittag ist, wirkt der Ort immer noch leer, viele Geschäfte sind geschlossen, einige mit Bretterverschlägen vernagelt oder mit Eisengittern geschützt. Vor vielen Gebäuden Baugerüste. Eine unordentliche Touristenstadt im Winter. Ich fahre den Berg hinauf, diesmal langsamer. Auf dem Parkplatz halte ich vor dem Zaun. Tagsüber ist es nicht unheimlich hier. Die Aussicht auf das Meer ist phantastisch. Ich habe keine Angst mehr, lange blicke ich auf das Meer. San Felice ist die letzte Möglichkeit. In dem Kotten im Emsland konnte ich nicht schreiben, weil ich Angst vor der Einsamkeit hatte, in der Wohnung in Kassel nicht wegen der vielfältigen Ablenkungen. Immer und überall finde ich Ausreden. Hier soll es jetzt wieder an Ängsten scheitern und an dieser Frau? Die Ausrede ist mir selbst zu billig. Es ist Trotz, der mich jetzt antreibt.

2

Außer Dorothee ist hier niemand, mit dem ich sprechen kann. Wir sehen uns nur zu den Mahlzeiten, die sie kocht. Die übrige Zeit verbringt jeder für sich. Dorothee ist oft unterwegs mit dem Fahrrad, erzählt einmal stolz, einem Bonzen vor den Villa-Eingang gekackt zu haben.

Es bleibt nichts als das Grübeln, wenn man nach den Mahlzeiten keine Verabredung hat, keinen Besuch erwartet, niemanden anrufen kann, kein Interesse am Lesen komplizierter Bücher hat, ja selbst den Fernseher nicht einschalten kann, weil man die Sprache nicht versteht. Es bleibt nur, hier endlich zu schreiben.

Seit ich fünf bin, geschieht es immer wieder.

Nachts im Bett. Ich liege wach. Denke nichts Besonderes. Plötzlich schlägt es mir ins Gesicht. Ich muß sterben. Es wird der Zeitpunkt kommen, dann ist es aus. Unaufhaltsam. Nichts kann von diesem Ereignis ablenken. Tot. Sterben. Keine Beschäftigung taugt, um die Unvermeidlichkeit des Sterbens vergessen zu machen. Alles treibt nur auf diesen einen Moment hin. Und ich werde alleine sein, wenn ich sterbe. Selbst wenn ich in einem vollbesetzten Autobus sterbe, oder in einem Bett, meine Freunde, Verwandten und Bekannten um mich herum, alle die mir wichtig waren, in meiner Nähe: selbst dann werde ich allein sterben. Allein ins Dunkel gehen. Ich kann nichts tun, als darauf warten. Was passiert nachher? Ich bin allem, was passiert, hilflos, wehrlos ausgeliefert. Was wird sein, wenn ich für den Rest der Ewigkeit einmeterfünfzig unter der Erde liege? Der Gedanke bringt mich zum Zittern und Schwitzen, in den Nächten. Ich setze mich auf im Bett. Der Puls hämmert. Und ich hoffe, daß ich nicht nach langem Siechtum in einer Klinik krepieren werde. Ich tröste mich damit, daß der Zeitpunkt des Todes noch in weiter Ferne liegt. Ich bin ja noch jung. Und es wird noch Jahre, Jahrzehnte dauern, bis der Moment kommt. Nein, es kann schon morgen passieren, und es wird bei mir früher kommen als bei Gesunden. Nach den vielen Spritzen, den Tabletten, den Operationen. Das Totsein ist Einsamkeit, eine unendliche, nie endenwollende Einsamkeit.

Kindheit.

Ich fahre auf einem Dreirad durch die Stadt, nur auf dem Bürgersteig, weil die Straßen zu gefährlich sind. Rechts und links in der Straße, in der das Haus meiner Eltern steht, Gebäude der Teppichfabrik, fünfstöckige, langgezogene, graue Häuserfronten. Über den Fensterreihen gelblichrote Schatten von chemischen Abgasen der Fabrik. Ich stehe an einem Metallgitterzaun des Fabrikgebäudes und gucke den Menschen bei der Arbeit zu. Ab und zu bleibt einer der Arbeiter bei mir am Zaun stehen und spricht mich freundlich an. Oft stehe ich Stunden so an jenem Zaun, gucke und fühle mich sicher dabei, den Menschen zuzugucken.

Meine Eltern haben eine Bäckerei. Ich sehe zu, wie der zu Laiben geformte Teig mit Wasser bestrichen wird, um in den Ofen geschoben zu werden. Nach Stunden werden die dampfenden Brote aus dem Backofen geholt, auf ein Blech geschoben und aus dem Backkeller hinauf in den Laden getragen.

Von Montag bis Samstag sitze ich vor dem Fenster des Backkellers und sehe die Bäcker schwitzen und schimpfen. Ich freue mich, wenn einer der Bäcker, der auf den Blechen die Ware hinaufträgt, mir ein Stück warmen Kuchen gibt.

Von Montag bis Samstag fahre ich über den Garagenhof der großen Fabrik nebenan, sehe, wie die LKWs und die teuren Dienstwagen der Direktoren gewaschen, repariert, gefahren werden.

Samstagnachmittag Wochenende. Als seien die Menschen von einem riesigen Saugrohr eingesammelt und irgendwohin gebracht worden. Die Fabrikhallen leer. Kein Geräusch dringt aus den Gebäuden. Die Plätze zwischen den Gebäudeteilen leer. Der Garagenhof leer und grau. Die Tore verschlossen. Die Autos dahinter. Wo sind diese vielen Menschen? Ich fahre auf dem Bürgersteig die Straße an der Fabrik entlang. Kein Geräusch, nicht einmal ein Auto, kein Fußgänger. Es geht, fährt und lebt hier niemand. Der riesige Schornstein auf der Fabrik sieht gespenstisch aus. Er raucht nicht. Von Ferne das Klappern von Holz, die alte Frau schließt die Fensterläden ihres Kioskes. Bald wird sie an mir vorbeiradeln und mir wohl zuwinken.

Auch die Bäckerei ist tot. Kein Mensch im Backkeller, die Fenster verriegelt. Es duftet nicht nach Schweiß und Kuchen. Der Ofen und der Motor des Gefrierschrankes geben nicht ihr monotones Surren von sich. Die Eltern haben sich schlafengelegt, müssen sich von der Anstrengung ausruhen. Von Freitag auf Samstag wird die Nacht durchgearbeitet. Alles ist ausgestorben.

In der Nacht erwache ich. Muß aufs Klo. Die Wohnung ist dunkel. Ich robbe aus dem Kinderzimmer in die Toilette und pinkle. Als ich das Badezimmer verlasse, über das kurze Stück Flur rutsche, bin ich hellwach. Ich habe kein Licht gemacht. Plötzlich rufe ich nach meiner Mutter. Keine Antwort. Ich schleppe mich zur Wohnzimmertür, stoße sie auf. Straßenlaternen beleuchten die Möbel matt. Ich fühle mich bedroht und aufgeregt. Muß schon wieder pinkeln. Ich krieche zum Schlafzimmer der Eltern. Die Tür ist angelehnt. Die Betten sind noch frisch gemacht. Die Decke liegt glatt darüber. Ich bin allein in der Wohnung. Panik überfällt mich. Wo sind sie? Ich rufe wieder. Rutsche in die Wirtschaftsküche neben dem Geschäft. Hinüber zur Terrassentür. Ich richte mich auf, um durch die Verglasung der Tür auf den Balkon zu schauen. Halte mich am Türgriff fest. Die Tür ist abgeschlossen. Ich sehe die große Terrasse, den Hof mit den knochigen Bäumen im Licht der Neonreklame von der Kneipe nebenan. Die großflächige Terrasse ist in gelbes Licht getaucht. Die gelbe Überdachung wirkt wie ein Filter. Jeden Moment könnte einer der Ausländer, von denen ich so schlimme Geschichten hörte, die Terrassentreppe vom Hof hinaufkommen und mich hinter der Tür entdecken. Schauer laufen mir über den Rücken, ich bin schweißnaß. Schnell krieche ich zurück ins Bett, will dieses schreckliche Licht, diese schreckliche gelbe Fläche nicht mehr sehen. Hoffentlich kommen sie bald wieder.

Der Gedanke an den Tod fasziniert und erschreckt mich. Begierig lese ich alles, was ich darüber in die Finger bekomme. Die Berichte der Reanimierten über ihre ‹Todeserlebnisse› im Spiegel. Ich fühle mich beruhigt, als ich über den ‹schönen› Tod lese. Kann man Tod sinnlich wahrnehmen?

Rohe Pilze schmecken nach Tod, sage ich zu Dorothee, als sie wieder das Essen anrichtet, so vermodert, verfault. Ist es sinnlich wahrnehmbar, daß wir sterben? Körperliche Verfallsprozesse kann man wahrnehmen. Kann man seelische Verfallsprozesse auch wahrnehmen? Was ist Tod? Verfall des Körpers? Verfall der Seele, der Sinne? Beides? Oder Trennung des Körpers von den Sinnen?

Tod ist für mich Trennung. Stirbt bei jeder Trennung eines geliebten Menschen ein Stück in uns? Ich ängstige mich vor Trennung. Ich fahre mit dem Auto um den See, nahe der Wohnung in Kassel. Denke plötzlich, sterben zu müssen, hier weg zu müssen, mich von der Welt zu trennen. Für immer zu schlafen, tot zu sein. Hier nie wieder hinzukommen. Den Platz nie wiederzusehen. Tod oder getrennt. Beides für mich miteinander verbunden, seit der Zeit in den Krankenhäusern meiner Kindheit.

Krankenhäuser ziehen mich magisch an und erschrecken mich. Wie der Tod. Die Anwesenheit eines Klinikarztes auf einer Fete oder in einer Gesprächsrunde löst Unruhe in mir aus. Ich will mich der Person nähern, sie in ein Gespräch über die Arbeit im Krankenhaus verwickeln, nach bestimmten Krankheiten fragen. Auf meine Behinderung und ihre Risiken zu sprechen kommen, aber Ärzte lassen sich in kein Gespräch darüber verwickeln, wenn sie außer Dienst sind.

Bei der Vorbeifahrt an einem Klinikgebäude muß ich darüber nachdenken, was wohl jetzt gerade hinter den verschlossenen Milchglasfenstern passiert. Ich denke an die Frischoperierten oder an jene, die dort unter Schmerzen liegen.

Nachts träume ich oft vom Besuch eines Krankenhauses zusammen mit meinen Eltern. Ich bin noch sehr jung. Wir gehen zu dritt durch einen langen Kellergang. An der Decke führen dicke Heizungsrohre entlang. Die Luft ist stickig und dumpf. Die Wände sind gelblich getüncht. Der Boden mit braunen Fliesen belegt. Ein junger Mann im weißen Kittel führt uns in einen Raum. An der Tür steht mit schwarzen Lettern etwas, was ich nicht lesen kann. Mein Vater legt mich auf eine grün bespannte Liege, tritt dann einige Schritte zurück. Meine Mutter zieht mir die Hose aus. Legt sie sorgsam gefaltet über einen Stuhl, weicht dann zurück an die Wand. Meine Eltern betrachten mich mit ernsten Blicken. Stille. Als ich ihre Blicke erwidere, gucken sie sich unruhig um im Raum. Als suchen sie Halt. Die Tür geht auf. Drei Männer kommen herein, einer schiebt einen Tisch mit Packungen und Flaschen darauf vor sich her. Ich krümme mich zusammen, ziehe die Beine an den Körper. Die Eltern stehen noch immer an der Wand. Die Männer jetzt über mir. Einer nimmt meine verkrümmten Beine und biegt sie gewaltsam gerade. Die anderen nehmen Rollen mit weißer Masse vom Tisch, wickeln mir das Zeug um die Beine. Der feuchte Stoff klebt sofort und wird hart. Die Beine sind glühend heiß unter dem gehärteten Gips. Das Gefühl, eingemauert zu werden.

Als ich drei Jahre alt war, lag ich sechs Wochen in der orthopädischen Spezialklinik in Kassel, der Stadt, in der ich jetzt lebe. Dieser Krankenhausaufenthalt existiert in meinem Bewußtsein nur als einfache Tatsache, mit der ich keine Erinnerung verbinde. Meine Eltern hatten es mir erzählt. Damit war es gut. Oder? Nein. Diese sechs Wochen in einer Klinik gelegen zu haben, ohne auch nur die geringste Erinnerung damit zu verbinden, macht mir Angst. Ich bin sicher, daß dieser Klinikaufenthalt in meinem Bewußtsein Spuren hinterlassen hat.

Eines Nachmittags will ich meinen Freund Jonas in einer Klinik besuchen. Ich stehe vor einem massiven roten Backsteinbau und versuche über einen stufenlosen Eingang in das Gebäude zu kommen. Ein Pfleger ruft aus dem Fenster, ich müsse durch den Hintereingang in den Keller und dann mit dem Lift in den zweiten Stock fahren. Als ich in der zweiten Etage die Aufzugtür öffne und im Korridor stehe, lösen die hohen Deckengewölbe Beklemmungen in mir aus. Mindestens fünf Meter hoch sind die Flurdecken hier, rechts und links ragen dicke Stützpfeiler aus den Wänden. Die Mauern sind bis zur Hälfte gelb gefliest, darüber weiß getüncht. Ich frage eine Schwester nach der Zimmertür von Jonas. Ich muß mich beherrschen, ruhig zu bleiben, während sie mich anspricht. Sie meint, Jonas sei im Moment zur Behandlung, ob ich nicht warten wolle. Ich sage, ich will morgen wiederkommen, bin froh, mich nicht länger in dem Gebäude aufhalten zu müssen. Auf dem Rückweg von der Station zum Aufzug wird mir schlecht von der Krankenhausluft. Der Gestank erinnert mich an etwas. Plötzlich ein wahnsinniger Druck im Kopf. Ich denke, die hohen Decken würden auf mich herabstürzen. Die Pfeiler drohen umzukippen. Ich beschleunige meine Fahrt und rase zum Aufzug. An der Schwingtür zum Foyer fahre ich beinahe eine Schwester um. Schweiß steht mir auf der Stirn. Auf den Aufzug muß ich warten.

Dann ist mir blitzartig klar: Es ist die Klinik, in der ich sechs Wochen gelegen habe. Ja, hier war es. In meinem Rollstuhl habe ich das Gefühl, hintenüberzukippen und im Boden zu versinken. Nicht ruhig auf einem Platz stehen zu können. Im ganzen Körper ein nervöses Prickeln und Jucken. Mit dem Abwärtsgleiten des Fahrstuhles weicht der Druck. Im Keller steige ich aus. Sehe die Heizungsrohre an den Decken, sehe den langen Gang, die Türen mit den Aufschriften. Ich rieche die dumpfe, stickige Heizungskellerluft. Bleibe einen Moment stehen, versuche, ruhig einzuatmen. Ich fahre den Gang ein Stück entlang, lese die Aufschriften an den Türen. «Gipsräume I–IV».

Dies ist der Keller. Hier hat der Alptraum stattgefunden. Ich spüre einen dicken Kloß im Hals, der auf die Tränendrüsen drückt. In anderen Krankenhauskellern, in denen ich zufällig unbeobachtet bin, suche ich nach der Tür des Leichenraumes. Hier lasse ich es. Die Wirklichkeit ist zu nahe. Ich will nicht weiter den Gang entlang, wer weiß, worauf ich hier noch stoße, welche Erinnerungen noch wachgerufen werden. Wie in Trance suche ich den Ausgang, setze mich ins Auto und fahre nach Hause.

San Felice.

Warum träume ich in dem Haus so viel? Ist es das intensive Nachdenken über meine Vergangenheit? Das Herumwühlen in den Ängsten? Jede Nacht zwei bis drei Traumszenen. Ich will sie aufschreiben. Warte damit bis nach dem Frühstück. Aber da sind sie oft schon wieder vergessen. Ich wehre mich dagegen, alles so genau aufzuschreiben, suche Ablenkung, habe aber hier nur das Vergessen und das Darüberhinwegsehen. Wie wird es sein, wenn ich keine Ablenkung mehr brauche, das Vergessen der Ängste nicht, und das Darüberhinwegsehen auch nicht?

In der Nacht träume ich, meine Mutter sei gestorben. Ich gehe allein zum Friedhof in die Leichenhalle, um sie noch einmal zu sehen. Ihr Gesicht ist blaß und eingefallen. Sie sieht alt aus, obwohl sie noch vor Wochen jung und frisch war. Die Augen stehen merkwürdig hervor, wie kleine Hügel. Sie ist so dünn, aber ihr Leichnam wirkt übermächtig auf mich. Ich nehme ihre Hand, sie fühlt sich knochig an. Warum ist sie so abgemagert? Auf dem Weg nach Hause heule ich. Mein Vater sagt, ihr sei ein Gefäß im Gehirn geplatzt. Sie habe im Krankenhaus noch Schmerzen gehabt, habe noch nach mir geschrien. Sie habe sich nur um mich gesorgt, gefragt, wo ich denn sei. «Sie ist wegen dir gestorben», sagt mein Vater. «Du hast sie zuviel Kraft gekostet.»

Wo war ich, als sie starb? Auf einer Tagung. Ich bekomme ein schlechtes Gewissen, denke an ihren Satz, den sie so oft sagte: «Wir sind nicht ewig für dich da.» Warum war ich nicht da, als sie starb? Ich denke an die unzähligen Telefongespräche, die meine Mutter nach Kassel führte: Wo ich denn sei? Ich denke daran, wie oft sie mich fragte, ob ich nicht für ein Wochenende nach Hause kommen wolle. Ich denke daran, daß ich wütend wurde, als sie zu oft fragte, wann ich denn nun nach Hause käme. Ich denke daran, daß meine Schwester sagte, Weihnachten habe sie geheult, als ich nicht in Kassel geblieben sei. Ich denke, daß ich rücksichtslos gewesen bin. Ich denke, daß ich ein Recht habe, allein zu sein. Ich denke daran, daß sie mir bis vor die Haustür hinterherlief, um mir das Haar zu kämmen, noch als ich sechzehn war. Ich denke, daß sie sich aufgeopfert hat. Ich denke, daß sie mich nicht loslassen konnte. Ich denke, daß ich sonst gestorben wäre. In den Krankenhäusern. Und jetzt fühle ich mich als Muttermörder.

Als ich richtig wach bin, zittere ich. Draußen höre ich jemanden pfeifen. Ich knipse das Licht an, um mich zu vergewissern, ob ich allein bin. Ziehe dann die Decke über den Kopf. Verstecke mich. Schlafe nach einer Zeit wieder ein.

Dann erscheint sie mir im Totenhemd. Mit der grünen Waschschüssel tritt sie an mein Bett. Sie sagt, sie wolle mich noch einmal waschen wie vor den Operationen. «Wie jeden Morgen, als du noch klein warst, will ich noch ein letztes Mal kommen und dich waschen.» Ein letztes Mal. Wann bleiben sie endlich weg, diese Schuldgefühle? Ich denke, daß sie heute oft Rückenschmerzen hat, weil sie mich als Kind oft trug mit dem Rollstuhl oder ohne den Stuhl die Treppe hinauf.

Als ich wach werde am nächsten Morgen, gehe ich zum Telefon, rufe bei meinen Eltern an. Ich will die Stimme meiner Mutter hören. Der Vater ist am Apparat. Ich sage, ich sei gut angekommen in Italien. «Schön, daß du angerufen hast», sagt der Vater.

Es ist ungewöhnlich kalt für die Jahreszeit. Seit zwei Tagen ununterbrochen Regen. Die Berghänge diesig, wolkenverhangen. Vom Balkon kann man das Meer nicht mehr sehen. Die Heizung ist immer noch defekt. Gegen Mittag lege ich mich erschöpft ins Bett. Der nächtliche Traum und das Wetter sind mir in die Glieder gefahren. Während des Mittagsschlafes träume ich von einem Arztbesuch. Meine Kniegelenke wären kaputt, die Beine steif und unbeweglich. Der Arzt, ein großer Fettwanst im weißen Kittel mit Hornbrille und rotblonden Haaren, deren Locken ihm, als er sich zu mir herabbückt, auf der verschwitzten, sommersprossigen Stirn hängen. Er schneidet mir die Beine auf, nimmt die Kniescheiben heraus. Keine Schmerzempfindung. «Hier, gucken Sie mal», sagt der Doktor zu mir, hebt das Bein, zeigt es mir, so daß ich in das Loch im Knie hineinsehen kann. «Total verschlissen», sagt der Arzt. Es erinnert mich an die Worte eines Mechanikers, der die Radlager meines Autos auswechselte. Der Arzt nimmt einen Gegenstand wie ein Messer, schabt die Wunde aus. Sagt etwas von «nicht richtig gepflegt» und setzt neue Scheiben ein. «So, jetzt halten sie wieder ein Weilchen», meint er.

Als ich dreizehn war, holte die Mutter den Hausarzt. Ich sei so unruhig in letzter Zeit. Schlafe nachts nicht mehr, kann mich nicht mehr auf die Schule konzentrieren, rede viel vom Sterben. Frage, ob man mit dreizehn einen Herzschlag bekommen kann. Ich sitze den Nachmittag und Abend vor dem Fernseher und fühle meinen Puls. Das Gefühl, als gebe es keine Zukunft mehr. Ich kann mir nicht mehr vorstellen, nun noch weiterzuleben. Es wird irgendwann zu Ende gehen in diesen Tagen. Das Herz wird aussetzen. Ich ertrage es nicht, auch nur für einen Moment allein zu sein. Holt die Mutter

Kartoffeln aus dem Keller, fange ich an zu schreien, fühle das Blut in den Kopf schießen, ziehe mich zusammen, denke, «jetzt ist es vorbei». Nachts schlafe ich im Ehebett der Eltern oder bei der Schwester, nur so kann ich Ruhe finden. Die Mutter am Telefon zu ihrem Mann, «er hängt mir den ganzen Tag am Rockzipfel. Du weißt ja nicht, wie belastend das ist. Du bist ja nur am Wochenende da.»

Der Arzt kommt, setzt sich vor mich auf die Couch, zieht mich an den Armlehnen des Rollstuhles zu sich heran, mißt Blutdruck, hört die Herztöne ab, fragt, wie es mir geht. Versehentlich sage ich, «gut!», weil mir die Frage so oft gestellt wird. Ich begreife selbst nicht, wovor ich Angst habe, warum ich mich vor dem Sterben ängstige, warum ich nicht allein sein kann in der Wohnung. Der Arzt sagt, ich hätte ja wohl schon eine Menge durchgemacht in meinem Alter, legt die Hand auf meine Schulter, guckt mich eindringlich an. Die Hand auf meiner Schulter wird schwerer, erdrückt mich, rüttelt mich, als wolle er mich wecken aus einem bösen Traum, «nun mach doch deiner Mutter nicht soviel Kummer». Er verschreibt Masmoran Saft, Librium und Tavor. Er geht mit der Mutter hinunter. Ich gucke aus dem Fenster, sehe beide durch die Gardine unten am Gartentor stehen. Es bedrückt mich, daß ich nicht hören kann, was sie dort sprechen. Ich sehe den Doktor zur Uhr schauen, eilig seine Hand ausstrecken, sich verabschieden. Ins Auto steigen und davonfahren.

Am Morgen in San Felice.

Ich liege im Bett, die Augen geschlossen, verschlafen döse ich vor mich hin. Unvermittelt beginnt es in meinen Ohren zu rauschen. Dann sacke ich ab und falle hinunter, das Rauschen in den Ohren wird intensiver, als schlage die Brandung des Meeres über mir zusammen, ich will mich mit den Armen festhalten, um nicht noch tiefer zu fallen. Aber mein Körper ist starr und bleiern, gibt der Kraft nach. Ich kann mich nicht bewegen, die Arme nicht, die Beine nicht, mich nicht umdrehn, etwas drückt oder zieht mich noch tiefer. Dabei völlig gelähmt. Ich will schreien, bekomme aber den Mund nicht mehr auf, fühle mich wehrlos gegen diesen Zustand, und je mehr ich mich aufbäumen will dagegen, desto stärker wirkt die lähmende Kraft. Ruhig bleiben, sagt eine Stimme in mir. Bleib ruhig, du kennst diese Anfälle, du hast sie seit Jahren. Es geht nur vorbei, wenn du dich beruhigst. Das Rauschen wird allmählich schwächer. Die Kräfte kehren in die Glieder zurück. Ich bewege den Kopf, kann die Augen öffnen, setze mich hin, gucke meinen Körper an und frage mich, was mir gerade geschah.

Vor meiner Italienfahrt schreibe ich für eine Zeitschrift einen Artikel über Kinder im Krankenhaus. Die Arbeit an dem Manuskript zieht sich über Monate hin. Immer wieder breche ich ab, weil ich die Erlebnisberichte der Eltern über ihre Kinder in den Kliniken nicht lesen kann. Ich kann zu dem, was ich da lese oder höre, nichts sagen. Nur dumpfe Traurigkeit. Gedanken an die Erzählungen meiner Mutter: Über die Strapazen, die Odyssee von einer Klinik in die andere, das Warten auf das Urteil der Ärzte. Über die Sorgen, die schlaflosen Nächte, das Weinen. Sie sagt es immer, als hätte ich die Angst, die Nächte, die Ärzte nicht erlebt. Und ich hielt es manchmal für Erpressung, wie sie es sagte. Nach der Arbeit an dem Artikel verstand ich sie besser!

Ich weiß noch genau, wie es das erste Mal ablief. 1965 wurde in der Universitätsklinik Bonn ein künstlicher Darmausgang angelegt. Damals war ich fünf.

Es ist mir nicht klar, wohin die Eltern fahren. Sie packen Koffer in den Wagen. Ich denke an Urlaub, bin ein bißchen neugierig, wie vor jeder Reise. Ich denke wirklich nichts dabei, als der Wagen über die Autobahn fährt. Ich sitze hinten, vorne wird weniger geredet als sonst. Unbekannte Gegenden, Essen in einem Restaurant, ein besonders ausgiebiges Essen, ich denke nichts, sehe dann die Stadt. Es muß wohl eine größere, schmutzigere, gefährlichere sein als die, in der wir wohnen. Ich sehe die Industrieanlagen. Die Brücke über den großen Fluß. Die Straßenbahn. Dann erschrecke ich, als wir vor einem Krankenhaus halten. Warum? Was soll das?

Wir werden freundlich aufgenommen von einer Krankenschwester. Die Mutter soll hierbleiben. Mit in meinem Zimmer wohnen. Der Vater fährt wieder. Sie bringt ihn hinaus zum Auto. Ich muß mich ins Bett legen. Verstehe nicht, warum. Habe keine Schmerzen. Es geht mir gut. Gestern dachte ich noch an Urlaub. Nun liege ich in einem Krankenhaus. Zum Abendbrot gibt es Tee. Und die Mutter schiebt mir einen Keks zu. Warum? Heute mittag noch ein großes Essen und jetzt Tee. «Dein Darm muß leer werden», sagt die Mutter. Ich höre sie es sagen, verstehe es aber nicht.

Am übernächsten Morgen.

Das Zimmer riecht nach Putzmittel. Die Reinemachefrau ist gerade fertig. Die Mutter geht nervös, abwesend, mitteilungslos durch den Raum. Im Kofferradio läuft eine Ajax-Werbung. Die Tür wird geöffnet. Eine Schwester kommt schnellen Schrittes auf mein Bett zu. Die Mutter zuckt zusammen, ich ahne etwas.

Sie zieht die Decke weg, «dreh dich mal». Ich drehe mich auf die

Seite. Die Schwester zieht mir die Schlafanzughose runter. Ich spüre, wie sie mit einem Tupfer reibt, rieche den strengen Geruch. Ein ruckartiger Pieks in den Hintern. Schnell die Hose wieder darüber geschoben, dann die Decke. «So.» Die Schwester verläßt eilig den Raum. Die Mutter steht neben dem Bett. Sagt, daß ich jetzt müde werde. Fragt nach einigen Minuten: «Wirst du denn schon müde?»

Die Scheißegal-Spritze macht nicht müde. Sie macht alles gleichgültig. Das Gefühl, als sei mir mit dem weißen Hemd, das ich vor der Operation anziehen muß, eine Haut übergestreift, an der jede Empfindung abprallt. Man sortiert die Eindrücke nicht mehr nach gefährlich oder harmlos. Man nimmt nur noch wahr. Man sieht die Warnsignale, kann den Wahn, den man empfindet, nicht mehr mitteilen.

Ich bemerke also alles sehr genau. Die Tür wird wiederum geöffnet. Zwei Pfleger kommen herein. Die Mutter tritt vom Bett einige Schritte zurück. Ein Mann in Weiß öffnet die Bremsen des Rollbettes. Nein. Ich will nicht hinaus aus dem Zimmer. Krampfe mich zusammen, ahne, was bevorsteht. Die Mutter hält meine Hand, geht neben mir. Ich werde hinausgerollt. Fußende, Kopfende je ein Pfleger. «Wohin?» frage ich. Keine Antwort. Die Männer in Weiß haben ihr Gespräch. Ich spüre den Luftzug auf dem Gang und sehe die Menschen an mir vorbeilaufen und beinahe mitleidig auf mich herabgucken. Die Mutter hält meine Hand. Ich beginne zu weinen. Frage nochmals, «wohin?» Nichts kann dieses Rollbett aufhalten. Vor dem Aufzug Schweigen. Sekunden Wartezeit. Ich will wieder zurück in das vertraute Zimmer, aber mein Wunsch verhallt im Gang. Die Etagen ziehen an mir vorbei. Ich will wenigstens wissen, wann ich wieder zurück bin. Keine Antwort. Auch meine Mutter wie gelähmt. Unfähig, mir etwas zu erklären. Es geht in den Keller. Sie ziehen mich im Bett aus dem Lift. Einen langen Korridor lang stelle ich noch die Frage nach dem Wohin. Dann werde ich mit dem Kopf des Bettes zuerst durch eine Plastikschwingtür geschoben. Die Tür verhakt sich im Bettgestell. Ich hoffe für einen Moment, daß es jetzt nicht mehr weitergeht. Man hilft ein bißchen nach, das Bett gleitet hindurch. «Nein, Sie müssen hierbleiben», sagt der Pfleger zur Mutter. Meine Mutter wollte mit hindurch, durch diese Tür wie eine Schleuse. Nochmals: «Nein, Sie bleiben hier.» Sie fängt an zu weinen. Der eine Pfleger hält sie zurück, stützt sie fast, und ich starre ihr hilfesuchend nach durch die halboffene Tür. Ich will, daß sie mitkommt. Sie guckt mir mit verheulten Augen hinterher. Ich konzentriere mich auf den letzten offenen Spalt der sich schwerfällig schließenden Tür. Verzweifelt will ich sie noch einmal sehen. Die Tür ist zu. Die Pfleger schieben mich an eine weißgekachelte Wand, lassen mich dort stehen, verschwinden wieder durch die Schwingtür, hinter der ich für einen Moment immer noch meine Mutter stehen sehe. Meine Hoffnung, nun vielleicht wieder ins sichere Zimmer gebracht zu werden, schwindet gleich wieder. In dem Raum sieht es aus wie in einer Waschküche. Alle paar Meter die Rippen eines Abflusses im Boden. Die Wände und der Boden gelb und weiß gefliest. Menschen laufen geschäftig hin und her. Das Bett scheinen sie nicht zu beachten. Es wird mir noch mehr angst, wie ich da so stehe. Es würde mich nicht mal jemand hören, wenn ich etwas fragen wollte. Und ich will vieles fragen. Ein Mann mit grünem Kittel, weißer Maske und blauer Kopfbedeckung kommt aus einer Tür und sagt etwas. Wiederum kommen zwei Männer an mein Bett, ziehen mir die Decke weg, greifen unter meinen Körper und legen mich auf eine Trage, die sie mitbrachten. Ich werde in einen kleineren Raum geschoben. Niemand sagt, warum. Sie legen mich auf einen Tisch. Über mir strahlt aus einem sonnenförmigen Apparat grelles Licht. Rings herum unheimliche Geräte. Weiße Schränke mit teilweise offenen Laden. Mir fällt auf, daß hier in dem Raum alle diese merkwürdig grüne Kleidung tragen, die Masken um den Mund haben. Ich denke an die Maskierung von Gangstern in vielen Krimis, die ich sah. Die Stimmen der Menschen hier klingen gedämpft, als wollten sie etwas verbergen. Ich kann nichts mehr sagen, gucke nur noch fassungslos. Was geschieht hier? Ich nehme nur Fetzen des Gesprächs auf. Der Chef kommt … Narkose machen … Irgend jemand setzt sich auf einen Stuhl hinter meinem Kopf, beginnt an einer Maschine zu arbeiten, die ich nicht sehen kann. Dann wird mir von hinten eine Maske übers Gesicht gestülpt. «Tief einatmen», sagt eine Frauenstimme, «es ist gleich vorbei», klingt es beruhigend. Ich kann den scharfen Geruch nicht riechen. Merke sofort, daß es keine normale Luft ist, glaube, ersticken zu müssen. Atme nicht ein, halte das nicht lange aus, reiße mir die Maske vom Gesicht, gerate in Panik, schreie, «ich will nicht», eine Schwester kommt, hält mir die Arme fest, «schön brav sein. Komm mal her. Du wirst schön schlafen.» Ich denke nicht daran, hier einzuschlafen, hier unter diesen Gangstern. Die Maske kommt erneut. Ich strample. Aber es nützt nichts. Ich halte die Luft erneut an. Sie merken es, pressen die Maske fester. Es geht nicht lange so. Ich muß atmen. Plötzlich die Idee: Sie wollen mich hier heute morgen in diesem weiß gekachelten Keller des Krankenhauses töten. Ich schreie abermals. Oder will schreien. Falle dann. Ganz tief, es rauscht, Rauschen in den Ohren, ich kann mich nicht mehr bewegen, die Wellen schlagen über mir zusammen.

Als ich aufwache, liege ich wieder im Zimmer. Ich wundere mich, wie ich ohne Bewußtsein wieder hierhergekommen bin. Ein dicker weißer Verband ist mir um den Bauch gewickelt. Ich kann nicht richtig durchatmen, in der Magengegend ein wahnsinnig schmerzhaftes Ziehen. Als hätte jemand in meinem Bauch herumgewühlt. Neben meinem Bett sitzt meine Mutter mit gespannt-erwartungsvollem Blick. Ich kann die Arme nicht bewegen. Schläuche verbinden die Nadeln in den Venen mit den Flaschen, die links und rechts des Bettes an Ständern aufgehängt sind. Die Schmerzen quälen mich. Ich weiß nicht, was sie zu bedeuten haben, weiß überhaupt nichts, weiß nicht, was sie in dem Keller dort gemacht haben. Die Mutter holt den Chefarzt, der kommt gleich mit seinem Stab von Männern in Weiß. Ich kenne diesen großen blonden Mann mit leichter Glatze. Ich habe ihn schon mal gesehen. Ich erinnere mich an die weichen Hände des Chirurgen. Warum hat er nur so weiche, fast zarte Hände, wenn er Menschen aufschneidet? Die Ärzte stehen um mein Bett. Der Chef schlägt die Decke zurück. Sie betrachten den Verband. Ich sage ihnen vorwurfsvoll, daß ich solche Schmerzen habe. Der Chef sagt zu meiner Mutter, es sei Wundschmerz, und man solle da jetzt nichts machen. Sie gehen weiter, und ich bin wütend, daß man mich so liegenläßt.

Nach einigen Tagen werde ich auf die Kinderstation verlegt. Meine Mutter muß nach Hause fahren. Sonst hätten die anderen Patienten zu oft nach ihren Eltern gefragt. Ich liege im Einzelzimmer, nachts brennt dauernd das Licht, aus Sicherheitsgründen, sagt eine Schwester. Ich kann nicht schlafen mit Licht. Meine Oberschenkel haben schmerzhafte Schwellungen von den Spritzen, die ich zweimal täglich bekomme. Morgens und nachmittags. Ich wehre mich dagegen, bitte, doch damit aufzuhören. Immer, wenn die Schwester mit der Spritze senkrecht nach oben zur Tür hereinkommt, ist es wie ein Überfall. Zusammenzucken, die Hand schützend auf das Bein halten, die Decke wird weggezogen, ein Pfleger kommt, hält mich am Arm. Ich verkrampfe die Beinmuskeln, damit die Nadel nicht eindringen kann. Das macht den Einstich erst recht schmerzhaft. Bei der Visite sage ich dem Arzt, daß ich die Spritzen nicht mehr haben möchte. Der wundert sich, daß die Schwester noch immer spritzt, obwohl das Medikament schon vor vier Tagen abgesetzt wurde.

Es kommen Ärzte mit einer Maschine, die mir angst macht. Manschetten werden um die Oberschenkel geknüpft. Ein Doktor dreht an Rädern der Maschine. Sie gucken auf einen Bildschirm, auf dem eine grüne Linie flackert. Stromstöße werden mir durch die Beine gejagt. In unregelmäßigen Abständen und in unterschiedlichen Stärken. Nur die Ärzte wissen, wann und wieviel Strom jedesmal durch die Beine gehen soll. Ich schreie bei jedem Stoß auf, es ist nicht der Schmerz, es ist die gemeine Unberechenbarkeit, mit der jeder Stoß mich trifft. Ich will die Manschetten wegreißen, aber sie sitzen zu fest. Ich verkrampfe die Hände ans Bettgestell, um die Spannung in mir auszugleichen, aber es nützt nichts. Bis zu zehn Ärzte stehen um das Bett bei der täglichen Prozedur, gucken neugierig und unbarmherzig, sie interessiert die Technik. Zum Schluß bekomme ich einen Bonbon von einer Ärztin, die aber nicht immer dabei ist. «Für deine Tapferkeit.»

Nachts gucke ich in die Wohn- und Kinderzimmer des gegenüber liegenden Mietshauses und will nach Hause, heule mich oft in den Schlaf und verstehe nichts.

Dann kommt meine Mutter wieder. Sie nimmt sich ein Hotelzimmer und besucht mich täglich. Etwa eine Woche. Nach der Besuchszeit spricht sie draußen vor der Tür mit einem Arzt. Ich versuche zu horchen, höre aber nichts. Ein Mann in Weiß nimmt mir Blut ab. Den kenne ich, denke ich. Danach warte ich auf das Abendessen. Aber es kommt nicht. Plötzlich erinnere ich mich an den Mann im weißen Kittel, und plötzlich ist mir klar, warum ich wieder mal kein Essen bekomme. Morgen muß ich wieder in den Keller hinunter. Sie wollen mich wieder aufmachen.

Niemand sagte es mir vorher. Ich reime es mir zusammen. Komme mir ohnmächtig und betrogen vor. Ich denke an alle Möglichkeiten, das Ereignis hinauszuzögern. Ich will abhauen, hinaus aus dem Krankenhaus, mir ein Taxi nehmen, ganz weit wegfahren. Oder mich im Klo der Station einschließen, mich in den weiten Korridoren der Klinik verstecken. Nein, sie sollen mich nicht wieder holen morgen. Ich klammere mich krampfhaft an den Gedanken, daß irgend etwas dazwischen kommt, etwas, was einen Aufschub der Operation notwendig macht, mir Galgenfrist gibt. Vielleicht ist die Blutprobe nicht in Ordnung. Aber die Blutprobe ist in Ordnung. Der Morgen kommt.

Sie holen mich aus dem Zimmer. Geben mir diese Scheißegal-Spritze. Und nichts ist mir scheißegal. Diesmal hat man der Mutter verboten, dabeizusein. Es ist mir auch nicht so wichtig, weil man sowieso allein in den Keller muß, egal, wieviel Menschen um einen herumstehen.

Das nächste Mal erwischte es mich, als ich zwölf bin. Die Nieren arbeiten nicht mehr richtig. Ich liege im Bett und kotze andauernd. Mein Bauch ist aufgeschwemmt und schmerzt wahnsinnig. Ich kann nicht mehr pinkeln. In Minutenabständen überfallen mich irre Kopfschmerzen, die das Gehirn zum Platzen bringen wollen. Die Mutter ruft den Arzt an. Als er kommt, stelle ich mich schlafend, als sei es eine Möglichkeit, mich der Gewalt zu entziehen. Der Doktor mißt den Blutdruck und macht ein erschrecktes Gesicht, nimmt Blut ab und gibt mir eine Beruhigungsspritze. Ich frage, was denn los sei, ob ich denn jetzt wieder ins Krankenhaus müsse. Bekomme keine Antwort. Das erschrockene Gesicht des Doktors spricht Bände. Er geht mit der Mutter hinaus auf den Flur. Sie sprechen wieder etwas, was ich nicht hören soll. Der Doktor telefoniert. Sie kommen wieder herein. Ich sehe dem Arzt in die Augen. Die Mutter hätte nicht zu sagen brauchen, «du mußt nach Göttingen in die Klinik.» Sie sagt es, und daß es bestimmt nicht lange dauern würde, vielleicht ist es nur der Blinddarm.

Auf der Fahrt im Auto macht sie mir noch Hoffnungen, «vielleicht können wir dich ja gleich wieder mitnehmen.» Als wir in das Klinikgelände einbiegen, kommt uns ein Leichenwagen entgegen. Drinnen werde ich auf einen Tisch gelegt, von einer Schwester bis aufs Unterhemd ausgezogen.

Ein Arzt mit Wurstfingern drückt mir auf dem Bauch herum. «Na, wo tut's denn weh?» – «Es tut überall weh, auch ohne daß Sie drücken.» Der Schmerz läßt sich nicht lokalisieren, und so drückt der Arzt weiter. Ich muß pinkeln. Kann es nicht sagen. Kann es nicht halten. Pinkele auf die Zellstoffunterlage der Liege. Der Arzt tritt einen Schritt zurück, die Schwester muß es wegwischen. Nach der Untersuchung will ich mich erst mal anziehen und in den sicheren Rollstuhl setzen, «nein, du bleibst erst mal liegen», sagt der Doktor und zu den Eltern, «haben Sie geglaubt, Sie können ihn gleich wieder mitnehmen?»

Sie legen mich auf die Kinderstation. Die Eltern fahren nach Hause. Ich habe noch immer wahnsinnige Schmerzen. Aber sie wollen abwarten. Sie lassen mich liegen und warten. Geben mir Valium ‹zehn›. Ich halte es nicht mehr aus. Die Schmerzen nicht, das Warten nicht. Zerwühle das Bettlaken, zerpflücke das Kopfkissen. Halte es nicht mehr aus, wie die Blase sich ab und zu leerpreßt und selbst dann nie ganz aufhört, weh zu tun. Warum tun die hier nichts, mein Gott, warum lassen diese Schweine dich hier so liegen? Nach einigen Tagen kommen zwei Männer in Weiß, legen mich auf eine Trage, bringen mich in das Gebäude gegenüber. Ein großes Haus mit beängstigend großen Maschinen, über Metalltischen. Sie legen mich auf einen solchen Tisch. Ich weiß nicht, was geschehen wird. Die Maschinen sind mir unheimlich. Ich denke an den Keller in Bonn. Eine Schwester in grauem Umhang kommt, schiebt eine Platte unter den Tisch, guckt, ob ich gerade liege. Ich denke, gleich kommt die Maske von hinten. Die Frau verschwindet. Dann kommt nur: «Einatmen, Luft anhalten, Ausatmen.»

«Die Nieren und die Blase sind zum Platzen mit Urin gefüllt», sagt ein Arzt, «daher die Schmerzen.» Diesmal sagen sie mir, was sie vorhaben. Oberhalb des Schambeins soll ein Loch bis in die Blase gebohrt werden. Dort wollen sie einen Katheter durchstecken, der den Urin absaugt, das habe ich begriffen.

Am Abend vor der Operation ist die Angst wieder da. Tausendmal stelle ich mir vor, wie es morgen sein wird. Die Spritze. Der Transport zum OP. Die Wartezeit vor dem OP. Die Zeit bis zur Narkose. Von der Spritze bis zur Narkose. Wie lange wird das dauern? Bis auf die Minute versuche ich es auszurechnen. Wie lange dauert der Eingriff? Alle Leute fragte ich, wie lange die Operation dauert. Sie beruhigen mich. Das sei Routine und dauere höchstens eine halbe Stunde. Aber ich lasse mich nicht beruhigen.

In der Nacht kann ich nicht schlafen. Trotz der Tablette, die der Narkosearzt verordnet hat. Das Warten beginnt. Um zehn ist der Termin angesetzt. Um halb zwölf bin ich immer noch im Zimmer. Die Ungewißheit macht mich wahnsinnig. Um vierzehn Uhr endlich kommen sie. Die Prozedur, die ich mir zigmal vorgestellt habe, beginnt von neuem. Gestern dachte ich, ich brauche keine Angst zu haben. Nun weiß ich ja, was sie mit mir machen wollen. Aber es ist jedesmal wieder ein Überfall, wenn sie mich auf die Trage legen und abtransportieren in den Trakt mit den Fliesen und den Waschkücheabflüssen, den Maschinen und den maskierten Leuten mit den unterdrückten Stimmen. Ich kann mich darauf nicht vorbereiten. Jede Erinnerung an das letzte Mal verblaßt angesichts des neuen Angriffs auf meinen Körper. Die Erfahrung, einfach ein paar Stunden weggeblendet zu sein, ausgeschaltet zu sein, wie ein störendes Radio, kann man schlecht vermitteln. Auch sich selbst nicht. Ich erlebe es jedesmal wieder neu.

Noch Wochen nach der Operation kann ich keine Nahrung bei mir behalten. Ich erbreche alles. Liege im Bett und nehme die Tabletten, die bald mit Galle vermischt in der Schale schwimmen. Ich vermeide es, auf meinen Unterleib zu gucken. Ich will den Schlauch und den Urinbeutel, der an meinem Bett befestigt ist, nicht wahrhaben. Die Stationsärztin grübelt erstaunt über meine anhaltende Kotzerei, «ich verstehe es nicht. Die körperlichen Ursachen haben wir doch beseitigt», sagt sie bei einer Visite.

San Felice.

In der Nacht nicht geschlafen. Total aufgewühlt von diesen Erinnerungen an die Krankenhäuser. Was soll das Herumstochern in meiner Vergangenheit. Ich will mich beruhigen, etwas Angenehmeres tun, nicht mehr schreiben müssen. Aber wer zwingt mich denn, zu schreiben? Ich werde wehleidig beim Schreiben dieser Erinnerungen, tröste mich, es ist doch vorbei. Nein, es ist nicht vorbei. Wenn ich gelb geklinkerte Räume sehe, denke ich an die Urologische Klinik in Göttingen. Kann ich die Angst durch das Schreiben loswerden? «Kann man es überhaupt verarbeiten?» fragt Dorothee. «Ich weiß nicht», sage ich. Im Moment bricht jedenfalls alles wieder hervor.

Der Traum: Immer derselbe Verlauf. Ich muß ins Krankenhaus. Ein Arzt hat wieder irgend etwas festgestellt. Ich durchlebe die Fahrt ins Krankenhaus, die Tröstungen, die Ängste, die Tage vor dem Eingriff. Den Morgen, an dem die Operation stattfindet. Wie in einem Tunnel, in den kein Licht der Außenwelt fällt.

Als ich Tage nach der Entlassung aus der Klinik den kleinen, stinkigen, viereckigen Verband, der die Operationswunde verdeckt, abnehme, ekele ich mich vor dem Anblick des Schlauches, der durch die Bauchdecke aus meinem Körper ragt. Etwa drei cm über den Schamhaaren bohrt er sich seinen Weg in die Blase. Unerbittlich steil und fremd guckt er aus dem Körper. Widernatürlich, wie ein Pfahl im Fleische. Ringsherum Haut und Haare, weich und weiß, und plötzlich dieses Gummi, von einem blassen Fleischwulst umsäumt. Nachts fahre ich mit der Hand an meinem Körper herunter zum Geschlechtsteil. Plötzlich habe ich dieses Gummizeug in der Hand, der Schlauch ruft noch schmerzhafte Erschütterung hervor in der Blase, wenn ich ihn versehentlich berühre. Und es ist mir jedes Interesse verdorben, weiter mit der Hand hinunterzufahren. Ich vermeide es, die Stelle anzugucken, an der der Schlauch in mich eindringt. Ich kann es nicht, es ekelt mich. «Notausgang», sagt ein Arzt zu dem Schlauch. Ein halbes Jahr dauert es, bis ich den Anblick ertragen kann, ohne daß sich der Magen rührt.

Wenn die Blase sich entzündet, oder der Arzt den Katheter nicht richtig einführt, diese mörderischen Krämpfe, die immer wieder kommen. Die Blase zieht sich zusammen, der harte Gummikatheter stößt an die Blasenwände, die Blase verkrampft sich, ich verkrampfe mich. Ein wilder, alles zersprengender, jede Nervenfaser zerreißender Schmerz durchzieht meinen Körper. Ich beuge mich nach vorne, drücke den Unterleib zusammen, um den Schmerz abzufangen. Der Körper, ein Bündel von kontrahierenden Muskeln und Gefäßen. Der Kopf puterrot vor Anstrengung, ich halte es nicht mehr aus, will schreien, mich auf den Boden werfen. Nein, es geht nicht, ich bin zufällig gerade in der Schule, will mich irgendwo festhalten. Es ist niemand Vertrautes da. Zähne zusammenbeißen, denke ich, nein, ich denke es nicht, ich tue es instinktiv, balle die Fäuste, beiße mir auf die Zähne. Es darf keiner merken, sich nur nichts anmerken lassen. Dreißig Sekunden, eine Minute, zwei Minuten, wie lange dauert es, bis der Spasmus langsam nachläßt. Ich nehme nichts mehr wahr an den Tagen, an denen ich Krämpfe habe. Zu sehr muß ich mich auf Selbstbeherrschung konzentrieren, als daß ich noch Gedanken für Schule oder die übrige Umwelt freihabe. Momente totaler Selbstbezogenheit.

Physisch hat mir der Katheter das Leben gerettet, psychisch hätten mich die Krämpfe fast taub gemacht.

Beim Mittagessen sagt meine Mutter: «Ach ja, wir müssen ja heute noch zum Urologen, den Katheter wechseln.» Sie sagt es mit einer Beiläufigkeit, als hätte sie etwas beim morgendlichen Einkauf vergessen. Mich trifft der Satz wie ein Keulenschlag. Für mich ist die vage Hoffnung zerstört, daß sie es vielleicht diesmal vergessen hätte.

Die Nacht zuvor hatte ich kaum geschlafen, dachte nur an den bevorstehenden Arztbesuch. Arztbesuch, welch freundliches Wort angesichts dieses fürchterlichen Zwanges, sich alle drei Wochen den Katheter wechseln zu lassen. Ich kann mich nicht abfinden mit dem Zwang, der mir dort angetan wird. Den ganzen Morgen dieses nervöse Ziehen im Magen, mittags kann ich nicht viel essen, sage kaum etwas. In der Schule nicht zuhören können, der Gedanke an die Gewalt, die der Arzt über mich hat, wenn er den Schlauch wechselt. Ich kann mich nicht daran gewöhnen. Und ich kann mit keinem darüber reden.

Und jedesmal hoffe ich, daß es diesmal nicht so weh tut. Diese verdammte Abhängigkeit von Zufällen. Niemand weiß vorher, ob der Schlauch in der Blase hängenbleibt oder ob er sich glatt wechseln läßt. Ich weiß vorher nicht, ob der Arzt diesmal hektisch oder ungeduldig ist, weil das Wartezimmer um sieben Uhr noch voll ist oder ob er sich Zeit nimmt und vorsichtig mit mir umgeht.

Nach dem Essen verdränge ich das Ereignis noch eine Weile,

gucke ab und zu nur auf die Uhr, rechne mir aus, wieviel Zeit noch bleibt. Für sechs Uhr ist der Termin angesetzt. Ich gehe raus an die frische Luft, in den nahegelegenen Park, um mich abzulenken. Ich treffe ein paar Bekannte, setze mich zu ihnen auf die Rasenfläche, versuche, zuzuhören, mich an dem Gespräch zu beteiligen. Es gelingt mir nicht. Ich kann mich nicht zerstreuen. Immer wieder ergreift das bevorstehende Ereignis Besitz von meinem Kopf. Ich gucke auf die Uhr. Noch drei Stunden. Werde unruhig, setze mich alle paar Minuten anders hin, gucke mich nervös um. Nur noch ‹sechs Uhr› in meinem Kopf: und jeden Handgriff, der dann mit mir geschehen wird. Wie lange wird es dauern? Drei Minuten, fünf Minuten, zehn Minuten. Wie lange dauert es, bis der Schlauch aus der Blase herausgezogen, der neue eingeführt ist? Nur noch der Gedanke an die Arztpraxis und das Behandlungszimmer. Für Sekunden reißt mich jemand aus dem Tunnel, fragt mich etwas, aber ich antworte nur knapp, will mir nichts anmerken lassen, auch nicht einfach so reden. Ich versuche wieder, Aufschubmöglichkeiten zu finden. Und wenn ich jetzt hier sitzenbliebe, einfach nicht nach Hause ginge, oder ausreißen würde, zum Bahnhof, einen Zug besteigen und wegfahren? Nein, ich bin ein bißchen zu vernünftig. Es fällt mir nichts ein, was einen Sinn hätte. Ich verlasse den Park, gehe nach Hause, sehe, höre und fühle nichts mehr. Dann schießt es mir durch den Kopf: Warum kann ich mit fünfzehn nicht so leben wie andere auch? Unbeschwert oder nur mit normalen Beschwernissen. Warum geht das nicht? Ohne die Belastung leben. Warum gerade ich? Ich heule fast vor Wut, lehne mich auf, denke noch mal daran, nicht nach Hause zu gehen. Aber sie bekommen mich sowieso. Es läßt mich nicht los, egal, wohin ich fahre, ich kann einfach nicht weglaufen. Ich gucke zur Uhr, es ist halb fünf. Das Ziehen in der Magengegend wird zum aufgeregten Sodbrennen. Der Countdown beginnt. Die Fahrt vom Park bis zum Haus der Eltern ist wie der Gang eines Schlafwandlers. Wenn es doch erst vorbei wäre, verflucht, und wenn es doch diesmal nicht so weh täte. Zu Hause. Meine Mutter gibt mir Anweisungen. «Wasch dich doch, hast du eine saubere Unterhose an, nun zieh dir mal eine neue Unterhose an.» Was sonst Protest notwendig macht, befolge ich jetzt gehorsam. Ich kann mich nicht wehren. Immer dasselbe geht mir durch den Kopf: Ich will nicht dorthin, in die Praxis, heute nicht und nie mehr. Um viertel vor sechs ist der Widerstand gebrochen. Der Vater packt meinen Rollstuhl in den Kofferraum. Ich hänge auf dem Hintersitz wie ein Mehlsack. Kann mich nicht mehr wehren, wie Schlachtvieh auf der Fahrt zur Hinrichtung. Dann wieder der Gedankenblitz. Wenn ich diese Straßenkreuzung wiedersehe, wenn wir die Straße befahren in umgekehrter Richtung, dann ist es geschafft für die nächsten zwei Wochen. Alles läuft so automatisch ab, ohne mich und doch mit mir. Fast schöpfe ich Hoffnung, als wir vor der Ampel warten müssen. Zwei Minuten Aufschub. Der Wagen hält vor dem Haus des Arztes. Ich gucke die Fassade hinauf, während der Vater den Rollstuhl aus dem Auto holt. Sehe oben im zweiten Stock das Fenster, hinter dem das Behandlungszimmer liegt. Ich setze mich in den Rollstuhl, lasse mich in das Haus schieben, denke noch, wenn ich die Uhr dort hinter dem Portal des Hauptbahnhofes wiedersehe, habe ich es geschafft. Der Aufzug ist blockiert. Freude über die kurze Unterbrechung. In der Praxis bleiben wir im Flur stehen, weil das Wartezimmer überfüllt ist. Gleich gegenüber die Tür: das ist das Zimmer, in dem ich immer verarztet werde. Das Wort geht mir durch den Kopf. Verarztet, verwurstet. Der Arzt läuft hektisch über den Flur. Begrüßt den Vater flüchtig. Nickt ihm zu. Rennt ins nächste Behandlungszimmer. Vier Behandlungsräume und einen Röntgenraum hat die Praxis. In einem Gang hintereinandergereiht, Fließbandverwurstung. Ich werde bald in das Behandlungszimmer geschoben. Links von der Tür eine Liege, an den Wänden Hängeregistraturen mit Patientenakten. Ein Tisch mit Zellstoff, Flaschen und Untersuchungsinstrumenten darauf. Ich setze mich auf die Liege, ziehe die Hose herunter. Lege mich hin und warte. An den Wänden Schmetterlinge. Schmetterlinge, dieser Zyniker. Draußen die Stimme des Arztes. Jetzt wird er hereinkommen, da, nein, doch nicht. Er geht nach nebenan. Gespanntheit bis zur letzten Nervenfaser, ich werde es nie lernen, ergeben auf meinen Arzt zu warten. Schweigen im Raum. Mein Vater steht mit auf dem Rücken verschränkten Armen am Fenster, guckt hinaus. Sagt nichts. Was sollte er auch sagen. In einem Moment, als ich den Arzt nicht mehr laufen und reden höre, also ganz weit weg wähne, kommt er hereingestürmt, die Sprechstundenhilfe hinter ihm her, die Tür schließend. Er macht einen gehetzten, entschlossenen Eindruck, geht konzentriert sofort ans Werk, an meinen Körper. Ich lege die Hände hinter den Kopf, und der Vater, der sich hinter die Liege stellt, nimmt sie. Ich drücke sie fest zu, um die Spannung abzureagieren. Hinterher hat der Vater übrigens rote Hände. Ich winkel die Beine so eng an den Körper, wie es nur geht, verkrampfe die Bauchmuskulatur, konzentriere mich auf jede Bewegung des Arztes, drücke die Hände fest zusammen, obwohl noch nichts wehtut. Der Doktor löst den Auffangbeutel vom Katheter. Spricht dabei mit meinem Vater. Ich verstehe kein Wort. Beide sind weit über mir. Der Arzt läßt das Wasser aus dem Ballon aus dem unteren Ende des Katheters und fängt an, den Schlauch herauszuziehen. Ich schreie auf. Nicht weil es schon weh täte. Warten auf den Schmerz. Der Schlauch läßt sich problemlos herausziehen. Der neue Schlauch paßt gut rein. Ich schreie, als der Schlauch unten an die Blasenwand stößt, aber das ist normal. Der Arzt pumpt den Ballon wieder mit fünf Kubikzentimeter Wasser voll. Jetzt kann er nicht mehr bewegt werden. Das Aufpumpen geht schmerzlos. Der Schlauch muß mit destilliertem Wasser gespült werden, um zu sehen, ob er auch absaugt. Der Arzt setzt die Spritze mit dem Wasser auf den Katheter, versucht das Wasser hineinzupressen, aber es geht nicht, der Schlauch läßt sich nicht spülen. Der Arzt läßt den Ballon wieder ab. Zieht den Schlauch ein Stück heraus. Es tut sehr weh. Ich schreie auf, verkrampfe mich, strampele mit den Beinen, stoße gegen eine volle Nierenschale, die vom Fußende der Liege fällt. Und der Doktor schreit mich an, ich solle mich zusammenreißen, so schlimm könne es doch nicht sein. Er will mir fast eine Ohrfeige geben. Unerbittlich, wie ein Roboter, arbeitet er an mir, zieht ein Stück am Schlauch, schiebt ihn wieder hinein. Blutgerinsel laufen aus dem Katheter. Er pumpt den Ballon wieder auf. Versucht erneut zu spülen. Ein unheimliches Brennen, als hätte er Salzsäure in die Blase gespritzt. Nochmals fließt Blut ab, aber es geht. Der Katheter sitzt. «So, das war's», sagt der Doktor. Ich setze mich vorsichtig hin. Mein Rücken ist naßgeschwitzt. In der Blase ein Ziehen, ich bedecke den Katheter mit Zellstoff und ziehe die Hose hoch, setze mich in den Rollstuhl. Wische mir über die Stirn. Zehn Minuten hat es gedauert. Eine Ewigkeit. Noch ein «laß es dir gutgehen» des Arztes, das ich kaum höre. Ich lasse mich hinausschieben. Im Aufzug lehne ich den Kopf erschöpft gegen die Kabinenwand, fühle mich leergepumpt. Draußen kommt mir die Luft viel klarer und frischer vor. Erschöpft lasse ich mich in den Autositz fallen. Will mich irgendwo anlehnen, ausheulen. Es geht nicht.

Seit den drei Monaten in der Göttinger Klinik, seit jenen Krankenhausaufenthalten, die über mich hineinbrachen wie Gewitter, habe ich Angst, plötzlich krank zu werden. Nachts schlafe ich schlecht, immer wieder überfällt mich diese dumpfe Ahnung, irgend etwas stimmt nicht mit mir. Ich bin krank. Geht es mir eine Weile gut, habe ich eine Zeit keine Nierenbeschwerden, kann ich es kaum wahrhaben. Deute jedes Zeichen, jeden Anflug von Schmerz, jedes Herzflattern als Symptom einer beginnenden Krankheit. Ich fühle laufend den Puls, horche in mich hinein, um beginnende Krankheiten sofort selbst zu entdecken. «Ein Hypochonder» sagen meine Eltern.

Das kränkt mich. Der Arzt kommt wieder, redet beruhigend auf mich ein, verschreibt wieder Tabletten. Diesmal werfe ich die Tabletten gleich ins Klo. Will diese Chemikalien nicht fressen. Ich ahne, woran meine Unruhe liegt, der Glaube, ich sei eigentlich krank, den kein Arzt erschüttern kann, weil sie mir schon so viel erzählt haben von Untersuchungen, die bestimmt nicht wehtun, nein, bestimmt nicht, und Klinikaufenthalte, die bestimmt nicht lange dauern, nein, es wird schon wieder werden.

Was weiß ich eigentlich über meinen Gesundheitszustand, was weiß ich über meine Behinderung? Wachstumsstörungen im embryonalen Zustand. Querschnittslähmung ab fünftem Lendenwirbel abwärts. Mit offenem Rücken geboren, aus dem ein Zystensack mit Rückenmarksflüssigkeit hing. Zwei Tage nach der Geburt wird dieser Sack operativ in die Wirbelsäule gedrückt. Der Rücken wird zugenäht. Wochen später tritt ein Wasserkopf auf. Das Wasser wird in einer erstmals überhaupt durchgeführten Operation abgeleitet. Die Oberschenkelgelenke hängen nicht in den Pfannen. Die Nervenstränge im Rückenmark sind geschädigt. Ich kann nicht laufen. Gesprochen wird darüber zu Hause in meiner Gegenwart nicht, und meine Behinderung wird als Zustand betrachtet und totgeschwiegen. Sie sagen nichts, und ich frage auch nicht. Zustand nach operiertem Hydrocephalus, lese ich auf einem Attest des Hausarztes. Als ich meinen Vater einmal fragte, was denn mit dem Rückenmark los sei, antwortete er nur notdürftig.

Notdürftiges Wissen habe ich. Was ich heute weiß, reimte ich mir aus dem Fachchinesisch der nach der Visite geklauten Krankenblätter zusammen. Oder ich hörte es von der Mutter, wenn sie bei Arztbesuchen meine Krankengeschichte herunterbetete, wenn sie erzählte, wie es war in den Kliniken und wie ich mich fühlte, und daß es schwer war. Die Ärzte hören das alles, ohne mich auch nur einmal anzugucken.

Eines Morgens bringt mich das Kindermädchen zur Schule. Klassenkameraden stehen auf dem Podest an der Treppe und beginnen, «stimmt das, daß du mit offenem Rücken geboren bist?» Ich höre es erschrocken. Kann nichts sagen, das Mädchen schiebt mich eilig vorbei an den Mitschülern in die Klasse.

Als der Vater mich von Bekannten der Eltern abholt, der Mann beim Hinausgehen auf den Rollstuhl deutend: «Sag mal, kann er eigentlich wieder laufen?» – «Geh schon mal vor, ich komm gleich», sagt der Vater zu mir. Ich rolle brav zum Auto, der Vater sagt diesem Bekannten, was er mir nie sagte.

Die Mutter in einem Telefongespräch spät am Abend, das ich

durch die halboffene Zimmertür mithöre, «vielleicht ist es durch UV-Einstrahlung gekommen. Wir waren während der Schwangerschaft in den Dolomiten.» Ich bin wütend für einige Tage, wütend und verzweifelt, daß es durch eine Vergnügungsreise zu Mißbildungen kam, deretwegen ich nicht laufen kann. Dann beruhige ich mich. Denn sie weiß es ja selbst nicht genau.

Beim Arzt.

Sie schiebt mich aus der Tür. Ich bin halb draußen, sie dreht sich um in das Arztzimmer. Beginnt ehrfürchtig, «ach, Herr Doktor, könnte ich Sie einen Moment sprechen?» Gibt mir einen Schubs, so daß ich durch die offene Tür fahre, guckt mich um Geduld bittend an, als sie sich umdreht. Ich sehe, wie sie sich rückwärts durch die Tür ins Zimmer windet. Stehe draußen vor der Tür, frage mich, was da jetzt wieder besprochen wird. Als die Mutter herauskommt, stürzt sie beinahe auf mich zu, Verlegenheit mit Hektik überspielend, «komm, wir müssen nach Hause, ganz schnell, das Essen muß gleich auf den Tisch. Papa kommt gleich.»

Warum will sie nicht, daß ich frage? Warum sagt sie nicht die Wahrheit? Abschirmung.

Abschirmung.

Abschirmung, die gewollte Behütung vor der Wahrheit: Gibt es diese Abschirmung wirklich, oder ist es nicht die doppelte Auslieferung? Ich wüßte zu gern, was dort hinter verschlossenen Arztzimmern, Wohnzimmern und Treppenhaustüren über mich geredet wird. Ich mutmaße nur, ich weiß nichts Genaues. Vermutungen. Ahnungen. Vieles an meiner ‹Krankheit› ist mir unheimlich. Es ängstigt mich. Es ist so unberechenbar. Wie lange lebt man durchschnittlich mit meiner Behinderung? Welches sind die Risiken? Was habe ich noch an Operationen zu erwarten? Fragen ohne Antworten.

Die Vorstellung, daß heute nachmittag wieder ein Arzt eine Änderung meines Gesundheitszustandes diagnostiziert, der mich wieder für Monate ins Krankenhaus bringt, diese Vorstellung, daß sich die Erfahrung der Kliniken in Abständen wiederholt, solange ich lebe, versetzt mich in Panik.

«Wie lange kann ich den Katheter tragen?» frage ich den Urologen.

«Praktisch unbegrenzt», sagt er, routinierte Sorglosigkeit verbreitend. «Ihre Blase ist ein Trümmerhaufen. Nur so groß wie eine Faust. Die müssen wir auf die Dauer herausnehmen. Da werden Sie keine Freude mit haben. Es kommen über den Katheter laufend

Bakterien herein. Wir können das nur operativ lösen. In Ihrer Blase sitzen pflaumengroße Steine. Die müssen wir umgehend herausnehmen.» Diagnose eines Nierenspezialisten im Sommer 1975. Fünf Tage später liege ich auf dem Operationstisch.

3

Was hat es für einen Sinn, sich beim Schreiben so zu sensibilisieren? Ich werde wehleidiger, wenn ich mir klar mache, wie behindert ich bin. Es bringt nichts, aufzuzählen, wie vielseitig die Verstümmelungen sind, wie sehr ich auf ärztliche ‹Kunst› und Verdrängung angewiesen bin, um leben zu können. Daß Kunst von Können abstammt, ist angesichts der Wortverbindung künstlicher Darmausgang schwer zu begreifen. Ich kreise um mich selbst, wenn ich schreibe. Mit welchem Ziel? «Schreiben ist Onanie», klage ich der Schriftstellerin.

«Ja, was hast du denn für ein Verhältnis zur Onanie?» fragt sie provozierend, «wir haben nicht gelernt, zuzugeben, daß wir schwach sind. Wir sagen nicht, daß es uns schlecht geht, weil es uns gutzugehen hat. So gewöhnen wir es uns ab, uns selbst ernstzunehmen», sagt sie.

Morgens in San Felice.

Nach dem Frühstück suche ich im Autoradio einen deutschen Sender. In den Nachrichten Massaker in Teheran. Menschen werden ermordet. Ich sitze hier und kultiviere meine Frustrationen.

Ich sage Dorothee, daß ich eine Art Roman schreiben will, eine richtig runde Geschichte, mit einer Hauptfigur, die einen Namen trägt, einem feingegliederten roten Faden, der die Probleme von behinderten Menschen deutlich macht. Es wäre doch wichtig, etwas Gültiges zu dem Thema zu schreiben. Eine Geschichte, losgelöst von meinen Problemen, die ohnehin zu subjektiv sind. Warum will ich mich loslösen vom Schreiben über eine Problematik, die mich hautnah betrifft? Warum will ich über meinem Thema stehen? Ich sage Dorothee, daß ich vorhabe, im nächsten Abschnitt etwas über meine Eltern zu schreiben.

Ich kann nicht schreiben, ich kann nicht beschreiben, und ich drücke mich täglich davor, aus der Küche in das Arbeitszimmer zu gehen. Vielleicht traue ich mich nicht zu schreiben. Ich gucke aus dem Küchenfenster, starre auf die dunstverhangenen Berge, die einzige Erhebung der pontinischen Sümpfe. Ich träume, diese Bergkette zu erklettern, bis hinauf zum Gipfel, zur Wetterstation, die jetzt in den Wolken liegt.

Frühmorgens würde ich loswandern mit einem Rucksack Proviant für den Tag. Mit festem Schuhwerk würde ich quer bergauf laufen, die Schotterstraße, die bis zur Station hinaufführt, meiden, mitten durch die Natur. Erst durch den dichten Wald. Dann durch ganz hohes Gestrüpp. Bis der Boden steiniger wird. Um mich herum nur Nebelschwaden. Waschküchenatmosphäre. Ich würde mich auf einen Stein setzen, hinuntergucken auf die Ebene, die in sechzig Kilometer Entfernung durch den Appenin begrenzt wird. Ich würde nicht lange verweilen, will hinauf auf die Spitze. Würde nicht eher Ruhe geben, bis ich aus wenigen Metern Entfernung unvermittelt die Wetterstation aus dem Nebel auftauchen sähe.

Lieber so etwas phantasieren, als über meine Eltern schreiben.

Ich werde nie einen Berg erwandern können, es hat also keinen Sinn, es sich vorzustellen. Oder?

Dorothee sagt, ich könne mit ihr über jedes Problem reden, nur nicht über das Verhältnis zu ihren Eltern. Sie wolle die Kindheitsgeschichten nicht wieder ausgraben.

Ich kann über *das* Verhältnis nicht schreiben, weil ich nach den Krankenhausaufzeichnungen die Wut nicht mehr spüre. Warum schreibe ich nicht weiter, es muß ja nicht wütend sein. Vielleicht habe ich Angst, daß sich etwas ändert an *dem* Verhältnis. Vielleicht habe ich auch einfach Angst, daß sie es lesen, es mißverstehen, denken könnten, ich haßte sie?

Dorothee lenkt vom Thema ab. Redet wieder über die furchtbar drückenden Probleme von Menschen, die ich nicht kenne. Warum redet sie nur von anderen?

Warum will ich einen Roman schreiben?

Die Psychologin sagt nach dem Lesen der Tagebücher, alle Personen seien dort negativ dargestellt. Habe ich Wahrnehmungsschwierigkeiten, oder woran liegt es, daß die schlechten Erinnerungen intensiver hängenbleiben? Oder überwiegen sie einfach zahlenmäßig? Mich ärgert es, daß die Schilderungen aller Beziehungen einen negativen Nachgeschmack hinterlassen. Dann denke ich, daß es alleine entscheidend ist, daß ich ehrlich bin.

San Felice.

Ich fahre mit dem Auto in den Nachbarort.

Ich will mir die Stadt angucken, ein paar deutsche Zeitungen kaufen, auch weg von Dorothee. Nicht an mein Thema denken. Urlaub machen, gucken, was ich alleine unternehmen kann, was mir Spaß macht. Der Rollstuhl liegt im Kofferraum, ohne Hilfe für mich unerreichbar.

In Terracina geht ein Wolkenbruch nieder. Nun komme ich doch nicht in die Verlegenheit auszuprobieren, wie es alleine ist. Ich gucke mir die Stadt aus dem Auto an. Bin im Grunde froh, daß es regnet, daß ich niemanden um Hilfe bitten muß. Ich verzichte auf Zeitungen und Kaffee, fahre an den Strand. Der Verkehr ist mir zu laut und hektisch. Draußen am Meer bekomme ich Lust, trotz des Regens allein am Strand spazieren zu gehen. Allein. Aber da ist niemand, der mir den Stuhl aus dem Kofferraum holen würde. Allein. Selbst wenn ich den Stuhl herausbekäme, ich würde nach den ersten Metern mit den Rädern im Sand festsitzen. Ich kurbele das Fenster herunter, es hat aufgehört zu regnen. Ich genieße es, mir den Wind ins Gesicht durchs Haar wehen zu lassen. Trotz des miesen Wetters ist der Wind warm und mild. Es beruhigt mich, hier so aufs Wasser zu gucken.

Als ich Kind war, wollte ich zur See fahren. Die Erzählungen eines Bekannten meiner Eltern, der Kapitän auf einem Schiff war, faszinierten mich. Ferne Länder, Schiffe, fremde Menschen, ich wollte mal mitgenommen werden auf große Fahrt. Sie ließen mich in der Hoffnung, daß es eines Tages klappen würde. «Später, wenn du groß bist.» Bis ich auf die Idee kam, daß man mit dem Rollstuhl auf einem Schiff nichts anfangen kann.

Ich fahre nach einer Weile ein Stück auf der Küstenstraße nach Süden. Nach etlichen Kilometern sehe ich links ein Dorf auf halber Höhe eines Berges. Von vorne sieht es aus wie an die Bergwand geklatscht. Eine gerade Straße führt über die Ebene zu den Bergen, bis in das Dorf hinauf. Ich fahre die Straße, die Serpentinen hinauf bis in das Dorf. Überlege, wie alt die Häuser sein mögen. Alte Butzen, schmal und schief, ineinander verschachtelt, die Fenster unheimlich klein. Ich stehe auf dem Dorfplatz. Kein Tourist hier. Die Leute gucken mir nach. Es ist mir peinlich, mit dem protzigen Opel hier herumzustehen. Ich will aussteigen, vielleicht ein paar Fotos machen. Vom Dorfplatz gehen sternförmig Wege in alle Richtungen, nur die Hauptstraße ist mit dem Auto befahrbar. Alle anderen Wege in den Berg gehauen. Ich will gerade jemanden fragen, mir behilflich zu sein, weil es mich interessiert, wo diese Wege hinführen. Da sehe ich die Hunderte von steinigen, unegalen Stufen, die nach einigen Metern bergauf und bergab beginnen. Ich könnte hier keine zehn Meter mit dem Rollstuhl fahren. Ich komme mir mit meinem Auto vor wie in einem fahrbaren Blechsarg mit Fenstern, aus dem es kein Aussteigen gibt. Abgekapselt. Meine Rasereien mit dem Wagen sind nichts anderes als ein hilfloser Ausdruck meiner Unselbständigkeit.

In Kassel diskutiere ich mit der behinderten Psychologin über die Auswirkungen, die das Leben im Rollstuhl mit sich bringt. «Es gibt bestimmende Einschränkungen. Die Unbeweglichkeit ist immer da. Zum Beispiel kann ich beim Geschlechtsverkehr nicht alle Stellungen ausprobieren. Ich kann nicht Bekannte, die in einer oberen Etage wohnen, spät abends unangemeldet besuchen. Ein Passant müßte an der Tür schellen, jemand muß herunterkommen, den Rollstuhl aus dem Auto holen, einige müßten mit anfassen, um mich die Treppe hinaufzutragen», sagt die Psychologin. Ein Sitzleben sei eben umständlicher. Ich will es nicht eingestehen. «Es liegt an dir, was du aus der Behinderung machst, wie weit du dich einschränken läßt. Du mußt die Behinderung als Gehindertsein durch die Umwelt begreifen», sage ich ihr. Doch der Ausdruck ‹Sitzleben› beschäftigt mich: Erschreckt mich zugleich, weil es mir wieder die Bindung an den Rollstuhl deutlich macht. «An den Rollstuhl gefesselt», höre ich oft von Nichtbehinderten als Beschreibung meines Zustandes. Mich regt der Ausdruck auf. Als ob ich mich nicht genausogut in einen Wohnzimmersessel, ein Zugabteil oder auf eine Wiese oder einen Kinositz setzen könne, so wie sogenannte Nichtbehinderte.

Ich fühle mich bald unsicher, wenn ich ohne Rollstuhl irgendwo sitze. Die Behinderung ist nicht mehr sichtbar. Ins Zugabteil kommt ein älteres Ehepaar, «so, junger Mann, nun gehört es sich ja, daß Sie uns Platz machen». Ich bekomme einen roten Kopf, stammele, «ja, eh, der Rollstuhl im Gang, der gehört mir». – «Ach so, das kann man ja nicht sehen.» Der Alte schließt die Abteiltür.

In Kneipen setze ich mich selten auf einen normalen Stuhl. So vor aller Augen, da ist es doch bequemer, auf einem Rollstuhl an den Tisch zu fahren. An den Rollstuhl gefesselt. Es deprimiert mich, mit dem Stuhl vor einem Kneipentresen zu stehen, praktisch gegen eine Holzwand zu gucken, zu dem Partner rechts oder links auf dem Hocker aufzugucken, ihn herabgucken zu sehen. Die Nase reicht kaum bis an den Tresen heran. Der Kellner hört die Bestellung nicht. Warum steige ich nicht um auf den Hocker? Oder im Theater auf den Sitz?

Ich rege mich über die Psychologin auf, die in einer Erzählung schreibt, sie würde ‹da unten› im Rollstuhl verhungern, wenn sie jemand umarmen wolle, der darauf aber nicht reagiert. «Du bleibst doch passiv, machst dich doch zum Objekt», schimpfe ich, «warum ergreifst du denn nicht die Initiative, umarmst jemanden, den du sympathisch findest?» – «Würdest du die Initiative ergreifen?» fragt sie mich. Schweigen.

San Felice.

Abends im Bücherschrank im Salon finde ich einen medizinischen Ratgeber für Querschnittsgelähmte, ‹für den Kranken und seinen Helfer›.

‹Auch für den Querschnittsgelähmten ist es heute möglich, ein vielseitiges und interessantes Leben zu führen.›

Was hat das dort beschriebene Leben noch für einen Sinn? Die vielen Verbote und Vorschriften. ‹Täglich zweieinhalb Liter Wasser oder Tee trinken, damit die Nieren durchspült werden. Alkohol ist für den Kranken nicht zu empfehlen, da die geschwächten Nieren angegriffen werden können. Gegen einen halben Liter Bier gelegentlich ist aber nichts einzuwenden. Sich warm halten ist besonders wichtig, da durch die Unbeweglichkeit des Körpers sehr schnell eine Unterkühlung eintritt. Zumal der Gelähmte in bestimmten Körperregionen keine Sensibilität hat. Die Einnahme bestimmter Antibiotika gegen Harnwegsinfekte ist ‹rein prophylaktisch› empfehlenswert.› So steht es in dem Buch. Ich berücksichtige kaum etwas davon. Will nicht kontrollieren, wieviel ich täglich trinke, nehme die Antibiotika nicht regelmäßig. Die Keime in der Blase werden resistent gegen das Mittel. Neue Tabletten werden verschrieben. Ich streife die chirurgischen Einmal-Handschuhe nicht über beim Katheterwechsel, den ich jetzt selbst vornehme. Ich tupfe die Blasenöffnung beim Wechsel nicht mit Alkohol ab, wechsele die Urinauffangbeutel nicht täglich. Der Kalk, der sich in den Harnwegen ablagert, wird die Nieren irgendwann zerstören.

‹Zur Druckstellenvermeidung ist es notwendig, daß der Gelähmte sich ab und zu flach hinlegt, denn zu langes Sitzen kann zu Komplikationen führen.› Ein Querschnittsgelähmter kann einen Abend auf einem Kronkorken sitzen, ohne etwas zu spüren. Am Morgen ist der Hintern bis zum Knochen durchgesessen. Ein monatelanger Krankenhausaufenthalt ist fällig.

Ich kann mich nicht abfinden mit den Einschränkungen des Sitzlebens. Ich gehe nicht regelmäßig zum Arzt, habe Angst, dieser könnte sich neue Verbote und Vorschriften einfallen lassen. Ich will unbedingt ein normales Leben führen, ohne be- oder gehindert zu sein.

In Kassel telefoniere ich mit der behinderten Psychologin, die seit ihrem siebten Lebensjahr wegen einer Polio im Rollstuhl sitzt. Sie sagt, sie hätte gestern nicht zu einer Party an den Felix-See gekonnt. Der Tag an der Uni sei so anstrengend gewesen. Sie hätte einfach nicht mehr im Stuhl sitzen können. So sei sie den Abend zu Hause geblieben und hätte sich einen langweiligen Fernsehfilm angesehen. Ich triumphiere stillschweigend. Ich hätte mich gezwungen, zu der Fete zu gehen. Oft saß ich unter Schmerzen bei Zusammenkünften, völlig unfähig, mich auf das Geschehen zu konzentrieren, nur um dabeizusein, nur um den Anschein eines normalen Lebens vorzutäuschen. Man darf nicht schwach oder kränklich sein, sonst ist man draußen. Ich vernachlässige meinen Körper, weil ich nicht eingestehen will, daß ich behindert, anders bin. Leben nach der Devise ‹Was mich nicht kaputt macht, macht mich nur noch härter.› Verleugnung eines besonderen, einmaligen, unwiderbringlichen Lebens zugunsten der Einheitsnorm des ‹Kraftmeiers›.

Wenn ich mit einer Nierenentzündung im Bett liege, während andere feiern, diskutieren und tun, was ihnen Spaß macht, dann muß ich eingestehen, daß ich doch ein Handicap habe.

Im Traum bin ich ohne Rollstuhl. Nun stelle ich mir vor, auf einen Berg zu klettern. Als Kind wollte ich zur See fahren, Fallschirm springen, Maurer oder Schauspieler werden. In wievielen meiner Vorstellungen, die ich nicht zulasse, will ich den Rollstuhl nicht mehr?

Mir macht die Behinderung nichts aus. Ich habe mich daran gewöhnt, sage ich jedem, der es hören will. Ich tröste mich mit der Hierarchie der Körper, mit denen, denen es schlechter geht als mir. Ich kenne Behinderte in anderen Städten, die brauchen morgens zwei bis drei Stunden, um sich mühsam anzuziehen und zu waschen, fahren dann zur Arbeit, zu irgendeinem langweiligen, schlechtbezahlten Bürojob, müssen erst telefonische Verabredungen mit Freunden treffen, die ihnen helfen, nach der Arbeit noch einen Einkauf zu erledigen. Abends nur gelegentlich ein Theater- oder Kinobesuch, sonst sind sie zu kaputt, um noch etwas zu machen. Gehen sehr früh zu Bett, brauchen zehn bis zwölf Stunden Schlaf, um nicht zusammenzubrechen. Ich gehe oft sehr spät abends noch raus, auf ein Bier, manchmal allein in eine Kneipe, denke, daß ich so, wie ‹die Behinderten›, eigentlich nicht existieren könnte. Die mich am Tresen im Rollstuhl sitzen sehen, denken dasselbe wohl von mir.

Dabei könnte ich sogar laufen. Ja, sogar richtig laufen, wenn ich es nur wollte: An Krücken und mit Stützapparaten, die um die Beine geschnallt werden. Also nicht mehr den Rollstuhl einpacken müssen ins Auto, einfach spontan losfahren können, aussteigen, spontan zu jemandem hingehen, egal ob er im ersten oder im sechsten Stock wohnt. Nicht jemanden bitten, der mir eine Zeitung aus dem Kiosk holt oder eine Bratwurst kauft, weil es mir zu umständlich ist, den Stuhl ein- und auszupacken. Einfach überall aufs Klo gehen zu können, ohne jemanden zu fragen, ob die Türen auch breit genug sind. Meist sind sie zu schmal. Endlich unabhängiger sein können.

Die Fotos in dem Bergdorf hätte ich machen können. Am Strand von Terracina hätte ich spazierengehen können.

Ich fahre mit Dorothee im Auto die Uferstraße von San Felice nach Sabaudia. Links neben der Fahrbahn fällt eine steile, grünbewachsene Böschung ab, unten ein verrosteter Stacheldrahtzaun, alt und niedergeweht, dahinter der Strand. Unmöglich, mit dem Stuhl dort hinunterzukommen. Dorothee schlägt vor, hinunter an den Strand zu gehen. Ich lache nur. «Fahr doch mal langsamer», sagt sie ungeduldig. Ich biege links ein, fahre auf einen Parkplatz über der Böschung. Kaum habe ich das Auto abgestellt, reißt sie die Tür auf. Bleibt dann plötzlich, den Oberkörper halb aus der Tür gelehnt, die Hand am Griff der offenen Tür, für einen Moment sitzen, als fiele ihr ein, daß sie etwas vergessen habe. Ich sehe ihre Unsicherheit, lasse sie mit ihrem schlechten Gewissen in der Tür hängen. Amüsiere mich über ihre Unfähigkeit, jetzt etwas zu sagen. Schließlich gibt sie sich einen Ruck, reißt sich los, steht auf, dreht sich um, sagt in den Wagen hinein, sie wolle gucken, ob ich dort unten entlangfahren könne, ob es eine Stelle im Zaun gebe, die passierbar sei für mich. Ich sage nichts. Sie schlägt die Tür zu, rennt wie befreit den Abhang hinunter.

Immer diese sozialen Rechtfertigungen, denke ich. Warum sagt sie nicht, ich gehe an den Strand und komme gleich wieder. Es macht mir nichts aus, hier oben sitzen zu bleiben. Ich drehe das Schiebedach auf, genieße die warmen Sonnenstrahlen, die hin und wieder durch die Wolken kommen. Ich stelle den Kassettenrekorder an und finde, daß Mike Oldfields Tubular Bells irgendwie zu dem gleichförmigen Rauschen des Meeres paßt.

Ich erinnere mich noch an die Zeit im Internat, als ich laufen mußte. Nur orthopädische Schuhe konnte ich tragen, diese großen schwarzen klobigen Dinger. Über die Stützschienen kann man kaum etwas Vernünftiges anziehen. Es gibt schmerzhafte Druckstellen, wenn die Geräte nicht richtig angepaßt sind. Mühsam erklomm ich jede Stufe, angetrieben von einer Krankengymnastin. Drei Stunden täglich. Und immer wieder die Schwindelanfälle. Gleichgewichtsstörungen. Die Angst, umgeworfen zu werden. Ein unsicheres Gefühl. Kein Stehvermögen. Die Vorstellung: In einer großen, hohen Bahnhofshalle oder mitten auf einer Kreuzung stehen, plötzlich würde mich jemand versehentlich anrempeln. Ich würde hinstürzen, die Leute würden mich angaffen, wie ich so daläge.

Ein Arzt in Kassel überweist mich in die Orthopädische Abteilung der Uni-Klinik. Es soll eine Möglichkeit gefunden werden, mir das Laufen an Krücken beizubringen. «Es ist der sehnlichste Wunsch meines Patienten, laufen zu können.» Wie kommt der Arzt auf diesen Unsinn, der in einem Begleitbrief steht, den ich im Wartezimmer einfach öffne? Es ist der sehnlichste Wunsch des Patienten, von euch Ärzten endlich in Ruhe gelassen zu werden, hätte ich beinahe aufs Blatt geschrieben.

Sprechstunde.

Ein großer Raum, in den mich eine Schwester hineinführt. In der Mitte im Halbkreis vier Ärzte. Der älteste zwischen ihnen scheint der Chef zu sein. Neben ihm eine Frau ohne Kittel, mit Akten auf dem Schoß. Sie schreibt. «Ziehen Sie mal die Hose aus», fordert er mich auf. Das Tribunal betrachtet mich aus einigen Metern Entfernung. Sie bleiben sitzen, wollen Abstand zu ihrem Patientengut.

Es ist der sehnlichste Wunsch ... der Satz spukt mir durch den Kopf. Es ist der sehnlichste Wunsch des Patienten, diesen Raum möglichst schnell zu verlassen. Mein Magen zieht sich zusammen. «Bewegen Sie mal die Beine.» Ich strampele. Komme mir vor wie ein Hampelmann. Die Kollegen flüstern. Der Chef murmelt Fachausdrücke. Keiner läßt mich aus den Augen.

«Was machen Sie denn so?» fragt mich der Chef.

«Studieren.»

«Ah, studieren», der Chef angetan.

«Na, dann nutzen Sie mal Ihre Chance. Seien Sie fleißig.»

«Hören Sie», sagt der Chef, «ich mache Ihnen ein Angebot. Wir können Sie ja nicht einfach aus dem Studium herausreißen. In den Semesterferien. Ach, eh, wann fangen die an ...» – «Fünfzehnter siebter», sagt die Sekretärin wie aus der Pistole geschossen. «Na also gut, am fünfzehnten siebten nehmen wir Sie hier stationär auf.» Beim Wort ‹stationär› zucke ich zusammen. «Zunächst mal brauchen Sie zwölf Wochen Intensiv-Gymnastik, um die Beugekontraktoren zu beseitigen. Sechs bis acht Wochen brauchen wir, um den richtigen Gehapparat für Sie herauszufinden. Na, und dann müßten Sie trainieren, zunächst noch hier, dann zu Hause. Aber das ist dann nicht mehr so anstrengend. Schließlich sollen Sie ja auch pünktlich Ihr Examen machen. Im Spätsommer, wenn das

Wintersemester beginnt, haben wir das Gröbste hinter uns. Wäre das nichts?»

«Weiß nicht», sage ich. Unentschlossenheit vorspielend.

«Na, überlegen Sie sich's mal. Für heute soll's genug sein.»

Draußen vor der Kliniktür atme ich tief durch. Um nichts in der Welt werde ich mich diesem Ärztepack nochmals freiwillig ausliefern. Im Sommer will ich mit Freunden in den Urlaub nach Schweden – und dabei wird es bleiben. Nicht behindert sein? Ja, aber nicht um jeden Preis.

Ich will dieser Vorstellung des Herrn Professors nicht entsprechen. Strebsam arbeiten und studieren. Meine Chance nutzen und in den Ferien zur Behandlung in die Klinik gehen. Denken die Ärzte eigentlich nach, welche Auswirkungen ihre Maßnahmen auf das Leben des Patienten haben? Oder existiert für sie nur der medizinische Fortschritt, das technisch Machbare, das am Patienten ausprobiert werden soll? Über das Zumutbare wird selten geredet in Arztpraxen.

Wie wird es sein, wenn der Nierenspezialist seine Idee verwirklicht, die Blase herausoperiert, die Harnleiter zu einem künstlichen Ausgang zusammenführt, aus dem dann der Urin fließt. Ich bin dann sexuell sicher noch viel unattraktiver.

Wenn ich mich auf die Lebensvorstellung meiner Ärzte einlasse, beginnt für mich eine Kette, an deren Ende der psychische Tod steht. Wenn ich tot bin, bin ich verfügbar. Jedem Zugriff ausgesetzt. Als Kind wurde ich bei Vorlesungen vor Hunderten von Studenten vorgeführt. Der Chef präsentiert seinen Fall. Es geht ihnen um den Körper. Die Seele ist da längst raus für sie.

Ich habe Angst vor diesem Behindertenleben, reglementiert durch ärztliche Vorschriften, bestimmt durch die Zeiten eines öden Bürojobs, der irgendwann auf mich zukommt, weil ich im Rollstuhl nur Büroarbeit machen kann.

Erinnerung an eine nächtliche Autofahrt mit Angela in die Umgebung Kassels: Angela steht kurz vor dem Ende ihrer Ausbildung als Kindergärtnerin. In der vergangenen Woche lag sie drei Tage wegen einer Alkoholvergiftung auf einer Intensivstation. Jetzt sitzt sie auf der Hinterbank im Auto, den Kopf auf den Fahrersitz gelegt, nahe meiner Schulter. In der Hand hält sie eine Flasche Wein. Ich rieche den Alkohol.

Sie redet schnell und undeutlich. Von ihrer Prüfung, die kurz bevorsteht. Die Angst, durchzufallen. Was mache ich, wenn ich durchfalle? Wohin noch? Kein Geld mehr. Keine Unterstützung von meinen Eltern. Die sind so gegen mich. Bankkaufmann hätte ich lernen sollen, wenn es nach denen gegangen wäre, und nicht Kindergärtnerin. Ich habe ja angefangen mit der Lehre, nach dem Abbruch der Oberschule. Aber diese verfluchte Eintönigkeit. Du kommst da morgens in den Büromief und denkst, hier warst du doch gestern schon mal, und vorgestern, und letzte Woche und letzten Monat. Und du fängst an, die Sachen zu machen, die du tun mußt, die du gestern hier tatest, vorgestern und letzten Monat. Jeder Tag ist, als sei er schon mal gewesen. Jedes Gespräch mit diesen Büromenschen ist so, als hätte ich es gestern schon mal geführt.

Bis ich dann eines Tages gemerkt habe, daß ich nicht nur gestern hier saß und vorgestern, sondern morgen und übermorgen und nächstes Jahr auch noch hier sitzen werde. Ich wollte den Kram hinschmeißen, aber mein Alter sagte: Du machst das, das ist solide. Du kannst nicht noch etwas abbrechen. Ich hab mich nicht gewehrt dagegen. Ich hatte nicht den Mut, ihm die Meinung zu sagen. Ich brauchte sein Geld für eine andere Ausbildung. Abends, wenn ich von der Maloche nach Hause kam, fühlte ich mich so ausgepumpt. Nichts mehr in mir drin, und ich wußte nicht, für was ich mich auspumpen ließ. Ich bin dann oft weg und hab mich einfach besoffen und nicht mehr an die Scheiße gedacht. Dann morgens nicht aus dem Bett können und im Büro beinah eingepennt. Ein paar Verwarnungen, ich habe morgens einfach Speed eingeworfen, mit dem starken Kaffee war ich dann wieder fit. Abends war ich immer zu, ich hab nicht mehr gecheckt, was da ablief, und den Job hab ich gemacht. Es blieb nichts anderes. Bis ich eines Tages auf dem Weg zur Arbeit im Bus zusammengeklappt bin, in der Klinik wieder aufwachte. Der Arzt sagte, ihre Leber sieht mit siebzehn aus wie die einer Vierzigjährigen. Sie haben mich zum psychologischen Dienst geschickt. Die haben mich gefragt, ob ich mit der Arbeit unzufrieden wäre. Und was ich denn gern sonst so täte. Ich meinte, irgendwas Soziales, mit Kindern. Aber ich brauche Geld für die Ausbildung.

Meine Eltern sind aus allen Wolken gefallen, die dachten Wunder was los wäre, als sie mich im Krankenhaus besuchten. Ich hätte doch immer alles gekriegt und daß die Arbeit keinen Spaß mache, sei doch kein Grund. Wem mache seine Arbeit schon Spaß? Und ich hätte doch zu ihnen kommen können, wenn ich Probleme gehabt hätte.

Na, laß sie reden, dachte ich. Der Psychologe hat sie dann davon überzeugt, daß ich vielleicht doch besser Kindergärtnerin machen könne.

Ich bin dann auf die Fachoberschule für Sozialarbeit gegangen. Vorher mußte ich noch ein Praktikum in einem Altenheim machen. Ich war auf der Pflegestation für Frauen. Was ich da gesehen habe, hat mich manchmal zum Heulen gebracht. Eine Frau, die ich auf den Topf setzte und füttern mußte, hatte Knochenkrebs, war total abgemagert, die Haut weich wie Pergament. Ich traute mich nicht, sie richtig anzufassen, hatte Angst, ich würde sie zerbrechen. Seit zwei Jahren lag sie da so, konnte nicht leben und nicht sterben, und es kam niemand, sie zu besuchen. Sie redete manchmal von ihrem Sohn, der hier in der Stadt lebt, und hatte nicht mal Trauer, daß er sie so abschob. Oft dachte ich, was hat diese Frau noch vom Leben, warum stirbt sie nicht endlich, schläft abends ein und wacht morgens nicht mehr auf? Ich hab so eine Heidenangst vorm Tod gekriegt da im Heim, als ich die armen, einsamen Alten dort liegen sah. Wenn's mir mal so gehen sollte. Das kann einem jeden Spaß am Leben verleiden, der Gedanke, so vergammeln zu müssen. Ich hab mich dann stärker mit etwas gesünderen Leuten beschäftigt, weil ich nachts nicht mehr schlafen konnte, so hat mich diese Frau daran erinnert, daß ich auch mal sterben muß. Der Gedanke an den Tod deprimiert mich so.

Die beiden Jahre auf der Schule und im Kindergarten waren dann ruhig. Die Arbeit hat mir etwas gebracht, es war locker, und mit Kindern zu arbeiten ist ja das Gegenteil vom Altenheim, da sieht man ja eine Entwicklung.

Aber da ist jetzt wieder die Angst vor dieser Prüfung in sechs Wochen. Ich bin richtig panisch. Was ist, wenn ich sie nicht schaffe? Was sagt mein Alter? Was bleibt dann noch? Es ist doch so was wie 'ne letzte Chance. Ich sauf mir wieder ab und zu einen, um die Angst zu vergessen. Diese Vorstellung, du mußt ein bestimmtes Wissen in dir drin haben, das fragen sie ab, prüfen sie, alles mußt du ausdrükken können, alles, was du gelernt hast, auf ein Ergebnis bringen, das du ausdrücken kannst. Das kann ich nicht, das kann ich gar nicht alles sagen, was ich gemerkt habe, was mir klar geworden ist. Und dann wollen sie wieder nur ganz bestimmte Sachen hören. Und was du gerade versuchst zu erklären, ist es dann auch wieder nicht. Und dann bin ich durchgefallen.

Wie geht's dann weiter? Selbst wenn ich es schaffe als Kindergärtnerin, was wird dann?

Wie kann ich dann leben? Diese Vorstellung vom Leben, die man auf der Schule mitkriegt, ist so tödlich. Was soll ich denn machen? Einen Job lernen, ihn vierzig Jahre machen, sich in diesen vierzig Jahren nicht mehr verändern, nur noch materiell, die Arbeit tagein, tagaus dieselbe. Es kommt nur noch Materielles dazu, 'n Auto, 'ne Wohnung, 'ne Wohnungseinrichtung, 'n besseres Auto, bessere Kleider, neue Platten, 'ne andere Wohnung, 'ne andere Wohnungseinrichtung, vielleicht in 'ner anderen Stadt. Irgendwann vielleicht ein Mann, vielleicht mal irgendwann ein anderer. Dann vielleicht die Kinder, und tagsüber diese Scheißarbeit, abends zu Hause sitzen und sich an den laufenden Fernseher gewöhnen. Es ändert sich nichts mehr, ich kann nichts dran ändern. Und ich kann mich nicht ändern. Bis ich alt werde, wird das Leben voll sein von immer wiederkehrenden tödlichen Wiederholungen. Bis ich dann eines Tages vorm Spiegel stehe und sage, das war's.

Sie fängt an zu weinen, krampft eine Hand um meine Schulter. Ich gucke in den Rückspiegel, sehe, wie die Finsternis den Wald, durch den wir fahren, hinter den Rücklichtern abschließt, als schließe sich ein riesiges Tor, hinter dem das Nichts beginnt. Ich kann nicht anhalten, sie umarmen, sie versuchen zu beruhigen, zu nahe ist sie mir, ihre Angst.

Mein Vater hielt es mir immer wieder vor, «wenn ich nicht so gute Beziehungen zum Direktor hätte, wärest du längst auf der Volksschule. Wenn dein Klassenlehrer nicht so geduldig mit dir wäre, wärest du längst sitzengeblieben.» Immer wieder schärfen sie mir ein, ich dürfe mich nicht hängen lassen, müsse ein Ziel vor Augen haben, schließlich könne ich nicht auf den Bau gehen oder Tischler werden.

Ich kann nicht Handwerker werden oder in einer Fabrik arbeiten, manchmal leide ich darunter.

Ständig setzen sie mich unter Druck, sagen mir, daß ich anders bin, andere Voraussetzungen habe, mit anderen Maßstäben gemessen werden muß. «Du mußt einen guten Abschluß haben, wenn du das Ziel nicht schaffst, kommst du ins Heim oder in eine Werkstatt für Behinderte.» Auch das wäre eine Form des Todes für mich.

Am Abend nach der Austeilung des Mittlere-Reife-Zeugnisses kommt der Klassenlehrer mit seiner Frau in das Haus meiner Eltern auf ein Glas Wein vorbei. «Nun hat er es geschafft.» Dank guter Zusammenarbeit zwischen Schule und Elternhaus. Ich sitze nebenan in meinem Zimmer und lausche, wie über meine Zukunft geplaudert wird. Ich fühle mich als Marionette, die auf Kommando zu funktionieren hat, die ohne eigenen Willen verfügbar ist.

«Du mußt das Abitur machen, wenn du schon keine Lehre als Industriekaufmann machen kannst, weil dir Mathematik nicht liegt, dann wirst du studieren müssen», sagen sie mir. Als könnte man sie mit nichts zufriedenstellen. Warum treiben sie mich so rücksichtslos an? Stimmt es vielleicht, daß man eine Behinderung besser mit Geld, mit einer höheren sozialen Stellung verdrängen kann? Ich denke an die zwei oder drei ‹Luxusbehinderten›, die ich kenne. Leute, die durch einen Unfall querschnittsgelähmt wurden und Entschädigungen von einigen hunderttausend Mark erhalten haben. Sie kapseln sich ab, bauen sich ihre Luxusburgen, holen sich für zehntausend Mark Stereoanlagen in ihre Wohnung, bauen sich Bar und Schwimmbad in den Keller, kaufen sich ein schnelles Auto und fahren ihrem Trauma davon.

Es ist wichtig, daß ich Sicherheiten habe. Einen unkündbaren Job, einen guten Verdienst, damit ich bessere Rollstühle kaufen kann als die, die die Krankenkasse nur alle zwei Jahre bezahlt, damit ich Sport machen, in Urlaub fahren und das Auto unterhalten kann.

Deswegen dieser unheimliche Leistungsdruck, unter den mich meine Eltern setzen? Oft genug habe ich das nicht mehr ausgehalten, wollte von zu Hause abhauen. «Dann hau doch ab», sagte mein Vater, «wenn du es wagst, wiederzukommen, stecken wir dich in ein Heim.» «Du bist undankbar», schrie mich meine Mutter an. «Wir haben uns die ganzen Jahre um dich gesorgt und um dich gezittert, und wie dankst du uns das jetzt?» Als hätte ich keine Angst gehabt, als hätte ich nicht gezittert. Als gäbe es das nicht, Todesangst.

Nach der mittleren Reife will ich weg von zu Hause, in eine andere Stadt, mit Freunden zusammenwohnen und eine Erzieherausbildung machen. Aber mein Vater ist schneller. Er besorgt mit seinen Beziehungen einen Platz an einer Fachoberschule für Sozialpädagogik in einer nahe gelegenen Kleinstadt. Jeden Morgen bringt mich die Mutter zum Zug und holt mich mittags wieder ab. «Wozu haben wir denn das große Haus gebaut», meint sie, «extra mit dem Zweizimmer-Wohntrakt für dich.» Ich sehe mich schon sterben hier. Das Fachabitur machen, an der nächsten Fachhochschule, die eine Stunde mit dem Auto entfernt liegt, studieren, anschließend über die Beziehungen des Vaters im Sozialamt einen Job bekommen. Und immer zu Hause wohnen bleiben. Immer kontrolliert werden, unter der Fuchtel der Eltern. Was haben Leute für eine Vorstellung von meinem Leben? Nie frei atmen können, sich immer rechtfertigen. «Aber du hast doch hier alles, Junge.» Ich stelle mir vor, zu Hause mit einem Mädchen zu schlafen, und meine Mutter würde hinterher das Bett machen. «Wir wollen doch, daß der Junge glücklich wird», sagt die Mutter einer Bekannten am Telefon. Ich höre das Gespräch mit. Ein schwacher Trost. Das Wissen, daß da guter Wille ist.

Ich kann mit den Eltern nicht reden über meine Angst. So sehr bin ich mit siebzehn noch Kind in dieser Beziehung. Unmündig bin ich, und so sage ich nicht, was ich fühle oder denke, versuche nicht, zu erklären, daß es keine Möglichkeit des Lebens wäre, was sie mit mir vorhaben. Ich erkläre mich nicht, so wie mir nichts erklärt wird. Als wüßten sie, was für mich richtig ist, als sei meine Mutter, die mir als Kind jeden Wunsch von den Augen ablas, immer noch die, die alle Bedürfnisse stillschweigend erfüllen wolle. Und alles geschieht nach einem Plan, den eigentlich niemand genau kennt. Sachzwänge.

Der Junge braucht einen guten Schulabschluß.

Der Junge braucht einen Studienplatz.

Der Junge braucht ein Auto.

Der Junge braucht einen guten Abschluß des Studiums.

Der Junge braucht eine Wohnung.

Der Junge braucht eine gesicherte Position, möglichst im öffentlichen Dienst.

Der Junge braucht Bücher für die Schule.

Der Junge braucht schließlich auch noch neue Klamotten für den Winter.

Na, und was der Junge sonst noch alles braucht an Material. Vom neuen Rollstuhl bis zum neuen Haarschnitt. Weil man mit langen Haaren keinen guten Eindruck macht, «schließlich ist da ja schon der Rollstuhl, weswegen dich die Leute angucken», meint meine Mutter.

Mit einer ungeheuren Energie sorgt sie sich um mich, verfolgt mich, kann mich nicht mehr loslassen. Wenn ich aus dem Haus gehe, rennt sie mir bis auf die Straße nach, fragt, wo ich hin will, wann ich wiederkomme, ob sie mich bringen oder abholen soll, was es denn für Leute seien, mit denen ich mich träfe.

Ich solle mich doch mal kulturellen Beschäftigungen widmen, statt mich mit anderen Langhaarigen um die Probleme von Kriminellen und Asozialen zu kümmern. Ob ich denn nicht mal mit meinen Eltern ins Theater wolle?

Mit dreizehn Jahren wusch sie mich noch manchmal. Mit achtzehn konnte sie mir nicht zugestehen, daß ich alleine Essen kochen konnte, während sie über Mittag wegblieb. Als ich mit zwanzig einen Arztbesuch machte, fragte sie mich vorher, ob ich denn auch eine saubere Unterhose anhätte.

Inbegriff ihres Denkens ist das Urteil der Umwelt über ihre Familie und ihren Haushalt.

Wie siehst du aus?

Was hast du für Ansichten?

Was sollen die Leute denken?

Den Vormittag verbringt sie regelmäßig damit, das Haus in den Zustand eines Museums zu bringen. Perfekte Präsentation ihrer mütterlichen und hausfraulichen Fähigkeiten. Ihre Mutter erzählte, sie hätte als Kind oft eine Tracht Prügel bezogen, weil sie mit dem Kleid draußen herumtobte. Mittags zwischen zwölf und ein Uhr ist sie nicht ansprechbar, da das Essen zwischen eins und halb zwei auf dem Tisch stehen muß.

Weihnachten. Sie sagt, sie hätte geträumt, nicht alle Vorbereitungen für das Familientreffen zu schaffen. Sie sei morgens um sechs aufgestanden, um Kuchen zu backen und Salate vorzubereiten. Und plötzlich stünde der Besuch in der Tür. Es ist wichtig, daß das Essensangebot bei einer Festlichkeit von Mal zu Mal reicher und exklusiver wird. Wozu nur diese Freßorgien? Alle paar Stunden wird an den Festtagen zu Tisch gebeten, die Hosen- und Hemdenknöpfe werden geöffnet, um überhaupt noch etwas hinunterzuwürgen. Und das aus lauter Freundlichkeit. Oder aus Langeweile. Es heißt, mit vollem Mund redet man nicht. Bisweilen erzählt ihre Mutter von der Nachkriegszeit. Den Hungerödemen, dem Zahnausfall der Kinder, dem Vitaminmangel. «Es war einfach nichts zu essen da. Die Kinder lagen Monate mit Scharlach. Es gab keine Medikamente.» Entweder es ist nicht wahr. Oder sie haben nichts daraus gelernt. Oder es ist nichts weiter als Selbstbeweihräucherung, denn wenn es darum geht, daß jährlich Millionen Menschen in der Dritten Welt verhungern, weiß plötzlich niemand mehr zu erzählen, «wie es uns nach dem Kriege ging».

Als Adenauer starb, sagte die Lehrerin, er habe sich vor Hitler in acht nehmen müssen. «Ach, was weiß denn diese junge Gans von Hitler», sagte die Mutter. Oft erzählt sie von den Bombennächten in Hamburg und Berlin. Sie erzählt nicht lang und breit davon, sie erwähnt sie eigentlich nur, sie bleiben im Hintergrund, diese Erlebnisse. Sie bilden vielleicht einen Hintergrund. Für mich ist das unvorstellbar, die Nacht in einem Bunker zu verbringen. Das Detonieren der Bomben, das dumpfe Krachen wahrzunehmen, «ja, so, als schmeißt Stockwerke über dir jemand eine Tür zu», sagte sie mal. Nach der Entwarnung dann hinauskommen, die Häuser brennen, sind in Trümmer zusammengefallen. Die eigene Wohnung gibt es nicht mehr. Es ist wirklich unvorstellbar. «War das schön, als ihr schulfrei hattet wegen des Krieges?» fragte ich als kleiner Junge.

Ich weiß eigentlich sehr wenig über sie. Vielleicht ist es einfach eine Tatsache, daß Mütter meistens über ihre Kinder reden.

Was ich weiß, weiß ich aus Beobachtungen.

Sie ist so erzogen, wie sie mich versucht zu erziehen: Als Geschäftsfrau muß sie darauf achten, daß die Form gewahrt bleibt. «Der Jüngere grüßt zuerst», sagte sie. Als ich es vergaß, bekam ich eine Ohrfeige. «Sag nicht ‹Bonschen›, sag Bonbon, sprich richtige Deutsch, schließlich haben deine Eltern Bildung.» Als ich die Kartoffel mit dem Messer schneiden wollte, riß sie mir den Teller weg. Zu einer guten Kundin der Bäckerei, deren Mann Arzt war, sagte sie Frau Doktor. Als ich es nicht tat, bekam ich Fernsehverbot. Bis sie die Bäckerei aufgaben, nahm sie oft nervenstärkende Medikamente und Eisenpräparate.

Es kam vor, daß sie wegen einer Nichtigkeit über mich herfiel und mich schlug. Nur weil ich etwas Milch verschüttet hatte. Sekunden später nahm sie mich in den Arm, drückte mich fest an sich. «Du sollst doch merken, daß du eine Mutter hast.» Sie kaufte mir Unmengen von Spielzeug. Ich hatte sogar ein Spielzimmer. Ich brauchte es nie aufzuräumen. Wenn ich keine Lust mehr hatte, ging ich hinaus und fuhr mit dem Dreirad. Die Putzfrau erledigte das schon.

Wenn die Behinderung sie bei der Erziehung beeinflußte, dann darin, daß sie über vieles hinwegsah. Versteckt haben sie mich nicht. Trotz des Geschäftes. Auf dem Grundstück gab es einen Schuppen, in den sie mich hätten sperren können. Aber jeder wußte, daß sie einen behinderten Sohn hatten, und jeder fragte, ob es denn besser ginge. Ein Freund meines Vaters sagte mal: «Junge, deine Mutter war zu weich, dein Vater war zu hart.»

Man müßte diese Einzelheiten mal in einer zusammenhängenden Geschichte erzählen, so ist es zu ungenau. Vielleicht will ich mich auch nicht darauf einlassen, Genaueres über meine Mutter zu schreiben. Vielleicht, weil sie noch lebt.

Ich machte das Abitur an einer Fachoberschule für Sozialpädagogik. Durchschnitt 2,1. «Hätte ja etwas besser sein können», sagte mein Vater. Im Gespräch mit Freunden abends nannte der Vater den Abschluß ‹Puddingabi›. «Nun bleibt ihm ja nur erst mal dieses Puddingstudium.»

«Im Grunde will er ja wohl nicht viel mit dir zu tun haben», meinte Jonas, als er am Wochenende mit mir nach Kassel fuhr. Wir sitzen zu fünft am Eßtisch. Die Mutter fängt mit Jonas ein Gespräch an. Fragt, was er denn so mache, wo und wie er wohne. Der Vater sagt die ganze Zeit kein Wort. Steht dann nach dem Essen auf, streift sich das Jackett über, sagt zu seiner Frau, sie solle bitte den Wein für den

Saunaabend kaltstellen. Gibt mir und Jonas die Hand und verabschiedet sich.

Wir geben uns immer die Hand, wenn wir uns einige Tage nicht gesehen haben. Im Grunde ist es die kalte Distanz aller unsicheren Geschäftsbeziehungen, die unser Verhältnis prägt.

Beobachtungen.
Wenn meine Eltern mich im Krankenhaus besuchten, sagte mein Vater kaum etwas. Stand nur steif, die Hände auf das Bettgerüst gestützt, in ein bis zwei Meter Abstand vor mir. Guckte entweder auch aus dem Fenster oder sah mich prüfend an, oder beobachtete seine Frau beim Auspacken der Geschenke. Knapper Wortwechsel über meinen Gesundheitszustand. «Wo ist denn hier wohl die Toilette?»

Der Eindruck, daß es ihm unangenehm ist, sich mir zuzuwenden.

Oft Streit zwischen dem Vater und der Mutter.

Vater: «Du mußt den Jungen normaler nehmen. Ja, du mußt ihn härter anfassen. Sonst wird nichts aus ihm. Das zahlt sich nicht aus, deine Weichheit.»

Ich kann mich nicht erinnern, von ihm gelobt worden zu sein.

Ich kann mich nicht erinnern, daß er mir in irgendeiner Sache recht gab.

Ich kann mich nicht erinnern, ihm jemals mit gutem Gefühl in die Augen gesehen zu haben.

Wenn ich alleine mit ihm in einem Raum bin, fühle ich mich beklommen.

Ein Telefongespräch mit meinem Vater von San Felice nach Deutschland. Es geht um einen Brief vom Finanzamt. Als das sachliche Gespräch beendet ist, Stille. Dann Gestottere, ah ... Suchen nach einem Thema, Unsicherheit ... «So, ja, das wird sonst zu teuer, das wär's eigentlich, oder ist noch was?» – «Nö, was soll noch sein.»

Eigentlich ist da nichts, oder? – Wir sprechen wirklich nur über Autos, Geld und Berufschancen. Würde ich etwas anderes sagen, hätte ich das Gefühl, er hört mir nicht zu.

Früher warf er mir oft vor, ich sei unselbständig.

Er hat mir nie gezeigt, einen Rollstuhl zu reparieren. Er repariert sie noch heute manchmal, und ich kann immer noch keine Reifen flicken oder eine defekte Achse wechseln. In der Kindheit haben wir nie etwas zusammen unternommen. Beim Spaziergang im Wald sollte ich meiner kleinen Schwester die Namen verschiedener

Bäume nennen. Als ich sie nicht wußte, schimpfte mein Vater. Was kann der Junge eigentlich?

Als die Eltern die Bäckerei noch hatten, habe ich sie oft Gesellen anschnauzen hören. Einmal sah ich, wie er einem Lehrling eine Ohrfeige gab.

Sonntags nach dem Kaffee auf der Terrasse ging er mit meinem Großvater in den Backkeller. Sie nahmen einen großen roten Ziegelstein und gingen die Treppe hinunter. Minuten später kamen sie mit einer Plastiktüte, aus der Blut tropfte, wieder hinauf. Der Vater warf die Tüte wortlos in die Mülltonne: eine tote Katze.

Sonntagsmorgens kroch ich ins Bett meiner Eltern. Der Vater stülpte mir manchmal das schwere Federbett über den Kopf und drückte damit so lange, bis ich fast keine Luft mehr bekam. Aus Spaß sicher.

Wenn ich Schmerzen hatte, ging ich zu meiner Mutter. Der Vater zeigte auf solche Klagen kaum Reaktion.

Zwischen den Eltern herrschte strenge Arbeitsteilung. Die Mutter fürs Gefühl, der Vater fürs Geld.

Er macht sich zum Geldesel dadurch, daß er nichts an sich hat, was mich interessieren könnte.

Seit er die Arbeit bei der Sparkasse hat und den ganzen Tag mit Schlips und Kragen herumläuft, ist er nicht mehr so brutal. Keine Schimpfwörter mehr. Sachlicher Beamtenjargon. Kühl und souverän. ‹Meiner Frau zum vierzigsten Geburtstag›, stand in der Glückwunschkarte – die goldene Armbanduhr lag in dem Etui daneben. «Für Männer ist es schwierig, Gefühle zu zeigen», meint meine Mutter.

«Ich gönne dir das von Herzen.» Den Satz hörte ich oft aus dem Mund meines Vaters. Ist das nur eine Redensart?

«Wenn du deinen Verpflichtungen nicht nachkommst, nicht stramm für die Schule oder das Studium arbeitest, sehe ich nicht ein, warum ich meiner Verpflichtung nachkommen soll, dich zu ernähren.»

Eigentlich weiß ich nicht viel über ihn – er sagte, er wollte studieren nach dem Krieg. Aber es ging nicht, die Bäckerei. Und keine Studienplätze. In den ersten Jahren nach Übernahme des Sparkassenjobs kam er abends sehr spät nach Hause, rauchte viel. Am Abend nur Bier und Fernseher und fettes Essen. – Die Raten für das Vierhunderttausend-Mark-Haus mußten abbezahlt werden. Auf Jahre finanzielle Verpflichtung. Dann die Kinder, auf zwanzig Jahre finanzielle Verpflichtung.

Manchmal will ich ihn fragen, ob er glücklich ist. Lieber nicht.

‹Zwanzig Jahre Verpflichtungen, Bemühungen und Ablehnungen mit unserem Sohn›, schrieb er in einem Bettelbrief an das Ordnungsamt, das Verwarnungen wegen Ordnungswidrigkeiten zurücknehmen sollte. Nur Ärger, Verpflichtungen, Ablehnungen. Das Gefühl, zu Hause nur eine Last zu sein. Da, wo man belästigt, kann man nicht zu Hause sein.

Der Krieg.

Plötzlich kommt das Wort Angst über die Lippen des Vaters. Vielleicht kommt die Kälte aus dem Krieg. «Weißt du, was das heißt: Um sein Leben laufen? Jeden Tag mußte man damit rechnen, erschossen zu werden. Wochenlang sind wir durch Südfrankreich vor den Amerikanern hergelaufen. Jeden Tag die Angst im Nacken, auf eine Mine zu latschen. Der Gedanke, hinter dem nächsten Strauch sitzt jemand, der auf dich schießen könnte, macht dich wahnsinnig, und du mußt auf ihn schießen, wer zuerst schießt, überlebt. Zwei Menschen, die sich nie gesehen haben, die nie etwas miteinander zu tun gehabt haben, müssen sich töten. Auf Befehl. Es ist zum Verrücktwerden, wirklich. Man kann verrückt werden dabei. Verstehst du das? Ich war so alt wie du.» Schweigen. Ein langer, dringender Blick.

Ich kann es nicht verstehen, so sehr ich mich bemühe. Aber vielleicht kommt die Kälte wirklich von dieser Angst. «Auf dem Marsch durch Frankreich kamen wir an einem ausgebrannten Panzer vorbei. Daneben lagen zwei Männer. Ich berührte den einen mit dem Fuß, um zu sehen, ob sich noch etwas in ihm regt. Da fiel der Körper zusammen in einen Haufen schmieriger Asche», erzählte der Vater einem Bekannten während einer Feier.

Fernsehfilm über die Aktion Lebensborn der Nazis. Hunderte von nackten Babies aus der Herrenmenschenzucht liegen zappelnd auf einem Tisch. «Ist ja erschreckend», meint der Vater.

Er sagt, auch mit fünfzehn sei er kritisch gewesen, hätte gemerkt, was die Nazis wollten. Aber nein, davon hätte er nichts gewußt. Davon nicht, und von anderen ‹Schweinereien› hätte niemand etwas gewußt.

Nichts gewußt, den Satz, den man nicht in Frage stellen kann, ohne eine ganze Welt von getäuschten, vorgetäuschten, selbsttäuschenden Erinnerungen und Vorstellungen zu zerreißen. Und das darf man nicht, zumal wenn man die Zeit nicht selbst miterlebt hat. Aber was heißt schon erlebt, wenn man die Kolonnen nicht sah, die zu den Bahnhöfen geführt wurden, wenn man den Verbrennungsgeruch nicht wahrnahm. Wenn man schon die Nürnberger Gesetze, die wohl jeder kannte, als normal empfand. Oder die Kristallnacht.

Film über KZ-Ärzte. «Den Kempner, den kann man nicht ernst nehmen. Das ist ein Deutschenhasser», meint der Vater. «Und wenn, hat er wohl ein Recht dazu», sage ich. «Die Ärzte, die die Versuche an Menschen unternahmen, sind der Faszination des vorhandenen Menschenmaterials erlegen, das muß man verstehen.» Gedanken, die man nicht offiziell entnazifizieren kann, weil sie zur gesunden Grundlage unseres Systems gehören. Menschenmaterial.

«Du übernimmst alles unkritisch, was von der Linken kommt», sagt mir mein Vater. «Das führt zu bedenklicher Einseitigkeit.»

Woher nimmt diese Generation, die immer noch vom Menschenmaterial redet, das Recht, uns auch nur einen Satz zum Thema Kritikfähigkeit zu sagen?

Nach dem Abitur will ich weg von zu Hause. Endlich ein eigenes Leben aufbauen, ohne mich beobachtet zu fühlen. Ohne mit dem Vater diesen unsinnigen Streit über Politik führen zu müssen. Und wieder die alten Sprüche: Nein, das schaffst du nie, in einer anderen Stadt studieren, ohne unsere Hilfe, du wirst nicht alleine fertig. Du kommst nicht zurecht, kannst dich doch nicht aufs Studium konzentrieren.

«Willst du nun eigentlich Sozialpädagogik oder Sozialarbeit studieren?» fragt die Mutter, als wolle sie herausfinden, ob man sich bei der Arbeit die Finger schmutziger mache als bei Pädagogik. «Wär doch schön, wenn du das richtige Abitur machen würdest, um beispielsweise Jura zu studieren. Jurist wäre doch der geeignete Beruf für dich. Stündest du nicht als Akademiker viel besser da? Es wäre doch schön.»

Ich will nicht verstaubten Bildungsidealen gerecht werden. Meine Mutter weiß nichts von Berufschancen, hat immer nur diese kleinbürgerliche Achtung vor Akademikern. Der Junge muß Akademiker werden, muß etwas darstellen.

Ihr Vater war irgendein höheres Tier bei der Landesregierung. Wirklich, die Wohnung und die Ehe eines typisch deutschen Beamten. Sonntags bei Familienbesuchen. Blanke Sauberkeit, nirgendwo ein Staubkorn. Die Bücher in Reih und Glied nach Größe geordnet. Er saß mit der Lesebrille im Fernsehsessel und las ‹Die Welt›. Er las viel. Man muß mitreden können. Alle bewunderten seine hohe Bildung. Wie er Kreuzworträtsel zu lösen wußte. Wie er selbst zu den kompliziertesten Neuheiten aus Wissenschaft und Technik noch etwas zu sagen wußte. Seine Frau trug das Essen auf. Sie ist voller Ehrfurcht vor seiner Tätigkeit. «Der Herr Prof... hat angerufen. Du möchtest nach der Mittagsruhe anrufen.» Ein tiefer Respekt vor dem Titel lag in ihrer Stimme. Gelernte Verkäuferin. Mit 18 geheiratet. Lebenslänglich Hausfrau und Mutter, kann nur bei Essen und Kindern mitreden. Die Suppe war zu kalt für ihn. Sie rennt mit dem Teller in die Küche, wärmt die Suppe nochmals. Er meckerte nie, nur wenn das Essen nicht richtig war.

Im Krieg war er jeweils da, wo die Wehrmacht einfiel. «Mein Mann war im Ausland tätig, für die deutsche Regierung.» Als der Krebs ihn befiel, verzog er in Gegenwart anderer nicht mal das Gesicht. Nur wenn die Kartoffel zu kalt oder das Heizkissen zu heiß war, wurde er unbeherrscht. Nachts stieg er aus dem Ehebett, ging ins Wohnzimmer, saß dort die ganze Nacht bei Licht, hielt die Schmerzen aus und verbat sich jede Fürsorge. Ein Mann zeigt seinen Schmerz nicht. Als er starb, sagte mein Vater, er sei ein Mann von Format gewesen.

Ich will mit Menschen arbeiten, ein Behördenjob interessiert mich nicht. Ich will etwas Lebendiges tun, und in den Büros ist kein Leben, sage ich meiner Mutter. Ich will Menschen kennenlernen, ihnen helfen, das ist wichtig für mich. «Mein Gott, wer hat uns denn geholfen, als du im Krankenhaus lagst. Niemand hat uns etwas gegeben. Und nun willst du den Samariter spielen. Du mußt an dein Fortkommen denken. Was hast du überhaupt für eine Vorstellung vom Leben. Du mußt dich durchsetzen lernen. Dir hilft doch später niemand, wenn wir mal nicht mehr sind.»

Abends in der Dunkelheit verlasse ich allein das Haus meiner Eltern, um mit ein paar Freunden noch ein Bier zu trinken. Auf dem schnurgeraden, schlecht beleuchteten Fußgängerweg, entlang der Kasernen, steht plötzlich wieder dieser ekelhafte, existenzvernichtende Dinosaurier. Auf den Hinterbeinen steht er mitten im Weg vor mir, hoch über mir die Schnauze, jederzeit bereit, mich mit seinen gewaltigen Pranken gegen den Stacheldrahtzaun des Kasernengeländes zu schleudern. Ich stoppe den Rollstuhl. Es ist niemand sonst auf der Straße. Es ist kühl an dem Abend. Der Schweiß läuft mir den Rücken herunter. Ich sage mir, nein, es muß eine Halluzination sein. So etwas gibt es nicht. Ich kann das Urviech, das immer noch regungslos da steht, nicht ansehen. Der Gedanke, die Masse könne mich jederzeit überrollen, und es gäbe nichts, das ich dagegen tun könnte, versetzt mich in Panik. Ich reiße den Stuhl in die entgegengesetzte Richtung und rase so schnell ich kann aus dem Weg hinaus auf eine belebtere Straße. Hinter mir das Stampfen des mich verfolgenden Monsters. Die kühle Luft, die ich ein- und auskeuche, erzeugt ein Brennen in den Bronchien. Es wird mich tottrampeln, weg hier. Die Leute auf der Straße, die ich längst erreicht habe, springen beiseite, um nicht von mir überfahren zu werden, gucken mich an, wie jemanden von einem fremden Stern. Ich versuche mich an den Gedanken an die Kneipe, in die ich will, zu beruhigen, stelle mir die vertraute Atmosphäre vor. Es hilft nichts. Die Fußgänger, die mir so schnell ausweichen, scheinen mir wie kleinere Ungeheuer, die mich meiden, als habe ich die Pest. Ihre ungläubigen Blicke nehme ich als Verstoßung wahr. Wer bist du, was willst du hier? Du störst uns.

Abends in der Küche im Haus meiner Eltern. Wir sitzen beim Essen um den halbrunden Tisch. In das übliche Schweigen hinein, mein Vater, «so, das mit Kassel schlag dir mal aus dem Kopf. Das wird nichts.» Sie hatten mich fahren lassen, damit ich mir die Schule ansehen kann. Und ich dachte, jetzt sei es klar, nachdem wir zigmal darüber gestritten und geredet hatten. Wieder die alten Sprüche. «Du schaffst das nicht. Wir haben kein Geld, dir das zu finanzieren.» Aber diesmal will ich mich nicht auf ein Gespräch einlassen. «Je öfter ihr mir sagt, daß ich es nicht schaffe, desto geringer ist meine Chance. Aber wenn ihr mich kaputtmachen wollt, na bitte, überall habt ihr eure Finger drin, ich will raus hier, mein eigenes Leben führen.» Die Mutter: «Na, hör mal, wie redest du denn mit uns?»

Ich fahre aus der Küche, will in mein Zimmer. Der Vater hinterher. Im Flur holt er mich ein. Eine breitschultrige, übermächtige Masse baut sich vor meinem Stuhl auf: doppelt so groß wie ich. Ich starre gegen den massiven Bauch. Ich kann jetzt nicht, nein, will nicht zu ihm aufsehen.

«Wo willst du hin?»

«In mein Zimmer. Meine Ruhe haben.»

«Du kommst mit in die Küche. Wir wollen essen.»

«Nein.»

Meine Stimme zittert, ich schwitze vor Angst. Wenn ich nur erst im Zimmer wäre. Zack! Hatte ich eine Ohrfeige sitzen. Die erste Ohrfeige von meinem Vater. Die erste nichtneutrale körperliche Berührung seit Jahren von ihm. Eine Grenze ist überschritten. Herzpochen bis in die Schläfen spürbar. Stiche. Angst, körperlich spürbare Angst, daß jetzt etwas passiert. Ich spüre den Blick des Vaters auf meiner Haut. Er könnte mich jetzt aus dem Rollstuhl heben, auf die Erde werfen und verprügeln. Nichts könnte ich dagegen tun.

Noch immer starren meine Augen auf die Masse Bauch vor mir. Eine wahnsinnigmachende Stille. Als hielten beide den Atem an.

Als wagten die Mutter und meine Schwester nicht von den Küchenstühlen aufzustehen, um ja kein Geräusch zu machen.

Die Masse weicht von meinen Augen, sein Blick von meinem Körper.

Der Weg zur Zimmertür ist frei. Der Vater geht in die Küche zurück.

Zwei Wochen später ziehe ich nach Kassel in ein Studentenheim. Meine Mutter, die fast täglich anruft, verspricht sich immer, fragt, wie es mir denn in diesem Internat ginge. Sie denkt, sie bekommt mich wieder nach einer Zeit.

Am Morgen allein im Haus der Eltern. Ohne mich zu waschen, im Schlafanzug, gehe ich in die Küche, hole mir aus dem immer übervollen Kühlschrank etwas zu essen. Mit einer Scheibe Brot in der Hand rolle ich durch den riesigen Bungalow. Es macht mich sicher, daß ich hier allein und ungestört bin im Moment.

Eine Familie mit vier Personen wohnt in diesem Bau. Sechshundert Quadratmeter Wohnfläche. Hundertfünfzig für jeden. Man kann hier zu viert wohnen, ohne sich auch nur einmal am Tag zu begegnen. Ich fahre durch den Wohntrakt. Die Diele, ein Schlauch von sechs Metern Breite und elf Metern Länge. An der einen Ecke der Kamin mit den roten Fliesen und den zwei großen Ledersesseln davor. Ein Bekannter, der mich nach seiner Entlassung aus dem Knast hier besuchte, sagte, er hätte Kamine bisher nur im Fernsehen gesehen. An der Wand hängt ein altes Jagdgewehr, auf dem Kaminsims stehen Schnitzfiguren, die jemand aus China mitgebracht hat. Schräg gegenüber der große Eßtisch, vor einer Fensterfront, mit Blick auf den Wald. Neben dem Tisch der schwarze Schrank mit der Bar. Zwischen Eß- und Kaminecke die Schiebetür zum Wohnzimmer. Links an der Wand die Kompaktstereoanlage. Ich stelle das Radio an, fahre in die Mitte des Raumes, setze mich dort auf die Erde, immer wo der Stereoeffekt am besten ist. Hoffentlich kommt jetzt niemand.

Mein Blick geht durch den Raum. Dreiundfünfzig Quadratmeter. Auf dem Boden hellbraunes, blankgebohnertes Parkett, darüber einige Schaffelle, ein großer Perser in der Mitte. An der Wand der massive dunkle Eichenschrank. In den oberen beiden Regalen Bücher. Bertelsmann-Lesering-Programm der letzten fünfzehn Jahre. Viel diffusiver Kriegsbewältigungskram.

Berlin. Ort der Entscheidung.

Stalingrad.

Vom Winde verweht.

Die Caine war ihr Schicksal.

Die Schlacht um Moskau.

Muß doch ein wichtiges Thema gewesen sein, dieser Krieg. Dazwischen Bergius, Simmel, Fallada, Löns, Mehnert, Miller, Grass ‹Die Blechtrommel›.

Hinter den mattgrünen Glastüren die Kunstbände für hundertfünfunddreißig Mark für das Stück. An einer Wand hängen zwei Skulpturen, von denen man sagt, sie kämen aus Afrika. Mit Lack übergepinselt, glänzend, wöchentlich blankgeputzt.

Der Glaser muß sich dumm und dämlich verdient haben an diesem Haus. Zwei Wände des Wohnzimmers bestehen nur aus Scheiben, in der Diele die riesige Glasschiebetür zur Terrasse. Das Haus liegt auf einem Hügel. Der Blick auf die Stadt, wie aus einem Aussichtsturm.

Ich stehe auf, gehe abermals in die Küche, um mir eine Flasche Bier zu holen. Plötzlich fallen mir die vielen Lampen dieses Hauses auf: In jeder Ecke eine Stehlampe, an den Wänden dunkelgrün beschirmte Lüster. Ich zähle die Lampen. Im Wohnzimmer sind es sieben, vierundzwanzig Birnen. Im gesamten Haus sind neunundvierzig Lampen mit hundertdreiundzwanzig Birnen, die hier leuchten. So viel Energie und so wenig Wärme.

Ich suche im Wohnzimmer nach Zigaretten. Finde auf Anhieb keine auf dem Tisch, gehe in die Diele, suche im Schrank, in dem die Bar untergebracht ist. Ergebnislos. Mein Drang, eine zu rauchen, verstärkt sich, je länger ich suche. In dem Tabakkästchen, das auf dem Kamin steht, liegen die Streichhölzer. Zurück ins Wohnzimmer. Ich ziehe die schwere Schublade dieses wuchtigen Eichenschrankes auf. Na bitte. Da liegt eine Packung Stuyvesant. Und das Bild meines Großvaters. Der Vater meines Vaters.

Ich starre auf das Bild des Sechsundsiebzigjährigen. Der schwarze Anzug sitzt korrekt. Er hat eine Hornbrille auf, die grauen Haare sind glatt gekämmt. Der alte Mann lacht, steht souverän im Raum, neben dem Telefon. Das kurze Aufzucken des Blitzlichtes enthüllt die schlaffen Falten unter den Augen, die kränkliche Blässe im Gesicht. Das Foto wirkt gnadenlos lebendig. Die Blässe und das Lachen. Es muß Heiligabend aufgenommen worden sein. Der Geburtstag meines Großvaters. Das letzte Foto von ihm.

Langsam, vorsichtig, nehme ich das Foto aus der Schublade, halte es eine Weile zwischen den Fingern. Rechts neben dem Großvater steht meine Mutter. Sie legt gerade den Telefonhörer auf. Hatte ich mit ihm gesprochen? Über Weihnachten war ich nach Portugal gefahren. «Bleib doch hier. Vielleicht ist es Opas letzter Geburtstag», sagte meine Mutter, aber ich ließ mich von der Fahrt nicht abbringen. Heiligabend rief ich dann zu Hause an, um zu gratulieren und frohe Weihnachten zu wünschen. Vom Großvater kein Wort des Bedauerns. «Schön, daß du angerufen hast.»

Er stellte keine Ansprüche an mich, versuchte nicht, mich einzuengen. In seiner Gegenwart fühlte ich mich nicht vereinnahmt. Es klang so resignierend, aber unaufdringlich, wie er oft sagte, «ihr jungen Leute wollt ja sowieso nichts wissen von uns Alten. Lebt mal euer Leben.»

Schlechtes Gewissen deswegen. Und weil er zum Abschied immer in seine rechte Hosentasche faßte, das Portemonnaie zückte und mir fünfzig Mark gab. Bei jedem Verwandten ist es mir gleichgültig, wieviel Geld sie mir geben oder was sie mir schenken. Nur die Sachen vom Großvater konnte ich kaum annehmen. Wohl weil sie so selbstverständlich kamen. Ohne den berühmten Nachsatz: Geh mal zum Friseur. Oder tu was für's Studium.

Das letzte Mal sah ich ihn kurz vor Weihnachten. Ich war mit meiner Schwester zum Kaffee eingeladen. Hatte nur aus Höflichkeit ja gesagt. Am Nachmittag, bevor ich zu den Großeltern fuhr, hatte ich plötzlich den ganzen heuchlerischen Verwandtenklüngel satt. Wollte nur noch nach Kassel. Alles war mir so unerträglich eingefahren und bekannt in dieser Stadt. Der Großvater kam vor die Tür, wollte mir die Treppe heraufhelfen. «Nein, ich muß weg, bin in Kassel verabredet.» Meine Schwester geht rein, sagt aus dem Fenster, sie hätten extra Kuchen gebacken, ich könne ja jetzt nicht einfach abhauen. Der Großvater winkt nur ab, «ach, laß doch, wenn er weg muß. Ist zwar schade, aber ich kann's ja verstehen, daß er mit seiner Verwandtschaft nichts mehr zu tun haben will.»

Montagabend. Ein Abend im Februar. Draußen ist es bereits dunkel. Es ist nicht besonders kalt für die Jahreszeit. Landregen geht seit Tagen nieder. Am Abend macht der Großvater sich auf den Weg zu einem seiner regelmäßigen Treffen eines Traditionspflegevereins von Weltkrieg-I-Soldaten. Fünfzig Meter vor dem Vereinslokal muß er über die Straße. Er geht, um den Weg abzukürzen, zwanzig Meter vor dem Zebrastreifen, einer mit einem Ford Granada fährt mit siebzig unter der Eisenbahnunterführung durch. Der Fahrer ist leicht angetrunken, er biegt links in die Straße ein. Der Großvater hat die Straße fast überquert, dunkler Mantel, dunkler Regenschirm, er muß sich wohl noch umgedreht haben nach diesem verrückten Auto, sein Körper prallt frontal auf den Wagen. Keine Bremsspur, die Motorhaube des Wagens eingedrückt, die Frontscheibe vom Aufprall des Körpers zerschlagen, und das Dach hat eine Beule.

Er war hinten wieder vom Auto heruntergerutscht und auf der Straße liegengeblieben. Der Arzt sagte, es sei der schwerste Verkehrsunfall, den er in seiner sechsundzwanzigjährigen Praxis gesehen habe. Nichts, was an ihm nicht zerstört gewesen wäre. Keine Spur einer Überlebenschance. Aber er hat noch gelebt, als er in die Klinik kam, zwanzig lange Minuten hat er noch gelebt. Versucht, seinen Namen zu sagen, aber niemand hat das bluterstickte Genuschel verstanden. Im Schock verspürt man angeblich keine Schmerzen.

Ein Zettel lag in der Telefonzentrale des Studentenheimes. Sofort zu Hause anrufen oder bei den Großeltern. Ich ahnte nicht, nein, ich wußte, daß jemand gestorben war. Unbegreiflich, plötzlich ist aus der Familie jemand nicht mehr da. Die einzige Änderung in meiner Familie, die noch denkbar ist, geschieht durch den Tod. Die Leute sterben einfach, man kapiert es erst, wenn sie weg sind. Weg ist wirklich der richtige Ausdruck, jemand ist einfach weg. Sitzt nicht mehr in seinem Lehnsessel, mampft nicht mehr grünen Salat, fegt den Hof nicht mehr. Weg.

Ich setze mich ins Auto, fahre die zweihundert Kilometer zu meinen Eltern. So vorsichtig bin ich noch nie Auto gefahren. Meine Eltern mußten die Leiche identifizieren. Sie fuhren dann von der Klinik gleich zu meiner Großmutter, mein Vater sagte ihr, daß ihr Mann nicht mehr lebt. Was im Auto, zwischen der Klinik und der Wohnung der Großmutter, besprochen wurde, würde ich gerne wissen, ob mein Vater geweint hat, nach der Identifizierung.

Ich mochte ihn, diesen Großvater. Vielleicht, weil er sich um mich gekümmert hatte, als sich in der Bäckerei niemand für mich interessierte. Ich fuhr oft hinüber mit dem Fahrrad in das Haus der Großeltern, saß auf dem Balkon, redete mit dem Großvater oder trieb mich im Haus herum. Manchmal kam mein Cousin. Wir guckten über den Zaun dem Betrieb der Teppichfabrik zu, und wir phantasierten, die Fabrik gehöre uns und dem Großvater.

Die Roheit meines Vaters erschreckte mich oft. Der Großvater war anders, vielleicht merkte er, daß man ihn nicht mehr gebrauchen konnte in der Bäckerei. Oft packte er mich in sein Auto. Wir fuhren einen Nachmittag lang durch die Landschaft, kehrten irgendwo ein und aßen Kuchen. Mein Vater hat nie so etwas mit mir gemacht. Vielleicht dachte der Großvater auch nur, «irgendwer muß sich ja um den Jungen kümmern. Wenn es die Eltern schon nicht können.» Ein behinderter Sohn ist das Ende eines Familienbetriebes in der dritten Generation.

«Ich kann seit seinem Unfall nicht mehr Auto fahren», sagt mein Vater, als ich zu Hause eintreffe. Es ist wahr, jeder von uns hätte am Steuer dieses Wagens sitzen können. Der Vater macht einen müden Eindruck. Er hat plötzlich etwas Hilfloses an sich, nichts Rohes, beängstigend überperfekt Wirkendes. Wir sprechen über den Großvater. Vielleicht kamen wir uns kurz näher in diesen Minuten. Ich fühle mich eingeweiht, als mein Vater sagt, der Großvater habe in der Klinik noch Minuten gelebt, «aber sag es nicht Oma. Sie soll glauben, er sei sofort tot gewesen.» Der Vater kann es nicht fassen, und er sagt es. Er war unterwegs zu einer Tagung, und gleichzeitig liegt der Vater hilflos in einer Klinik, versucht noch, den Namen zu sagen.

Die Polizei sammelt seinen Hut, seinen Regenschirm und sein Portemonnaie ein, meldet der Zeitung den Tod eines unbekannten Rentners. Beinahe hätte mein Vater den Tod seines Vaters aus der Zeitung erfahren.

Die gleiche Betroffenheit von Vater und Sohn. Zum erstenmal heulen, weil jemand gestorben ist. Der Tod hat ein bißchen von seinem Schrecken verloren. Jetzt lähmt er einfach nur. «Ich würde dir raten, ihn nicht mehr anzugucken, er sieht sehr verletzt aus», sagt mein Vater. «Behalte ihn lebend in Erinnerung.» Er hatte tatsächlich etwas Schwaches an sich in jenen Tagen.

Muß erst jemand sterben, bevor man Gefühl und Schwäche zeigen darf? Als der Sarg heruntergelassen wurde, legte mir mein Vater die Hand auf die Schulter.

Am Abend nach der Beerdigungsfeier. «So, jetzt ist ein Abschnitt zu Ende», meint der Vater, «ich habe jetzt mehr Abstand zu seinem Tod, – der Pastor war gut. Er sprach sachlich und drückte nicht so auf die Tränendrüse.»

Die Mischung aus Gutmütigkeit und Faschismus bei meinem Großvater war erschreckend. Während eines Krankenhausbesuches sagte er beiläufig, «wenn Hitler noch dagewesen wäre, hätte der alle Araber in Deutschland aufgehängt und morgen früh wäre der Spuk vorbeigewesen.» Es waren die Tage des palästinensischen Attentats auf die israelische Olympiamannschaft 1972. Während Bilder von den Osterunruhen nach dem Anschlag auf Rudi Dutschke über den Bildschirm flimmerten, standen mein Vater und die beiden Großväter im Wohnzimmer und schimpften auf die Studenten und die Polizei, die viel zu weich sei. Man soll doch schießen. Und wem's nicht paßt, der soll doch rübergehen. Als die Frauen vom Spaziergang wiederkamen, fragt meine Mutter ihren Vater, ob er denn fähig sei zu schießen, wo er doch so viel Schreckliches vom

Krieg erzähle, «nein, nein, nein», sagt er, «ich nicht.» – Müssen sie den harten Mann spielen, um ihre Schwächen zu überdecken? Warum empfand mein Großvater gegenüber einem kleinen Jungen, der vor seinem Garten eine Cola-Flasche fallen ließ, solches Mitleid, daß er ihm Geld für eine neue Flasche gab? Warum wollte er gleichzeitig auf Studenten schießen lassen, die sich über napalmverbrannte Kinder empörten? Vietnamesen, Studenten und Araber sind abstrakte Massen, die man sich einzeln nicht mehr vorstellen kann und darf. Ist es deshalb so leicht, am Biertisch ihre Liquidierung zu fordern? Mit Behinderten und Irren ist es ähnlich. Nur daß dieser Großvater eben einen behinderten Großsohn hatte, den er spazieren fuhr.

Im Zimmer in Kassel.

Ich sitze in der Ecke in dem alten grünen Polstersessel, den ich mir vom Sperrmüll habe herauftragen lassen. Angela sitzt auf dem Boden. Wir sagen nichts. Sie guckt aus dem Fenster. Hinter der noch nicht ganz grünen Baumreihe geht die Sonne unter. Es macht mich ruhig, zuzugucken, wie die Sonne allmählich hinter den Bäumen verschwindet. Das leuchtende Orange des Himmels färbt die kalte weiße Wand, taucht den Raum in ein warmes rotes Licht. Der Schatten des Gummibaumes vor dem Fenster wird länger. Das rote Guevara-Poster scheint einen Moment zu glühen. Das Radio läuft mal nicht. Und jeder, der jetzt klopfen oder anrufen würde, wäre ein Störenfried.

Morgen habe ich Geburtstag, denke ich bei mir. Ich wundere mich, daß ich es so einfach denken kann, ohne damit eine besondere Gefühlsregung zu verbinden. Vorsichtshalber denke ich es noch einmal, aber es löst wirklich nichts in mir aus. Es wird ein Tag werden wie jeder andere auch. Nichts, was normalerweise an einem Geburtstag passiert, wird morgen passieren. Keine Fete, kein Beisammensein. Kein Wein. Kein Bier. Kein geplanter Besuch. Mal gucken, wer daran denken wird. Mal gucken, wer morgen so kommt. Es ist mir klar, daß es hinterhältig ist, keinem Bescheid zu sagen, zu warten auf die, die kommen und beleidigt zu sein gegen die, die nicht kommen. Aber ich kann es einfach nicht sagen: Morgen habe ich Geburtstag, und ich mache eine Fete. Mich so selbstbewußt in den Mittelpunkt zu rücken, ist mir zu unbescheiden, ich-bezogen, so will ich nicht wirken.

Ich denke an die Vorabende anderer Geburtstage. Es fehlt mir jetzt die Vorfreude, vielleicht stört es mich doch, das Wissen, daß morgen nichts passiert. Die Geburtstage meiner Kindheit: Ich konnte sicher sein, daß es Überraschungen gab. Geschenke, diese riesige kindliche Freude über die Geschenke, mindestens eine Woche lang mit dem Lieblingsgeschenk spielen. Mit der Carrera-Rennbahn ins Bett gehen wollen.

Es ist fast schon Gleichgültigkeit, mit der ich mir angewöhnt habe, auf mich zu reagieren. Aber so fühle ich nicht, ich kann mich nur nicht ausdrücken. Meinen Vater, den Großvater, die ich als Kind fragte, was wünscht ihr euch zum Geburtstag, ich meinte es ernst mit der Frage, «ach nein, ich brauche nichts, vergiß meinen Geburtstag, es wird ein Tag wie jeder andere auch.» Wie kann man sich selbst nur so unwichtig nehmen?

«Ich will morgen wegfahren, kommst du mit?» frage ich Angela. Noch ehe sie antworten kann, klingelt das Telefon. Meine Mutter ist am Apparat, «morgen ist dein Geburtstag. Dein einundzwanzigster», sie betont die einundzwanzig, als hätte sie nicht bemerkt, daß ich bereits vor drei Jahren volljährig geworden bin. «Heute vor einundzwanzig Jahren lag ich im Kreißsaal und habe gezittert», sagt sie. «Wir kommen morgen, wir müssen doch anstoßen auf deinen Einundzwanzigsten», es klingt so, als wäre ich ohne sie nicht einundzwanzig geworden. Ich bin kein Teil von ihr, es ist nicht selbstverständlich, daß ich den Tag mit meinen Eltern verbringe. Ich fühle, wie sie wieder Besitz von mir ergreifen will, mich am liebsten wieder zu Hause hätte, das macht mich wütend. «Nein», sage ich patzig, «ich werde hier mit Freunden feiern, ich habe keine Zeit.» Sie ist gekränkt. «So. Na ja», fängt dann wieder an, «nein, es gibt keine Diskussion, wir kommen morgen. Wir werden doch wohl deinen Geburtstag mit dir verbringen dürfen.» Kann eine Mutter ihr Kind eigentlich nie loslassen, selbst wenn es erwachsen wird?

Was heißt schon, erwachsen werden. Manchmal habe ich das Gefühl, ‹der Junge› trieft hier aus vielen Zeilen. Sie machen ein Kind, und für sie bleibt man Kind. Und wenn man nicht selbst zu stehen lernt, wird man den Rest seines Lebens damit beschäftigt sein, ihnen zu beweisen, daß man stehen kann ohne ihre Hilfe. Ständig ihr Gerede: Wer putzt die Fenster, wer wäscht das Geschirr ab, wer hält das Badezimmer sauber, «soll ich nicht mal kommen, das alles für dich machen? Deine Wäsche waschen und so? Brauchst du neue Sachen? Komm doch mal nach Hause, damit wir einen neuen Parka oder Schuhe kaufen können.»

Sie kann es nicht zulassen, daß ich etwas Eigenes entwickele. Weil sie nichts Eigenes entwickeln konnte, in ihrer Rolle als Mutter eines behinderten Kindes jahrelang mit mir beschäftigt war oder mit der Bäckerei. Sie will immer noch den kleinen Jungen haben – von sechs

Jahren, als sie mich noch anzog, wusch, zur Schule fuhr, oft mit mir Schularbeiten machte, mir die Seiten rausriß, damit ich es noch mal schreiben konnte, mir Aufsätze diktierte, weil sie meinte, ich könne es nicht.

In einem Telefongespräch aus Kassel sagte ich ihr, ich hätte zwei Tage mit Nierenschmerzen im Bett gelegen. Sie schickt mir ein Freßpaket und Geld, sie will unbedingt kommen. Wenn ich nicht mit zehn Jahren ins Internat gekommen wäre, würde sie mich wohl heute noch waschen und anziehen wollen. Oft denke ich, es muß Konvention sein, die sie zu solcher Anstrengung veranlaßt. Oder ist es schlechtes Gewissen, daß sie sich vielleicht mitschuldig fühlt an meiner Behinderung? Vielleicht leiden Mütter auch wirklich mit dem, was neun Monate Teil ihres Körpers ist. Sie litt wohl wirklich, als sie erfuhr, daß ihr Kind nicht gesund war. Was erwartet eine Frau, wenn sie ein Baby erwartet? Was bricht da zusammen, wenn der Arzt nach der Geburt kommt und sagt, sie könne es nicht sehen, es sei nicht gesund. Alle Vorstellung davon ist so schemenhaft.

Nach San Felice schreibt die Mutter mir einen Brief. Zum erstenmal nicht nur Geschwafel in einem Brief von ihr. Was nicht nur so dahingeschrieben ist, ist wohl ein Dokument der Unsicherheit. Eine Flucht nach vorn, weil sie sieht, daß ich ihr entgleite. Sie schreibt den furchtbaren Satz hin. Ich fühle mich schuldig. Schuld an deiner Situation. Schuld daran, daß du so bist. Schuld, daß du nicht so sein kannst wie die anderen. Fünf Jahre sei sie am Leben vorbeigerannt nach meiner Geburt, weil sie nicht hat verwinden können, daß gerade sie ein behindertes Kind bekommt. Fünf Jahre Selbstvorwürfe, Selbstanklagen, Zermartungen: Was habe ich falsch gemacht? Wird er die Operation überleben? Fünf Jahre keine Party, kein unbeschwertes Zusammensein mit Freunden. ‹Der Gedanke, ich habe nicht richtig gehandelt, mein Kind ist nicht richtig, schlägt immer wieder durch.› Sie schreibt den starken Satz, ‹Ich hätte Tagebuch schreiben sollen, damals in den ersten Jahren.› Hätte sie man.

Angela hat ihr am Telefon erzählt, daß ich an diesem Manuskript schreibe in San Felice. Deswegen schreibt sie wohl auch den Brief. Sie schreibt von durchheulten, schlaflosen Nächten, ‹sechs Jahre haben wir mit Marion gewartet, weil wir Angst hatten, daß wieder etwas nicht in Ordnung sein könnte.› Wenn ich wollte, sagte sie, könne ich sie nach Einzelheiten fragen aus den Jahren. Ich sei doch jetzt alt genug, daß man mit mir offen darüber reden könne. Ich kann sie nichts fragen. Obwohl ich es gern tun würde. Ich komme nicht aus meiner Rolle als Sohn heraus. ‹Ich weiß, daß Du Schwierigkeiten hast, mit denen Du nicht fertig wirst›, schreibt sie.

Woher weiß sie das? Ich habe mit ihr nie über meine Probleme geredet. Sie muß es wohl annehmen, daß es schwierig ist für ihren Sohn, ‹mit dem Unglück› fertig zu werden, an dem sie meint Schuld zu haben.

Wenn man es als Unglück begreift, im Rollstuhl zu sitzen, endet der Versuch zu leben wirklich am nächsten Treppenabsatz. Sie hat eine behinderte Vorstellung von Behinderung, sie muß diese Vorstellung vom Unglück der Behinderung haben, weil sie mit ihrem Kind nichts anderes erfahren hat. Und so rennt sie mir hinterher, will mir helfen, mein Unglück zu meistern. Sie vermutet, ‹daß das Leben doch wohl viel Kraft erfordere in meiner Situation›. Es macht mich wütend, weil sie mich nicht als vollwertig sieht, sondern als schicksalsgetroffen, unglücklich. Aber sie weiß, ‹daß ich die Kraft habe, meinen Mann zu stehen, in meiner Situation›.

Sie soll sich mal klarmachen, was ‹Situation› heißt. ‹Wir konnten ja nicht ahnen, daß du so wirst.› Na, wie bin ich denn? Sie kapiert es nicht, wie ich bin, aber welche Mutter versteht das schon. Nur wenn sie ihr Elend und das ihrer ‹Schuld› nicht hinter diesen Begriffen verstecken würde, wenn sie ‹Situationen› oder ‹so sein› aufschlüsseln würde, wäre es ihr möglich, zu verstehen, daß ich nicht ‹trotz des Rollstuhls mit äußerster Kraft lebe, und bei all den Schwierigkeiten›, sondern eben einfach lebe, einfach so.

Ich denke, wenn sie mit anderen über Behinderung nachdenken könnte, würde das ihre Schuldgefühle verändern. Behinderung fängt da an, wo meine Meinung über den anderen aus Annahmen besteht, wo ich eine Situation oder einen Zustand voraussetze, ohne zu fragen, ob es tatsächlich so ist. Das würde aber einen Dialog zwischen mir und meiner Mutter voraussetzen, zu dem bin ich nicht fähig. Was sie schreibt und meint, ist für mich eine Zumutung.

Manchmal werde ich wütend bei dem Gedanken, daß Frauen heute ‹solche› Kinder abtreiben können, um sich der ‹Situation› zu entziehen.

Kurz nach neun Uhr ruft sie an. Will mir als erste gratulieren. Angela nimmt den Anruf entgegen, ich sei nicht da, obwohl ich daneben stehe.

In der Nacht der Traum: Die Eltern würden kommen und an der Tür klingeln. Ich läge im Bett, sie stünden vor der Tür. Durch das

Fenster guckend, könne ich sie vor der Haustür stehen sehen. Plötzlich ein Krachen. Mein Vater hätte die Tür eingetreten. Sie stünden zu dritt lächelnd an meinem Bett und würden ‹Happy Birthday› singen.

Morgens um halb acht klingelt es an der Tür: der Postbote bringt ein Telegramm: ‹Herzlichen Glückwunsch, alles Gute, Deine Eltern.› Eine halbe Stunde später klingelt das Telefon.

«Meinen allerherzlichsten Glückwunsch zu deinem Einundzwanzigsten», die Stimme meiner Mutter klingt euphorisch, ihre Worte von Lachen unterbrochen, hysterisch, «na, was gibst du denn für Töne von dir», sie ist beleidigt, «was ist denn los? Ist doch schließlich dein Geburtstag, wir kommen dann morgen», meint sie freudig. «Ich bin nicht da», sage ich trotzig. Aber sie läßt sich nicht beirren, «bis morgen. Tschüß.» Sie ruft noch dreimal an diesem Tag an.

Der Tag wird langweilig. Es fehlt mir jetzt doch, daß niemand kommt, die einzigen, die anrufen, sind meine Verwandten. Am Nachmittag setze ich mich ins Auto, will Bekannte besuchen, aber es ist Wochenende, niemand ist zu Hause. Eine ganze Weile fahre ich mit dem Auto über Feldwege vor der Stadt und überlege, wie ich die Zeit am besten hinter mich bringe. Am liebsten wegfahren wollen und ignorieren, daß ich Geburtstag habe. Ein komischer Tag.

Sie kommen die Treppe hinauf. Vornehm gekleidet. Meine Schwester im beigen Hosenanzug, meine Mutter im gelben Flanellrock, weiße Bluse und schwarze Jacke. Der Vater in irgendeinem Anzug. Sie rennt fast auf mich zu, umarmt mich. Ich kann sie nicht anfassen, warte verkrampft ab, bis sie wieder losläßt. Der Vater gibt mir die Hand, wie immer an solchen Tagen. Parfümgeruch erfüllt das Zimmer. Ich packe die Geschenke aus. Keine Überraschung, daß es ‹Brecht – Gesammelte Werke› gibt, wußte ich. Ich habe keine Schwierigkeiten, danke zu sagen, weil ich nicht dankbar bin. Der Vater steht unbeweglich wortlos im Raum, sagt schließlich etwas ungeduldig, «nun laß uns essen fahren.» – «Kämm dich doch bitte, du siehst unmöglich aus», sagt meine Mutter. Ich kämme mich nicht. Zwischen mir und dem Vater kein Wort. Die Mutter läuft aufgeregt durch das Zimmer, «meine Güte, sieht das aus hier.»

Ich schlage ein billiges Touristenlokal vor. Ich finde es Verschwendung, teuer essen zu gehen. Das Benzingeld nach Kassel, hundert Mark, weitere hundert Mark für das Mittagessen, von mir aus könnten sie zu Hause bleiben und das Geld irgendwem spenden. Der Vater schiebt den Rollstuhl die paar Meter vom Parkplatz ins

Restaurant. Mein Vater und ich sitzen uns an verschiedenen Enden des Tisches gegenüber. Er fragt alle ab, was sie denn zu essen wünschen, gibt dann die Bestellung auf, «Herr Ober ...» Ich vermeide es, meinen Vater anzugucken, gebe mich kühl und lasse nichts an mich herankommen. «Was macht dein Auto», fragt mein Vater so in die Stille. «Es läuft so.»

«Was machst du im Sommer.»

«Nach Syrien fahren.»

«Ist aber gefährlich, wegen der Hygiene.» Schweigen. Es hat keinen Sinn zu reden. Das Essen kommt. Die Aufmerksamkeit der Familie konzentriert sich auf die vollen Teller. Als man sich vertraut gemacht hat mit der Bewältigung von Rehrücken und Fleischspießen, macht sich die Stille wieder bemerkbar. «Brauchst du einen Rollstuhl?» – «Ja.» – «Den bezahlt doch die Krankenkasse, oder?» – «Ja.» Zwischen dem Vater und der Mutter fällt während des ganzen Essens kein Wort. «Setz dich anständig hin», wird die Tochter angemeckert. Es ist eine Quälerei, sonntags beim Essen, eine Familie im Restaurant. Angekettet sitzen wir um den Tisch, jeder ist jedem verpflichtet, keiner sagt dem einen, daß der andere ihn langweilt oder ihm auf die Nerven geht. Tödliche Verkrampfungen, zu Hause ist wenigstens der Fernseher da. «Der Woczinsky hat sich eine Freundin in Davos genommen», empört sich die Mutter über einen Zahnarztbekannten, «warum denn bloß, läßt Frau und Kind sitzen, nimmt sich da unten eine Freundin?» –

«Das ist Männersache. Das verstehst du nicht», sagt Vater knapp. Er bezahlt, wir gehen.

Draußen holt er den Fotoapparat aus dem Auto, «wartet mal», seine Frau hat es ihm wohl so aufgetragen. Meine Schwester und ich wollen uns nicht fotografieren lassen, gehen zum Auto. Mein Vater hat gerade die Kamera aus dem Handschuhfach geholt. Packt sie wieder ein, als er uns kommen sieht, «dann eben nicht», er macht ein gequältes Gesicht.

Wie hält man das aus, für solch eine Familie zwanzig Jahre lang zu arbeiten?

Auf dem Weg zum Studentenheim will meine Mutter einen Sonntagnachmittag-Familienspaziergang am See machen, «laßt uns doch mal wieder zusammen spazieren gehen. Alle vier gemeinsam.» Aber niemand will. Sie ist enttäuscht, sagt aber nichts. Sie sagt selten etwas. Lehnt sich nicht auf. Nur diese breiten Mundwinkel, die hochgezogene Stirn, der geplagte Gesichtsausdruck.

Das Gesicht war wichtig. Wenn sie in der Kindheit, als sie noch das Geschäft hatten, morgens reinkam mit der Waschschüssel, sah ich ihrem Gesicht an, wie sie gelaunt war, ob sie mit den Gedanken schon wieder in dem vollen Laden war, oder ob sie ruhig war. Selten ein Wort, aber der geplagte Gesichtsausdruck kann mehr quälen als ein Wutausbruch.

In der Wohnung.

Die Mutter hat sich ans Staubwischen gemacht, der Vater blättert wahllos in Büchern und Zeitungen herum. Irgendwo findet er das Belegexemplar einer Zeitung mit einem Artikel von mir. «Ich wollte auch mal Journalist werden», fallen mir die Worte meines Vaters ein, als ich ihn lesen sehe.

Ich hätte gerne einen Vater, der mir intellektuell und gefühlsmäßig etwas gegeben hätte. Aber sein Sparkassenjob interessiert mich nicht. So, wie er ist, schreckt er mich manchmal ab. Den Sohn weit wegrücken, damit er nicht mehr gefährlich wird. Sich kalt und darüberstehend geben, damit die Unsicherheit nicht deutlich wird.

Den Vater weit wegschieben, damit er mir nicht mehr gefährlich wird. Mich kalt und unnahbar machen, damit die Angst nicht deutlich wird. «Ihr habt ein Verhältnis zueinander, als seist du sechzehn», sagte Jonas nach dem gemeinsamen Besuch bei meinen Eltern.

Mit dem Vater einen saufen gehen, über all das Gewesene reden. Wenn ich ihn sehe, kann ich nichts von dem umsetzen, was ich aus der Entfernung schreibe. Es wird darauf hinauslaufen, daß man sich noch weiter entfernt, jeder sein eigenes Leben lebt. ‹Da du dich strikt weigerst, nach Hause zu kommen, um einige wichtige Dinge zu besprechen, werde ich mir vorbehalten, über finanzielle Konsequenzen nachzudenken.› Einer seiner wenigen Briefe an mich. Meine Mutter war einem Nervenzusammenbruch nahe, weil ich drei Monate nicht nach Hause kam. «Lernt sie denn nie, daß ich selbständig bin?» sage ich zu meinem Vater an der Haustür. «Das kann man nicht lernen. Komm jetzt bitte regelmäßiger nach Hause. Nicht meinetwegen, du weißt schon ...»

Im Haus der Eltern.

Der Vater sitzt auf dem Sofa, die Beine übereinandergeschlagen, die Arme vor der Brust verschränkt. Ich will die Nacht nicht zu Hause schlafen, sondern bei Freunden. Er fixiert mich starr, ich kann den Blick nicht aushalten. «Was sind wir eigentlich für dich?» Stille. Langer Blick und Schweigen. Leise, langsame Wiederholung: «Was sind wir eigentlich für dich?»

Ich sage nichts. Jetzt die Chance zu reden. Aber ich kann nichts sagen. Ich weiß, daß es ein Fehler ist zu schweigen. Ich muß mir auf die Lippen beißen, er guckt mich immer noch an, kein Wort, nur sein Blick. Warum sage ich nichts? Es vergehen Minuten so. Ich fange an zu schwitzen. Dann steht er auf, dreht sich um, die Arme immer noch vor der Brust verschränkt, steht vor dem Fenster, guckt hinaus und atmet lange und tief aus.

Ich weiß, daß er ein Bluffer ist und daß er sich nur wissend gibt, um die Schwächen nicht einzugestehen. Egal was es ist, er weiß wirklich alles besser. Ob Studium, Politik, Autos, Rollstühle, Wohnungssuche, alles kann er besser und rationaler machen als ich es mache. «Ich brauche acht Semester fürs Studium.» – «Du wirst es in sechs schaffen, weil sechs Semester vorgesehen sind. Schließlich hat man sich etwas gedacht bei der Prüfungsordnung.»

Zu Weihnachten bekam ich eine Fotokamera. Der Vater erklärte mir in Anwesenheit einer Verwandten die Funktion. Läßt mich das Gerät ausprobieren. Ich mache einen Fehler und werde zurechtgewiesen. Der Vater nimmt mir das Gerät wieder ab und erklärt es mir. In Gegenwart Dritter bin ich immer der kleine, dumme Junge. – Als ich mit Nierenschmerzen im Bett lag, lief der Vater durchs Zimmer, sagte, ich solle mich zusammenreißen, nicht gleich nach dem Arzt rufen, ich solle es erst mal mit Wärme versuchen zu lindern.

Einen Abend im Haus meiner Eltern.

«Es wäre doch schön, wenn du mal wieder zu Hause wärest. Wir könnten uns mal wieder richtig unterhalten», sagte meine Mutter am Telefon. Die Familie sitzt in der Runde vor dem Fernseher. Die Mutter blättert in der ‹Hör Zu›. Die Schwester flegelt sich in einem der Polstersessel. Zwischendurch steht der Vater auf, holt eine Flasche Wein aus dem Keller. «Zieh die Schuhe aus, du verdirbst den Sessel», sagt meine Mutter zur Schwester. «Muß dieser Mist immer sein, es hört doch sowieso niemand hin?» sagt meine Schwester. Die Mutter hört nicht hin, blättert gedankenversunken in der Zeitschrift. Der Vater kommt aus dem Keller mit der Flasche, nimmt die Fernbedienung und schaltet um. ‹Dalli, Dalli›. Ich sage nichts, denke nur, daß ich diese Atmosphäre einen Abend aushalten will. Der Vater beginnt mit dem üblichen Gespräch über das Auto. «Du machst am besten keine großen Fahrten mehr. Vor Ende deines Studiums kann ich dir keinen neuen Wagen kaufen. Achte bloß auf den Ölstand, daß der Motor nicht sauer wird.» Meine Mutter guckt von der Zeitschrift auf, zieht einen breiten Mund, guckt abwechselnd mich und meinen Vater an. «Fangt doch nicht schon wieder an damit, das muß ja nicht sein, wenn er mal einen Abend hier ist.»

«Ja, entschuldige mal, man wird doch drauf hinweisen können. Schließlich muß ich es ja bezahlen, wenn der Wagen kaputt ist. Und übrigens gehst du mit deinem Wagen auch nicht pfleglich um. Heute habe ich erst wieder einen Ölwechsel machen lassen. Da war schon wieder ein Fünfziger weg.»

Mutter flehentlich: «Ja, Herrgott, nun sei doch mal ruhig vom Geld. Kannst du nicht mal über was anderes reden?»

Vater: «Na, aber es wird doch wohl noch erlaubt sein, daß man das zur Sprache bringt. Schließlich verdiene ich doch das Geld, ja, ich bezahl doch hier alles. Ihr schreit doch immer nur, wenn ihr was braucht. Und Vater muß herhalten. Schließlich sind wir doch nicht zu vornehm, um über Geld zu reden, oder? Ich mein, du spielst ja jetzt schon Tennis ...»

Mutter verzweifelter: «Ja, ja, hier wird einem alles mies gemacht, jede kleine Freude, die man sich gönnt, wird einem durch dich verleidet. Ich spiel doch nur noch selten Tennis, damit du nicht mehr sagen kannst, wir kommen mit dem Geld nicht mehr aus.»

Meine Mutter fängt an zu schreien: «Nichts darf man mehr, nichts, ständig dieses Gerede um Geld, ich halte das nicht mehr aus.»

Vater, zornig: «Was heißt denn hier, Gerede um Geld, wer hat denn erst kürzlich einen neuen Mantel für dreihundert Mark gekauft? Irgendwann ist aber mal ein Punkt hier, was darüber hinausgeht, kann ich nicht mehr dulden. Ich arbeite mich schließlich nicht tot für euch.»

Meine Schwester steht auf, stampft demonstrativ wortlos durch den Raum, Richtung Schlafzimmer. Meine Mutter fängt an zu schluchzen, «ich fahr dann eben nicht mehr Auto, ich geh zu Fuß, damit du endlich Ruhe gibst.»

Ihre Zusammenbrüche, wenn sie als Hausfrau mit der materiellen Abhängigkeit von ihrem Mann konfrontiert wird. Meine Wut, meine Wutanfälle gegen meinen Vater, nichts als Zusammenbrüche, wenn ich damit konfrontiert werde, daß ich von ihm finanziell abhänge, «nee, mal im Ernst», der Vater zu mir gewandt, «was würdest du machen, wenn dein Auto morgen nicht mehr liefe?»

Er steht auf aus dem Sessel, stellt sich hinter das Sofa, die Hände auf die Rückenlehne gestützt, nach vorne gebeugt, sieht mich scharf an. Er guckt durchdringend. Wartet auf die Antwort. Will sich bestätigen lassen. Ich unterdrücke die Wut. Sage nichts, weil es außer der Antwort, die er hören will, keine gibt.

Die Mutter, die während der ganzen Zeit in sich hineinheult, springt impulsiv auf, rennt raus und schreit, «ich halte das nicht mehr aus hier, dieser ewige Streit um Materielles, ich verdiene mir selbst was, dann schreibt mir keiner was vor.» – «Tuuuuuus doch», schreit mein Vater ihr nach.

Sie tut mir leid. Zum erstenmal tut sie mir richtig leid.

Der Vater greift sich eine Packung Zigaretten vom Schrank. Im Gehen fallen ihm einige Zigaretten aus der Schachtel auf die Erde, «Scheiße», schreit er. Meine Mutter kommt mit verweintem Gesicht wieder herein.

«Mach doch diesen Scheißkasten aus», sagt sie zu mir und deutet auf den Fernseher. Sie läßt sich auf einen Sessel fallen, starrt abwesend in eine Richtung und heult sich aus. Ich würde sie gern trösten, aber irgend etwas hindert mich daran, zu ihr hinzufahren und sie in den Arm zu nehmen. Es ist eine Blockade da, ich bin ihr Sohn. Sie ist meine Mutter. «Das ist alles zum Kotzen. Ich häng mich auf», stammelt sie. Ich sage nichts, komme mir hilflos vor. Einen Moment später nuschelt sie mit tränenerstickter Stimme, «ich besorg mir Arbeit, irgendwo als Sekretärin, dann muß ich nicht immer Rechenschaft ablegen.» Ich fühle mich immer hilfloser, ohnmächtiger, wie ich meiner heulenden Mutter zugucken muß. Es käme mir komisch vor, ihr helfen zu wollen. Ich habe es nicht gelernt, für sie positive Gefühle zu haben. Das wäre sie auch nicht gewohnt von mir. Auf jeden anderen Menschen könnte ich eingehen, könnte es mindestens versuchen, aber jetzt und hier auf meine Mutter nicht. Außerdem würde sie mich sicher zurückweisen, beruhige ich mich. Dann gebe ich mir einen Ruck. «Ich könnte dir Examensarbeiten besorgen, die könntest du tippen, das bringt ganz schön was ein. Drei Mark pro Seite oder so.» Sie guckt mich etwas hoffnungsvoller an. «Meinst du?»

«Ja, von der Uni, da fallen bestimmt 'ne Menge Sachen an.»

«Ja, aber wenn Papa das erfährt?»

«Dazu will ich jetzt nichts sagen.» Sie wird nachdenklicher. Ich hole die Tageszeitung, schlage den Anzeigenteil auf. «Hier, die suchen 'ne Sekretärin.» – «Ich kann aber kein Englisch.» Ich fühle, wie die Distanz weicht. «Irgend etwas muß ich machen», sagt sie, «so geht es nicht weiter. Ich halte das nicht aus, diese Vorwürfe. Und das macht er laufend so. Ich krieg dann immer Magenkrämpfe.»

«Ich ruf morgen bei der Uni an», sage ich. «Vielleicht haben die etwas zu tun.» – «Ja, machst du das?» Wir sehen uns an. «Laß uns jetzt schlafen gehen.» Sie geht langsam hinüber in das Schlafzimmer. Ich denke, daß sie sich jetzt neben ihn legen muß. Am nächsten Morgen ist alles wie gewohnt.

4

Ich kann mich immer noch nicht rauslassen beim Schreiben. Das Elternkapitel gefällt mir nicht. Es ist unfertig. Ich flüchte vor der Auseinandersetzung. Dorothee sagt, der Sonnenuntergang erinnere sie so an ‹Heidi›. Ich bin abhängig von ihrem Urteil, weil sie meine einzige Leserin ist.

Der Sonnenuntergang ist wirklich kitschig. Aber sind Sonnenuntergänge nicht schon zu oft beschrieben worden, als daß ihre Beschreibung nicht kitschig wirken muß?

Ich lese Struck ‹Lieben›. Was für eine kastrierte Sprache ich habe. Wieviel Wörter gibt es für verdorben? Verhunzt, versaut.

Ich habe das Gefühl, ich gebrauche immer wieder dieselben Worte. «Schreib doch mal so, wie du Auto fährst», sagt Dorothee. Ich solle beim Schreiben mehr meinem Gefühl nachgeben, nicht so viel reflektieren. Sie gibt mir ein Buch mit einer Selbsthypnoseanleitung.

Auf einen Zettel schreibe ich Sätze, die es mir möglich machen sollen, mich hemmungslos fallen zu lassen: Ich bin sicher, mit eigener Kraft wieder zu erwachen. Ich bin sicher, wenn ich willenlos werde, daß ich nur durch eigene Kraft beeinflußbar bin. Ich lege den Zettel auf den Nachttisch.

Ein unheimliches Gefühl, sich so einfach auf ein Bett zu legen und an die Decke zu stieren. Ich habe Hemmungen, die monotonen Sätze, die in dem Anleitungsbuch stehen, laut vor mich hin zu sagen. Ich strecke die Arme und Beine aus. Ein merkwürdiges Gefühl, die Beine beim Liegen mal nicht an den Körper gezogen zu haben. Es dauert eine Zeit, bis ich ruhig und konzentriert atmen kann, keine Verkrampfungen mehr spüre. Mir ist, als säßen Menschen mit unsagbar häßlichen Fratzen um das Bett herum, die mich davon ablenken wollen, ruhig zu bleiben, die mich auslachen, jedesmal, wenn ich sage, daß ich ruhiger werde, daß ich merke, wie jetzt die Spannungen aus meinem Körper herausströmen. Die Nerven und Muskeln wehren sich noch gegen die Ruhe. Wollen die Bewußtlosigkeit nicht.

Wie es in dem Buch beschrieben ist, stelle ich mir vor, einen Fahrstuhl zu betreten, der mich in tiefe Trance herunterholen soll. Es irritiert mich, daß am Bett keine Griffe angebracht sind, an denen ich mich festhalten kann. Ich entferne mich. Zu Beginn habe ich noch gedacht, wieviel Minuten ich hier liege. Jetzt ist Zeit egal.

Der winzige Punkt an der Decke, auf den ich meine Augen während der ganzen Übung richte, scheint zu rotieren. Das Gefühl für links und rechts geht mir verloren. Um mich herum Nebelschwaden. Gleichzeitig das Gefühl, das Bett treibe durch eine lange Röhre haltlos nach unten. Durch das tiefe Pumpen meiner Lungen werde ich tiefer gedrückt. Mit jedem Atemzug werden neue Energieströme durch den Körper geschickt. Ich spüre, wie der Sauerstoff ins Blut übergeht, in die Gefäße des Brustkorbes, von dort in die Schultern, in die Arme, in die Hände, in die Fingerspitzen und wieder zurück. Tiefer und tiefer.

Die Hände, die flach auf der Bettdecke liegen, werden plötzlich feucht. Suchen nach dem Zettel mit den Versicherungen. Ich umklammere ihn. Die Fahrt in die Tiefe scheint sich zu verlangsamen. Ich wehre mich, weiterzufahren. Mir ist, als hielte mich dort unten jemand fest. Ein Ruck, etwas umklammert mich, will mich nicht mehr hinauflassen. Nein, ich will dort unten nicht bleiben. Aufwachen, hinsetzen, befehle ich mir. Panik. Als käme ich nicht mehr los, als ließe mich etwas nicht mehr hoch. Ich sitze aufrecht im weichen Bett, gucke mich um und frage mich, was gewesen ist, wo ich war. Meine Umwelt ist unverändert, ich bin alleine im Raum. Niemand, der mich festhalten oder umklammern konnte. Wieviel Zeit habe ich hier auf dem Bett verbracht? Ich weiß es nicht. Ich setze mich dann in den Rollstuhl.

Ich werde nicht mehr in dieses Buch gucken, «mystischer Quatsch», sage ich Dorothee und gebe es ihr zurück.

«Hast du Angst, daß da unten etwas in dir aufbricht?» Ich antworte nicht.

Ich kann mich nicht einfach so treiben lassen. So unüberlegt, ohne Angabe des Zieles, und ohne Versicherung, wirklich zurückzukehren. Keine Versicherung ist stark genug, um mir das Gefühl zu geben, gehalten zu werden. Ist das ein Relikt aus der Krankenhauszeit?

In Kassel nachts Spaziergang mit einem selbstmordgefährdeten Mädchen um den See, nahe des Studentenheimes. Als wir losgehen, fühle ich mich sicher. Aber je mehr das Mädchen von ihren Ängsten und Depressionen erzählt, je weiter wir gehen, uns von der beleuchteten Straße entfernen, desto unheimlicher wird mir. Ihre Ängste reißen mich mit. Weit und breit kein Mensch. Vom nahen Zoo hin und wieder das Posaunen der Elefanten. Sie spricht von ihrem letzten Selbstmordversuch, kokettiert fast damit, ihren Tod herbeizuwünschen. Ich finde es wichtig, auf sie einzugehen, kann ihr aber kaum mehr zuhören. Wie gebannt starre ich auf die Wegbiegung am Ende des Sees. Es sieht bedrohlich aus, und ich denke, dort kann ich mit dem Mädchen nicht hingehen. Die fixe Idee, dort würde etwas auf mich warten, irgendein Bild oder eine Gestalt oder eine Erinnerung an ein Erlebnis. «Laß uns nach Hause gehen», unterbreche ich die Erzählungen des Mädchens abrupt.

Ich drehe mich um und gehe in Richtung Studentenheim. Sie geht mit, ohne aufzuhören, über ihre Depressionen zu klagen.

Als Kind: Mit dem Vater im Swimming-pool. Ich konnte nicht schwimmen. Der Vater hielt mich fest. Mein Geschrei, meine Angst, jetzt läßt er mich los, ich ersaufe.

Schiebt jemand meinen Rollstuhl, habe ich Angst, losgelassen zu werden und das nicht zu bemerken. Unkontrolliert, unbeschränkt, unbehindert in eine nichtgewollte Richtung abzudriften.

Kein Flugzeug besteigen können, ich habe keinen Einfluß auf Richtung und Höhe. Keine Orientierungspunkte, die ich zuverlässig bestimmen könnte. Ich will mich der Gefahr eines Mechanismus, den ich nicht durchschaue, nicht ausliefern.

Meine Selbstzweifel über mein Schreiben, ich will nicht zulassen, daß ich mir über meine Ängste klar werde, weil ich nicht weiß, wo ich lande, wenn ich meine Ausreden entlarve und meinen Ängsten nachgehe. Vielleicht bin ich hinterher nicht mehr derselbe.

San Felice.

Im Halbschlaf, die Sonne durch die Fensterläden scheinen sehen, mich beinah zwingen, liegenzubleiben, weil ich weiß, wenn ich jetzt aufstehe, hätte ich keine ruhige Minute. Ich würde zuerst die Schreibmaschine sehen, dann nur noch an die Arbeit denken.

Jede Stunde, die ich wach bin und nicht schreibe, habe ich ein schlechtes Gewissen, weil ich dieses Buch schreiben will, und nicht hier bin, um zu faulenzen. Wenn ich morgens aufstehe, mich vom Bett in den Rollstuhl setze, zum Badezimmer nebenan rolle, an der offenen Tür des Zimmers vorbeikomme, in dem ich schreibe, in der Tür einen Moment stehenbleibe, die Schreibmaschine sehe, ein Blatt halb beschriftet da drin hängen sehe, bekomme ich Herzstiche.

Wie soll ich es schaffen, eine Ordnung in den Wust von Fakten, Problemen und Material zu bringen? Jeden Tag diszipliniert schreiben. Ich schaffe es nicht, in Italien nicht, in Kassel nicht.

Wenn ich es versuche, wird es jedesmal zum Krampf, zum

Kampf zwischen meinen Ansprüchen, etwas Vollständiges tun zu wollen und meiner maßlosen Trägheit. Warum muß ich's mir täglich aufs neue beweisen, daß ich etwas zu leisten imstande bin?

Nach dem Frühstück gehe ich in mein Zimmer, gucke in das Bücherregal. Bleibe fast schockiert davor stehen. Oh, Hilfe, wann soll ich das alles lesen, die vielen Bücher, die ich mitnahm, weil ich dachte, hier hätte ich Ruhe, um intensiv zu lesen. Ich will Hesse, Marcuse, von Horvath, Brecht, Miller, Böll, Neruda, Jungk, Fromm, Foucault, Illich, Eppler, Freud, Pasolini, Reich und Büchner lesen. Ich will diese Masse heute noch bewältigen, am liebsten jetzt gleich alles weglesen, in mich aufnehmen. Die Bücher aufsaugen, die Masse sofort verschlingen, damit sie mich nicht mehr erschlagen kann. Dieser furchtbare Druck im Kopf, wenn ich vor dem Bücherschrank stehe, Schweißausbrüche. Dies alles in mich aufnehmen, weil ich ohne Bücher nichts wert bin.

«Ein Freund von mir hat sich die Marx-Engels-Werke gekauft», sagt mein Cousin in Kassel, ein DKP-Funktionär, «wie dekorativ das aussieht.» Er betont das Wort ‹dekorativ›, wie meine Mutter es betont, wenn sie von dem altenglischen Viertausendmark-Webstuhl im Wohnzimmer bei der Zahnarztfamilie spricht.

Kann ich eigentlich nicht mehr leben, ohne täglich ein bestimmtes Quantum Wissen in mich aufzunehmen?

Ich brauche die Arbeit, um mich herauszufordern, um auszuprobieren, wie weit ich komme.

Es geht wirklich nicht um Qualität. Es geht darum, möglichst viele dieser Elendsanalysen in möglichst kurzer Zeit zu konsumieren. Ja, warum? Um mitreden zu können? Je mehr Bücher man gelesen hat, desto größer ist der Tauschwert eines Menschen in linken Gruppen, die bis spät in der Nacht über Warenbeziehungen reden.

Sind diese Bücher, das Bücherwissen für mich Sicherheiten, Gewißheiten, die mir bestätigen, daß man mich braucht? Stimmt es doch, daß mir nichts bleibt als diese toten Bürotätigkeiten? Das stumpfe Durcharbeiten von Büchern und Akten? Ich weiß, daß ich in dieser Gesellschaft nur etwas wert bin, wenn ich meine Behinderung durch geistige Leistungen überdecke. Es bleibt mir nichts anderes. Nicht mal eine freie Tätigkeit als Anwalt, Arzt oder Journalist, sagte mein Vater, weil ich dem Konkurrenzdruck nicht standhielte. Wer liest und argumentiert, der braucht sich auf nichts anderes einzulassen als auf Lesestoff und Argumentation, je abstrakter, desto eindrucksvoller. Der Stoff ist begrenzt variabel, schließlich gibt es ja eine Logik.

Seit ein paar Tagen wohnt der Freak mit seiner Freundin hier in der Casa. Der Besitzer hat die beiden in Deutschland angeheuert. Sie sollen Gartenarbeit verrichten. Der vierundzwanzigjährige Typ sitzt in der Küche mit einer Literflasche Bier. Wer weiß, wie lange schon, mit der wievielten Flasche?

Seine Anspruchslosigkeit macht mich wütend. Den ganzen Tag so auf dem Balkon oder in der Küche sitzen und nichts tun, zwischendurch nur einen Spaziergang hinunter zum Meer oder Spaghetti kochen, «ich brauche eine gesunde Ego-Entwicklung», sagt der Freak mit den Schweißfüßen, der vor kurzem aus Indien zurückkehrte. Dermaßen offener Egoismus bringt mich auf. «Die vielen Bettler und Hungernden, die du dort verrecken sahst, in Delhi, als du nichts anderes zu tun hattest, als dir Shit zu besorgen, interessiert dich das überhaupt nicht?» schreie ich ihn an. Achselzucken, Ratlosigkeit. Er, ruhig, «was kann ich schon tun?»

Ich habe ein intellektuelles Bezugssystem. Der Freak treibt umher. Wir stehen nachts allein am Meer. Besoffen gucken wir in den klaren Sternenhimmel, Mitte Februar. «Manchmal habe ich das Gefühl, beziehungslos durch das Universum zu treiben. Einfach zu schweben», sagt der Drogentyp, «wenn ich dort hochgucke, will ich wegfliegen, nichts hält mich noch hier. Ich will einfach mit irrer Geschwindigkeit fliegen. Es ist schon ganz gut, einfach so mitgerissen zu werden und sich treiben zu lassen», meint er. Die Vorstellung, so bindungslos sich treiben zu lassen, ist mir ungeheuer. «Siehst du die Erdkrümmung auch, wenn du von einem hohen Berg aufs Meer blickst? Verlockend, nicht?» – «Nein.»

Den Tag mit den beiden Freaks im Naturschutzpark herumgefahren. Ich war überhaupt nicht da. Konnte mich nicht auf die Landschaft konzentrieren, nichts genießen. Aus dem Autofenster gucken und nichts sehen.

Wenn ich doch jetzt an der Schreibmaschine säße, es würde mir so viel einfallen, statt dessen vertrödele ich meine Zeit, fahre mit den Freaks umher und verpasse meine Chancen, schlechtes Gewissen: dieses elendig schlechte Gewissen: «Du mußt dich auf den Hosenboden setzen. Du mußt was werden.» «Komm doch mit nach Spanien, wenn du dich hier nicht erholen kannst. Ich kenne einen Bauern, der gibt uns eine Hütte», meint das Freak-Mädchen. Die Hütte ist ohne fließend Wasser und ohne Strom. So primitiv will ich nicht leben. Außerdem kann ich nicht ständig umherirren. Ich habe das Gefühl, als verschenkte ich meine Geschichte, wenn ich mit den Freaks nach Spanien ginge. Vielleicht bin ich auch nur zu starr für solche Unternehmungen. Seit Tagen schimpfe ich auf die unpolitischen Shit-Raucher. Wen meine ich mit meinen Wutanfällen?

Dorothee reist ab. Sie hält es für realistischer, ihr Examen in Kassel zu machen. Ich denke, sie wird zurückkehren, um wieder die Mutter zu spielen. «Wir sind doch alle noch auf der Suche», sagt die Zweiunddreißigjährige mir zum Abschied. Es klingt, als wolle sie sich entschuldigen, daß sie in Italien nichts gefunden hat. Lebenslange Suche. Wenn ich mich nicht bemühe, etwas zu finden, was mir einen Sinn gibt, werde ich mein ganzes Leben suchen. Die Vorstellung dieser Zeitvergeudung erschreckt mich. Ich will etwas tun, was eine Bedeutung hat. Nicht nur für mich, das genügt mir nicht.

Dieses starre, fast betäubte Entsetzen nach den Holocaust-Artikeln im Spiegel. Wie damals nach dem Besuch des Majdanek-Prozesses in Düsseldorf. Im Foyer des Gerichtsgebäudes jedem Menschen über fünfzig nachgestarrt. Ist er einer der Angeklagten? Ist diese, die mit ihrem Frühstücksbrot am Fenster steht, für den Tod von Menschen verantwortlich? Eine Frau glaube ich aus der Zeitung zu erkennen. War sie es, die die Hunde auf die Schwangeren hetzte? Später sehe ich die Frau im Zuschauerraum wieder. Grausame Zufälligkeiten. Wirklich nur Zufälligkeiten, daß hier nicht meine Großeltern auf der Anklagebank sitzen, wenn man sich die Biographien der Angeklagten ansieht. Zwölf von soundsoviel hundert Bewachern des KZ-Majdanek sitzen hier mit ihren Verteidigern. Warum nur diese zwölf? Zufälligkeiten? Nach vierunddreißig Jahren?

Die 14jährigen Schüler knistern mit Kaugummipapier. In den Verhandlungspausen erzählen sie Witze. Es ist nicht faßbar, was hier verhandelt wird. Nur während einer Zeugenaussage Totenstille im Saal. Die Polin verliert die Nerven bei den Erzählungen über ihren KZ-Aufenthalt. Die Fragen des Richters quälen sie. «Wer trug den Schemel auf dem Weg zur Hinrichtung? Die Aufseherin oder das Mädchen, das liquidiert werden sollte.» Sie weint und stammelt auf polnisch, das einzige deutsche Wort, das sie hervorpreßt: «So Angst gehabt, so Angst gehabt!» Sie muß aufstehen und durch die Reihen der Angeklagten. Identifizierung.

Wie kann man dieser Frau das zumuten? Sie geht langsam an den Bänken vorbei. Bemüht sich, jedem in die Augen zu blicken, bleibt vor einer Frau stehen. Guckt sie lange an. Kann plötzlich nicht mehr. Knickt ein, Rote-Kreuz-Schwestern stützen sie. «Du mit der Peitsche», übersetzt der Dolmetscher. Die Angeklagte guckt nicht von der Zeitung auf, als ihr Opfer vor ihr zusammenbricht.

Nach der Verhandlung draußen auf dem Flur, ein alter Mann

weint. «Ich war auch in Majdanek.» Ich will ihm etwas sagen. Doch die Worte bleiben mir im Hals stecken. Der Kloß, ich bin hilflos.

Nach dem Prozeß gehen ein paar Bekannte noch ein Bier nebenan im Altstadtviertel trinken. Ich lasse mich schieben. Ich bin zu fertig, um allein zu fahren. Eine halbe Stunde nehme ich nichts mehr wahr. Betäubt durch das, was oben im Gerichtssaal geschah, ich höre die Gespräche, sehe die Leute nicht mehr, sehe nicht mehr, wo man mich hinschiebt. Es ist mir auch egal. Ich kann keinen klaren Gedanken fassen, sehe nur noch die Zeugin vor ‹der Frau mit der Peitsche› zusammenbrechen. Den weinenden Mann. Ich nehme die Kneipe nicht wahr, in der wir sitzen oder stehen. Weiß nicht, ob mich jemand anspricht. Als wir hinausgehen, ist es dunkel.

Mir fällt die Leuchtreklame auf, die laute Musik, die vielen buntgekleideten Leute, die entweder lachen oder nichts sagen. Und hundert Meter weiter brechen am nächsten Morgen wieder Menschen zusammen, die ihre Vergangenheit nicht aushalten. In der Nacht träume ich, mein Vater sei Verteidiger im Majdanek-Prozeß. Es überrascht mich nicht weiter, ich habe nur das Gefühl, daß es ein Thema zwischen uns wäre.

San Felice.

Eines Nachmittags ziehe ich in die leerstehende Wohnung eines Deutsch-Italieners. Sie liegt am anderen Ende von Felice. Ich bin allein in der Wohnung. Dort im Haus der Freaks habe ich nicht unbeschwert leben können. Nicht schreiben und nicht leben können. Nur ständig die Verpflichtung im Kopf, den Freak aus der Reserve zu locken. Den Zwang, ihn zu agitieren. «Ich werde mich nie damit abfinden, daß man nichts tun kann.» Die Konsequenz von Gudrun Ensslin besitzen. Wirklich? Ich bin schwach, labil. Fast hätten sie mich überredet, mit nach Spanien zu ziehen. Nur um vor dem Schreiben zu flüchten, wollte ich mitgehen.

Kassel, Sonntagmorgen. Ich überlege, was ich heute machen will. Was liegt an. Kein Termin, keine Verabredung, kein Treffen einer Gruppe. Kein Besuch, der sich angesagt hat. Ein freier Tag. Für mich ein leerer Tag? Ich kann nicht allein sein, mich nicht alleine beschäftigen. Alleine komme ich mir sinnlos vor, ohne jeden Anreiz. Ich kann nur allein arbeiten. Ansonsten ist ein Tag allein verloren.

Beim Frühstück denke ich, daß es wichtig für mich wäre, in eine Clique von Leuten integriert zu sein, um nicht so rumzuhängen. Nach dem Kaffee will ich nichts lesen, nichts schreiben, nichts arbeiten, ehe nicht klargestellt ist, was heute noch passiert, für das es sich lohnen würde, etwas zu tun. Schülermentalität. Ich setze mich ins Auto und will Bekannte besuchen. Doch auf mein Hupen vor der Haustür reagiert niemand.

Ich fahre zum Studentenheim am See. Auf der Fahrt dahin wieder der Druck im Kopf. Ein kaltes Kribbeln durchzieht den Körper, mir wird schwindelig. Ich will mich festhalten, suche Halt, obwohl ich mich nicht mehr konzentrieren kann, fahre ich weit über dem Geschwindigkeitslimit. Von jedem Auto, das hinter mir fährt, fühle ich mich verfolgt. Als trieben mich die Fahrer der Wagen an, schneller und schneller zu fahren. Als riefen sie mir zu: «Warum fährst du nicht schneller, du Idiot.» Ich habe Mühe, den Wagen auf der Straße zu halten. Als würde mich ein riesiger Saugnapf samt Auto von der Straße heben.

Auf dem Parkplatz vor dem Studentenheim beruhige ich mich. Nach einer Weile gehe ich ins Haus, zu dem Germanistikstudenten. Der liegt noch im Bett, obwohl es schon früher Nachmittag ist. Begrüßt mich mit lustlosem Geknurre. Ich fühle mich verunsichert, störend. Aus Verlegenheit frage ich den Studenten, ob er heute abend Lust hat, ins Kino zu gehen. Inzwischen ist er wach, aber es dauert gewöhnlich ein paar Sekunden, bis er antwortet, als müsse er erst zurückkommen in sein Zimmer und sich damit abfinden, daß er soeben etwas gefragt wurde. «Mal sehen», sagt er schließlich. «Ich rufe an.»

Ich verabschiede mich schnell, bin froh wegzukommen. Was mache ich eigentlich hier? Was gibt mir dieser Mensch? Einer von diesen vielen nichtssagenden Kontakten? Nein, wirklich nur Verlegenheit. Nicht allein sein wollen. Unzufrieden rolle ich durch das Haus. Besteige den Aufzug. Fahre in die verschiedenen Stockwerke, ohne auszusteigen, weil mir nichts Besseres einfällt. Nachdem ich ein paar Mal die Reihe der Knöpfe hinauf- und hinuntergefahren bin, steige ich im 5. Stock aus. Im Foyer, zwischen den Fluren, fahre ich zu der Fensterreihe. Lehne mich an das Gitter und gucke auf die Stadt. Ich stelle mir vor, über den Häusern und Kirchtürmen zu fliegen. Einfach zu schweben, nicht mehr hier zu sein. Über alldem stehen. Angst vorm Fliegen, und doch fliegen wollen. Faszinierend der Gedanke an die Höhe und doch erschreckend. Über den Menschen sein, die dort unten am See spazierengehen. Über den Familien, Liebespaaren, Bürgern, Beamten, Hausfrauen und Kindern. Hemmungslos und schwindelfrei.

Ich kenne viele Leute. Wenn ich durch die Mensa gehe oder mit Jonas in einer Kneipe sitze, viele Leute sprechen mich an, viele spreche ich an, kenne ich aus Seminaren oder zufällig aus Kneipengesprächen oder aus Veranstaltungen. Hin und wieder sprechen mich auch Leute an, die mich mal eine Treppe hinaufgebracht und mir eine Tür aufgehalten haben. An sie erinnere ich mich meist nicht mehr. Es sind zu viele. Ich vergesse Gesichter sehr schnell. Wenn ich mit jemandem ein zufälliges Gespräch habe und ihn nach Wochen wiedersehe, weiß ich nicht, wo ich das Gesicht hintun soll.

Eine Studentin, die ich in der Mensa treffen will, frage ich, woran ich sie erkenne. Wir haben uns noch nie gesehen, wollen über die Vorbereitung von Prüfungen reden. «Gedrungen», sagt sie. «Klein, dicklich, braune lange Haare, Palästinensertuch um die Schulter.» «Woran erkenne ich dich? Ach so ja, der Rollstuhl!» Der Rollstuhl als Identifizierung. Immer fällt der Rollstuhl zuerst auf. Zuerst macht der Rollstuhl Schwierigkeiten, die Frage, wo ich überall hin kann. Ob man mich mit dem Rollstuhl eine Treppe hinaufbekommt. Schwellen, Hemmschwellen für normalen Kontakt. Oder nicht?

Oft nutze ich die Hilfsbereitschaft der Leute aus. Ich habe das schnell raus: Mit dem kann ich's ja machen. Der holt mir das Bier in der Kneipe. Der kauft für mich ein. Hilft mir beim Rollstuhlflicken, bezieht das Bett, holt den Rollstuhl aus dem Auto, obwohl das gar nicht nötig ist. Es gibt viele Verrichtungen, die ich aus Bequemlichkeit abschiebe, weil sie früher meine Mutter machte. Ich habe einen Blick dafür, wer unfähig ist, nein zu sagen und diese Verrichtungen übernimmt. Und einige haben einen Blick dafür, daß ich von anderen etwas verlange, ohne selbst etwas dafür zu geben. Sie distanzieren sich. So entstehen keine echten Beziehungen. Ein halbes Dutzend kenne ich nur, weil sie mir ab und zu helfen. Ich mache mich durch meine Faulheit zum Bedürftigen, der die karitative Großzügigkeit anderer benötigt. Aber nicht ihre Freundschaft. Für viele Leute existiere ich nur als der Typ im Rollstuhl, dem sie auch ab und zu einen Gefallen tun, mehr nicht.

Im Studentenheim sagen sie hinter meinem Rücken, ich nehme Hilfe zu selbstverständlich in Anspruch. Die Typen, die mir die Tür aufhalten, um eine Dankeshymne zu hören, sich aber darum prügeln würden, um einer hübschen Frau die Tasche in den zwanzigsten Stock zu tragen: die können mich am Arsch lecken. Sie sollen gefälligst zu mir und zu sich selbst ehrlich sein, nein zu sagen, statt mich für einen dummen Jungen zu halten.

Es gibt kaum jemanden, den ich ernst nehme, mit dem ich respektvoll umgehe. Es gibt kaum jemanden, der mir ehrlich sagt, daß ich mir manchmal zuviel herausnehme. Die Leute ziehen sich einfach still zurück. Es ist deren Problem, sage ich, warum sagen sie mir nicht ehrlich, was sie von mir halten. Aber ich bin auch nicht bereit hinzunehmen, wenn mir jemand sagt, ich sei ein Großmaul. Ich kann keine Kritik vertragen. Verwechsele sie mit Ablehnung.

Ich habe mich mal dabei erwischt, in einer Runde von Menschen, die ich nicht kannte, die mich nicht kannten, ganz wild darauf zu sein, auf die Frage, was ich denn mache, zu antworten: «Ich versuche, ein Buch zu schreiben.» Das hört sich interessant an, und neutralisiert den Eindruck Rollstuhlfahrer ein bißchen. Ich weiß nicht, ob die kalte Distanz zwischen mir und einigen Leuten nur auf den Rollstuhl zurückzuführen ist. Daß ich unterhalb der normalen Augenhöhe sitze, ist nur ein Grund, mich nicht ernst zu nehmen.

Am Nachmittag, so voll mit Fragen und dem Bedürfnis nach Nähe zu anderen Menschen. Und jetzt beschließe ich, mich ein Stück weiter durch den Berg von Elendsanalysenliteratur zu wühlen. Hunderte von wissenschaftlichen Büchern, die ich mir gekauft habe, stehen im Schrank, weil sie auf irgendwelchen Listen oder bei irgendwelchen Gruppen im Gespräch waren. Ich nehme ein Buch, blättere ziellos darin herum, will mich jetzt für etwas anderes interessieren als meine Kontaktprobleme. Ich lese mich an einer Stelle fest, konzentriere mich eine Weile auf den Text. Halte es eine knappe Stunde durch. Stelle das Buch wieder in den Schrank. Lese die Samstagsausgabe der ‹Frankfurter Rundschau›, kann keinen längeren Artikel zu Ende lesen. Hier und da mal etwas aufschnappen. Dieses und jenes mal anlesen.

In Seminaren gefalle ich mir damit, mit den Namen von Autoren zu jonglieren, die ich auch nicht richtig kenne, auch nur angelesen habe. Ich freue mich, wenn ich zufällig den Aufsatz, den der Dozent für wichtig hält, am Tag zuvor gelesen habe. Ich kann mitreden, hier und da mal etwas aufgeschnappt. Im Gespräch mit dem ASTA-Referenten errege ich dessen Aufmerksamkeit durch den Gebrauch des Wortes: ‹Warenfetischismus›. Nein, Probleme, mich mit komplizierten Worten und Sätzen darzustellen, mich zu produzieren, habe ich eigentlich nicht. «Warenfetischismus, weißt du genau, was das ist?»

Seit ein paar Wochen bin ich im Chile-Initiativkreis in Kassel. Helmut Frenz, früher Bischof in Chile, kam, um über Unterdrückung und Folter zu reden. Der Saal war brechend voll, achthundert Leute. Menschen, die man angeblich seit den Tagen der Studentenbewegung nicht mehr gesehen hat. Im Saal betroffene, angespannte Ruhe. Nur die Stimme des Redners. Niemand kann sich rühren, niemand einen Ton flüstern. Angespannte Gesichter, einigen Frauen kommen die Tränen, als Frenz die Auswirkung der Folter beschreibt. Ich kann aus solchen Veranstaltungen nicht hinausgehen und leben wie bisher.

Den Mittwoch darauf gehe ich zu der Sitzung des Chile-Initiativkreises. In der Gruppe ist es üblich, jeden Neuling nach der Motivation für das Engagement zu fragen. Ich erzähle, daß ich schon 1973, direkt nach dem Putsch, in einer Chile-Gruppe gewesen sei, die sich spontan gebildet und, nachdem die erste Wut verflogen sei, sich wieder aufgelöst hat. Das, was Frenz gesagt hat, sei für mich so schokkierend gewesen, daß ich beschlossen habe, mich wieder zu engagieren. Schließlich sollten wir uns alle überlegen, ob es nicht wichtig sei, einen Teil unserer Zeit damit zu verbringen, sich gegen soziale und politische Ungerechtigkeiten zusammenzuschließen. Den letzten Satz spreche ich sehr ruhig und gelassen aus. Es soll selbstverständlich klingen, daß ich im Gegensatz zu vielen hundert anderen Hörern die Konsequenz aus der Rede von Frenz gezogen habe. Ich sehe an beipflichtend nickenden Köpfen, daß man mich versteht und akzeptiert. Das alltäglich schlechte Gewissen weicht nun ein wenig. Schließlich tue ich etwas. Bin aktiv.

Einmal in der Woche: Es werden Blutspendeaktionen, Informationsstände und Flugblattaktionen vorbereitet. Ich übe Chile-Solidarität. «In Chile, die wissen nicht, wo das liegt, Kassel, aber wenn die hören, da haben sich achthundert Menschen zusammengefunden, um gegen die Junta zu protestieren und Geld gegeben für den Widerstand, das gibt den Mut, den Kampf durchzuhalten.» Die Worte Frenz' klangen mir im Ohr. Endlich die Möglichkeit, etwas zu tun, was eine Bedeutung hat und eine Wirkung zeigt.

Seminarvorbereitung einer Dritte-Welt-Arbeitsgruppe. Die Anwesenden haben dicke Aktenordner vor sich liegen, einige Aktentaschen mit dem Material sind an die Stuhlbeine gelehnt. Der Wortführer hat einen kleinen braunen Lederkoffer auf dem Tisch. Viele Bücher und einiges Pfeifenzubehör liegen unordentlich darin verstreut. Der Koffer trägt einen gelben Aufkleber. «Nächstenliebe ist deine Sache.» Theologiestudent mit Bart.

Viele haben einen Bart und viele rauchen Pfeife in dieser Gruppe. Zuerst wird die Anwesenheitsliste durchgegangen. Einige fehlen. Der Wortführer hält eine lange Rede, in dem ‹Verbindlichkeitscharakter unserer Arbeit› sich ein paarmal wiederholt. Dann spricht wieder einer: man dürfe bei politischer Arbeit nicht dem Lustprinzip folgen. Und man dürfe nicht zu oft fehlen, da sonst Diskussionsprozesse nur lückenhaft nachvollzogen werden können. Eine Frau redet von Arbeitsenergien, die sie aufgewendet habe, und sie empfinde es als Verhöhnung ihres Engagements, wenn gewisse Leute zu Sitzungen nicht erscheinen. Drei Leute reden auf ein Mädchen ein, das bei einer Vorbereitungssitzung für die UNCTAD-Kampagne gefehlt hat. Und zwar dreimal. Entschuldigungsgrund: Klavierspielen. Sie nehmen das Mädchen in die Zange. Halten lange Reden. Gucken sie dabei sachlich, direkt und scharf an. In den Anklagereden kommt das Mädchen nicht vor. Nur der Charakter der Arbeit und die Widersprüche, in die sie sich verstricke, wenn sie weiterhin ihren persönlichen Konflikten und Interessen den Vorrang gäbe und trotzdem noch in einer Gruppe arbeiten wolle. Das Mädchen hält das Tribunal, in dem es nicht um sie, sondern ihre Arbeitskraft geht, nicht mehr aus. Sie läuft weinend aus dem Raum. Warum wird in diesen Gruppen so über das Buch ‹Angst im Kapitalismus› gelästert? Natürlich nur von den Kadern.

Während einer Mitarbeiterschulung der evangelischen Studentengemeinde sahen wir uns einen Dokumentarfilm über die Ermordung Che Guevaras an. «Damit wir angesichts der Papierflut uns noch daran erinnern, daß es bei unserer Arbeit um Menschen geht», sagt ein Kader.

San Felice.

Hat man mich versucht zu töten, als ich ein Säugling war? Wollte man mich nicht wahrhaben? Es wäre doch ganz leicht gewesen, mir Gift zu geben oder ein Medikament, das Herzversagen herbeiführt. Hat man es versucht oder aus Angst lieber bleiben lassen?

Schemenhaft sehe ich den nach vorn gebeugten Oberkörper des Großvaters, der den Kopf hinunter in den Kinderwagen steckt, mit der einen Hand hebt er meinen Kopf etwas aus dem Kissen, mit der anderen führt er mir das Glas mit der Flüssigkeit zum Mund.

Wenn sie es nicht taten, was aus Rentabilitätsgründen sicher eine Unterlassungssünde war – wozu, dachten sie, sei ich nütze?

Auf dem Parkplatz steht der rote Mercedes-Bus. Der Freak macht sich daran, ihn zu reparieren. Er legt sich unter den Wagen und wechselt den Keilriemen aus. Könnte ich Automechaniker lernen, denke ich, als ich den Jungen unter dem Auto liegen sehe? Nein, und wenn, bekäme ich keine Lehrstelle. Der Keilriemen sitzt. Startversuche. Die Batterie ist zu schwach. Der Motor orgelt nur noch ein bißchen. Der Freak ruft den Gärtner und das Mädchen zum Anschieben. Das Mädchen am Steuer, die beiden Männer schieben hinten, stemmen sich gegen den Wagen. Laufen, rennen, der Wagen bekommt Fahrt, noch ein befreiender Stoß, und er rollt auf die abschüssige Straße zum Meer hinunter.

Der Motor springt an. Irgend etwas verbindet Leute, die gemeinsam einen Wagen anschieben, für diesen Moment. Nach dem Frühstück pöbelt mich der Gärtner an, «na, du Dichter, willst du nicht nach Terracina fahren und mir eine deutsche Zeitung holen, du bist doch hier sowieso zu nichts nütze.»

Warum kommt mir die Angst nur noch bei Nacht? Etwas nähert sich mir unaufhaltsam. Immer wieder dringt es in die Dunkelheit des Raumes ein, durchdringt sie, wächst durch sie erst richtig. Tausend Assoziationen, Bilder und Gedanken schwirren mir durch den Kopf, wie Scheinwerferlicht durch einen riesigen Saal, beleuchten mal diesen, mal jenen Punkt. Bringen immer mehr Dinge zum Vorschein. Es kommt näher, vielleicht in der gewohnten Gestalt des schwarzen Mannes. Ich kann es nicht identifizieren. Es pirscht sich heran bis direkt vor mein Bett. Die Decke wärmt nicht mehr. Kribbelnde Ströme durchlaufen den Körper. Jemand zieht die Decke weg. Der tote Großvater reißt von draußen das Fenster auf, steht im Totenhemd, in der Hand die offenen Flügel der Fensterläden. Er hat die Brille auf, das weiße Haar weht im Wind. Er sagt, ich solle mitkommen. Ich will mich unter der Matratze verstecken, kann nicht schreien. Oder noch einfacher: Licht anmachen. Ach, wenn ich doch erst fertig wäre mit dem Schreiben, und wenn es doch möglichst perfekt würde. Ach, wenn ich doch schon fertig wäre mit dem Examen, in einem Semester die Prüfungen ablegen könnte, für die andere vier Semester brauchen. Mit allem schon fertig sein wollen, alle Anstrengungen schon hinter mir haben. Dann wäre der Druck nicht mehr. Dann wäre Ruhe. In Gedanken die Leistungen schon geschafft haben und mich wundern, daß sich der Erfolg nicht einstellt. Beim Spaziergang die Vorstellung, schon an der nächsten oder übernächsten Ecke zu sein. In möglichst kurzer Zeit eine möglichst lange Strecke zurücklegen. Ich kann nicht warten darauf, nichts mehr leisten zu müssen.

Kopflastig. Ständig dieser ungeheure Druck im Kopf, wenn ich an Arbeit denke. Den Kopf zwischen zwei Mühlsteinen eingeklemmt. Jemand setzt die runden Flächen in Bewegung. Sie fangen an zu mahlen. Jean Amery ‹Hand an sich legen›: Ein Schmied brachte sich um, indem er den Kopf zwischen den Schraubstock legte und denselben zudrehte, bis der Schädel zerbarst.

Traum. Ich besuche einen Freund, der in einem Studentenheim wohnt. Das Heim ist ein riesiger Turm. Der einzige Zugang führt über eine schmale Feuertreppe, die sich um die einzelnen Etagen windet. Der Freund wohnt in einem der oberen Stockwerke. Beim Hinaufgehen muß ich zwanghaft hinunter in die Tiefe blicken. Je weiter ich hochkomme, desto gebannter starre ich nach unten. Die Treppe hat kein Geländer. Oder einen Schutz, der mich vor dem Fallen bewahren könnte. Auf der Hälfte der Treppe wird mir schwindelig. Ich bekomme panische Angst, seitlich aus der Treppe herauszukippen und in die Tiefe zu stürzen. Verängstigt drehe ich mich um und laufe hinunter. Froh, sicheren Boden unter den Füßen zu haben, erhole ich mich.

Nach einiger Zeit unternehme ich einen neuen Versuch. Auch er scheitert an meiner Angst vor dem Sturz. Ich will nicht noch höher, weil ich dann noch tiefer fallen würde. Aber ich will diesen Freund da oben besuchen. Ich muß hinauf. So starte ich einen neuen Versuch, aber auch diesmal komme ich nicht ganz nach oben. Verzweifelt laufe ich hinunter. Was mache ich nur?. Ich will hinauf. Aber ich habe Angst vor der Höhe. Ich schaffe es nicht. Ich kann nicht so hoch hinauf.

San Felice.

Mit den beiden Freaks Samstagnacht in einer Diskothek. Ein teurer Schuppen mit fünftausend Lire Eintritt. Wir sitzen zu dritt in einer Sofaecke und gucken auf die Tanzfläche. Die Lichtorgel zerhackt die Bewegungsabläufe der Tanzenden.

Der dreißigjährige Playboy, der mit dem Deutsch-Italiener befreundet ist, steht in der Mitte der Tanzfläche, wackelt mit den Hüften, hat die Arme senkrecht nach oben gehoben, die Finger zeigen zur Decke, als wolle er sich melden und sagen: Hier stehe ich, beachtet mich.

Körpersprache. Man erkennt die Menschen an ihrer Art zu tanzen. Manche bewegen sich kaum, tänzeln nur etwas schüchtern mit den Armen umher, am Rand der Tanzfläche, als trauten sie sich nicht. Die Armbewegungen spärlich. Sie fühlen sich beobachtet, und man wird beobachtet, sonst würden die Menschen nicht eine solche Maskerade veranstalten.

Wir sitzen zu dritt in der weichen Sofaecke und trinken den dritten Campari auf Kosten des Playboys. Ein bißchen Langeweile kommt auf. Mir ist, als gucken die Frauen, die an mir vorbei zur Tanzfläche gehen, ein wenig mitleidig lächelnd auf den Rollstuhl. Der Freak sagt zu seinem Mädchen im hessischen Dialekt, «komm, laß uns die Hufe schwingen.» Die beiden stehen auf und gehen zur Tanzfläche. In diesem Augenblick wäre ich gern noch ein bißchen tiefer in das Polster gesunken, am liebsten ganz darin untergetaucht. Ich beiße mir auf die Lippe.

Ich denke an die Leute, die sogar im Rollstuhl tanzen. Aber hier in diesem vornehmen Schuppen, außerdem ist es viel zu voll für mich. Ich nehme einen großen Schluck aus dem Glas und bilde mir ein, daß alle in der Diskothek in die Ecke gucken, in der ich allein mit dem Stuhl sitze. Ich sehe die Freaks wild auf der Tanzfläche herumtoben, das Mädchen für Augenblicke mit dem Playboy zusammen. Ich beiße mir auf die Lippe, bis sie blutet. Nach einer Viertelstunde kommen die beiden keuchend, schwitzend, mit lachendem Gesicht zurück. Ich bemühe mich, gelassen zu bleiben.

Wir trinken aus und verlassen die Diskothek. Der Kellner hilft mit, mich die Stufen hinaufzutragen. Draußen auf dem Parkplatz schiebt mich das Mädchen, das ungeheuer aufgekratzt ist, durch das Intermezzo mit dem Playboy. Sie schiebt meinen Stuhl kreuz und quer im Zickzack über den weiten Parkplatz, laut und fröhlich ruft sie dabei: Bueno. Ich falle fast aus dem Rollstuhl, so wild geht sie mit mir um. Dann stoppe ich abrupt die Räder, drehe mich um und schlage sie mitten in ihr naives Gesicht. Ihr Freund kommt hinzu. Ein Augenblick. Ohne ein Wort zu sagen, bringt er sie in die Casa. –

Mir macht es nichts aus, in einem Rollstuhl zu sitzen, sage ich jedem, der es hören will. Schließlich habe ich das von Geburt an. «Tja, vielleicht ist es ja nicht so schlimm», sinniert ein Bekannter, «weil man sich an nichts gewöhnen muß. Es sieht ja auch so aus, als würdest du das ganz gut verkraften.»

Kassel.

In mir ständig diese Hast. Der Arzt hat zu hohen Blutdruck festgestellt, Tabletten dagegen verschrieben. Aber die helfen nicht.

In der Chile-Initiativgruppe arbeite ich nicht mehr mit. Regelmäßig jeden Mittwoch zu den Treffen zu gehen, halte ich nicht durch. Und nur Aktionen für die Solidarität organisieren will ich auch nicht. «Es wird zu wenig theoretisch gearbeitet, wir verteilen ja bald nur noch Flugblätter, ohne zu wissen, was eigentlich dort unten läuft», sage ich in der Gruppe.

Der träge Germanist aus dem Studentenheim fragt mich, was es mir denn bedeute, regelmäßig an den Sitzungen der Gruppe teilzunehmen. Ich weiß darauf keine rechte Antwort. Außerdem waren mir andere Dinge wichtiger, Behindertenarbeit, weil ich ja selbst betroffen bin. Es hat sich beinahe verselbständigt, etwas machen. Dabei will ich mich nur zu etwas Endgültigem durchringen und das auch durchhalten. Also mache ich Behindertenarbeit. Viele Leute kennenlernen, in vielen Städten gemeinsame Diskussionen über gemeinsame Probleme. Ich fahre viel auf den Autobahnen in diesen Monaten, von einem zu andern, lerne viele Leute kennen. Was suche ich?

Auf der Autobahn zwischen Köln und Mainz, fast einschlafen am Steuer, die Hände verschwitzt und nervös am Lenkrad reibend. Jetzt aussteigen wollen, einfach nicht mehr weiterfahren. Nicht nur für zehn Minuten auf den nächsten Parkplatz, nein, überhaupt nicht mehr reisen wollen. Keine Leute mehr besuchen wollen in anderen Städten. Es fällt mir so schwer, die Entfernung zu überbrücken. Oft realisiere ich gar nicht, daß ich am nächsten Tag schon wieder in einer anderen Stadt bin, weil es irgendwie immer dasselbe ist, und das, was zwischen den Großstädten liegt, bekommt man nicht mit, weil man schnurgerade auf Betonbändern entlangfährt, wie in einem Spielzeugauto, das man mit einem Schlüssel aufzieht. Ich kann mich nicht so schnell an andere Umgebungen gewöhnen, und doch fasziniert es mich so, umherzufahren und zu sehen und zu hören. Nur das, was zwischen den Städten liegt, die Landschaft und die Menschen, ihre Gewohnheiten und ihre Geschichten, überfährt man dabei. Es ist wie mit den Demonstrationen gegen Atomkraftwerke. Eigentlich ist egal, ob der Meiler in Witzenhausen, Lüdinghausen, Brockdorf, Grohnde, Kalkar oder Wyhl steht. Wichtig ist, daß man hinfährt und solidarisch kämpft. Doch wie die Struktur in dem Dorf und in der Stadt wirklich ist, in die man fährt, das kapiert man nur, wenn man dort lebt. Es macht mich traurig, daß man einfach so über das Land hinweggeht, über die Menschen, mit denen man kämpfen will und muß. Ich will endlich da etwas machen, wo ich lebe.

Keine Müdigkeit mehr, nur noch starre Angespanntheit. Der Kopf brummt. Mit angewinkelten Armen, den Kopf vornübergebeugt, immer dichter vor die Scheibe rücken. Ich komme mir so verloren vor auf den dunklen, endlos langen Betonbändern. In zwei Stunden bin ich in Mainz, tröste ich mich. Jetzt auf den Parkplatz fahren und mich auf die Hinterbank schlafen legen. Nein, ich könnte nicht schlafen. Schlösse ich die Augen, ich würde Autos sehen. Erschrecken über jeden Windstoß. Die Konzentration läßt nach. Die Autos, die mir entgegenkommen, verschwimmen zu einer endlosen Lichterkette. Ich starre ängstlich in die Dunkelheit und weiß nicht, was nach der nächsten Kurve kommt. Die Angst, es kommt da nichts mehr. Ich fahre, falle in die Tiefe. Einen Lkw kaum überholen können, weil ich Angst habe, ihn zu rammen. Kaum schneller fahren als er, links neben dem Ungetüm. Wenn er nur jetzt nicht nach links ausschert und mich aus der Bahn wirft, wenn ich die Kontrolle über das Steuer verliere.

Nach zwei Stunden die Abfahrt, links Wiesbaden, rechts Mainz-Kastell. Ich fahre links und zurück über eine Landstraße, an einer US-Base vorbei, durch einen Vorort. Der Himmel am Horizont rötlich gefärbt. Mainz, Frankfurt oder Wiesbaden? Ich habe Angst vor diesen unheimlich vielen fremden Menschen, die dort wohnen. Entgegenkommende Fahrzeuge blenden mich, so daß mir die Augen brennen, schon bei normalem Abblendlicht bremse ich scharf. Nach ein paar Kilometern das Ortsschild. Ich fahre an die Bordsteinkante, kurbele das Fenster herunter und frage den ersten Passanten, wo der Ring mit irgendeinem Kaisernamen ist, aber mehr in Richtung Zentrum, sage ich verlegen, weil ich den Straßennamen vergessen habe.

«Kaiser, Karl, Wilhelm oder Barbarossa-Ring?» Achselzucken.

«Richtung Bahnhof.» – «Danke.»

Erst mal der Beschilderung nach, in die Stadtmitte, hinter der Rheinbrücke links ab eine lange Uferstraße. Ich frage den nächsten. Der schickt mich in die entgegengesetzte Richtung. Zu weit gefahren. Bis zur Brückenabfahrt zurück. Links in die Stadt hinein. Hinter dem Bahnhof eine unheimlich dunkle, unbeleuchtete Straße, Kopfsteinpflaster, alte Kastanien, Bauzäune, Altbauten, Eingänge in Hinterhöfe. Ein paar Straßen weiter der gesuchte Ring. Nervös die langen Haare durchfahren, die Strähne zwischen den Fingern zu Röllchen drehen, jedesmal ein Büschel Haare in der Hand. Endlich stehe ich vor dem Haus.

Kassel.

Im Studentenheim in einer Flurküche. Allein. Ich versuche, Zeitung zu lesen, bin zu aufgeregt. Als säße ein Kloß im Magen, wie ein dicker Stein, den ich nicht fortbewegen kann. Druck hinter dem Brustbein, gelegentlich ein schmerzhaftes Ziehen, als würde sich langsam eine Nadel auf das Herz zuarbeiten. Kribbelig. Es kribbelt im ganzen Körper. Als flössen Energieströme durch, die ich nicht kontrollieren kann. Unruhig im Raum hin- und herfahren. Den Rollstuhl auf die Hinterräder kippen, gegen die Wand gelehnt. Für einen Moment das Gefühl, als setze das Herz aus. Als sauge es jemand aus meiner Brust. Mir wird immer schwindelig bei abrupten Veränderungen des Sitzpunktes.

Der Germanist kommt rein, fragt erstaunt, was ich denn hier so allein mache. «Zeitung lesen», sage ich, weil man ja immer was tun muß, speziell, wenn man allein in einer fremden Küche angetroffen wird. Bei den Mengen Nahrungsmitteln, die hier geklaut werden. «Ich hab was zu rauchen», sagt der Student, «vielleicht beruhigt dich das.»

Wir gehen in sein Zimmer.

Ich wundere mich, daß der Student heute so offen reagiert. Als er vorgeht, den Flur entlang, sieht er aus wie ein geschlagener Preisboxer. Den Kopf, den Nacken nach vorn auf die Brust gesenkt, die Arme schlenkern senkrecht nach unten, wie muskellos hängen sie am Körper. So müde sieht das aus.

Ich passe kaum in sein kleines Zimmer. Bücher und Zeitungen liegen überall verstreut. Mit dem Rollstuhl streife ich die 20 Bände ‹Kindlers Literaturlexikon›, die in einem zum provisorischen Bücherregal umfunktionierten Pappkarton im Durchgang stehen. An den Wänden kleben Kinoprogramme, Bilder von Humphrey Bogart und David Hamilton-Fotos. Er setzt sich auf ein Bett, nimmt eine Packung Samson vom Schreibtisch und beginnt, eine einfache Zigarette zu drehen. Bevor er sie zuklebt, bröselt er etwas Shit darüber, den er vorher über einer Flamme zerkleinert hat. «Ist ja auch nicht viel», sagt der Germanist, «aber wollen mal sehen.» Er nimmt den ersten Zug, neigt den Kopf nach hinten, steckt die Haschisch-Zigarette gerade von oben in den Mund, hält die Hände dicht davor. Er inhalliert den Rauch geräuschvoll, verschluckt ihn fast. Die Ruhe und die Konzentration, mit der er sich dem Rauchen widmet, steht im Gegensatz zum Auftakt der Zeremonie. Der Student gibt mir die Zigarette.

Ich habe Angst, meinen Kreislauf zu überlasten, will das Zeug erst mal antesten. Ich rauche den Joint wie eine normale Zigarette, lasse den Rauch nicht tief in die Lungen eindringen, blase ihn gleich in einer langen Fahne wieder heraus. Ein bitterer Geschmack im Mund. Die Zigarette ist bald alle. Drei oder vier Züge für jeden. Beim letzten will ich eigentlich nicht mehr, aber der Student fordert mich auf, zu Ende zu rauchen.

Dasitzen und auf die Wirkung warten. Gespanntes In-Mich-Hineinhorchen: Was passiert? Unruhiges, erwartungsvolles Umherblikken. Wie ich so starr dasitze, wird mir fast unmerklich wärmer. «Mach mal bitte das Fenster auf.» Der Student macht den Plattenspieler an und tut, als höre er mich nicht. Er legt sich lang auf das Bett, schließt die Augen. Die Luft wird immer drückender. Von einem Moment zum anderen ist mir, als schieben sich die Wände des Zimmers enger zusammen. Engegefühle. Ich knöpfe die obersten Knöpfe des Hemdes auf. Lege die Hand drückend an das Schlüsselbein, fühle das Blut durch die Halsschlagader fließen. Warte, Haarsträhnen zu Röllchen drehend. Unruhig. Meine Hände werden feucht. Der Student liegt scheinbar schlafend, jedenfalls unerreichbar auf dem Bett. Ich fühle mich eingeschlossen. Beginne zu schwitzen. Dann, wie von der Tarantel gestochen, hinter mich greifen, die Tür aufreißen, aus dem Zimmer stürzen, flüchten, wie aus einer Todesfalle, den Flur entlang, das Gefühl, in den Boden hineinzufahren, zu der Balkontür stürzen, sie aufreißen, Nadeln jucken und stechen im ganzen Körper. Die kalte Luft in die Lungen pumpen. Den Kopf aus der Tür lehnen. Die Kälte etwas schmerzhaft im Hals spüren. Mich an der Balkontür festhaltend, merke ich, wie ich eine Gänsehaut bekomme. Die Haut sieht aus wie die eines verschrumpelten Apfels, kleine Höcker, als wären Geschwüre darunter. Menschen gehen an mir vorbei, drehen sich um, bleiben stehen, erkundigen sich besorgt nach meinem Zustand. Ich merke es nicht, nehme es nicht wahr, reagiere nicht. Schließlich der Gedanke: So allein wirst du auch sein, wenn du stirbst, genauso einsam wirst du diesen Moment erleben. Und die Angst davor ist genauso wenig zu vermitteln, wie ich meine Engegefühle dem angeturnt auf dem Bett liegenden Studenten herüberbringen konnte. Ich werde sterben, egal, wieviel Menschen gerade um mich herumstehen.

In der Kneipe mit Jonas. Die schmuddelige Alternativkneipe. Die Wände mit Berichten von Anti-Atomkraftwerk-Demonstrationen und neuesten Nachrichten aus der linken Szene vollgekleistert. Auf dem Tisch überquellende Aschenbecher. Links in der Ecke eine Sitzgruppe aus Sperrmüllsofa und Sesseln. Ein paar Penner haben sich dort niedergelassen. Sie trinken den Fusel aus Zweiliterflaschen, einer geht mit einem Hut herum und bettelt sich das Geld für einen Halben zusammen. Ein anderer spielt Mundharmonika. Irgend jemand grölt unverständliche Worte. Ein Hund bellt. Musik dröhnt aus vier Boxen einer miserablen Anlage. Stimmengewirr. Die Leute, etwas phantasievoller, bunter angezogen als der Durchschnitt, sitzen um die zwei Tische in der Mitte des Raumes oder auf den Bänken an den Wänden. Wer keinen Sitzplatz bekommt, steht mit dem Glas in der Hand oder ohne scheinbar locker herum. Von der Theke das Schreien der Bedienung. «Einmal Soja-Nudeln.» Wir bekommen gerade noch einen Sitzplatz. Wir sitzen uns gegenüber. Jonas im Trenchcoat. Halb auf den Tisch gelehnt, guckt mich Jonas fest und ruhig an. «Hektisch hier, was?» sagt er. «Weiß nicht.»

Ich kann Jonas' Blick nicht erwidern. Gucke mich im Raum um, ob ich jemanden kenne. Es ist niemand da. Nichts, woran meine

Augen sich ungestört heften können. Schweigen zwischen uns beiden. Ich pfeife die Melodie eines Bob Marley-Songs. Gesprächspausen hasse ich. Ich muß etwas zu sagen haben, etwas erzählen können, um nicht für einen langweiligen Allerweltstypen gehalten zu werden. Ich muß mich darstellen. Verlegenheit, wenn ich mal nichts zu sagen habe. Krampfhaft denke ich nach, ob mir ein Thema einfällt, das uns fünf Minuten beschäftigt. Nur um etwas zu reden, selbst wenn es nichts zu reden gibt. Und es ist doch schon laut genug. «Bist ja ganz schön aufgedreht heute», sagt Jonas. «Wieso?» – «Na, dein Blick ist so chaotisch.» Daß ich die ganze Zeit mit den Beinen hin- und herwippe, fällt mir erst auf, als Jonas schreit, weil ich ihn getreten habe.

Jonas lebt auf einem Bauernhof zusammen mit anderen. Die Wochenenden verbringt er mit seinen Leuten. Sie machen das alte Bauernhaus winterfest. Nach dem Abitur wollte Jonas nicht studieren. Er begann eine Lehre als Tischler.

Der Konflikt zwischen uns. Jonas handwerklich tätig, ruhig und ausgeglichen. Ist mehr fürs Konkrete, Faßbare. Eigentlich unpolitisch, sein Leben lebend, was immer das heißt. Ich begann gleich nach dem Abitur das Studium, habe politische Ansprüche, die ich nicht realisieren kann, will etwas schaffen, das Bedeutung hat. Bin unzufrieden, nervös und oft unsicher. Habe mehr für theoretische Diskussionen übrig, weil ich manuell nichts machen kann. Könnte nie auf dem Land leben. Ich verstehe auch nichts, als Jonas in der Kneipe von den Mühen erzählt, die es kostet, Heizungsrohre zu verlegen und Wände zu isolieren. Ich verstehe wirklich nichts von Heizungsbau und Schweinefüttern. Ich will von Jonas nur wissen, was er sich dabei denkt, sich aufs Land zurückzuziehen, einfach dort auf einer Insel vor sich hinzuleben. Es sei doch Illusion und habe keine Perspektive. Es ändere nichts, weil nicht alle so leben können. Jonas sagt, der Ton, in dem ich ihm sein ruhiges Landleben immer wieder vorwerfe, bringe ihn auf den Gedanken, daß ich von etwas ablenken wolle. Es macht mich wütend. «Nein, erzähl mir, was du willst. Du arbeitest genau diesem System in die Hände, wenn du glaubst, es gäbe Inseln, auf die man sich zurückziehen könne, um anders zu leben. Und manchmal bezweifle ich, daß du überhaupt selbst etwas ändern willst.»

«Sicher will ich Ruhe», sagt Jonas. «Ich will mir einen Ruhepunkt schaffen, von dem aus ich mir meine Umwelt betrachten kann. Ein Haus, in das ich mich zurückziehen kann, wenn Chaos ist. Wozu bin ich denn Mensch? Um zu leben und mir mein Leben so angenehm wie möglich zu gestalten, und wir sind doch nicht asozial. Leben doch auf niemandes Kosten da draußen, haben doch ein Recht zu bauen, oder?»

«Ja, ja. Die Welt von außen betrachten und ruhig zusehen, wie Menschen an einem Mechanismus kaputtgehen, in dem du brav und schweigend deine Rolle mitspielst. Wenn du dich erinnerst, diese Scheißdiskussionen in der Schule über Knast, über Drogen, über Penner und Heime und weiß Gott was für kaputte Menschen, das interessiert dich alles nicht mehr. Du sagst, ich gehe aufs Land, schaffe mir Ruhe, um die Welt zu betrachten. Es ist einfach ein Faktum, mal rein geschichtlich, daß der Mensch nicht durch Ruhe und Betrachten etwas ändert, sondern durch Kampf, nur dadurch.»

«Eben. Was meinst du, was es für eine Scheißmaloche ist, ein halbverfallenes Bauernhaus wieder klarzumachen? Glaubst du, das ist kein Kampf? Und was glaubst du, was es für eine Anstrengung ist, einem Bauern klarzumachen, daß er seine Salatköpfe nicht mehr mit Pflanzenschutzmitteln abspritzt, die wir alle fressen müssen? Und was glaubst du, wie idiotisch die da draußen reagieren, wenn wir erklären, daß wir unseren Schweinen kein künstliches Mastmittel geben, weil sie genug fressen? Verdammt, ich habe keine Motivation, wie das so schön heißt, für die Befreiung von anderen, die ich nicht kenne, zu kämpfen. Ich würde dabei nichts spüren, Flugblätter zu verteilen, die Veranstaltungen zu organisieren, die zur Solidarität aufrufen. Ich bin nicht betroffen von Knast und Heroin und Heim und Hunger und was sonst noch allem. Ich kann nicht andere Leute befreien. Da seh ich nichts. Was heißt hier großartig Gesellschaft verändern, bin ich nicht Teil der Gesellschaft? Muß ich nicht bei mir anfangen, wenn ich etwas ändern will? Ich kann doch nicht anderen etwas predigen, was bei mir selbst im Kleinen nicht läuft.»

«Du sollst nicht Jesus spielen, du sollst mitmachen, dich einsetzen. Sehen, daß du einem Irrtum unterliegst, wenn du glaubst, dein gesundes Essen, die reine Kuhmilch, der reine Salat, das reine Brot sei alles, was es neu zu schaffen gilt.»

«Aber wo soll ich mich denn einsetzen?»

«Mensch, du machst 'ne Lehre. In dem Betrieb läuft sicher 'ne Menge Scheiße. Es gibt zum Beispiel Gewerkschaften. Oder was dir mehr liegt: die Atomkraftwerke, die in Planung oder im Bau sind, auch hier in der Gegend. Die müßten dich interessieren, weil sich die Ururenkel, sofern es sie geben wird, noch damit rumschlagen müssen. Du kannst dich nicht abkapseln. Du wirst deine Kinder auf Schulen schicken müssen. Und dort bekommen sie anderes zu hören als von dir. Du wirst deine natürlich gezüchteten Salatköpfe, deine Milch und deine Schweine auf einem Markt verkaufen müssen, wenn du von deinem Hof leben willst. Aber die Gesetze des Marktes bestimmst nicht du, oder?»

«Schön, du hast recht, aber vielleicht will ich die auch gar nicht bestimmen, weil mir das zu abstrakt ist. Ich sehe nichts, ich sehe wirklich nichts, wenn ich politisch arbeiten würde. Ich muß über mich, muß über meinen Bereich verfügen können, ich muß mein Leben selbst bestimmen können. In meinem Bereich bin ich frei. Während du laufend von irgendwelchen Zwängen und Drücken und Ansprüchen erzählst, denen du nicht gerecht wirst. Einen Tag sagst du, du hättest Kopfschmerzen, den anderen Herzstiche, dann denkste laufend ans Schreiben, an die Arbeit in irgendwelchen Grüppchen. Dann schmeißt du den ganzen Kram hin. Fährst wie ein Irrer durch die Gegend, besuchst tausend Leute, erzählst, hast den kennengelernt und den, hast dies Tolle gemacht und jenes. Und was biste: voller Angst und Nerverei. Ich hab Angst, auch so gehetzt zu werden, wenn ich mich engagieren würde. Manchmal denke ich bei deinen Reden, du quatschst von Gesellschaftsveränderung, die du und ich wohl nicht mehr miterleben, weil du Angst hast, hier und jetzt zu leben: deine Unsicherheiten einzugestehen und das Beste draus zu machen. Du wirkst so verkrampft wie du redest, und da denke ich dann, dein Kampf hat etwas mit Krampf zu tun. Sicher ist das auch wegen dem Rollstuhl, weil du körperlich dich nicht austoben kannst, nicht körperlich arbeiten kannst, aber es ist auch in deinem Reden, und auch, wie du so sitzst, so starr. Weißte, ich sehe was wachsen in mir, und bei mir zu Hause, im Hause, auf dem Hof, wir tun etwas, und wir sehen, was wir tun, und wenn wir nicht genug sehen, dann pflanzen wir noch etwas oder nehmen was weg. Das ist Bewegung. Und ich sehe etwas wachsen in mir, wenn ich sonntags zu meinen Eltern zum Essen fahre. Mich nicht so geben kann, wie ich bin. Nicht ganz so gelassen werde, aber lassen kann. Sie so sein lassen.»

Gelassenheit. Die brauche ich.

Petra am Telefon. Ihre Berichte über die Kinderladengruppe, in der wir zusammenarbeiten, kommen mir vor wie Rechenschaftsberichte, die man einem Vorgesetzten gibt. So pingelig genau. Jedes Wort auf die Goldwaage gelegt, langsam und überlegt ausgedacht, bevor es aus dem Mund kommt. Fast bedächtig. Als wolle sie auch ganz sicher sein, nichts Falsches zu sagen. Vielleicht muß sie so sein. Unbedachte, unvorsichtige Reaktionen kann sich eine Bankangestellte wohl nicht leisten. Sie erzählt, als Kind hätte sie unter Sprachstörungen gelitten. Und gestottert, wenn sie unsicher und aufgeregt gewesen sei. Der Vater, oft besoffen, hätte die Familie tyrannisiert. Das Stottern trete heute manchmal noch auf, aber nur, wenn sie sehr in Rage sei. Zu den Treffen der Gruppe kommt sie mit ihrem grünen Käfer. Das Auto sauber und aufgeräumt. Nichts Überflüssiges, kein Fetzen Papier auf dem Neben- oder Hintersitz, geschweige denn dazwischen. Keine Zwischentöne von ihr.

Es ist ein warmer Spätsommerabend. Gegen acht Uhr. Der Montag, an dem Schleyer entführt wurde. «Hallo», sagt sie freundlich. Die Grübchen, wenn sie lächelt, sehen einfach süß aus. Die Papiere für das Treffen hat sie in einer Mappe sorgsam geordnet, die unter ihrem Arm klemmt. Es kommen nur vier Leute an diesem Abend, die anderen haben offenbar keine Zeit oder keine Lust. Es lohnt sich nicht, ein wichtiges Thema anzuschneiden. So trennt man sich schon vor dem Gebäude nach einer Viertelstunde Wartezeit. Petra bleibt noch ein paar Minuten, um mit mir zu reden. «Rauchen wir Samstag?» fragt sie fast euphorisch. «Ja, aber wir werden wohl allein sein, die anderen haben abgesagt», sage ich ihr. «Wir beide allein?» fragt sie. Sie betont das Wort ‹allein›, als hätte es eine tiefere Bedeutung für sie. So erwartungsvoll. Wir verabreden uns für Samstagabend. Ich gehe nach Hause, um Nachrichten zu hören.

Sie redet eigentlich nicht viel, wenn wir Versammlungen haben. «Ich habe das Gefühl, daß das, was ich sagen will, jemand anders viel besser sagen könnte. Und wenn ich mich durchgerungen habe und mich melde, denke ich, es lohnt sich nicht. Was ich sagen will, hat gerade schon jemand anderes gesagt.»

Pfingsten flog sie nach New York mit einer Reisegruppe der Stadtsparkasse, für zweitausendfünfhundert Mark, um sich etwas Schönes zu gönnen. Die Trennung von dem Mann, mit dem sie sechs Jahre zusammenlebte, liegt erst drei Monate zurück. Sie kaufte sich einen altenglischen Sekretär für viel Geld, um sich an etwas festzuhalten.

Samstagnachmittag rufe ich sie an, um ihr zu sagen, daß es mit dem Shit nichts wird, der Dealer ist nicht gekommen. Sie sagt, sie würde trotzdem ganz gerne kommen. Ich freue mich, daß ihr nicht nur am Kiffen etwas liegt.

Als sie kommt, wirkt sie anders als sonst. Nicht so artig und vorsichtig. Sie bringt Salat und eine Cohen-Platte mit. Sie ist offener, nicht mehr so verbindlich, so zusammengenommen. Die Flasche Wein ist schnell ausgetrunken. Petra sitzt auf meinem Bett. Guckt mich intensiv an. Lächelt wieder. Sagt nichts. Mir fällt auf, daß sie eine andere Frisur hat. Den Pony etwas frech zur Seite gekämmt.

Keine sofort auffallende Änderung, aber ihr Gesicht wirkt dadurch leichtsinniger. Ihr Blick strahlt Wärme aus. Etwas Ehrliches. Nicht mehr dieses kühle, distanzierte, überlegen Kalkulierende. «Ich hab von dir geträumt», sagt sie unvermittelt. Läuft etwas rot an. Springt Sekunden nach dem Satz auf, sagt, «komm, laß uns ein bißchen spazierengehen.» Sie wird verlegen. Ich bin verlegen, weil es ungewohnt ist zu hören, jemand hätte von mir geträumt. Wir stehen beide im Zimmer. Ich gucke sie ruhig an. «Was hast du geträumt?» – «Komm, laß uns gehen», sagt sie nervös. Geht einen Schritt zurück. Ich ziehe mir eine Jacke an und wundere mich, daß sie zu solch heftigen Reaktionen fähig ist. Wir gehen um den See. Sagen nichts. Nach einer Weile komme ich auf die Idee, das Wochenende an der Nordsee bei Freunden zu verbringen. Es ist ihr wieder zu spontan. Jetzt will ich's wissen. «Also, was hast du nun geträumt?»

Zögern.

«Ich hab dich stehen sehen. Vor mir.» Es schockiert mich, tut mir ein bißchen weh, daß jemand glaubt, ich könne laufen. «Wir haben gemeinsam gekifft. Und dann hast du vor mir gestanden.» Zum erstenmal sagt sie gekifft. «Mehr nicht? Ist das alles?» Schweigen. Wortlos laufen wir um den See. Es ist dunkel und sonst niemand hier. Ungefähr an der Stelle, an der ich vor zwei Monaten mit dem Selbstmördermädchen umkehrte, «wir sind zusammen ins Bett gegangen, nach dem Kiffen», sagt sie. Es klingt, als bräche ein Stein aus ihrer coolen Fassade, der nun langsam ins Rollen kommt.

Das ist noch nie vorgekommen, daß eine Frau sagt, sie hätte geträumt, mit mir zu schlafen. Ich halte mich selbst nicht für wert, Objekt solcher Träume zu sein. Es macht mich ein bißchen stolz.

«Der Gedanke an Shit ließ die Hemmungen fallen. Ich fand es einfach schön mit dir», sagt sie. Zum erstenmal sagte sie nicht Haschisch, sondern Shit. «Was erwartest du, wenn du mit jemandem schläfst?» frage ich etwas ängstlich. Ihre Distanz weicht, der Stein rollt weiter. «Ich will vergessen, daß ich in einem Bett liege. Fliegen, wegfliegen. Einen Rauschzustand erleben.»

Rauschgift löst bei ihr die Assoziationen an einen selbstvergessenen Rauschzustand aus, so etwas wie einen Orgasmus. Obwohl sie Shit nicht kennt, nichts von meinen Engegefühlen weiß. Shit als Mittel gegen Angst und Hemmung, als Entkrampfungsmedizin. Gibt es das?

Ich sage ihr, daß es mir schwerfällt, mit einer Frau einfach so unverbindlich ganz nahe zu sein, ins Bett zu gehen und sich am nächsten Tag wieder von ihr zu trennen.

Die Folgen der drei Monate zurückliegenden Nierensteinentfernung belasten mich noch. Das Gefühl, als hätte jemand mit einem Mixer in meinem Unterleib herumgewühlt. Die Haut taub und vollkommen gefühllos, dünn wie Pergament um das Operationsfeld über der Blase. Der Penis wird nicht mal mehr steif. Im Unterleib oft ein dumpfer, ziehender Schmerz. Ich habe Angst, mich zu entblößen. Eine Frau, mit der ich schlafe, bekommt unweigerlich den Katheter, den Anus praeter, mit, wird es fühlen, wenn nicht riechen.

Ich spreche von meinen Ängsten, mich fallenzulassen, mich hinzugeben, weil hingeben für mich auch mich aufgeben heißt. «Du bist doch sonst so gern spontan», sagt sie. Sonst nichts. Sie will sich nicht mit mir auseinandersetzen. Sie will mit mir ins Bett gehen. Ich weigere mich ein bißchen, so viel preiszugeben für eine Nacht. Aber der Stein, der aus ihr brach, rollt unaufhaltsam weiter. Einfach so mit jemandem ins Bett gehen. Am nächsten Morgen aufstehen und gute Freunde bleiben oder sich nie wiedersehen: Der Gedanke fasziniert mich und macht mir angst. Jemandem so nahe zu sein, der am nächsten Morgen unerreichbar weit weg ist. So etwas läuft bei mir nicht. Dazu bin ich zu starr. Zu unbeweglich. Jemandem für Minuten nahekommen, einen Körper spüren, einen Atem, Bewegungen, beim Tanzen zum Beispiel, es ist eben schwieriger mit dem Rollstuhl. Ich bin solche spontane Verbindungen, die nicht aus Bindungen bestehen, sondern sich nach Minuten oder Stunden wieder auflösen, nicht gewohnt.

Als wir auf dem Bett in meinem Zimmer sitzen, sie stumm vor sich hinblickt, ein Gläschen Wein nach dem andern trinkt, ich, ‹Konkret› durchblätternd, überlege, was sie jetzt wohl denkt. An ihren Freund? Verkrampfung: Wir wissen genau, daß wir spätestens in einer Stunde nackt im Bett sein werden, und jetzt sitzen wir hier und trinken Wein, lesen Zeitung. Als ich sie versuche zu streicheln, sagt sie gereizt, «laß mich doch wenigstens meinen Wein austrinken.» Als wolle sie sagen, «laß mich noch ein bißchen in Ruhe. Noch eine Galgenfrist. Wir liegen ja noch nicht im Bett.»

«Ich habe Hemmungen, mich vor Männern einfach auszuziehen», sagt sie. Was Mädchen so eingeimpft bekommen von Müttern über lüsterne, fleischsüchtige Männer, die nichts als stoßen und ficken wollen und schon geil werden, wenn eine Frau den Verschluß des BH's öffnet oder das Höschen abstreift. Ich gehe aus dem Zimmer und sage, «ich will nach dem Selbstmordmädchen gucken.»

Zwei Stunden lasse ich Petra allein in meinem Bett liegen, spiele den Seelsorger bei der Lebensmüden, weil ich Angst habe, mit ihr zu schlafen. Um drei Uhr nachts lege ich mich zu ihr ins Bett, behalte die Unterhose an. Sie will sie mir ausziehen, ich sage ihr, sie soll es lassen. Es wäre nicht so gut für mich. Ich bin unsicher, verkrampft, fühle mich beengt im Bett durch sie. Ein bißchen streicheln. «Nicht so wüst», sagt sie.

Sie liegt die ganze Zeit auf mir. Ich fühle mich bedrückt. «Wo findest du's am schönsten?» fragt sie mich. «Weiß nicht.» Flüchtige Küsse. Ich will sie richtig küssen. Sie entzieht ihren Mund immer wieder. Das Zucken ihres Schoßes, als ich ihre Klitoris berühre. «Sei zärtlicher», sagt sie wieder ungeduldig. Sie will wohl endlich abfliegen. Ich fühle mich so behindert, daß sie die ganze Zeit auf mir liegt. Sie hält mich wohl für unfähiger, als ich bin. Ich taue nicht auf in dieser Nacht.

Gegen fünf Uhr morgens fällt uns nichts anderes ein, als Nachrichten zu hören. Wird die RAF Schleyer wirklich erschießen? Gegen sechs geht sie, gibt mir noch einen flüchtigen Kuß auf die Wange. Am Tag darauf fährt sie mit ihren Eltern in den Urlaub.

Die ersten Tage danach denke ich erstaunlicherweise nichts Besonderes. Ich denke nicht an sie und fühle nichts. Dann will ich mit ihr über den Abend reden. Will irgendeine Basis haben, auf der wir miteinander reden können. Über ihre Ängste und Blockaden. Über meine Unsicherheiten. Daß sie im Urlaub ist, unerreichbar, macht mich traurig. Ich komme mir abgeschnitten vor von ihr. Ein Stück Nähe (oder die Illusion davon) und dann? Nichts! Nein, ich will ja nicht noch mal mit ihr schlafen. Nein, einfach darüber reden. Über die Angst. Und sicher sein, daß sie als Gesprächspartner, als Freund, noch existiert, daß sie nicht gestorben ist. Für mich, nach dieser Nacht. Nach dem Versuch eines Höhenfluges, der mit einer Bruchlandung endete.

Daß sie überhaupt nichts von sich hören läßt, verletzt mich. Hat sie mich schon vergessen, war es für sie ein normales Ereignis, diese mißglückte Nacht, wollte sie nicht darüber reden?

Zwei Wochen später fahre ich im Auto durch Kassel, an der Fußgängerzone vorbei. Ich sehe Petra Arm in Arm mit einem Mann über die Straße gehen. Ich ertrage den Anblick nicht, drücke aufs Gas und fahre davon. Will die Vorstellung loswerden, daß sie so einfach ging. So einfach und beziehungslos mit jemandem ins Bett gehen und jetzt nichts mehr davon wissen wollen. Nicht fragen, was nachher passiert. Was morgen früh ist.

Ich rufe sie einfach an, sie sagt nur, «na, wenn du das öfters machst, verkraftest du das ganz gut. Dann ist es nachher nicht mehr so schlimm.» Sie strahlt abweisende Kälte aus am Telefon.

Ich denke an einen Abend nach einem Treffen der Gruppe. Sie

geht mit mir zum Auto. Packt den Rollstuhl in den Kofferraum. Ein Mann kommt hinterher. Wartet neben dem Auto. Er ist auch Mitglied der Gruppe. Sie verabschiedet sich von mir. Im Rückspiegel sehe ich, wie sie dem Mann einen schnellen Kuß auf die Wange gibt, sich wortlos umdreht und schnellen Schrittes in die andere Richtung geht. So gefühllos mechanisch. Vielleicht flieht sie.

Ich werde ihr einen Vibrator schicken, damit sie mit Leuten nicht mehr so umgehen kann. Wut und Traurigkeit vermischen sich, oder bin ich nur verklemmt? Nein, nicht, daß ich in sie verliebt wäre. Ich will einfach nur zwanglos mit ihr reden können. «Es ist zwecklos», sagt sie am Telefon. «Wir haben doch keine gemeinsamen Interessen.»

Nach einer Gruppensitzung will ich mit ihr noch ein Bier trinken gehen, aber sie sagt schroff: «Nein, ich will nicht.» Setzt sich in ihr Auto und fährt.

Überhaupt nicht zuhören können, während des ganzen Abends verstohlen Petra angucken und versuchen, ihre zwei Gesichter in Einklang zu bringen. Das kühle, buchstäblich nichtssagende, mit den Augen, an jenem Abend, als sie high sein wollte. Warum kann ich sie nicht vergessen?

Stundenlange Analysen und Gespräche mit Bekannten über mein und Petras Verhalten. Trauermärsche um den See.

In der Abenddämmerung am See. Es ist kühl. Ich ziehe die dünne Jacke an, eng an den Körper. Magenschmerzen. Das Gefühl, einen Kloß am Körper zu haben, wie einen schweren Stein. Im Magen, im Hals. Unfähigkeit, einen klaren Gedanken zu fassen. Ich will nur mit Petra vernünftig reden können. Sonst nichts. Warum muß das so dramatisch sein? Warum kann man nicht eine freundschaftliche Beziehung haben, in der man über alles reden kann? Ich würde an ihren Freund denken, wenn ich sie jetzt sähe, würde mir vorstellen, wie sie mit ihm schläft. Ich fühle mich so schwer, als sei ich selbst ein Kloß, ein Trauerkloß.

Oben am Himmel das Flugzeug. Ein winziger, silberner Punkt, von der für mich nicht mehr sichtbaren Sonne angestrahlt. Ich versuche, die Maschine mit den Augen zu verfolgen. Will nach dem Flugzeug greifen, es mit den Händen näher heranholen und mitfliegen. Einsteigen und abfliegen. Wohin? Egal. Ich gucke zum Himmel auf den glitzernden Punkt, bis mir die Augen weh tun. Der Punkt wird immer kleiner, das Glitzern der reflektierenden Sonnenstrahlen auf dem Metall immer schwächer. Nicht wahrhaben wollen, daß das Flugzeug gleich hinter dem Horizont verschwinden wird. Die lange, im seichten Hügel ansteigende Wiese an der Biegung des Sees hinauflaufen und das Flugzeug festhalten wollen. Wie die Illusionen, die verschwinden, die ich nicht loslassen kann.

Ich werde nicht mehr hingehen zu der Kinderladengruppe. Petras Freund ist jetzt Mitglied. Zum erstenmal kapiere ich, daß mir Hungernde und Leidende hier und dort scheißegal sind, wenn ich selbst Hunger nach Gefühlen habe. Nein, es ist mir nicht scheißegal, aber ich bin unfähig, einzugreifen, mitzureden, weil ich so den Kopf voll habe von jemandem, der gleichzeitig mit im Raum sitzt. Ich will mir selbst auf die Spur kommen. Warum bin ich in den Gruppen? Warum verkrafte ich die Nacht mit Petra nicht?

Die gesichts- und beziehungslose Fickerei läuft für mich nicht. Das ist die Konsequenz aus der Geschichte mit Petra. Ich kann das Gefühl nicht ertragen, am nächsten Morgen allein aufzuwachen. Wenn bei Petra die Assoziation zwischen Haschisch und Sex herhalten muß, um die Verklemmung zu lösen, dann war es Flucht. Warum steht sie dazu nicht? Sie mit ihrem dummen Gerede von Idealbeziehung. «Es gibt nur den einen, für den ich echte Gefühle empfinde. Liebe. Von dem ich ein Kind wollte. Bei dem ich mich zu Hause fühle, mit dem ich über alles reden kann. Der mir vertraut ist.» Ich sage, wenn ich jemanden mag, passiert es mehr als einmal, daß ich nicht nur mag, was in seinem Kopf steckt. «Nein, das kann ich nicht. Das muß der eine sein. Die anderen sind Freunde, aber zu denen habe ich keine Gefühlsbindung.»

Finde ich Zweierbeziehungen immer dann verlogen, wenn ich keine ausschließliche Beziehung mit einer Frau habe?

San Felice.

Morgens nach dem Aufstehen in der Wohnung das idiotische Gefühl von Ausweglosigkeit. Überall verfolgen mich dieselben Ängste, Bilder und Assoziationen. Meine Reaktionen auf Menschen, die Begegnungen gleichen einander. Unabhängig von Ort und Zeit. Es ist egal, ob ich in Kassel oder San Felice bin. Ich hatte die Illusion, durch einen Wechsel der Umgebung auch meine Verfassung zu ändern.

Nachts allein durch den Ort fahren. Knapp vier Wochen hier. Alles so bekannt. Die Leute beschweren sich über mich, weil ich zu schnell fahre und angeblich Kinder gefährde mit meiner Raserei. Sie meckern über meine langen Haare. Tratschen über die angebliche Shit-Raucherei. Es ist unmöglich, einen Abend in einer Bar oder Diskothek zu verbringen, ohne daß es nicht am nächsten Tag die Leute von der Tankstelle neben dem Haus wissen. Triumphierend lächelnd fragen sie nach meinen Erlebnissen. Selbst der Hausbesitzer in Essen hört schon von den Geschichten. Am Telefon sagt er, ich solle mir die Haare schneiden lassen oder verschwinden. Ich würde seinen Ruf ruinieren.

Ich bin hier allein, und doch fühle ich mich verfolgt. Von jedem Menschen, der an einer Straßenecke steht, mich vorbeifahren sieht, weiß ich, daß er's weitersagen wird. Ich will mit jemandem vernünftig reden. Hier sind nur diese Touristik-Italiener, die den Winter über ein Gesprächsthema brauchen, wofür ich gerade gut genug bin.

Der Freak und sein Mädchen benutzen ungefragt mein Auto. Das Mädchen verbraucht mein letztes Haarshampoo. Beide besaufen sich in einer Bar für zwanzigtausend Lire auf meine Kosten. Warum rege ich mich so auf, daß sie mit meinem Wagen fahren, ohne mich zu fragen, ohne das Benzin zu zahlen? Weil ich das Auto brauche und sie die Reparatur bestimmt nicht bezahlen? Der Freak hat nicht mal einen Führerschein. Sie verstehen es nicht. «Realist», schimpft das Mädchen, als ich ihr zu erklären versuche, was passiert, wenn ihr Typ einen Unfall baut.

Ich raffe meinen materiellen Besitz zusammen als letztes, was mir hier bleibt. Wenn ich mir schon die Haare schneiden lassen soll, brauche ich wenigstens Auto und Geld. Wenn sie schon sagen, ich sei ein Verrückter, muß ich auf mein Eigentum achten, als letztes, was mir Identität verschafft.

Ich bin hier wirklich nur in meinem Kopf, und selbst da beeinflussen sie mich. Nach außen kann ich nur etwas im Schreiben abgeben. Die letzten Nächte habe ich nur in Embryo-Stellung geschlafen. Tagsüber schließe ich mich in der Wohnung ein, um zu schreiben. Blokkade, ich nehme nichts Positives, Anregendes mehr auf. Nichts will mehr raus aus diesem Körper. Seit Tagen nicht mehr richtig geschissen. Diese Freßsucht. Essen ist das einzige, was mir hier noch Lust bereitet. Und die Italiener fressen so ekelhaft fettes Zeug hier. Schweinefleisch mit pommes frites im Fettbad, Weißbrot mit Käse, als Pasta Spaghetti, in etwa fünf verschiedenen Versionen. Woche für Woche. Ich will es nicht mehr essen, meine Bauchspeicheldrüse macht das nicht mehr mit. Und wenn nach dem Essen der Bauch zu ist, ist auch der Kopf zugemauert. Ich kann nicht denken nach so schwerem Essen.

Nach dem Essen an der Schreibmaschine sitzen. Diese Anfälle von Geilheit. Jede Frau in Gedanken ausziehen und sich daran aufgeilen. Seit sechs Wochen mit keinem Mädchen mehr geschlafen. Keinen Körper mehr gespürt. Keine Haut mehr gestreichelt. Vom Schreibtisch weg, sich auf das Bett legen, ausziehen und onanieren.

In der Casa sehe ich die beiden Freaks im Gras liegen und schmusen. Ich kann nicht hingucken. Es erinnert mich an Petra, Angela, C. Und daran, daß ich jetzt eine Frau brauche. Ich komme mir ausgeschlossen vor, wenn ich die beiden für sich sehe.

Beim Essen läuft alles ohne mich ab, obwohl ich anwesend bin, weil meine Wohnung keine Küche hat. Lieber den Tee ungesüßt trinken, als um Zucker bitten. Unfähig, nach Wurst, Butter oder Marmelade zu fragen, als wäre mir der Mund verschlossen.

Nach dem Frühstück schwärmt das Freak-Mädchen wieder von Dope. «Ach, wenn ich jetzt 'ne Pfeife hätte, das wär was.» Übermütig rennt sie durch das Wohnzimmer auf mich zu. Wie ein Kind. Setzt sich auf meinen Schoß. Will im Rollstuhl mitfahren. Sie setzt sich ausgerechnet auf den Katheter. Ich stoße sie ungeduldig hinunter. Sie ist sauer.

Übrigens habe ich recht, wenn ich sie anschnauze, weil dieses Kind die Pille nicht nimmt, säuft wie ein Loch und raucht wie ein Schlot. Sie sagt, wenn sie ein Kind bekäme, würde sie nicht zum Arzt gehen. Wenn sie ein gesundes Kind haben wolle, würde sie es auch bekommen. Mir ist keine Frau bekannt, die sich ein behindertes Kind wünscht.

Gestern sah ich mich schon im Traum das Buch signieren. Das Verhältnis zwischen meinen Phantasien und meiner Realität ist ein Abgrund. Auch gestern im Traum: Ein antikes Amphitheater, das Kolosseum. Eine Menschenmenge tobt. Ich stehe mit zwei anderen Männern im Rollstuhl auf einem Podest. Wie bei einer Siegerehrung. Die beiden anderen haben vollkommen kaputte Rollstühle, sehen sehr abgekämpft und zerschlagen aus. Ich fühle mich frisch und ausgeruht. Ich stoße die beiden im Rollstuhl vom Podest. Stehe nun allein darauf, reiße die Arme hoch und lasse mich bewundern.

Nun will ich auch noch eine Sendung über Behinderte in Italien machen.

Früh am Abend klopft es an der Wohnungstür. Ich will nicht aufmachen. Mit niemandem hier etwas zu tun haben wollen. Ich will für mich sein. Das Freak-Mädchen ruft ungeduldig, klopft heftiger. Schließlich öffne ich doch. Sie kommt herein, sieht traurig aus. Stiller als sonst. Sagt in ruhigem Ton, ungewohnt von ihr, daß ihr Typ mit anderen in der Casa sitze und schon wieder saufe. Sie lege Wert auf meine Gesellschaft. Der formale Ton, in dem sie es sagt, erstaunt mich. Ich denke, daß sie Langeweile hat. Jemanden braucht, der sie unterhält. «Kommst du mit in Vincenzo's Bar? Ich hab die Alkoholiker satt. Ich will mit dir Schach spielen», sagt sie. Ich habe eigentlich keine Lust, schon gar nicht zum Schachspielen. Das kann sie wirklich gut. Aber irgendwie bin ich froh, daß mich jemand ablenkt und gehe mit. In der Bar reden wir über ihre Abhängigkeit von dem Freak. Sie sagt, sie verlange von ihm, daß er sich jederzeit um sie kümmere, für sie da sei. «Weiß nicht, was es zu bedeuten hat, daß er jetzt dasitzt und säuft. Ich will einfach, daß er für mich da ist, wenn's mir schlecht geht. Und wie soll's denn werden, wenn wir erst ein Kind haben?» Ich will nicht den Sozialarbeiter spielen, bin etwas wütend auf mich, daß ich mitgegangen bin. Lenke das Gespräch auf unverbindliche Themen.

Nach zwei Stunden Reden bringe ich sie in die Casa, komme noch einen Augenblick herein. Am Tisch sitzen ein Gärtner, der Freak und Thomas, ein Rollstuhlfahrer aus Deutschland, der seit zwei Tagen hier wohnt. Ich meide den Zwanzigjährigen, der vor drei Jahren durch einen Unfall querschnittsgelähmt wurde.

Die drei machen einen ziemlich angetrunkenen Eindruck. Sie reden aufgeregt über Autos. Das Mädchen und ich setzen uns in einigen Metern Entfernung an einen Tisch. Sie macht ein mieses Gesicht. Ihr Freund guckt etwas verlegen zu ihr herüber. Aber nur für einen kurzen Augenblick. Mir scheint, als bringe ihn ihr Anblick in Verlegenheit. Mitten in der Unterhaltung rückt der Rollstuhlfahrer mit seinem Stuhl einen Meter vom Tisch ab, lehnt sich etwas nach vorn und beginnt, mit der Handkante auf seinen Unterleib zu schlagen. «Hast du Schmerzen?» fragt ihn der Freak. Alle Aufmerksamkeit richtet sich auf den Behinderten. «Nein», sagt er. «Meine Blase ist voll. Ich klopfe sie aus. Seit dem Unfall wird sie ohne das Ausklopfen nicht mehr vollständig leer.» Einen Augenblick betretenes Schweigen.

Ich denke, ich wäre ins Zimmer gefahren, um eine Blase auszuklopfen.

Der Rollstuhlfahrer holt eine Pfeife aus dem Etui. Holt eine Silberpapierkugel aus der Tasche. Gibt dem Freak beides. Der darf es übernehmen, die Pfeife zu bauen. Ich bleibe abseits sitzen, will beobachten, was passiert. Langsam und bedächtig reinigt der Freak die Pfeife, pustet hinein, prüft, ob sie auch richtig sauber ist. Dann stopft er sorgfältig jeweils eine Lage Tabak und eine Schicht des bröseligen Shits in die Pfeife. Das Mädchen hält noch einen Rest Shit über dem Silberpapier und ein Streichholz darunter. Sie sieht aus wie ein fünfjähriges Kind am Heiligen Abend. Große phantastische Augen. Der Behinderte sitzt dabei und guckt sich die Szene befriedigt an. «Fixen würde ich nie in Gemeinschaft», sagt er leise.

«Aber mit Shit ist es doch etwas ganz anderes. So ein kreisender Joint stellt eine Gemeinsamkeit her.»

Die Pfeife kreist. Schweigen. Ein Ritual. Wieder das Einsaugen, Verschlucken des Dampfes, bis tief in die Spitzen der Lungenflügel lassen sie ihn eindringen, halten den Dampf an, solange es geht, umschließen die Pfeife mit den Händen, damit ja nichts verloren geht. Ich will nichts, was sie zufrieden aufnehmen. Schließlich ist wirklich nur wenig Shit da.

«Das war's wohl», sagt der Gelähmte. Er verzieht das Gesicht. Im Hals brennt es, wenn kein Shit mehr in der Pfeife ist. Er klopft die Pfeife über einem Aschenbecher aus. Lehnt sich dann zurück in den Rollstuhl.

Das Freak-Mädchen setzt sich auf das Sofa vor dem brennenden Kamin. Alle sind still. Versunken. Ich weiß nicht recht, was ich machen soll. Setze mich schließlich zu dem Mädchen an den Kamin. Der Freak bleibt mit dem Behinderten hinter uns an dem Tisch sitzen. «Komm doch auch herüber», fordert das Mädchen ihren Typ auf. Sie will ihn bei sich haben. Aber der Gelähmte sagt, «ich vertrage die Wärme nicht.»

Er kann mit dem Rollstuhl nicht in die enge Kaminecke fahren. Und ohne Rollstuhl auf dem Sofa wie ich kann er nicht sitzen. So bleibt der Freak bei dem Behinderten. Schließlich hat der den Shit spendiert. Ich merke, daß er es aus Anstand tut, auch lieber zu seinem Mädchen möchte. Sie versuchen, sich über Musik zu unterhalten. Der Freak wirkt merkwürdig sozial, wie er auf den Behinderten eingeht.

Das Mädchen sieht so verzückt aus. Starrt mit einem breiten Lächeln ins Feuer. Die Augen sind gerötet, schmal-chinesenhaft, als wolle sie in jedem Augenblick aus einem irren Glücksgefühl heraus in einen Heulkrampf ausbrechen. Mir fällt das Wort ‹Bewußtseinserweiterung› ein. Meine Frage, was sie jetzt denke, hört sie nicht. Oder ignoriert sie. Jedenfalls gibt sie keine Antwort. Am Kaminfeuer, das uns beide wärmt, gucke ich sie lange und aufdringlich an. Ihre Gesichtszüge werden immer breiter. Schließlich sagt sie in die Stille, «warum nennst du uns immer Freaks? Freak heißt doch Mißgeburt! Und eigentlich bist du doch eine Mißgeburt!» Ich stehe auf und gehe raus. Lege mich in eines der Zimmer und versuche zu schlafen. Spät in der Nacht werde ich von ihrem Stöhnen geweckt. Nebenan schläft sie mit ihrem Typ, ihre Wut und ihre Zweifel über ihn sind vergessen. Sie brauchte meine Gesellschaft, weil sie sich langweilte, mir ist schlecht.

Spaziergang in San Felice. Die Angst vor den Hunden. Nicht mehr aus dem Haus gehen mögen, weil die wilden Hunde überall herumstreunen. Und wenn ich mich sicher wähne, kommt gerade einer aus einer Toreinfahrt oder hinter einer Straßenecke hervor. Eigentlich tun sie nichts. Mich hat noch nie ein wilder Hund angesprungen. Aber Angst davor, daß mir einer in die Hand beißt, wenn ich die Räder des Rollstuhls bewege. Einige von ihnen reichen mir bis in Bauchnabelhöhe. Und wenn sie mich doch anspringen?

Normalerweise registriere ich Blicke nicht mehr. An diesem Morgen in Felice bleiben sie doch an mir haften. Unmöglich, sie zu ignorieren. Die Frau geht mit dem Kind an mir vorbei. Das Kind lacht, sagt etwas zur Mutter, zeigt mit dem Finger auf mich. Die Mutter nimmt das Kind an die Hand und zieht es schnell an mir vorbei. Als sie vorbei sind, drehe ich mich nach den beiden um. Die Mutter dreht sich gerade nach mir um. Bleibt stehen. Unsere Blicke treffen sich.

Ich fahre immer schneller, bis zur Erschöpfung. Will endlich am Ziel sein, um Ruhe zu haben. Aber es gibt kein Ziel, das erreichbar wäre. Für mich nicht. Ich wäre nie zufrieden. Auf der Strandstraße komme ich etwas zur Ruhe. Hier sind kaum Menschen. Auf dem Parkstreifen steht ein blauer Fiat, ein Liebespaar in einer Umarmung. Als ich noch hinter dem Wagen bin, lösen sich die beiden voneinander und gucken fast gleichzeitig in den Rückspiegel, sehen mich. Als ich mit dem Wagen auf gleicher Höhe bin, gucken sie mich angestrengt an. Das Mädchen sieht süß aus. Aber sie gafft so furchtbar.

Abends etwas zufriedener, weil ich wenigstens eine Strecke mit dem Rollstuhl gefahren bin.

Unter der Dusche. Den ganzen Abend unter einer warmen Dusche verbracht. Auf einem Holzschemel sitzend. Die verspannten Muskeln von den kräftigen heißen Wasserstrahlen aufweichen lassen. Die Arme nach oben in Richtung Duschhahn gereckt. Mehr davon. Gierig auf das warme Wasser. Ich will endlich auftauen. Der Block in mir soll endlich schmelzen. Die Haare hängen schlaff und strähnig bis zu den Brustwarzen. Ich sitze schlaff und ergeben auf dem Stuhl und lasse mich berieseln. Lehne den Kopf an und fühle mich bewußtlos und gedankenlos, spüre nur das heiße Wasser, das unaufhörlich plätschert. Das Gefühl, die Haut weicht auf, das Fettgewebe löst sich auf unter der Dusche. Das Wasser läuft noch perlend am Körper hinunter, dann als öffneten sich die Poren. Ich will, daß der ganze dreckige Saft aus meinem Körper rinnt, durch den Abfluß weggespült wird. Ich will, daß die Erinnerungen aus meinem

Kopf gespült werden. Ich will, daß sich alles in mir öffnet. Ich will durchlässig sein für die Wärme. Ich spüre, daß der Krampf aus meinen Nieren, aus dem Magen, aus den Bauchmuskeln, aus den Muskeln der ewig an den Körper gezogenen Oberschenkel weicht. Ich spüre ihn aus mir weichen, als flöge er weg. Aufgelöst von Wasser. In den Dunst des Badezimmers übergehen.

Ich gucke an mir herab, betrachte mich bis zu den Füßen und merke, daß ich ganz hier sitze. Sonst sitze ich nur mit dem Kopf und dem Rollstuhl. Unter der Dusche spüre ich mich. Auch die Füße, die bewegungslos herabbaumeln. Die Beine, der Schwanz, der Katheter, der Anus praeter. Das Wasser plätschert aufdringlich auf den Plastiksack. Es stört mich. Das einzige, was mich stört unter der Dusche. Der dicke Bauch. Der krumme Rücken. Ich hole den Duschhahn herab. Ziehe die Vorhaut des Penis zurück und bombardiere die Eichel mit einem Strahl. Ein unscheinbares Ziehen. Es belastet mich nicht. Nur eine Erfahrung.

Mein Fett stört mich. Es ekeln mich die weißen, behaarten Fettbeulen, die aussehen wie Schmutzringe.

Der Mund geöffnet. Das Wasser fließt von der Ober- auf die Unterlippe. Die Zunge herausstrecken, ein erregendes Kitzeln. Der heiße Strahl, der diesen ekelhaft krummen Rücken herunterrinnt, wärmt die Nieren wohltuend. In Nebel eingehüllt, in Wärme und Dunst, und das Wasser fließt stetig. Eingehüllt und geborgen.

San Felice.

Vom Fotografen die Bilder meines ersten selbstgeknipsten Filmes geholt. Familienfotos von Weihnachten sind dabei.

Ich kann mir diese Fotos nicht angucken. Kann meine Familie nicht sehen; ekelhaft, schrecklich: hingesetzt, zurechtgerückt sitzen sie da um den Glastisch im Wohnzimmer. So gekrampft in den Sesseln der Sitzgruppe, wie Puppen für den Fotografen eines Möbelprospektes. Mit einem Filzstift verlängere ich ihre Blicke, um festzustellen, wo sie hingucken. Ins Leere. Zwei Mütter gucken heimlich aus den Augenwinkeln ihre redenden Söhne an. Sie starren ins Leere oder auf Gegenstände.

Wer sind diese Menschen, meine Familie, was sind sie für mich, was sind sie für sich selbst? Schnell weg mit den Fotos. Ich will meine Familie nicht sehen auf Fotos. Und mich selbst auch nicht. Ich bin erschrocken darüber, wie blaß ich aussehe auf einem Bild, das kurz vor der Abfahrt nach Italien gemacht wurde. Außerdem finde ich, daß ich sehr langweilig angezogen bin. Das Gegenteil von Eitelkeit ist die Unfähigkeit, sich ein Bild von sich selbst zu machen.

Wenn ich vor dem Spiegel sitze, weiß ich nie genau, wie ich aussehe, gut oder schlecht, langweilig oder interessant. Oft starre ich stundenlang in ein Gesicht und kann es nicht als meins erkennen.

Arzttermin in der Uniklinik. Ich will mit dem Auto durch die Hauptpforte fahren. Versuche, dem Pförtner begreiflich zu machen, daß ich einen Rollstuhl im Kofferraum habe. Daß es beschwerlich ist, das ganze Gelände mit dem Stuhl zu durchqueren, bis hin zur Medizinischen Poliklinik. Er versteht es nicht, bleibt in seinem Häuschen und schneidet Grimassen. Er ist auch behindert. Auf mein Winken reagiert er nur mit merkwürdigen Handbewegungen und einem grinsenden, irren Gesichtsausdruck. Ich schreie in das verschlossene Häuschen, er soll den Schlagbaum öffnen oder ich gehe mich beschweren. Er hört nicht. Als ein Krankenwagen passieren darf, mogele ich mich mit hindurch.

Die lange Baumallee des Klinikgeländes. Rechts und links hohe, rote Backsteinbauten, unheimlich dicke Gemäuer. Wie viele Menschen mögen hier schon gestorben sein?

Nur die Augenklinik ist neu. Die nach hinten versetzten Fenster erinnern mich an den Knast in Stammheim. In der Anmeldung der Medizinischen Poliklinik bekomme ich eine Wartenummer. Das Wartezimmer, in das ich geschickt werde, ist proppenvoll. Verbrauchte Luft kommt mir entgegen, als ich die Tür öffne. Die Wartenden gucken einen Moment von ihrer Zeitung auf, einen Moment länger, als man gemeinhin jemanden fixiert, der ein Wartezimmer betritt, denke ich.

Ich stelle mich möglichst unauffällig in eine Ecke. Als ich zum Tisch fahre, um mir eine Zeitung zu holen, wieder Gegaffe. Meist ältere Leute, über fünfzig, hier. Die Frauen lesen das ‹Neue Blatt› oder essen ein Brot. Die Männer wirken geduldiger, gefaßter, irgendwie aber verschlossener, als wollen sie nicht zeigen, daß ihnen hier etwas angst macht.

Ein Mann sitzt neben mir, den Oberkörper nach vorn gelehnt, die Ellenbogen auf die gespreizten Beine gestützt, der Blick auf den Erdboden gerichtet. Er brütet vor sich hin. Ein Gesicht, als müsse er etwas ertragen. Gegenüber ein alter Mann, mit einer jüngeren Frau in Begleitung. Vielleicht seine Tochter. Sie kommen vom Lande, sind sechzig Kilometer gefahren, aufgestanden, als es noch dunkel war. Um den Termin für neun Uhr einzuhalten. Jetzt ist es halb zwölf. Der Alte stöhnt, die Frau neben ihm sagt zu der Tochter, daß es ihr auch nicht gut ginge, aber man müsse ja Vertrauen haben zu den Doktoren. Und Geduld.

Das System, nach dem die Wartenummern abgerufen werden, ist nicht durchschaubar. Nummer fünfundsechzig wartet seit acht Uhr, eben wurde Nummer dreizehn aufgerufen. Ein Arzt mit dem Krankenblatt in der Hand öffnet die Tür, guckt auf das Blatt, liest einen Namen vor. Eine Frau steht auf, nimmt Mantel und Tasche, lächelt, als bitte sie um Verzeihung, daß sie nicht schneller könne. Sie beeilt sich, hinauszukommen. «Guten Tag, Herr Doktor ...» Der schließt die Tür, als sie hinaus ist.

Nach stundenlanger Wartezeit bilden sich in der Dunstglocke des Wartezimmers Gemeinschaftsgefühle bei sonst sehr unterschiedlichen Menschen. Wer einzuknicken droht, wird von anderen wieder aufgerichtet. «Hier, nehmen Sie mein Brot!» Am schlimmsten, sehr nörgelig, sind die Kinder, die warten müssen. Am schlimmsten ist das System für die Kinder.

Freitags werden die Patienten schon für sieben Uhr dreißig bestellt. Weil schon um zwölf Uhr Schluß ist. Daß die Ärzte bis zehn Uhr Fortbildung haben, also zwei Stunden völlig umsonst gewartet wird, weiß niemand. Ein Medizinstudent sagte es mir ganz nebenbei. Dummheit oder Ignoranz des Personals? Oder eigentlich nur Zufälligkeit? – Ich werde aufgerufen. Wieder ein neuer Arzt. Medizinalassistent in der Ausbildung. Er versucht hier zu lernen. Das Personal wechselt ständig. Nie wird sich hier ein Patient auf einen Arzt einstellen können. Der Arzt auf einen Patienten natürlich auch nicht. Aber das ist auch nicht seine Absicht.

Mein Doktor, der noch längst kein Doktor ist, gibt sich weich und freundlich, bemüht sich, Routine zu vermeiden. Meine Daten liefern ihm das peinlich genau geführte Krankenblatt, das schon auf seinem Schreibtisch liegt. Als ich die grünbespannte Liege im Behandlungszimmer wiedersehe, wird mir übel. Er mißt den Blutdruck. Viel zu hoch. «Sie sollen Ihre Tabletten regelmäßig nehmen», sagt er ungeduldig. «Tue ich ja», lüge ich. Diese Scheißpillen gegen den Druck im Kopf, gegen die Hektikzustände. Die Schweißausbrüche. Das Prickeln im Körper. Ich will mich nicht mehr künstlich ruhigstellen. Mittels eines kardioselektiven Betablockers. Ich weiß auch nicht genau, was das ist.

Wenn ich abends bei Unruhezuständen, wie der Arzt das nennt, kurz vor dem Einschlafen das Medikament einnehme, weiß ich am Morgen nicht mehr, wie ich eingeschlafen bin. Ich sacke einfach bewußtlos weg. Wenn ich aufwache, liege ich manchmal in der Matratzensitzecke meines Zimmers, das Licht brennt, das Radio läuft, draußen scheint die Sonne. Nachts nicht mehr träumen unter Einwirkung der Tabletten. Keine Ahnung von den Nebenwirkungen.

Es sagt auch keiner etwas. Nur daß zehn Jahre Tabletten schlucken gesünder sei als fünf Jahre zu hoher Blutdruck.

Seit zwei Jahren stehe ich bei einem Arzt auf der Liste für Gesprächstherapie. Man kann Hypertonie bei jungen Leuten auch ohne Chemie beseitigen, wenn kein organischer Befund vorliegt. Im Behandlungszimmer gucke ich dem Arzt über die Schulter. Er fragt ein paar Daten ab, trägt ein paar Untersuchungsergebnisse in das Blatt ein. «Ungelöster Erregungszustand», entziffere ich. Eine Bemerkung unter dem EKG-Befund. Ich weiß nicht, was das ist. Ich traue mich auch nicht, so einfach zu fragen. Als sei mir der Mund zugebunden in den Arztzimmern, frage ich nicht, sage ich kaum etwas, gebe ich sehr brave Antworten, nur um schnell, etwas eher, wieder draußen zu sein.

Nichts mehr hören, nichts mehr sehen wollen. Draußen! Mit Vollgas in die breite Betonstraße einbiegen, ihnen entfliehen wollen. Dem behinderten Pförtner noch einen verhaßten Blick zuwerfen. Dann nur noch der Gedanke, möglichst schnell möglichst weit weg. – Sie machen dir die Angst, die dir die Luft nimmt, die dir die Schweißausbrüche verursacht, den Blutdruck erhöht, wogegen sie dann Tranquilizer verschreiben. Sie ersticken mich mit ihren Vorschriften. Jedesmal wieder.

«Sie sollen das Antibiotikum nehmen. Sonst bekommen Sie eine Niereninfektion. Sie müssen den Katheter wechseln. Regelmäßig, sonst entzündet sich alles. Und das ist verdammt schmerzhaft.» Als ob ich es nicht selbst wüßte, daß ich wieder dicker geworden bin. Und eigentlich mit dreizehnhundert Kalorien auskommen müßte. Höchstens. Da ich ja keinen Sport betreibe. Sie nageln mich fest hier, denke ich. Aber ich will mich nicht bestimmen lassen von diesen Medizintechnikern, für die der Tod erst eintritt, wenn die Gehirnstromkurve eine Waagerechte ist. ‹Ungelöster Erregungszustand›, das Wort geht mir nicht aus dem Kopf, als ich nach dem Arztbesuch wie ein Wilder durch die Stadt rase, um den Druck loszuwerden. Welche Erregung löst sich da nicht. Was erregt mich? Was ist das, ein ungelöster Erregungszustand? Ich fühle mich so starr. Mittel einnehmen, die die Spontaneität dämpfen, die Nerven beruhigen, die Erregung abfangen. Ich fühle mich gelähmt.

Ich will aus dem Auto aussteigen. In die nächste Kneipe rennen und mich besaufen. Aber da müßte ich erst jemanden ansprechen, ihn bitten, den Rollstuhl, der zufällig im Kofferraum liegt, herauszuholen. Ich will laut schreien, das würde niemand hören: aber ich kann nicht. Auf offener Straße mit irgendeinem x-beliebigen blassen, untersetzten, beschlipsten Bürotypen eine Schlägerei anfangen.

Ich will weg. Trampen. Einfach lostrampen. Das Auto vergessen. Morgen früh einfach abhauen. Ohne viel Klamotten. Ohne Katheter. Ohne Rücksicht und Vorsicht. Nur mal so. Nach Indien. Es geht nicht. Man trampt nicht nur mal so nach Indien, bei der Armut, die da herrscht, als vollgefressener Mitteleuropäer mal nur so hinfahren, ist überheblich, ignorant, kolonialistisch. Dann wäre ich genauso unpolitisch wie der Freak. Nein, es geht nicht. Weil mich im Rollstuhl keiner mitnimmt. Weil ich in Busse und Eisenbahnen nicht hineinkomme. Weil die Jugendherbergen zu viele Treppen haben. Weil der Katheter steril gewechselt werden muß. Der Anus praeter versorgt werden muß. Wenn ich kein Auto habe, komme ich nicht mal im Studium klar, kann ich nicht mal einkaufen.

An den Rollstuhl gefesselt?

Ans Auto gefesselt?

Ungelöster Erregungszustand, als die Unmöglichkeit, etwas unbelastet zu tun. Ohne an die Folgen zu denken. Es staut sich ein Bedürfnis nach Unmittelbarkeit auf. Den Stau kann man abfangen. Indem man die Staumauer künstlich mit Tabletten verstärkt. Und die Bedürfnisse dämpft. Mit Tranquilizern. Der Stress prallt ab.

«Guck mal, was du trotz Rollstuhl schon alles geschafft hast», sagt der Germanist. «Sei doch mal zufriedener mit dir.» Herrgott, immer diese Scheißvergleiche mit anderen. Ich will mich nicht immer an Behinderten messen lassen, an Menschen, denen es noch schlechter geht als mir. «Sie fahren ja ohnehin nicht so schnell als Gelähmter», sagt mir der Monteur in der Werkstatt. Immer den Gegenbeweis antreten. Nicht zulassen, daß man als gelähmt gilt. Die Worte der Mutter im Ohr: «Schaffst du das denn auch? Soll ich dir helfen?»

Am Wochenende. Zu Hause, am Eßtisch meiner Eltern. «Ja, was machst du denn so?» – «Im Sommer nach Syrien fahren, den Artikel über das Reha-Zentrum eines Kinderhilfswerkes schreiben. Die Sendung für den Funk machen. Am Wochenende Tagungen in verschiedenen Städten.» Immer ein bißchen dicker auftragen, um nicht als gelähmt zu gelten.

Was ist das eigentlich für eine Gesellschaft, die beim Anblick eines an den Beinen gelähmten Menschen auf eine Lähmung seines Geistes, seiner Phantasie, seiner Sprache, seiner Sexualität, seiner gesamten Sinnesorgane schließt?

In einem Bielefelder Hotel treffe ich den Journalisten, der mich motiviert hat, Behindertenarbeit zu machen. Wir sitzen uns am kleinen Tisch in der Hotelhalle gegenüber. Der Autor klagt über die viele

Arbeit. «Verbrechen an der eigenen Gesundheit.» Ich bin etwas zu vorsichtig, dem Journalisten zu sagen, daß es mich nicht mehr interessiert, wenn Menschen darüber stöhnen, wie anstrengend ihre Arbeit für Benachteiligte ist. Soll er sich doch beschränken. Warum macht er es? Bringt die Arbeit nicht auch sehr egoistische Erfolgserlebnisse für ihn? Ist es nicht auch eine Befriedigung, öfter im Fernsehen zu sein, für eine große Wochenzeitung zu schreiben, eine Stimme zu haben, die Gewicht hat? «Och, was heißt erfolgreich?» sagt der Autor. Darüber will er nicht reden.

Mir fällt auf, daß der Schreiber nervöser ist als sonst, mehr raucht als bei früheren Begegnungen. In der Brusttasche seiner Jacke steckt noch eine volle Packung Zigaretten. Die Augen klein, chinesenhaft, schwarze Ränder darunter. Er wirkt verhärteter.

Erinnerung an ein Gespräch. Sonntagvormittag. Im Garten eines Frankfurter Hauses. Wie der Schreiber lässig in Turnhose auf einem Gartenstuhl hängt. Die ausgetretenen Latschen hängen an den Zehen. Wie er zuhört, Fragen stellt. Auf mich eingeht, erzählt. Was es ihm bedeutet habe, das Abitur auf dem zweiten Bildungsweg zu machen. Wie er sich umguckt, dann aufsteht, auf einen Apfelbaum zugeht, zwei Äpfel von einem der unteren Äste holt, «willst du auch einen?» Irgendwie locker und offen. Er möchte das Gespräch nach einer Zeit abbrechen, «ich will zum Fußball. Sonntagnachmittag spiele ich Fußball. Weil es mein einziger freier Tag ist.» Wie er Tage später mit denselben ausgelatschten Schuhen in eine kirchliche Veranstaltung mit zweitausend Zuhörern geht. Sich ans Mikrofon stellt und den Ordensschwestern erzählt, sie seien Caritastanten, die die Behinderten, die sie in ihren Heimen betreuen, wie Affen behandeln. Als die Funktionäre sich über ihn aufregen, ist er schon nicht mehr im Saal, redet vor dem Eingang mit denen, über die drinnen gequatscht wird. Irgendwie leicht sah das aus.

Im Hotel spricht er von seinem zehnten Buch. Behindertenpädagogik. Das Material für das elfte liegt wohl schon in seiner Hängeregistratur. Es fällt der Begriff Verantwortung in dem Gespräch. Verantwortung für unsere Umwelt, für die, die nicht das Privileg haben, sich das Wissen anzueignen, das wir haben. Ich erwähne das Brandt-Interview im Spiegel. Er sagt, nach einer Untersuchung sind 1981 nur noch zehn Prozent der Menschen bereit, sich für die Veränderung ihrer Umwelt einzusetzen. Ich sage auch, daß mir Menschen wichtig sind, die nicht nur sozial engagiert sind, sondern auch versuchen, jetzt das zu tun, was ihnen Spaß macht und was für sie wichtig ist. Mit sich, an sich und anderen arbeiten. Es muß doch kein Widerspruch sein zwischen denen, die sich um private Bedürfnisse kümmern und denen, die in politischen Organisationen arbeiten. Schließlich ist doch meine Behinderung nicht nur mein Problem. Es ist meine Unfähigkeit, nicht laufen zu können oder andere Dinge nicht tun zu können, die mir wichtig sind. Damit muß ich fertig werden, aber wieso denn allein? Und schließlich ist es auch die Unfähigkeit der Gesellschaft, jemand nicht als vollwertig zu akzeptieren, der nicht laufen oder nicht sehen oder nicht hören kann. Da Ablehnung nicht nur Behinderte, sondern auch Knackis, Gammler, Geisteskranke und Schwule betrifft, muß es sich um eine Behinderung des Normalbürgers handeln. Behinderung hat eine private und eine gesellschaftliche Bedeutung. «Schreib das doch mal auf», sagt der Autor. «Deine Behinderung schildern, und die der Gesellschaft!» Das müßte mal einer aufdröseln, was macht Behinderung eigentlich aus?

Es gibt kaum ein Versagen eines Gliedmaßes oder eines Sinnesorgans, das man nicht mit technischen Hilfsmitteln kompensieren könnte. Was ist eine Behinderung für einen Rollstuhlfahrer? Die Treppen, die engen Türen? Als Gehbehinderter bin ich nicht behindert, sondern gehindert. Ich werde gehindert! Aufschreiben, was mich behindert. Nicht so sein können wie die anderen. Wer sind die anderen? Gibt es die Gesunden, die Nichtbehinderten? ‹... gibt uns jene eiskalte Lebensangst Fragen auf, die in unserer Industriegesellschaft so schwer zu tragen ist.› Christa Schlett in ihrem Buch ‹Krüppel sein dagegen sehr›. Was heißt eigentlich Lebensangst? Wen betrifft sie – bestimmt nicht nur uns, die Behinderten. Also warum sagt sie ‹uns› und isoliert sich selbst damit?

Ein Rollstuhlfahrer müßte mal ein Buch schreiben, in dem das Wort Rollstuhl nicht vorkommt. Ob da noch einer wüßte, wer die Behinderten und wer die Gesunden sind? Ob dann noch einer so leicht sagen könnte, ich bin gesund, und wenn ich querschnittsgelähmt würde, erhängte ich mich?

Wenn ich Annegret, mit der ich früher befreundet war, auf der Straße oder in der Mensa treffe, bin ich unfähig, fünf Minuten stehen zu bleiben für ein paar ruhige Sätze. Auf die Frage «Wie geht's» sage ich immer «schlecht». Auf die Frage «was machst du gerade?» weiß ich stets von tollen Aktivitäten in tollen Gruppen oder mit guten Leuten zu berichten, und wie hektisch und stressig doch alles sei. Dabei mein unruhiger, gehetzter, suchender Blick. Hetzen. Von wem gehetzt, durch wen, wonach hetze ich?

Die mit mir reden, können mir ansehen, wie unsicher ich bin. Unsicher ausweichende Augen, hektisch umherstreifend. Suchend, keinem Blick standhaltend, wahrscheinlich nicht mal dem eigenen. Gesellschaft verändern wollen, aber meine Unsicherheit nicht im Griff haben. Warum mich mit dem Elend der Dritten Welt konfrontieren, wenn ich mich nicht selbst im Spiegel in Ruhe betrachten kann?

«Du kannst nicht ehrlich sein», sagte Dorothee, bevor sie aus San Felice abreiste. «Was du über deinen Vater an Verständnisvollem geschrieben hast, ist verlogen! Warum sagst du nicht, daß du ihn haßt? Er ist doch ein Schwein, so kalt, wie er ist.» –

«Nein, er ist kein Schwein. Er ist mein Vater!»

Kassel.

Vorbesprechung für den Madeira-Urlaub. Über die Weihnachtsferien wollen ein paar Leute nach Portugal fahren. Ich will mit. Das Treffen findet statt bei einer Frau, die ich nicht kenne. Sie wohnt im zweiten Stock. Eine enge, mit Teppich ausgelegte Wendeltreppe führt in ihr Dachgeschoß eines Einfamilienhauses.

Zwei Jungs, die ich nicht kenne, holen mich die fünf Stufen, die zum Hausflur führen, hinauf. Ich stehe im Treppenhaus vor der Wendeltreppe, die beiden hinter mir. Ratlos, wie sie mich da hochbekommen sollen. Einer macht einen Vorschlag, das Treffen an einen anderen Ort zu verlegen. Da kommt der Psychologiestudent die Treppe herunter. Von ihm ging die Idee der Madeira-Fahrt aus.

Er redet mit den beiden, die hinter mir stehen, erklärt ihnen buchstäblich über meinen Kopf hinweg, wie sie anzufassen hätten. Aber da ist die Schwierigkeit der Wendeltreppe. Wie den Rollstuhl um die Ecke bugsieren? Der Student läuft aufgeregt zwischen mir und der Treppe hin und her. Mißt mit den Augen, wie man den Stuhl am besten hoch bekommt. Inzwischen sind die anderen auch heruntergekommen. Als Zuschauer. Der Psychologiestudent bestimmt die Szene.

Er gibt Anweisung, den Stuhl rückwärts an die Treppe heranzufahren, ihn auf die Hinterräder zu kippen. Zwei starke Leute sollen hinten an den Griffen des Rollstuhls anfassen. Zwei von vorn unterhalb der Fußrasten. Die einen ziehen, die anderen schieben. Zwei Stufen schieben die einen schneller, als die anderen ziehen. So fallen die Griffe des Stuhls auf den Teppichbelag der Stufe. Mein Kopf auf ein Knie. Ich bin verschaukelt. Der Psychologe ergreift wieder die Initiative. Erklärt, wie's gemacht werden muß. Einer fragt, ob's denn nicht getrennt ginge. Erst den Stuhl hinauftragen, dann mich. «Nein», sagt der Student.

Der Stuhl wird von fünf Leuten seitlich über das Geländer gehoben, um die Schräge der Treppe zu umgehen. Einen Moment schwebe ich frei über dem Treppenhaus, gehalten von ein paar Armen. Wenn jetzt einer ausrutscht. Verbissene, angestrengte Gesichter. Von oben Anweisungen, «noch ein Stück links, noch etwas höher, ja, so ist's o. k.» Die letzten Stufen sind kein Problem. Oben angelangt, Stöhnen und Aufatmen. Die vier klopfen sich auf die Schulter. Ich war die ganze Zeit vollkommen unbeteiligt.

Als ich mich mit dem Stuhl umdrehe, sehe ich die Frau, die das Zimmer bewohnt, mit einem Ausdruck von Schrecken und Mitleid, den Mund so unglaublich verzogen, die Augen so staunend weit, in der Tür stehen. Sie hat sich das Theater die ganze Zeit angeguckt.

Etwa zehn Leute sitzen jetzt im Zimmer dieser Frau, auf der Erde oder auf dem Bett. Ich setze mich auf den Fußboden, lehne mich an die Wand. Der Rollstuhl wird zusammengeklappt und hinausgefahren. Mir ist heiß. Ich fühle mich eng hier. Kenne keinen, die meisten anderen kennen sich.

Der Psychologe geht mit der Frau in die Küche. Kaffee kochen. Fast alle, die in dem Raum sitzen und reden, sind Raucher. Ich will eigentlich nicht. Aber als man mir die Packung hinhält, nehme ich, ohne nachzudenken. Irgendwas muß man in der Hand haben, wenn man mit zehn fremden Leuten in einem Raum sitzt. Jemand stellt den Plattenspieler an. Bolero von Ravel liegt auf dem Teller.

Als ich von dem Treffen hörte, dachte ich, es sei gut, sich sonntags mal wieder mit Leuten zu treffen. Es kommt selten vor. Jetzt weiß ich nicht, was ich hier soll. Neben mir sitzt ein Mensch mit einem etwas unförmigen pickeligen Gesicht. Sie nennen ihn Cebou. Wir beginnen ein Gespräch. Er weiß eigentlich auch nicht, was er hier soll. «Was machst du? – Och ja, zur Schule gehen.» – «Was machst du?» Ja, was mach ich eigentlich?

Unterhaltungsfetzen über das Spinnensammlerhobby der Frau. Die vielen Geräusche nerven mich. Der Plattenspieler ist eigentlich unnötig. Weil sowieso keiner Musik hört. Der Psychologiestudent kommt mit der Frau ins Zimmer. Tassen in der Hand, bahnt er sich einen Weg durch die umhersitzenden Leute. Vorsicht, heiß. Der Psychologe setzt sich ungefähr in die Mitte des Zimmers und fängt auffällig laut an, sich mit jemandem über die Fahrt nach Madeira zu unterhalten. Allmählich konzentriert sich das allgemeine Gespräch darauf.

Wir haben zwei Autos. Der Student verplant meines. Er rechnet, wieviel Leute noch mitfahren können, wenn das Gepäck und der Rollstuhl schon verstaut sind. Sagt dann, daß bei mir jemand mitfahren muß, der stark ist, um den Rollstuhl vom Dach zu holen.

Zwei Leute melden sich. Der Abfahrtstermin wird festgelegt. Jemand soll sich nach Fähren, Campingplätzen, Hotels etc. erkundigen.

Ich habe plötzlich kein Interesse mehr an dem Gespräch. Es ist egal, ob ich hier bin oder nicht. Bald sitzen wir wieder alle in Gruppen oder zu zweit und labern. Ich flachse ein bißchen mit einem Typ, der Giovanni genannt wird. Aber der ist so flach, daß nicht mal das geht. Ständig kichert er, als wolle er mir vermitteln, was für ein lustiger Typ ich doch bin. Der Rauch nimmt zu. Die Geräuschkulisse wird immer nervender. Ich fühle mich immer enger. Traue mich nicht zu sagen, jemand möge mal das Fenster öffnen. Ich fühle mich eingeschlossen. Und plötzlich denke ich, raus hier, ja, mußt du denn unter Leuten sein.

Warum immer diese Sucht nach anderen Menschen? Ich schwitze. Überlege einen Moment. Es würde jetzt wieder so ein Aufsehen geben, wenn ich ginge. Nach dem Rollstuhl fragen, der durch das Gewühl der umhersitzenden Leute geschoben werden muß. Aber es ist egal. Ich halt's nicht mehr aus. Ich will allein sein. Ich bitte Cebou, mir den Rollstuhl zu holen. Es gibt ein paar Fragen, «was, du gehst schon? Wo willst du denn hin?» Aber ich entziehe mich den Leuten. Es ist mir zu laut. Ich sage, ich hätte noch eine andere Verabredung.

Der Psychologiestudent ist in ein Gespräch vertieft, so daß andere Leute mich etwas unauffälliger hinunterbringen.

Draußen setze ich mich ins Auto. Während ich im Rückspiegel sehe, daß jemand den Rollstuhl einpackt. Die Kofferraumklappe wird zugeworfen. «Tschüß», sagt er. «Tschüß», sage ich, und «danke». Weil man ja der Meinung ist, daß ich Hilfeleistungen zu selbstverständlich in Anspruch nehme. Ich bleibe noch eine Weile stehen mit dem Wagen. Öffne die Tür wieder und sitze regungslos. Normalerweise lasse ich den Motor schon an, wenn der Rollstuhl noch eingeladen wird. Brause dann in schneller Fahrt davon. Jetzt bin ich froh, daß der Motor noch nicht läuft.

Ich atme die Winterluft ein, berühre mit den Fingerspitzen den frischgefallenen Schnee auf der Straße. Ich gucke aus dem Autofenster und sehe nichts. Ich will auch nichts sehen. Nichts wahrnehmen. Nichts hören. Es ist so still. Kein Autolärm. Keine Musik. Keine Menschen. Vom Haus her ein paar gedämpfte Stimmen. Im zweiten Stock hat man jetzt das Fenster angekippt. Ich bin froh, nicht mehr dort oben zu sein. Nicht mehr neidisch, daß sich Menschen treffen und ich bin nicht dabei. Zum erstenmal nicht das Gefühl: Ich muß dabei sein. Sonst versäume ich etwas.

Die dort oben sich heiß reden lassen können. Und hier gelassen sitzen. Allein. Und zum erstenmal froh drum.

«Finden sich denn da immer welche, die mit dir in den Urlaub fahren?» Die Frage meiner Mutter belastet mich. Klingt es nicht so, als wolle sie fragen, «wer nimmt schon eine solche Last mit in den Urlaub?» Stimmt es, daß ich nur eine Last bin, daß der Rollstuhl, der mich behindert, andere auch einschränkt?

Ich werde den Gedanken nicht los, oft genug eben nur Rollstuhlfahrer zu sein. Für andere jemand, dem sie zu helfen haben. Aber nicht jemand, der anderen bei etwas helfen kann. Das schafft einen Druck in mir, daß ich in bestimmten Situationen nur mitgenommen werden kann. Eine Treppe hinauf zum Beispiel. Obwohl es mir auch oft genug egal ist, daß ich Treppen nicht hinaufgehen kann, Koffer nicht tragen kann, belastet es mich manchmal selbst. Ich hab nicht gelernt, mich völlig frei von diesem ‹eine Last sein› zu sehen.

Ich weiß, daß die Frage meiner Mutter auch etwas von ihrer Sicht über mich aussagt. Das beruhigt mich wieder, weil sie mich nicht wirklich kennt. Also nicht wissen kann, daß ich eben doch mehr bin. Oder zumindest versuche zu sein.

Samstags fahren wir los. Das Gepäck ist schon im Kofferraum verstaut. Mein Rollstuhl und ein Koffer sollen auf dem Gepäckträger des Autos geschnallt werden. Ich steige ein. Zwei Leute hieven den Rollstuhl auf das Dach. Versuchen, ihn mit einer ‹Spinne› zu befestigen. Einer klemmt sich dabei die Finger, schreit. Ein anderer macht sich die Hose dreckig an dem schmierigen Gerät. Giovanni und Constanze machen das zum erstenmal. Bringen den Stuhl nicht gleich in die richtige Stellung. Ich sitze im Auto, höre sie fluchen und beratschlagen. Würde gern Tips geben. Aber schließlich habe ich das auch noch nie gemacht.

Wir fahren mit zwei Autos. Die beiden Mädchen fahren bei mir mit. Unterwegs an der Autobahnraststätte: Ich wollte auch einen Kaffee. Das Ding also wieder heruntergeholt, mit sichtlicher Anstrengung. Die Prozedur geht von vorne los.

Am späten Abend haben wir unser Tagesziel erreicht: Tours in Mittelfrankreich. Wir sind müde, wollen von der Stadt nichts mehr sehen. Außerdem soll es morgen früh weitergehen. Wir gehen auf Hotelsuche. Das erste: stufenloser Eingang. Wir wollen hinein, um zu fragen. Cebou versucht umständlich, den zweiten Flügel der Glastür aufzubekommen. Schafft es dann nach einiger Mühe. Ich fahre an den Tresen zum Portier. Constanze und Lydia verhandeln auf Französisch. Der Portier sieht mich heranrollen. Unterbricht seine Rede. Guckt auf mich zu, läßt mich noch einen Meter heranrollen, bis er abwinkt und entschieden, «non, Monsieur», sagt.

Im zweiten Hotel ist etwas frei, man interessiert sich nicht besonders für uns. Das Zimmer im zweiten Stock. Enge, schmale, geschwungene Treppenstufen. Hübsche Verzierungen am Geländer, denke ich. Weil ich über das andere nicht nachdenken will. Den Rolli auf die Hinterräder gekippt, zwei ziehen hinten, zwei heben vorne an den Fußrasten. Ein paar Schweißtropfen und eingeklemmte Finger, dann bin ich oben. Fühle mich nicht getragen, sondern mitgeschleift.

Die anderen tun was, sind aktiv. Schleppen das Gepäck hoch. Ich stehe in einem Zimmer herum und komme mir dumm vor. So untätig. Weil ich mein Gepäck nicht selbst hochtragen kann.

Der Satz meiner Mutter geht mir durch den Kopf: «Finden sich denn da immer welche, die mit dir in den Urlaub fahren?»

Irgendwann am Abend merke ich, daß ich etwas im Auto vergessen habe. Jemand muß noch mal runter. Am nächsten Morgen geht es sehr früh weiter. Wir wollen ‹Kilometer fressen›. Vier lange Tage sitzen wir noch im Auto. Constanze muß sich immer die Hände waschen, nachdem sie den Rollstuhl angefaßt hat. Für einen Moment vergesse ich, daß es *ihr* Waschzwang ist.

Je weiter wir nach Süden kommen, desto wärmer wird es, desto gelöster wird die Stimmung.

Obwohl wir uns vorher kaum kannten, klappt die Verständigung ganz gut. Mit dem Fahren lösen wir uns ab. Jeder so lange er Lust hat. Nach fünf Tagen sind wir am Ziel. In Südportugal.

Daß es mitten im kalten deutschen Dezember irgendwo auf der Welt grün ist, so grün wie im Sommer, daß die Sonne warm scheint, so warm, daß man im offenen Hemd durch die Straßen laufen kann, daß es Meer gibt und einen Strand, bringt mich in eine ungeheure Euphorie.

Wir gehen an den Strand. Der Rolli versackt schon nach den ersten Metern im tiefen Sand. Drei Leute ziehen mich rückwärts durch den Sand. Nach anfänglichen Schwierigkeiten geht das ganz gut.

Als die Jungs die Badehose anziehen, fühle ich mich so verschlossen verpackt, habe keine Badehose mit. Habe Hemmungen, mich denen gegenüber, die da in die Wellen laufen, zu entblößen. Daß sie furchtbar frieren, als sie aus dem Wasser kommen, entschädigt mich wieder. Bis auf den Augenblick von Peinlichkeit, daß ich angezogen bleibe, fühle ich mich sauwohl. Hätte mir wohl auch die Nieren erkältet in der Badehose.

Die Flut kommt langsam näher. Die Frauen schleppen die Decken und ein paar Sachen zurück. Giovanni und Cebou ziehen mich wieder ein paar hundert Meter durch den Sand. Irgendwann sagt einer was von Solidarität. Er meint wohl Hilfe. Hilfe finde ich gut, wenn sie auf Gegenseitigkeit beruht. Oder beide Seiten etwas davon haben.

Heiligabend in Lissabon. Ich finde es toll, daß die Portugiesen sich so wenig aus Weihnachten machen. Es herrscht hektische Betriebsamkeit auf den Straßen. Wie alltags auch. Der Autolärm, die Abgase, die schreienden Verkäufer nerven mich wie sonst auch.

Wir gehen zum Bahnhof, einem verabredeten Treffpunkt mit den anderen, die im zweiten Auto nachgekommen sind. Ich denke an die Stimmung in Deutschland. Leere Straße. Geschlossene Kneipen. Wer hat, der macht in Familie. Gut, daß ich das dieses Jahr nicht mitmachen muß. Vor dem Bahnhof verhandeln wir mit Angolaflüchtlingen um Shit. Aber das Zeug ist uns zu teuer.

Plötzlich kommt eine ältere Frau auf mich zu. Ich schätze sie Anfang sechzig. Vielleicht etwas jünger. Beim näheren Hinsehen sieht sie sehr vergammelt aus. Dreckige, abgetragene Kleider. Lange, strähnige, zerzauste Haare. Abgemagert. Kaum noch Zähne. Hervorstehende Backenknochen, die Augen sitzen tief in den Höhlen. Ich muß an eine Quartalssäuferin denken, die ich in der ‹Kronenburg› oft sah. Sie guckt mich mit ihren großen glasigen Augen lange an. Ich ahne, was mir blüht, und will sie am liebsten stehen lassen. In gebrochenem Englisch fragt sie mich, woher ich komme. «Germany», antwortete ich ungeduldig. Die Frau macht mich unsicher; oder sind es die anderen, die sich jetzt im Halbkreis aufgebaut haben und meiner Begegnung mit der Alten interessiert zusehen? Ich kann nicht einfach weggehen, stehe unter Beobachtung. Die Frau stehen zu lassen, würde den Unmut der anderen auf mich ziehen. Also versuche ich, das Unvermeidliche abzublocken. Ich versuche, sie aufzuziehen, «why don't you go home. Today is Christmas – everybody is sitting under the christmas tree, but you're standing here, making me nervous.» – «I have no home», antwortet sie kühl. Scheiße. Sie guckt mich immer verklärter an, greift in ihre Tasche und zieht ein verknittertes Exemplar des ‹Spiegel› aus der Tasche. Ich habe mir einen zehn Minuten zuvor am Bahnhof gekauft. Ich will ihren nicht haben. Die anderen, inzwischen dichter zusammengerückt, ermuntern mich, das Ding doch einzustecken. Wieder zwingt mich die Anwesenheit der anderen, mich auf die Frau einzulassen. Allein wäre ich mit ihr gut fertig geworden. Ich hätte wohl auch versucht, vernünftig mit ihr zu reden. Aber so unter Druck gesetzt, hoffe ich nur, daß sie möglichst schnell verschwindet.

Dann kommt die nette alte Dame näher, bückt sich zu mir herunter und drückt mir einen Kuß auf die Wange. Sie nimmt die fettigen Haare zur Seite und hält mir die Wange hin. Nach zwei Sekunden Überlegung beschließe ich, mich ihr zu verweigern. Endlich zieht sie offenbar gekränkt ab. Zwanzig Meter weiter spricht sie den nächsten Typen an, auch einen Rollstuhlfahrer. Giovanni sagt, «das ist wohl 'ne abgetakelte Nutte, die sich auf Leute im Rollstuhl spezialisiert hat.» – «Ja, sonst kriegt ihr doch nichts ab. Ihr müßt doch nehmen, was ihr bekommt», ergänzt Cebou und meint es wohl ironisch. «Tatsächlich?» frage ich nach. «Ja, so wird doch immer geredet», sagt er.

Abends im Hotel. Ich liege auf dem Bett und denke nach. Die anderen sind im Clubraum und spielen Karten. Der Satz hat mich getroffen: Ihr müßt doch nehmen, was *ihr* bekommt. Müßt mit allem zufrieden sein. Ich denke lange über das Zuschauerverhalten der anderen bei der Begegnung mit der Frau nach. Je mehr ich darüber nachdenke, desto wütender und trauriger werde ich. Aber irgendwie bin ich mir sicher, daß Cebou mit seinem Gerede sich selbst und seine Angst meinte.

Gegen elf Uhr gehe ich hinüber in den Clubraum, will nachsehen, was die anderen machen. Cebou steht im Mantel und räumt eilig die Flaschen weg. «Willste noch weg?» frage ich. «Wir suchen uns noch eine Diskothek und machen 'ne Sause.» Weil er das wir so gedehnt ausspricht, wage ich nicht zu widersprechen. Ich glaube nicht, daß ich sehr passiv bin, mich sehr leicht mit etwas abfinde, im Gegenteil. «Okay», sage ich salopp, um das Resignative in meiner Stimme zu übertönen. Mir nichts anmerken zu lassen. Er ist zu beschäftigt mit Haare kämmen.

Ich stelle mir das genau vor. Cebou, Giovanni, die beiden Mädchen auf der Tanzfläche. Constanze und Lydia würden von irgendwelchen Männern aufgefordert. Cebou und Giovanni würden sich an irgendwelche Frauen heranmachen.

Ich würde am Tisch sitzen, in Kürze mangels anderer Beschäftigung besoffen. Die Begeisterung, mit der Cebou sich die ‹Sause› vorstellt, unterstützt dieses Bild. «Da kann man sich austoben. Da sind Frauen zum Tanzen, zum Anmachen. Ach, einfach toll. Jetzt wird Urlaub gemacht.» Eigentlich kotzt mich nichts mehr an, als das Stubenhocker-Klischee vom armen Krüppel. Aber in diesem Moment erfülle ich es voll. Ich hatte das noch ziemlich genau im Kopf von anderen Feten, wenn es mir was ausmacht, Leute tanzen zu sehen, weil die glauben, ich könnte mich nicht bewegen und ich dann Angst habe, es zu versuchen.

Cebou geht unterdessen auf den ‹Schlechtes-Gewissen-Mitleids-

Trip›. «Soll ich dir die Schreibmaschine auf den Tisch stellen?» – «Nein», sage ich wütend. «Doch, komm, Alter, mach ich eben.» – «Nein», sage ich nochmals. Der Unterton meiner Stimme sagt ihm wohl, «hau doch endlich ab, du Heuchler, du Idiot.» Als Behinderter hat man nichts in einer Diskothek verloren.

Man kann sogar im Rollstuhl tanzen.

Wir fahren nach Nordportugal. Die Straßen sind katastrophal. Tourismus existiert hier noch nicht. Wir sehen kein Auto mit ausländischem Kennzeichen. Es gibt kaum größere Städte in dieser Gegend. Die einsam gelegenen Bergdörfer machen einen stillen und ärmlichen Eindruck.

Constanze will immer nur die Frauen fotografieren, die, Krüge und andere Lasten geschickt auf dem Kopf balancierend, durch die Straßen laufen. Wir Touristen sind für die Einheimischen eine Attraktion. Wo wir auch anhalten: Eine Menschentraube um uns. Viele Kinder. Ein Bauer bleibt mit einem Mauleselkarren stehen, den er durch das Dorf treibt. Hier gibt es keine Abgase und keinen Zivilisationslärm.

Selbst im Autoradio ist selten Empfang. Wenn man anhält und aussteigt. Stille. Totale natürliche Ruhe. Nur ab und zu Schafe, die blöken. Noch nie habe ich so die Ruhe gespürt.

Politisch scheint hier eine Menge los zu sein.

Bei uns klebt an jeder Wand im Vierfarb-Glanz ‹Reval› und ‹Cola›, dort stehen fast überall mit roter Farbe politische Parolen an den Wänden und Mauern.

Was wäre eigentlich, wenn ich hier aufgewachsen wäre, im ländlichen, armen, ruhigen Norden Portugals, unter Menschen, von denen Wallraff schreibt, man könne da noch so sein, wie man ist, selbst mit zwei linken Händen?

In Choimbra, der größten Stadt hier, muß ich ins Hospital, um den Katheter zu wechseln. Ich stehe im Foyer und spreche einen Pfleger an. «Sprechen Sie Deutsch oder Englisch, oder kennen Sie jemanden, der das spricht?» Dann kommt ein Arzt, der notdürftig Englisch versteht. «I have to change my catheter. I can do it myself, I only need some help.» Den letzten Satz sage ich fast hysterisch.

Der Doktor gibt dem Pfleger Anweisungen, die ich nicht verstehe. Jedenfalls werde ich in den Keller in einen weißgekachelten Raum gebracht. Dort empfängt mich eine Schwester, der ich meinen Spruch mit der gleichen Betonung aufsage.

In dem Raum neben der Liege sehe ich plötzlich einen Narkoseapparat stehen. Meine panische Angst vor Krankenhäusern kommt wieder hoch. Gedanken, Erinnerungen an die Operationsräume, in denen ich lag. Ich will mich erst gar nicht auf die weißbespannte Liege legen, tue es aber doch, nachdem ich feststelle, daß die Ärzte und Pfleger den Sicherheitsabstand einhalten, mich alles allein machen lassen. Dem inzwischen hinzukommenden Personal scheint der Schlauch und das, was ich damit vorhabe, suspekt. Ich will mir noch vorher die Hände waschen. Eine Schwester kommt. Schiebt mir die Ärmel hoch und desinfiziert mir die Hände mit einer blauen Flüssigkeit. Als wolle ich eine komplizierte ‹OP› vornehmen. Gespannt verfolgen die Leute meine Bewegungen. Ihre Verwunderung beruhigt mich ein bißchen. So etwas scheint man hier nicht zu kennen. Die Ärzte fachsimpeln aufgeregt.

Ich brauche die Technik, denke ich, als ich wieder aus der Klinik bin. Ohne einen bestimmten technischen Standard hätte ich nicht überlebt. Ohne unsere komplizierte Apparatemedizin, die ich so verabscheue, wäre ich längst gestorben. Ich werde nie aus unserer hochtechnisierten Zivilisation aussteigen können. Bin mehr an die Gesellschaft gekettet. Weil ich auf Leute angewiesen bin. Vielleicht liegt darin auch eine Chance. Nicht einfach so abhauen können.

Albufeira. Algarve. Halbzeit. Eine Woche Aufenthalt.

Lydia träumt: Ich komme bei Giovanni ins Zimmer. Dort ist eine Fete. Die Leute sehen mich, stehen auf und gehen.

Realität: Ankunft in Albufeira. Hotelsuche. Ein Hotelbesitzer kommt heraus, als die andern sagen, sie hätten noch einen Rollstuhl dabei. Er geht dreimal um mich herum. Besichtigt mich. Geht wieder ins Hotel. Schlägt die Tür zu.

In Deutschland fällt man auf, wenn man mit dem Rolli kommt: Hier aber ist man unberührbare Sensation. Kinder laufen hinterher. Leute bleiben minutenlang stehen. In Restaurants wird man bisweilen nicht bedient. Das gibt es auch bei uns. Aber im Ausland potenziert sich die Unsicherheit. Auch bei denen, die mitfahren. Deshalb Lydias Traum.

Die sind sowieso unsicher, weil wir uns nicht kennen. Die sich nicht in meine Situation hineinversetzen können. Ist das überhaupt möglich?

Spaziergang in Albufeira. Ich bin ein paar Meter weiter, weil der Weg abschüssig ist, ich den Rollstuhl schlecht halten kann. Ich drehe mich um, gucke nach den anderen. Die verschwinden gerade in einem Haus mit der Aufschrift ‹Goreio›. Ich will hinterher. Stehe vor einem Bordstein und drei großen Stufen.

Passanten bleiben stehen und gaffen. Kinder plärren, zeigen mit dem Finger auf mich. Hunde bellen. Ich warte eine Viertelstunde. Inzwischen habe ich herausbekommen, daß ‹Goreio› Post heißt. Nach weiteren drei Minuten kommen sie wieder heraus. Sie sagen nichts, daß sie Briefmarken in der Hand haben, sehe ich ja. Ich sage auch nichts. Gemeinsam gehen wir weiter.

Unterwegs. Lange Autofahrten durch Portugal. Langweilige Landstraßen. Plötzlich sieht einer Orangenbäume: Tritt auf die Bremse. Alle steigen aus, sind begeistert. Ich bleibe im Wagen sitzen. Kann nicht mehr sagen, daß ich mit will. Es fragt auch keiner.

Nach einer halben Stunde Apfelsinenpflücken auf der Wiese kommen sie wieder.

Hundert Kilometer weiter. Rastplatz. Constanze und Lydia steigen aus. Gehen zu den beiden anderen, die im Kadett auf uns warten. Der Rollstuhl ist auf dem Dach. Ich will ihnen nicht zumuten, das Ding allein herunterzuholen. Nach einer Weile kommen sie zurück. «Wir haben beschlossen, im nächsten Dorf zu übernachten.»

Ich fühle mich überfahren, weil ich noch nicht Halt machen will. Wir fahren ins nächste Dorf. Ich sage nichts. Obwohl ich weiß, daß die anderen nur was lernen könnten, wenn ich den Mund aufmache.

Ich glaube, ich bin noch nie so konzentriert mit meiner kastrierten Anatomie, den Normen der Umwelt und der Konsequenz daraus: meinem behinderten Bewußtsein – konfrontiert worden.

Im Urlaub ist es besonders schlimm, muß das besonders schlimm sein, weil die übliche Vorstellung vom Urlaub meint: Urlaub sei abschalten, bedenkenloses ‹einen draufmachen›, nicht denken, rationalisieren, unbeschwert leben. Da stört das unbewußte Pfeifen der ‹Internationale› die Stimmung. Da geht es wirklich nicht um Geistiges, wo ich noch ganz gut mithalte. Da ist ein Frosch, wer nicht ins Wasser geht. «Wozu biste denn am Meer», wird Constanze gefragt, als sie nicht hinein will.

Mir sagt das keiner, obwohl oder weil ich nicht reinkann. Ich erfahre die mitleidige Suspendierung von der Norm. Lydia sitzt bei Giovanni auf dem Bett, der liegt noch im Halbschlaf. Er fühlt sich gestört, als Lydia sich auf seine unter der Bettdecke liegenden Füße legt. «Entschuldige, ich dachte, du hättest viel kürzere Beine», sagt Lydia. Beide gucken mich an. Giovanni kann sich gerade noch verkneifen zu sagen, «ich heiße doch nicht Jürgen».

Silvester entwickle ich eine panische Angst davor, in eine Diskothek gehen zu müssen mit den anderen. Cebou macht sich chic, ist wieder auf Frauen-Anmach-Trip. Irgendwann im Laufe des Abends verlieren wir die Jungs. Ich bin mit den Mädchen allein. Wir treffen einen Angolaner, mit dem wir in eine Kneipe gehen. Die Frauen saufen fürchterlich. Ehrlicher: wir machen sie fürchterlich besoffen. Auf dem Heimweg hakt der Typ die beiden Mädchen ein. Ich fahre nebenher. Im Hotelfoyer, morgens um vier, knutschen sie sich ab, nachdem sie mich die Treppe hochgebracht haben.

Irgendwann träume ich, meine Beine würden abgesägt. Ein Chirurg würde mir neue dransetzen.

Nach zwei Wochen Aufenthalt am Meer fahren wir langsam wieder in Richtung Norden. An einem einsamen Stausee zelten wir wild. Wir sind zehn Kilometer vom nächsten Dorf entfernt, in völliger Einsamkeit. Es wird um sieben dunkel, da wir kein künstliches Licht haben, gehen wir früh schlafen. Vorher trinken wir noch von den Weinvorräten, die wir billig gekauft haben.

Cebou ist ziemlich besoffen. Constanze geht spazieren. Lydia und Giovanni liegen im Schlafsack und schmusen. Cebou und ich flachsen ein bißchen herum, tun so, als nähmen wir keine Notiz von den beiden.

Wir täuschen eine ganz normale Unterhaltung vor, um zu vertuschen, daß uns das immer erregter werdende Geschmuse der beiden stört. Cebou hat vor der Abfahrt Ärger mit seiner Freundin gehabt. Er wird an sie denken. Ich kann mir auch was Besseres vorstellen, als zuzugucken, wie zwei Leute langsam aber sicher miteinander schlafen. Cebou sagt, «laß uns doch einen Spaziergang machen.» Wir gehen aus dem Zelt. Im Grunde sind wir froh, der Situation ausgewichen zu sein. Draußen hören wir die beiden stöhnen. «Ich hab's nicht mehr ausgehalten», sagt Cebou. Ich stimme ihm zu. Ohne viel Worte laufen wir durch die Nacht zum See. Über die Staumauer. Am Ende angelangt, stehe ich vor Stufen, die zu einer Aussichtsplattform führen. Cebou faßt hinten an die Griffe des Stuhles und läßt mich langsam runter. «Ist eigentlich 'ne ganz schöne Scheiße, sich immer helfen lassen zu müssen», meint er. «Weiß nicht genau», sage ich. «Ich hab mir das überlegt», sagt er, «weil ich noch nie mit einem Rollstuhl zu tun hatte ... mit dir so in den Urlaub zu fahren, erst war es eine komische Vorstellung, aber dann ...» – «Was hattest du dir vorgestellt?» – «Ja, ich weiß nicht recht, es ist halt ein komisches Gefühl, ich glaub, es war auch ein bißchen Angst dabei ...» – «Angst wovor?» – «Angst ... ja Gott, also ich dachte, man müßte dir unheimlich helfen, jede Kleinigkeit machen und unheimlich rücksichtsvoll sein. Aber dann habe ich dich behandelt wie alle anderen auch, und geredet haben wir ja auch zusammen. Aber da ist schon dieses merkwürdige Gefühl, mit dir über die Straße zu gehen, das habe ich heute noch. Oder wenn wir essen gehen, in das volle Restaurant kommen, Leute aufstehen müssen, um Platz zu machen, der Kellner einen Stuhl beiseite stellt, möchte ich am liebsten gleich verduften oder mich entschuldigen für den Aufwand.»

Ich erinnere ihn an die Situation mit der alten Frau am Bahnhof in Lissabon. Dort fühlte ich mich durch seine Anwesenheit behindert. «Ja, ja», sagt er, «das war wohl etwas hart.» – «Aber glaub mir. Ich hab da auch meine Probleme. Da bist du nicht allein. Ich bin einundzwanzig», sagt er, «hab noch nie mit 'ner Frau geschlafen. Ich hab auch das Gefühl, ich kriege keine, komm nicht ran, wegen meines zerhauenen Gesichtes. Schon von weitem, denke ich, blocken die ab, wenn die mich sehen, so klein und dann das Gesicht. Sieht ja aus, als wäre eine Hälfte weggeschossen. Nee, bis jetzt war ich für Frauen immer nur'n dufter Kumpel. Aber nie'n Mann. Verliebt hat sich noch keine in mich.» Er läßt den Satz beinahe langsam melancholisch ausklingen. «Ich hab darüber noch mal nachgedacht, über die Frau am Bahnhof, und wie wir gespannt waren, was jetzt passiert, das war ziemlich schofel von uns», meint er fast entschuldigend. «Ich denke, daß wir in bezug auf Frauen fast dieselben Probleme haben», meine ich. Cebou sagt nichts, steht am Geländer der Aussichtsplattform und guckt auf den See. «Mit der Diskothek, zu Anfang in Albufeira, das fand ich auch Scheiße», sage ich. «Ich hatte das Gefühl, du wolltest mich nicht dabei haben.» – «Kann wohl sein, ich wollte mal echt ohne den Rollstuhl ausspannen.» «Aber der Rollstuhl, das bin ich auch.» «Mit dir in 'ne Disco, das wäre doch schwierig gewesen, da hätte man doch auf dich Rücksicht nehmen müssen, weil du nicht mittanzen kannst.» – «Ja», sage ich, «ich hatte auch eine Heidenangst, in der Ecke zu sitzen, während ihr euch amüsiert.»

Nach einer Weile sagt er zögernd, «ich tanze eigentlich auch nicht, weil ich so richtig Komplexe habe, mich vor aller Augen frei zu bewegen oder etwa 'ne Frau anzusprechen, ob sie Lust hat, mit mir zu tanzen.» – «Ja, warum hast du mich denn nicht mithaben wollen», erkundige ich mich. «Wo ist der Unterschied, wenn wir beide nur dasitzen?» – «Ja, wenn wir losgehen, gucken die Leute hinterher, wegen deines Rollis. Nachher denken die, ich wäre auch behindert, geistig oder so ... Ich hab das allein schon schwer genug mit meinem Aussehen, da konnte ich dich nicht auch noch gebrauchen.»

5

Einfach keine Beziehung mehr haben zu dir ist unglaublich. Ich habe hier beim Schreiben kein Verhältnis mehr zu deinem Körper, zu deiner Person. Als seist du gewöhnlich geworden für mich. Nur gewöhnliche Erinnerungen im Kopf. Erinnerungen, die gelegentlich durch meinen Hinterkopf gehen, als verschiebe jemand die Kulissen. Ich habe keinen Einfluß darauf. Ich empfinde nur das dumpfe Gefühl, daß etwas fehlt.

Erinnerungen an einen Kinobesuch in Kassel im Sommer des Vorjahres. ‹Coming home.› Als der querschnittsgelähmte Vietnam-Veteran mit Jane Fonda schlief, guckte ich dich erwartend an, wollte dich berühren. Doch du schautest konzentriert auf die Leinwand.

Erinnerungen an eine Zeit. Nur meine?

Seit Tagen auf der Suche nach deiner Spur in mir. Seit ich hier anfing, über unsere Beziehung zu schreiben, ist das Gefühl für dich weg. Oder will ich es nicht eingestehen? In mir nichts als ein blasses, stumpfes Gestrüpp von Erinnerungen. Bei dem Versuch, die Zeit mit dir wieder hervorzuholen. Warum habe ich keine Vorstellung mehr von deinem Gesicht, von deinem Mund, von deiner Nase, von deinen Augen, deinen Augen ... Welche Farbe haben deine Augen?

Nachts in San Felice kommt mir die Idee, dich anzurufen und nach der Farbe deiner Augen zu fragen. Ich will deine Stimme hören. Deine schöne, warme, sehnsüchtige Herbststimme ist mir aus dem Kopf.

Auf der Suche nach deiner Spur in meinem Körper. Sie existiert nicht mehr. Der Eindruck ist eingeebnet. Die Ordnung ist wiederhergestellt.

Die Monate mit dir waren ruhig. Keine Todesangst mehr. Jetzt kann ich die Tagebuchaufzeichnungen aus der Zeit mit dir nicht mehr lesen. Ich kann es nicht ertragen. Über Sexualität zu schreiben, kommt mir fast lächerlich vor. So wie ich darüber schrieb. Ich kann mich nicht ertragen. Dich nicht. Und die anderen Frauen auch nicht.

Was ich über Orgasmus, über Katheter, über Anus praeter schrieb, scheint mir so wehleidig, so introvertiert. Warum habe ich dies alles beschrieben. Wen geht es etwas an?

Spurenbeseitigung. Ich lese Büchners ‹Lenz›. Ich bin zu träge, mir einen Trog kaltes Wasser über den Kopf zu gießen, um etwas zu spüren.

San Felice.

Nachts sitze ich in der Küche. Starre aus dem Fenster auf die dunkle Terrasse, weit hinaus auf das dunkle, nächtliche San Felice. Ich weiß nicht, was ich denke, ich weiß nicht, warum ich mich umdrehe und auf den Kalender gucke. 7.2. Dienstag, der 7.2. Als wären mir die Erinnerungen mit einem Laserstrahl ins Gehirn geschossen. Heute vor zwei Jahren. Tod des Großvaters. Draußen regnet es.

Ein Jahr später kommt C. Und ich dachte, ich könnte mit ihr die Angst begreifen. Vor einem Jahr malte sie die Palme an die Wand. Heute vor einem Jahr. – Denkt sie jetzt auch daran? Wo ist sie? Nein, sie wird es vergessen haben. Wird mich vergessen haben. Als ich darüber heule, fließt endlich etwas in mir.

Seit einem Jahr keine neue Zeichnung an der Wand des Zimmers in Kassel. Einmal der Gedanke, die Palme, nur die Stelle, an die sie die Palme malte, schwarz überzupinseln.

Ich weiß nichts über meine Sexualität zu schreiben. Je länger ich hier in Italien untätig herumsitze, desto weiter weg sind die Frauen und Mädchen, mit denen ich zusammen war. Mir scheint es absurd, daß ich über meine Sexualität nachdenke. Am liebsten hätte ich keine. Ein Problem weniger. Meine Sinnlichkeit scheint eingemauert. Mit Büchern. Davonfahren mit dem Auto. Angebereien. Abgeschottet gegen alles, was da kommt. Und doch treffen mich Sätze wie Messerstiche.

In der Kneipe wird der Freak vertraulich, «sag mal, was machst du denn eigentlich so mit deiner Sexualität, im Rollstuhl?» – «Im Rollstuhl gar nichts», sage ich und lasse ihn stehen.

An dem Trauma nicht rühren wollen. Ich will meine Schwächen endlich zugeben können.

In der Nacht träume ich, C. in Kassel anzurufen. Ich stehe in einer Telefonzelle und versuche, die Nummer zu wählen. Doch die Finger rutschen mir immer wieder von der Wählscheibe ab. Jeder erneute Versuch scheitert daran, daß ich die Scheibe mit dem Finger nicht ganz herumdrehen kann. Verzweiflung. Neue Versuche mit demselben Ergebnis. Entnervt gebe ich auf. Ich bekomme keinen Kontakt zu ihr. Ich kann die Verbindung nicht aufnehmen.

Warum klammere ich mich so an sie?

In Florenz rolle ich über die Piazza San Marco. In einigen Metern Entfernung sehe ich einen Schäferhund. Er läuft geradewegs auf mich zu. Ich will dem Hund ausweichen, in eine andere Richtung fahren und flüchten. Angst vor dem Tier. Angst provoziert den Hund nur. Aber es nützt nichts. Ich verkrampfe mich, ziehe mich innerlich zusammen. Die Schnauze des Hundes reicht mir bis zum Bauchnabel. Er kommt näher. Ich bin mit dem Hund auf gleicher Höhe. Bemühe mich, das Tier nicht zu beachten, schiele aber mißtrauisch zur Seite. Der Hund bleibt stehen, bellt mich kurz und drohend mit gehobenem Kopf an. Ich fahre schnell an dem Tier vorbei. Das Herz pocht. Die Angst, der Hund würde mich jetzt verfolgen. Als ich mich nach einigen Sekunden beruhigt habe, bleibe ich stehen, bemerke, daß mich ein Mädchen auf einer Bank sitzend beobachtet. Hat sie auch meine Konfrontation mit dem Hund gesehen? Das Mädchen guckt lange ruhig und freundlich. Nein, sie gafft nicht. Ich finde dieses Gesicht warm und sympathisch. Als ich an dem Mädchen langsam vorbeifahre, lächelt sie. Ich gucke sie kurz an, als will ich sagen, wie kannst du mich nur anlächeln. Sie anzulächeln, würde mir nicht einfallen.

Ich beschleunige das Tempo, flüchte wieder, diesmal vor dem Gesicht, das mich verlegen macht. Hektisch eile ich zum Auto. An nichts mehr denken. Nur noch weg hier. Warum so aufgeregt? Nein, nicht nachdenken, nur noch weg hier.

Eine schnelle Autofahrt durch die Stadt. Das Gesicht vergessen. Nicht mehr daran denken. Als hätten Hund und Mädchen etwas gemein. Irgendwo in einem anderen Teil der Stadt steige ich aus. Häuser und Menschen sind an mir vorbeigerauscht. Ich gehe in ein Café und bestelle mir einen Capuccino. Ohne genau zu wissen, wie ich hierherkam. Ich stehe an der Theke und gucke mich nervös um. An der Wand eine alte Zigarettenwerbung. Eine Frau, mit Frisur und Kleidern aus den sechziger Jahren, preist eine Marke an. Unter der Werbung entdecke ich aus unbegreiflichen Gründen die Buchstaben Conny – daneben hängt ein Münzfernsprecher.

«Laß das Sexkapitel doch weg», meint Angela. «Wenn du dir da unsicher bist ...» Nein, eben weil ich unsicher bin, will ich es schreiben. Ich will nicht laufend, rollend, flüchtig sein vor dem, was mich auf meine Ängste zurückwirft. Ich will nicht einen Teil meines Körpers verdecken. Wie die Alten im Rollstuhl, die sich eine Decke um den gefühllosen Unterleib wickeln, um sich nicht zu erkälten. Ich will nichts an mir ersticken, verdammt noch mal!

Alptraum.

Nachdem ich angefangen habe, dieses Kapitel zu schreiben, kommt Angela nach San Felice. Wir wohnen zusammen in einem riesigen Haus mit vier Schlafzimmern. Das Haus umgeben von einem wilden Garten, in dem Hunde lauern. Das Tor zur Straße ist schwer und schmiedeeisern. Ich kann es nicht allein öffnen. Angela steht kurz vor dem Abitur. Ist hektisch und nervös. Voller Ängste. Wir reden nächtelang. Ich verliere mich in den Gesprächen mit ihr, komme nicht zum Schreiben. Ihre Unruhe überträgt sich auf mich. Schließlich reden wir nicht mehr, weil mich das Reden mit ihr nicht mehr befriedigt. Wir liegen den ganzen Tag im Bett und lieben uns, ohne zwischendurch ein Wort miteinander zu reden. Sie streichelt meinen Penis so lange, bis er völlig steif wird. Über das Ficken mit ihr ist mir das Schreiben völlig egal.

Eines Tages fahren wir völlig unvermittelt nach Kassel ab. Ich sitze in meinem Zimmer in der Wohnung. Keine Fenster mehr. Es riecht nach verbranntem Plastik. Die Wände schwarz und rußig. Keine Möbel mehr. Wo sind die Bücher? Ich ekle mich vor diesem schwarzen, stinkenden, zugigen Zimmer. Mitten im Chaos klingelt es an der Wohnungstür.

C. kommt die Treppe rauf.

Ich wache auf. Will nach Hause zurück. Nach Kassel. So schnell wie möglich herunter von diesem Horrortrip: Schreiben in Italien. Nach dem Grund meiner Ängste suchen. Ich brauche Geborgenheit, Menschen, Ablenkungen, sonst grübele ich zu viel über meine Schwierigkeiten. Scheinbar habe ich noch nichts gelernt in den Monaten hier, daß ich immer noch behaupte, ich brauchte die Ablenkungen, die Termine, die vielen Leute. Vielleicht muß ich noch weiter weg von Deutschland. Unerreichbarer sein von den Einflüssen, von den Fluchtmöglichkeiten.

Versuch, weiter nach Süden zu fahren. In Gaeta wieder Todesgefühle. Ein Ziehen und Brennen in der Blase, obwohl sie nicht entzündet ist: Ahnung: ich habe wieder Blasensteine, ich muß wieder ins Krankenhaus.

Die große, ausladende Bucht mit den amerikanischen Flugzeugträgern, die mitten drin vor Anker liegen, ist bedrohlich. Als speie der Vesuv jeden Moment wieder Lavaströme aus, die mich zuschütten könnten. Etwas sagt: HALT, HALT! Warnlampen leuchten auf. Fahr nicht weiter! Wo ist die Grenze für mich? Openend? Vielleicht das des Bernward Vesper? Egal, ich muß mich weiterfahren, ich muß die Geschichte weitertreiben. Ich brauche einen Ort, an dem das Gedächtnis ungestört funktionieren kann. Mit einem Spaten vorsichtig die Schichten abtragen, nachgraben. Bis ich auf die Spur meiner Angst stoße, sie verfolgen, bis ich mich sehe.

San Felice.

Den Tag vor der Abreise am Meer gesessen. Nichts getan, aber es war nicht wichtig, etwas zu tun. Nur auf das Wasser schauen. Der Wind am Strand erzeugt eine Sucht, Spürsucht, Sehnsucht. Jedenfalls Sucht. Erinnerungen. Ja, gut, na und?

Letztes Jahr in Kassel. Wohnungswechsel. Mit Angela zusammenziehen. «Eine Zweckwohngemeinschaft?» fragt eine Freundin.

Ich weiß nicht, welchen Zweck sie haben soll, diese Wohngemeinschaft mit Angela. Halbierung der Miete für die Zweizimmerwohnung, jemand, der kocht, der saubermacht, der Mülleimer herunterbringt, einkauft. Nicht, weil ich es im Grunde nicht alleine könnte.

Ich bin aus dem Studentenheim ausgezogen, weil ich mich überflutet fühlte. Ich wollte meine Ruhe vor diesen Massen von Leuten. Ruhe, sonst nichts.

Angela wirkt so lenkbar. «Paß auf sie auf», sagt der Psychologiestudent, der zu lange mit ihr geschlafen hat. Mir ist, als liefere er sie bei mir ab. «Sie wehrt sich nicht, wenn du sie demütigst.»

Widerwillen gegen ihre Wortlosigkeit. Sie sagt nicht viel. Stundenlang in den Rieselfeldern spazierengehen. Sie teilt sich nicht mit. Läuft nur nebenher. Ich weiß mich auch nicht mit ihr zu unterhalten. Sie tappt barfuß durch die halb eingerichtete Wohnung, hebt die Tesafilmrolle auf. Will ein Plakat aufhängen. Ihr monströser Busen quillt aus der halboffenen Bluse. Dann der Einfall, hier in der wüsten Wohnung auf dem kalten, teppichlosen Linol, auf dem Reißzwecken verstreut liegen, mit ihr zu schlafen. Mich in die Spalte zwischen ihren Brüsten einzugraben und dort auszuruhen.

Nein, rühr sie nicht an, sage ich mir.

Auf unserer Einweihungsfete.

Sie säuft so schrecklich. Saugt beinah sinnlich an der Bierflasche. Die Augen geschlossen, den Kopf nach hinten geneigt. Als genieße sie es, die Flüssigkeit in sich aufzunehmen. Oder schämt sie sich der Blicke der anderen, die von ihrer Sucht wissen? Den ganzen Abend versucht sie, mich zu umarmen. «So, jetzt wohnen wir zusammen», sagt sie überschwenglich. Als wolle sie sagen, so, jetzt haben wir ein Zuhause. Zweckwohngemeinschaft klingt mir im Ohr. Aber ich will es nicht aussprechen.

Ich kann sie aus dem Rollstuhl umarmen, ohne die Arme nach

nicht nur ihren Kopf. Ich kann im Sitzen ihren Körper spüren. Aber ich lasse sie stehen. Übersehe sie. Überhöre sie. Teile ihre Euphorie nicht. Sie ist zu besoffen, ihre Annäherungsversuche zu plump, als daß ich vor all den Leuten zu ihr stehen will. Ihr Gerede ist mir manchmal peinlich. Was dächten die Leute, wenn ich mit ihr jetzt schmusen würde? Ich will mich nicht vergeben an sie. Ein Blitz von Kälte bringt sie in Distanz zu mir.

Der Besuch ist weg. Ich liege etwas erschöpft in der Matratzenecke meines Zimmers. Wie hingehauen. Die Tür geht auf. Sie kommt auf Zehenspitzen angelaufen. Lautlos kniet sie neben mir. Verzieht ihren Mund, ihre Lippen, süßlich, die Augen strahlen bedürftig. Kein Wort. Sie legt ihren Kopf auf meine Brust, ihre Hand daneben. Ihr Körper liegt zusammengezogen, wie verschnürt, halb auf der Erde, halb auf der Matratze. Ich warte ab. Lege dann den Arm um ihren Oberkörper. Es ist wie ein Automatismus, daß ich an ihrem Hemd zu fingern beginne. Schweigen.

Die Straßenlaterne leuchtet diffus durchs Fenster. Das Licht hatte ich schon ausgeknipst, bevor sie hereinkam. Dann der Zweifel … Ich kenne dich nicht … Was machen wir hier eigentlich? Warum liegen wir hier? Ich mag dich nicht mal besonders.

Die Bäume von der Straße werfen Schatten an die Zimmerwände. Blätterlose Äste, knochig wie Skelette. Unvermittelt muß ich an Petra denken.

Vorsichtig schiebe ich ihren Kopf von meinem Körper. Drehe mich zu ihr hin. Mir ist kalt. Meine Beine zittern. Nicht wegen der Kälte. Sie liegt auf dem Boden. Die Augen geschlossen, still, stumm.

Warum tue ich das? Ich schiebe ihre aufgeknöpfte Bluse zur Seite. Löse den BH. Presse meinen Kopf in die Masse ihres Busens. Küsse sie. Streichele ihr Gesicht. Leonard-Cohen-Lieder gehen mir durch den Kopf. Ich umarme sie fest. Ein bißchen ekelt mich ihr fahler Alkoholgeruch. Als ich sie ausgezogen habe, hält sie ihre Hände vor ihre Brüste. Sie will nicht, daß ich sie so sehe. Bei den langen Küssen das Gefühl von Traurigkeit. Sie zieht mich nicht aus. Ich behalte meine Hose an. Sie verlangt nicht viel.

Tage später. Angela steht in der Tür meines Zimmers. Redet furchtbar hastig, als wolle sie vermeiden, daß ich die einzelnen Worte, die sie ausspricht, wahrnehme. Als schäme sie sich der Wahl ihrer Worte. Was heißt das, wenn sie sagt, «so'n schofles feeling?» Was geht da vor in ihr? Ich sitze am Schreibtisch, ordne irgendwelche Papiere, sperre mich gegen ihren Wortschwall. Versuche, einfach nicht zuzuhören. Es klingt drängend, verzweifelt. Wieder Angst und Panik, wegen der Ausbildung. Sie lehnt den Ellenbogen an den Türrahmen, stützt den Kopf in die Hand, starrt ins Leere, als die Worte aus ihr sprudeln. Hat keine Gestik, verzieht nur das Gesicht so krampfig, wenn sie Ekel ausdrücken will. Etwas schüttelt ihren Körper dann.

Ich komme mir bekleckert vor, wenn sie sich auskotzt. Will sie nicht hören. Sie kommt einfach ungefragt und bringt mich aus meiner Ruhe. Ungefragt bricht alles aus ihr heraus. Ich soll es auffangen.

Ihr Blick wird eine Spur leerer. Einen Moment sagt sie nichts. Guckt in den Raum. Ich horche auf, weil mir die Unterbrechung ihres Wortschwalls verdächtig vorkommt. Warum sagt sie nichts mehr. Eben schrie sie doch noch fast? Nichts mehr kommt aus ihrem Mund, nicht mehr diese Anglizismen – sie sagt nicht Gefühl, sondern feeling. Sie sagt nicht Beziehung, sondern connection. Sie schluchzt auf. Nach einer Weile kommt es undeutlich aus ihrem zitternden Mund. Ihre Großmutter hat ihr wieder Geld angeboten für eine Brustoperation. Sie schämt sich so wegen ihres großen Busens. Das Gerede der Männer über die für ihren Körper wirklich riesigen Massen. «Oh, diese Fotos», schluchzt sie. Als sie die Fotos von Frauen nach der Brustverkleinerung sah, wurde ihr übel. «Diese Narben.» Beständig und diskret von der Großmutter das Angebot, «wenn du willst, ich geb dir das Geld, du sähest doch viel besser aus.»

Ich verstehe ihre Verzweiflung. Aber ich will mich nicht so überfallen lassen. Mein Verständnis soll nicht erzwungen sein. Sie heult. Kann gar nichts mehr sagen. Ein einziger Krampf aus Tränen, Rotz und Trauer. Sie kommt herüber, reißt sich von dem Türrahmen los, an dem sie beinah klebt, steht hinter mir, ich bemühe mich, auf den Schreibtisch zu gucken, sie nicht zu beachten. Ich spüre von hinten ihre Arme um meine Schultern, die Feuchtigkeit ihrer Tränen in meinem Nacken. Ruckartig befreie ich mich aus der Umklammerung. Sie rennt aus dem Zimmer. Das Gesicht verzerrt vom Heulkrampf. Geht in die Küche. Ich will ihr folgen. Mich jetzt doch um sie kümmern. Ehe ich dazu komme, sehe ich sie durch den Flur an meiner Zimmertür vorbeihuschen, einen Kasten Bier in ihr Zimmer schleppen. Sie wirft ihre Tür zu. Einen Augenblick später dreht sie den Schlüssel herum. Ich habe ein schlechtes Gewissen. Was kann ich tun? Erst will ich ihr nicht zuhören, jetzt fühle ich mich provoziert, daß sie sich abschließt.

Stundenlang dringt dieselbe Platte von André Heller durch die Wand des Zimmers. Ich verschließe meine Tür und versuche, mich auf das Aufräumen zu konzentrieren. Es gelingt mir nicht.

Ich muß irgend etwas tun, raus aus dem Haus, denke ich.

Im Flur. Ich will den Parka anziehen. Angela sitzt im Schneidersitz vor der Wohnungstür, guckt mich besoffen, triumphierend bis erwartend an. Ich gucke sie an. Es ist fast ein Moment sexueller Spannung im Raum, bis ich mich zusammenreiße. Ich bitte sie sachlich, den Weg freizugeben, mich hinauszulassen. Aber sie scheint mich kaum zu hören. Ist abgehauen in den Rausch. Sie verzieht den Mund. Ich habe wieder Alkoholgeruch in der Nase. Zornig greife ich sie an den Haaren, ziehe sie aus dem Weg. Es muß ihr wehtun. Ich will ihr nicht wehtun. Aber ich bin wütend, daß sie mich gefangennehmen will. Sie sagt nichts. Läßt es sich gefallen. Ich bin draußen. Gehe zu Bekannten ins Studentenheim, um zu bereuen, daß ich mit ihr zusammenzog.

Am nächsten Morgen gehen wir Lampen kaufen, als sei nichts gewesen. Keiner traut sich, vom vorangegangenen Abend zu reden. Aber ich will Abstand von ihr.

C. kommt. Ich bin erst sauer, daß sie sich verspätet. Sage aber nichts, lasse es mir nicht anmerken, um sie nicht mit meinem Verlangen nach Pünktlichkeit zu nerven. Ich will keinen schlechten Eindruck abgeben. Wir haben uns lange nicht gesehen.

Du wirkst so durchlässig in deinem langen Kleid, mit roten kleinen Mustern und deinen strubbeligen, mit Henna rotgefärbten Haaren. Du hockst auf der Matratzenecke in meinem Zimmer. Ich sitze in dem Sessel in der anderen Ecke des Zimmers. Verhalten. Abwartend. Aber du bist nicht Angela. Nach einer Zeit setze ich mich auf den Boden und rücke dir ein bißchen näher, halb auf den Knien, den Körper mit dem rechten Arm gegen den Schreibtisch gelehnt, den linken vor dem Bauch verschränkt, etwas verkrümmt.

Das Tonband läuft. Du bittest mich, die Musik etwas leiser zu stellen. Ich nahm das Geplärre schon nicht mehr wahr. Ich suche Zigaretten, frage dich darum. Du sagst, atmen sei für dich so wichtig, daß du Angst hättest, beim Rauchen zu ersticken. Der Satz hält mich vom Rauchen ab.

Es fasziniert mich, daß du so einfach bist, nicht die endlos langen Reden. Die Statements der Intellektuellen, die so schick mit ihren Pfeifen und Zigaretten fingern. Du bist nachdenklich. Keine Antwort aus der Pistole geschossen. Mich macht dein ruhiger Blick unruhig. Bevor du etwas sagst, schweifen deine Augen zur Seite. Auf die Frage, was du tust, kommt keine Litanei von eingebildeten Verpflichtungen und Terminen. Nur der eine Satz, «ich versuche zu leben. Mit dem einzigen Anspruch, empfindsam zu sein.» Die Politfreaks reden nicht mehr. Sie hauen dir ihre Weltanschauung um die Ohren. «Ich will mehr», sagst du. –

«Sonnenuntergänge finde ich so traurig», sagst du.

Es kitzelt mich in der Magengegend bei deinem Satz. «Ich will einen Sinn bekommen für die Schönheit einer Blume und für die Grausamkeit von Folterung. Empfindungen haben. Ich würde mich verlieren, wenn ich den ganzen Tag mit Terminen voll hätte.»

Und es sei wichtig für dich, genießen zu lernen.

Du redest davon, daß ich eher meine Schwächen zugestehen kann als früher. Ich sage, daß das durch das Schreiben kommt. – Du wirkst weich auf mich, wie du redest, wie du dich bewegst, nicht wie ein Schwamm, eher wie ein Federbett, in das ich mich hineinfallen lassen könnte.

Ich erzähle von der Enttäuschung mit Petra, von ihrer Kälte, die mich so verletzt hat, von der Eifersucht auf ihren Freund. Ich fühle mich aufgehoben, als du dein Mitgefühl mit dem, was ich erzähle, durch deine Worte und deine Körpersprache deutlich machst. Ich rücke ein bißchen näher.

Im Zusammenhang mit dem Schreiben komme ich irgendwie auf das Wort Geilheit. Es ist ihr zu grobschlächtig. Zu ungenau. Weil sich dahinter meist eine Verklemmung verbirgt. Eine Frau, die für das Wort geil zu empfindlich ist.

Ich bitte dich, etwas an die Wand meines Zimmers zu malen, an der sich alle Leute verewigen. Mit dem Finger, ohne Pinsel, schmierst du diese Palme an die Wand. Darunter den Satz … ‹wir sind eingeladen …› aus dem Lied ‹Die Vision› von Ernesto Cardenal. Wir sind eingeladen. ‹Die Vision von einem Land, in dem die Ausbeutung abgeschafft …›

Draußen ekelhafter, matschiger Schneeregen. Auf einem Spaziergang durch dieses unfreundliche Wetter träumen wir, die Reise nach Nicaragua zu machen. Wieder im Zimmer sitzen wir Knie an Knie gegenüber. Dein Blick durchflutet mich. Ich frage, was du denkst. «Gleich», sagst du, «warte.» – «Darf ich dich streicheln?» – «Frag doch nicht so viel.»

Als wir auf dem Fußboden liegen, uns festhalten und angucken, sagst du, «ich will mehr von dir wissen.»

Es hat noch niemand so gesagt. Und es wird auch niemand noch einmal so sagen.

Als ich wieder nicht warten kann, dich ausziehen will, sagst du, daß es faszinierend wäre, den Körper eines Menschen langsam und zärtlich zu entdecken. Nicht gleich alles haben wollen. Als du gehst, fühle ich mich warm und zufrieden.

In der Nacht kann ich nicht schlafen. Ich kann nicht begreifen, was passiert ist. Ich bin unfähig zu begreifen, daß es immer wieder Menschen gibt, die mich mögen, die ich mag. Ich kann nicht verstehen, was passiert, weil ich es nicht verstehen kann, daß mich jemand sympathisch findet.

Ich will deine Sympathie nicht verlieren, sondern dich möglichst nah haben. In der Nacht überlege ich, wie ich dir begreiflich machen kann, daß ich dich möglichst oft sehen will. Vielleicht habe ich mich in der Phantasie unseres Zusammenseins schon wieder von dir entfernt. Vielleicht bist du es gar nicht, die ich am nächsten Morgen in meinem Kopf habe. Die ganze Woche traue ich mich nicht, dich zu besuchen, aus Angst, dich zu stören. Ich warte auf unsere Verabredung für das Wochenende.

Samstagabend. Du kommst. Sagst gleich, daß du nicht viel Zeit hast, weil du nachher noch zu einer Fete willst. Es ist wieder mehr Abstand zwischen uns seit Montag. Keine Umarmung zur Begrüßung. Wir sitzen in verschiedenen Ecken des Zimmers. Du im Sessel, reserviert, ich im Rollstuhl in der anderen Ecke an die Wand gelehnt. Mir ist kalt. Ich verstehe deine Distanz nicht. Du umgibst dich mit einer Mauer, als müßtest du dich vor etwas schützen. Was ist passiert, daß du so anders bist?

Wir tauschen Belanglosigkeiten aus. Gucken uns nicht an. Ich bin nicht fähig zu sagen, wie sehr du dich verändert hast. Nach einigen Minuten Stille fragst du mich, was für Erwartungen ich an unsere Beziehungen habe.

Die Frage wirft mich wie ein Stoß um Jahre zurück.

Erwartungen. Beziehungen. Welch eine formalisierte Sprache. Mit der man sich vor Gefühlen schützen will.

Ich hätte sie nicht für fähig gehalten, solch eine Frage zu stellen. Und sie bleibt tatsächlich in der anderen Ecke des Zimmers sitzen, will es mit mir ausdiskutieren.

Seit Jahren die Frage der Frauen und Mädchen an mich. Mit der sie sich absichern wollen. Herzbeschwerden angesichts dieser Diskussionen. Mit Annegret ein Jahr darüber geredet, geschwiegen, Briefe geschrieben, ob wir zusammen schlafen oder nicht.

Erwartungen. Was kann ich eigentlich anderes erwarten als den Morgen, an dem mir der Traum von den Abstoßungen und Mißhandlungen durch meine Eltern scheißegal ist. Den Morgen, an dem ich nach dem Traum nicht mehr friere und Angst habe, sondern ruhig weiterschlafe, weil da jemand ist, mit dem ich die Angst teilen kann. Worauf soll ich denn warten, als auf den Tag, an dem ich mich nackt vor dem Spiegel ertragen kann, weil ich weiß, daß mich jemand annimmt. Was soll ich erwarten, was denn anderes als eine Beziehung, in der ich mich nicht verstellen muß. Die Krankenhaus-, die Eltern-, die Sexgeschichten jemandem erzählen. Vertrauen entwickeln. Zu jemandem, der sich nicht als Job für meine Geschichte interessiert, wie dieses Ärzte-, Psychologen- und Sozialarbeiterpack.

Ich will mich aufknöpfen, ohne Angst zu haben, daß derjenige verschwindet, wenn's ihm zu anstrengend wird.

Nichts anderes wollen und erwarten, als mich zu verausgaben, reden, zuhören, zärtlich sein, Sex, Geben, Nehmen, Blödsinn machen, sich verschwenden, ohne nachzudenken. Die Angst vergraben.

Ich glaube, daß es diese Beziehung für mich gibt. Und ich will sie. Keine Todesangst mehr. Freud und Reich sagen, man kann die Todesangst durch die Wahl des richtigen Sexualpartners in den Griff bekommen. Die Energie, die an die Todesangst gebunden ist, in Sexualität sublimieren.

Illusion von freier Liebe, ohne Angst des Verlustes. Illusion?

Petra: Als kippe sie einen Zehn-Liter-Eimer eiskaltes Wasser in das warme Bett, in dem ich noch liege. Diese brutale Erfahrung nicht noch einmal machen wollen.

Mit dir zusammensein wollen, eine Bindung entwickeln.

Oder will ich mich nur um das Prestigeobjekt Freundin bereichern? Das Wort ‹vorzeigbar› aus den Kontaktanzeigen geht mir durch den Kopf. Ich will mich selbst in einer Beziehung entwickeln. Weil ich weiß, daß ich nicht auf den Tag zu warten brauche, da man mich akzeptiert, solange ich mich nicht selbst als vollwertig empfinde. – Ich will all dies mit dir machen. Oder gar nichts. Was für ein Blödsinn.

Du sagst, du willst ein Mittelmaß zwischen ganz nah und gar nichts. Mittelmaß. Alle wollten bisher nur Mittelmaß. Ich habe Angst, Bedürfnisse zu äußern in mittelmäßigen Beziehungen. Weil ich nicht weiß, wie nah ich noch kommen darf, ohne daß sich die andere penetriert fühlt. Wenn ich dich anfassen will, kann ich es nicht, wenn ich dich öfter sehen will, kann ich es nicht sagen, wenn ich mit dir schlafen will, kann ich es nicht sagen, weil du vielleicht schon erschrocken bist, dich vereinnahmt fühlst.

Ich komme nicht aus mir heraus in Beziehungen, die auf irgendein Maß achten.

Auswegslosigkeit. Mit Annegret die Diskussion um Zweierbeziehungen. Zweierbeziehung: welch ein bescheuertes Wort. «Unsere Gesellschaft lebt durch Zweierbeziehung. Ehe, Familie. Die Wohnungen sind konzipiert auf Paarbeziehungen. Wohn- und Schlafzimmer getrennt. Die Vermieter sind geil auf Trauscheine. Und die Nachbarn geil auf das Gerede, wenn die da oben nicht verheiratet sind», sagt Annegret. Sie hat recht. Wir erwarten eine Zweierbeziehung als Lebensperspektive. Aber ich hatte das Gefühl, als packe sie ihre Berührungsängste in ein gesellschaftspolitisches Mäntelchen. Sie ist, wie sie Auto fährt. Vorsichtig, nicht weit genug Abstand halten vom Vordermann. Angst, zu nahe zu kommen. Sich dabei weh zu tun.

Ich bin, wie ich Auto fahre. Dem Vordermann am liebsten an der Stoßstange kleben. Bedürfnis nach rücksichtsloser Nähe. Nähe, so vollkommen, daß man eins wird. Aber Zweierbeziehung ist dafür ein absurdes Wort. Ist ein absurder Zustand. Weil es absurd ist, meine sozialen Bedürfnisse auf einen Menschen zu beschränken. Und doch weiß ich, daß ich mich an andere klammere in einer Beziehung.

Frauen, die in Zweierbeziehungen stecken, sind für mich nicht erreichbar. Haben wenig Zeit, wollen manchmal nicht angefaßt werden. Schließen sich ab. Fühlen sich unsicher, wenn man die moralisch zulässige Blicklänge um zwei Sekunden überschreitet.

Ich denke, daß jemand, der in einer Zweierbeziehung steckt, dieselbe Funktion hat wie ein Klo: zum alleinigen Gebrauch vorgesehen.

Wir halten es nicht lange aus, uns über abstrakte Begriffe zu unterhalten an jedem Samstag. Also nähern wir uns wieder. Auch körperlich. «Wir mögen uns doch», sagst du. Ich habe das nicht bezweifelt. Nachdem C. gegangen ist, treffe ich Angela in der Küche. «Dein Gesicht strahlt Ruhe aus», meint sie. «Freut mich!» – «Du bist so süchtig nach Zärtlichkeiten», meint Angela.

Stimmt. Aber ich kann nur Zärtlichkeiten empfangen. In ihren Küssen baden. Das Streicheln erzeugt ein erregendes Kribbeln. So als öffne sich das Nervenkostüm.

Ich will genießen lernen. Und nicht Jahre einem Mythos, einer engen Beziehung hinterherlaufen, von der ich gar keine Vorstellung habe.

Habe ich noch eine Beziehung, oder verliere ich sie schon? Immer die bange Frage, ob ich noch geliebt werde. Angst vor dem Ende der Liebe. Angst vor dem Ende einer Beziehung.

Mit dem Mädchen am Main sitzen. Auf einer Bank, dicht am Flußufer. Sie spielt ‹die Vision› auf der Gitarre. Ihr Blick provoziert mich zu der Frage, wann wir uns wiedersehen. Noch drei Stunden bis zur Abfahrt. Ich kann mich auf nichts konzentrieren. Habe mich schon verabschiedet. Will nur noch wissen, ob und wann wir uns wiedersehen.

Wenn Annegret mit dem Zug kam, habe ich sie noch auf dem Bahnhof gefragt, wann sie wieder fahren müsse, haben, wenn wir zusammen waren, darüber gestritten, daß wir zuwenig Zeit haben. Sie solle doch länger dableiben.

Ich brauche Zeit, mich zu öffnen. Und die Gewißheit, daß jemand eine lange Zeit wirklich nur für mich da ist. Gewißheiten. In zwei Stunden eines Zusammenseins mich nicht verlieren können. Angst, mich nachher nicht wiederzufinden.

Irgendwie ist mir dein Körper mal unheimlich stabil vorgekommen. Fast ein bißchen mütterlich. Das breite, stabile Becken. Die Speckfalten auf dem Bauch. Die unheimlich großen, festen, straffen Brüste. Auf die ich so abfahr. Dein Körper so bestimmend, stabil. Deine Stimme so weich. Warm und tief.

Spaziergang im Wald. Weit und breit kein Mensch. Ohne mir was dabei zu denken, fange ich an zu schreien. Nur so aus Spaß. Wir bleiben stehen, ich schreie weiter in den Wald hinein. Ich bleibe dann ruhig. Und warte auf mein Echo. Als keines kommt, schreie ich mich heiser vor Wut. Du stehst ein paar Schritte neben mir. Guckst, als wolltest du mich fragen, ob ich noch klar denken kann. Wir gehen weiter. Du sagst, du könnest nicht schreien. Ich verstehe es nicht, daß jemand einfach nicht schreien kann.

Als hättest du eine Doppelgängerin. Wenn ich über dich rede, sage ich nicht deinen Namen, sondern den des Mädchens aus Flörsheim, bei der ich dich kennenlernte. Ich bin in Wiesbaden bei Bekannten. Verabschiede mich und sage, ich gehe nach Flörsheim, C. besuchen.

C. ist frustriert, weil sie durch die Verwechslung mit dem Main-Mädchen für mich keine Identität zu haben glaubt. Tatsächlich nenne ich sie ein paarmal beim falschen Namen.

In einer Pizzeria in Kassel. Ich finde es schön, mit dir in einer Pizzeria zu sitzen und nichts anderes zu tun, als dich zu streicheln, dir tief in die Augen zu gucken. Nebenbei schieben wir uns gegenseitig die Pizzastücke in den Mund. Mich interessieren die Leute im Lokal nicht, nach denen ich mich sonst irritiert umschauen würde. Wir lassen Messer und Gabel liegen und reißen die Pizza mit den Fingern auseinander. «Ich esse gern mit den Fingern», sagst du. Es sieht so natürlich aus. Ich könnte tagelang mit dir hier sitzen. Dir beim Essen zuschauen, dich streicheln, küssen, dich füttern. Mich von dir füttern, streicheln, küssen lassen. Der Wirt könnte das Lokal längst geschlossen haben. Die anderen Gäste könnten längst gegangen sein, die Stühle würden hochstehen, ich würde nichts bemerken von dem, was um mich herum passiert. Du sagst wieder, «ich weiß so wenig von dir.»

Mit meinen Fingerkuppen gleite ich über deine pizzafettigen Handflächen. Einen winzigen Moment denke ich an einen Satz, den mir das Main-Mädchen sagte, «wenn man dir den kleinen Finger gibt, willst du gleich die ganze Hand.»

Du wohnst fünf Minuten mit dem Auto von mir, wenn ich dich mal zwei Tage nicht gesehen habe, denke ich, du seist schon zum Psychiatrie-Praktikum nach Arezzo gefahren. Tausendeinhundert Kilometer von Kassel entfernt.

Fünfunddreißig Kilometer von Florenz. Es ist eine Ironie, daß ich hier über uns schreibe. Vielleicht kann ich das nur hier.

Kassel.

Wir treffen uns zufällig auf einer Fete in der Uni. Ich will gerade gehen, da sehe ich dich mit einer Gruppe von Leuten. Du kommst zu mir herüber, siehst, daß ich gehen will. Sagst, daß du mitkommen willst. Ich bin überrascht, daß du meinetwegen die Leute stehen läßt. Ich kann mich eben nicht daran gewöhnen, wichtig genommen zu werden.

Beim Küssen die Augen öffnen, um dich zu sehen. Ich will sehen, ob du mich wirklich magst.

In deiner Wohnung blättere ich in den Tagebüchern, die du im Kloster geschrieben hast. ‹Ich will meine Wiese wiedersehen›, steht da. Ich weiß nicht, warum der Satz, so verklärt wie er da steht, mich traurig macht. Eine Wiese, auf der du mal gesessen hast, als es dir schlecht ging, als du allein sein wolltest. ‹Ich will meine Wiese wiedersehen› hört sich so sentimental an.

Im Urlaub mit meinen Eltern am Meer. Ich konnte mich nie vom Wasser trennen. Vom Meer nicht, von den Seen nicht. Ich konnte mich nicht sattsehen an Meeren, Seen, Sonne, Menschen, blauem Himmel, grünen, vom Wind bewegten Bäumen und Wiesen. Nichts von dem so lange gehabt, wie ich es wollte. Immer wieder Trennungen von Menschen, von Gesichtern. Rausgerissen werden.

C. sagt, sie hätte in der Wohngemeinschaft die Ruhe gefunden, die sie braucht, um sich zu entwickeln. Sie will jetzt nichts anderes tun, als versuchen, mit den Leuten gut auszukommen und über sich nachzudenken. Ich werde aggressiv, will es nicht verstehen, daß es für sie nichts Wichtigeres gibt, als über sich selbst nachzudenken. Als in den eigenen Schwierigkeiten herumzuwühlen. Ich kann nicht ruhig sein. Das Chaos in mir, mein Elend und das anderer Menschen hängen doch zusammen. Ich habe kein Recht, mich zurückzuziehen und ruhig zu werden. Ich bin sauer auf C. Und verschreckt, weil sie so privat ist.

Du sitzt mir gegenüber. Lächelst, guckst mich an. Erzählst von Ruhe. Ruhe, die ich nicht ertragen kann. – Du rührst an etwas in mir, meine gespielte Selbstsicherheit. Meine gespielte Vernunft. Deine Fähigkeit, mir ohne Trauer tschüß zu sagen, schockiert mich. In deinem Tagebuch steht, ‹ich kann jemandem Sicherheit geben für die Länge einer Umarmung›. Es macht mich traurig, weil ich die Sicherheit deiner Nähe gern für immer hätte. Ich brauche mehr als dic Sicherheit deiner langen oder kurzen Umarmungen.

Ich zweifle an dir. Kannst du ein Gesicht nicht mehr liebhaben, das du eben noch geküßt hast? Kannst du einen Menschen nicht mehr lieben, den du eben noch geliebt hast, wenn du ihn körperlich losläßt? Ich kann mich nicht fallenlassen während deiner Küsse, deiner Umarmungen, wenn ich weiß, daß du mich losläßt, wenn du mich nicht mehr berührst. ‹Für dich haben Zärtlichkeiten eine andere Bedeutung›, sagt C. «Ja, ich nehme sie stärker wahr, weil ich es nicht gewohnt bin, zur Begrüßung umarmt zu werden, weil ich es nicht gewohnt bin, gestreichelt zu werden.» Weil ich mich erst daran gewöhnen muß, daß es eine Form der Zuwendung gibt, die nicht von der Sprache abhängt. Weil ich mich wohl nie daran gewöhnen werde, daß mich jemand nicht aus Mitleid berührt.

Ja, Zärtlichkeit bedeutet für mich mehr. Und es irritiert mich, macht mich beinah eifersüchtig, wenn du andere in meiner Gegenwart umarmst. – ‹Liebe als Kraut gegen den Tod› will ich. Ich brauche das Kraut dauernd, jeden Tag die Gewißheit, daß ich es bekommen kann, sein Verlust würde mich krank machen.

‹Liebe als Wohnung gegen den Tod›, schreibt die Schriftstellerin. Das ist es.

Und ich beginne schon zu leiden, wenn ich dich anrufe, frage, ob du heute Zeit hast. Und du sagst, es ginge nicht, es käme Besuch. Ich fühle mich so allein, wenn du sagst, was du alles vorhast in den nächsten Tagen, mit anderen Menschen oder allein. Denn ich will nur mit dir zusammensein. Weil du mein Kraut bist. Weil ich mit dir eine Wohnung beziehen will. Gegen die Todesangst. Gegen die Vergänglichkeit. Ich kann dir nicht sagen, was ich eigentlich von dir will. Weil ich Angst habe vor deiner Ablehnung. Ich will dich nicht überfordern.

C. glaubt, daß sich unsere verschiedenen Erwartungen auf das Miteinander-Schlafen reduzieren. Sie ahnt ja gar nicht, wie sehr es mich deprimiert, daß ich es bin, der fragt, wann wir uns wiedersehen. Samstagabend sage ich, «laß uns nach Flörsheim an den Main fahren.» Ich will mit ihr zu dem Mädchen, das die ‹Vision› spielte, als ich sie kennenlernte. Sie hat irgendwelche Verpflichtungen. Es geht nicht.

Florenz. Im Hotel. Ich kann so schlecht Bedürfnisse äußern. Habe Schwierigkeiten hinüberzugehen, dem Kellner zu sagen, er solle mir eine Flasche Mineralwasser aufs Zimmer bringen. – Die Bettlerin, die mich am Bahnhof in Florenz um Geld bat, beschäftigte mich noch den ganzen Tag. Nach dem Artikel über die Kindersterblichkeit in einem Slum in Neapel konnte ich nicht schlafen. Jemand, der sagt, er habe Hunger, bringt mich manchmal fast zum Heulen. Oft beschämt mich der Luxus, in dem ich lebe. «Du sollst nicht betteln», hatte meine Mutter mir als Kind eingeschärft. Bürgerstolz. Man bettelt um nichts. Man ist bescheiden. Wünsche äußert man subtiler.

… «Dir jeden Wunsch von den Augen abgelesen», schrie sie mich manchmal an. «Du bist undankbar!»

Es macht mich traurig, an die Schränke voll Spielzeug zu denken, mit dem ich nie spielte. Die vielen Dutzend Kinderbücher, die ich nie las. – Meine Mutter kann ihre Mutterliebe nicht anders umsetzen als im Einkaufen unheimlicher Massen teurer Lebensmittel, als im Kochen von teurem, gutem Essen, im Mitbringen von gutgemeinten, meist unnützen Geschenken.

Eigentlich ist das kein Luxus.

Ich kann die Schwierigkeiten so schlecht ordnen. Ich schreibe sie einfach auf, wie sie kommen. Die Probleme und Gedankenverbindungen, die mir dazu einfallen.

C., deine Trauer ist folgenlos. Ich erzähle von dem erneuten Selbstmordversuch des Mädchens im Studentenwohnheim. Du bist schockiert. Hast es nach ein, zwei Minuten schon wieder vergessen. – Bei mir liest du Zeitungsmeldungen über Nicaragua. Aufstände. Streiks. Massaker und Folterungen. Du wußtest von alldem nichts. Willst dich informieren. Bist empört. Für einen Moment.

Erinnerung an ein Telefongespräch mit der Schriftstellerin. Auskotzen nannte ich mein Schreiben. Ich kotze mich aus. Kotzen, unästhetisch, ekelhaft. Schreiben. Über sich selbst schreiben, als etwas Verwerfliches, Ekelhaftes begreifen. Ich kann meine Wünsche und Phantasien nicht hinschreiben. Ich bin unfähig, meinen sexuellen Problemen Ausdruck zu verleihen. Ein riesiger kantiger Metallklotz in mir. Ein Eisberg. Den Kafkasatz: ‹Ich will die Axt für das gefrorene Meer in mir› lese ich in einer Rezension der Schriftstellerin. Ist es herumkotzen, daß ich mich abmühe, das Eis in mir abzutauen? Die Tagebücher mit Gekotze bezeichnen. Verleugnen. Ich kann es wohl nur in groben Brocken herauskotzen, weil ich zuviel Scham habe, es langsam und ruhig zu sagen.

In den Tagebüchern: ‹Es geht nicht um meine mickerigen, beschissenen, unbedeutenden Leiden. Es geht um Chile, Westsahara. Gegen Apartheid, gegen Neonazis, für Strafgefangene, Penner etc. was zu tun. Es ist dekadent, sich fortwährend mit eigenem Psycho-Mist zu beschäftigen.›

Die eigenen Erfahrungen, die ureigene Geschichte und Herkunft vergessen, sie in den Abfallcontainer werfen, sie als Seelenmüll abtun und zur Großtat der Weltrevolution schreiten.

Vielleicht schmilzt das Eis ein bißchen bei den Begegnungen mit dir, C. Vielleicht fällt die Schutzhaut ein bißchen von mir ab, öffnen sich die Nerven wie Blumenknospen. Aber ich kann nie sicher sein, daß du bleibst . . .

«Du bist ruhiger geworden», sagt Angela, «in den letzten Wochen. Nicht mehr so flüchtig.»

Ich sitze im Zimmer der Wohnung in Kassel, kann den Krach nicht ertragen. Obwohl ich allein bin, ist ein unmenschlicher Lärm um mich, den ich plötzlich wahrnehme. Musik aus dem Radio. Der Nachbar spielt Klavier. Jemand in der Wohnung unter uns schlägt eine Tür zu. Eine Klosettspülung rauscht. Ein Auto fährt auf den Parkplatz. Zwei Frauen unterhalten sich über ihre Balkone hinweg. Durch die Straße fährt ein Mofa. Vor dem Haus bellt ein Hund. Von Ferne das Anfahren der Autos an der Ampelkreuzung. Auf dem Parkplatz wird eine Autotür zugeschlagen. Und noch eine. Ein Flugzeug überquert in großer Höhe die Stadt. Ein Hubschrauber fliegt in geringer Höhe die Opfer in die nahe Klinik. Jemand geht pfeifend am Haus vorbei. Eine Fliege summt durchs Zimmer.

Fünfzehn Geräusche in zehn Sekunden. Vor Wochen noch hätte ich diesen Lärm nie wahrgenommen. Jetzt will ich endlich Stille. Schließe das Fenster. Mache das Radio aus. Doch es ist nicht still. Es wird nicht ruhig in mir.

Jonas wundert sich, daß ich jetzt mehr auf mein Aussehen achte. Keine schmuddlige Kleidung mehr. Öfter baden, Haare kämmen. Ich erinnere mich an einen dummen Spruch, den mir jemand mit sechzehn sagte, «ja, haste denn keine Freundin, die mal auf dein Aussehen achtet?»

Jean-Pierre sagt, «Du hast eine erotische Ausstrahlung, wenn du auf dich achtest.» Es wundert mich, daß ich überhaupt eine erotische Ausstrahlung haben kann.

Ich bin nicht so sicher, wie ich gerne wirken möchte. Ich bin unsicher, dich zu berühren, wenn wir zusammen sind. Ich kann dich nicht zuerst anfassen oder küssen. Die Initiative muß von dir ausgehen.

Vielleicht hat die Psychologin doch recht, wenn sie sagt, sie habe Angst, da unten zu verhungern, wenn sie jemand aus dem Rollstuhl heraus umarmen will und der nicht reagiert. So lasse ich mich küssen und anfassen von dir, C. Angst vor Versagungen.

Ich sage, als du bei mir bist, daß ich dich bei mir haben möchte, heute nacht. Nicht, daß ich mit dir schlafen will, ich will nur nahe bei dir schlafen. Deiner Nähe sicher sein, wenn ich aufwache. «Dräng mich nicht», sagt sie. «Es ist wichtig, daß ich gehen kann, wenn ich gehen will.» Und sie bittet mich, sie nach Hause zu fahren. Die Umarmung, die Küsse zum Abschied vor deinem Haus wirken wie eine Elektrisierung. Ich fahre wieder Stunden durch die Stadt.

Zwei Stunden später liege ich in meinem Zimmer auf dem Teppichboden und zerfließe. Unfähig mich zu bewegen. Der völlige Kontrast zu der nervigen Autofahrt. Als flössen Ströme von Sinnlichkeit durch den Körper. Von Lust und Sinnlichkeit. Der ganze Körper durchlässig für den Stromfluß. Nerven und Muskeln vollkommen locker entspannt. Ich nehme ein Blatt Papier, einen Stift und fange an, kitschige Liebesgedichte über dich zu schreiben.

Habe ich die Fähigkeit mich zu verlieben wieder ausgegraben? Seit Annegret zum erstenmal den Strom wieder spüren. Die entspannte Ruhe, in der ich nicht denke und befürchte, sondern fühle. Dann mag ich mich selbst sogar ein bißchen. Ich bin nicht mehr so dumpf. Ich bin mir näher. – Und ich will, daß du mir nahe bist. Nahe, näher und noch näher. Sag mir doch bitte die Steigerung von Nähe «Ich kann doch nicht in dich hineinkriechen», sagst du. Schade.

Manchmal habe ich so Angst, dich nur zu benutzen, um meine vielen Ängste zu betäuben. Ein Gefühl, als taue der Block in mir auf. Ich kann ihn nicht lokalisieren. Er sitzt irgendwo im Bauch. Als sei der Körper am Bauch aufgehangen.

Rosenmontag. Ich gehe an den bemalten, ausgelassenen, besoffenen, umherspringenden Leuten vorbei, als lebten sie in einer anderen Welt. Ich kann mich nicht herauslassen. Ich weiß auch, daß die aufgedrehten Rosenmontagsumzügler morgen früh ihren Gemütszustand wieder abkühlen müssen, um ihre Wirklichkeit auszuhalten. – Mich belästigt der Lärm der Leute in meiner Ruhe.

Abends mit C. verabredet.

Im Aufzug sagt sie, «Du siehst gut aus.» Ich weiß darauf nichts zu sagen. Mich ärgert, daß ich nicht reagieren kann.

Im Vorbeifahren, in der Küche Gläser und Wein holen, mache ich eine Anspielung, daß ich mir seit Tagen vorstelle, mit einem Mädchen zu schlafen. Ich gucke nicht hoch zu dir, es soll sehr beiläufig klingen. Aber ich spüre deine Blicke auf meinem Körper. Ich komme zurück ins Zimmer, stelle Weinflasche und die Gläser auf ein Regal und bleibe mitten im Zimmer stehen. Du kommst mit einem Küchenstuhl. Stellst den Stuhl vor mir auf und setzt dich verkehrt herum darauf, die Beine um die Lehne geschlungen. Die Arme daraufgelegt. Ich fahre mit dem Stuhl, der keine Fußrasten hat, an den Küchenstuhl heran. Lege meine Arme auf deine. Stütze mich darauf, komme dir etwas näher mit dem Oberkörper. Eine Zeit gucken wir uns wortlos in die Augen. Draußen knallen Autotüren zu. Lallende, grölende, rufende, lachende, angetrunkene Menschen sind von der Straße zu hören. Irgendwo das Martinshorn eines Polizeiwagens.

Dein Blick wird fester. Als wolltest du mich herausfordern. Ich sage, «Du warst es, mit der ich mir vorstellte zu schlafen.» Um meine Verlegenheit zu überspielen, löse ich beinah die Bremsen des Rollstuhls und will einfach ganz aufgeregt durch die Wohnung fahren. Aber dein Blick nagelt mich fest. Du ziehst mich an. Du hältst mich fest. Küßt mich so leidenschaftlich. Ich bin völlig überrascht und verlegen. Einen langen Kuß denk ich, ich schaff's, nicht mehr an Versicherungen zu denken, die ich brauch, um mich fallen zu lassen, um genießen zu können.

Deine Zunge kitzelt so an meinem Gaumen. Unsere Lippen und Zungen fahren über Gesichter. Du nimmst meine langen Haare zurück, bist plötzlich mit der Zunge in meinem Ohr. Ich denk, wer hat dir das denn beigebracht. «Es ist schön, mit dir zu schmusen», sagt C. Ich habe Zweifel, ob sie das ernst meint.

Wir liegen auf der Erde. Ich knöpfe deine Bluse auf. Löse den BH. Ich glaube, so bewußt und langsam habe ich das noch nie gemacht.

Denke dabei an deinen Satz, es sei faszinierender, den Körper eines Menschen langsam zu entdecken. Meine Lippen saugen sich fest an deinem Hals, an deinem Busen, an deinen Brustwarzen. Wir liegen halb nackt auf dem Teppichboden. Sagen nichts, durch den Körper strömt genug. Worte wären nur eine Belastung.

«Darf ich dir die Hose ausziehen?» fragt sie. «Nein.»

Eine Grenze ist erreicht.

Bücher über Sexualität lesen. Reich, Foucault, Masters und Johnsen, Hite. Mir Sicherheiten anlesen. Es geht nicht.

Du nimmst es hin.

Ich gehe zu Angelas Plattenspieler. Lege eine LP von Elton John auf ‹Don't let the sun go down on me›. Wieder die ängstliche Frage in meinem Kopf, wann hört deine Zärtlichkeit auf? Ich will wissen, ob es für dich einmalig ist, mit mir hier zu liegen. «Sicher ist es einmalig, nicht wiederholbar», sagst du. «Genieß es.»

Nach ein paar Stunden steht sie auf, zieht sich an und will gehen. «Verstehst du nicht, wie», fragt sie. Nein, wie auch.

Als wir uns gerade anziehen, steht Angela im Zimmer, will sich ein Buch holen. Sie ist verlegen und unsicher. Ich triumphiere. Endlich deutlich sichtbar, daß ich Abstand von ihr habe.

C. ist weg. Ich gehe aufs Klo. Die Beleuchtung des Badezimmers ist mir zu kalt und aufdringlich, für meine Stimmung. Ich mache sie wieder aus, nur das Licht der Straßenbeleuchtung dringt in den Raum. Ich fühle mich so leicht. Wieder die Ströme. Selbst die Hände entspannt. Keine Fäuste mehr. Heute nacht nicht eingerollt mit an den Körper gezogenen Beinen schlafen. Meine Stimme ist ein dunkler, gleichmäßiger, warmer Ton, der in der Beckengegend nachvibriert.

Für Liebe müßte es eigentlich ein viel wärmeres Wort geben. Ein melodisch weicheres, das den Körper mehr in Schwingungen versetzt.

Ich hole das Urinal aus der Hose. Lasse den Urin in das Klobecken laufen. Es ist nichts, mechanisch. Ein unbeschreiblicher Zustand der Trance, Inbegriff von Ruhe. Ich ziehe nicht gleich an der Spülung, beobachte, wie die Sauerstoffbläschen, die sich beim Aufprall des Urins in die Kloschüssel gebildet haben, langsam eine nach der anderen zerplatzen. Sekundenlang, minutenlang, stundenlang, eine halbe Ewigkeit im Halbdunkel des Badezimmers stehen und die Bläschen beobachten. Gelassenheit. Ohne nachzudenken, nehme ich eine der Ampullen, die in einem Karton auf der Fensterbank stehen. Von denen spritze ich mir täglich eine in die Blase. Es macht mir nichts. In der Ruhe gehen die Bewegungen fließend ineinander über. Ich öffne die Ampulle, löse den Beutel vom Katheter. Denke wirklich nichts, setze die Ampulle auf die Schlauchöffnung, drücke die Flüssigkeit wie eine Ziehharmonika in den Schlauch, will drükken, presse die Ampulle fester zusammen. Es geht nicht, das Spülmittel fließt nicht in die Blase. Der Katheter ist mit Ablagerungen verstopft. Nein, nicht ausgerechnet in das Zimmer zurückkehren, in dem ich noch eben mit C. war, dort auf dem Bett den Katheter wechseln. Warum muß ich mir gerade jetzt den Schlauch herausreißen? Herausgerissen aus der Ruhe.

Artikel über Selbstmörder in der ‹Zeit›. Der Suizidant beschäftigt sich ein halbes Jahr vor der Tat erstmalig mit dem Selbstmord. Zunächst nur spielerisch, mehr zur Unterhaltung.

Schließlich steigert sich das Bedürfnis, sich mit dem Freitod zu beschäftigen. Fasziniert nimmt er alles auf, liest er alles, was er über das Thema Selbstmord in die Finger bekommt. Bis er schließlich das Thema auf sich bezieht und ernsthaft die Möglichkeit in Erwägung zieht, Hand an sich zu legen. Zwischen dem ersten spielerischen Gedanken an den Freitod und der Tat vergeht meist ein Jahr.

Ich habe keine Verpflichtung zu leben. Für wen und was lebe ich, denke ich, als ich auf dem Bett liege und mir den Schlauch wechsele. – Selbstmitleid? Ich kann nicht so empfindsam sein wie du, C. Ich brauche meinen Panzer. Oder ich gehe kaputt.

Am anderen Morgen schlafe ich lange. Angela ist zur Schule. Gegen Mittag sitze ich im Bett und gucke mich im Zimmer um. Der Küchenstuhl steht noch mitten im Raum. Die angebrochene Weinflasche auf der Erde. Ein Glas noch halb voll. Alles steht noch da. Aber ich kann nicht begreifen, daß wir dort gestern abend gesessen und gelegen haben. So unwirklich.

Ich wundere mich, daß ich auf den Boden, auf den Stuhl schauen kann, ohne das Gefühl von Melancholie. Ich kann es nicht glauben, ich stehe auf und rolle durch die menschenleere Wohnung.

Alles so unordentlich, unwohnlich hier. Überall fliegt Papier auf der Erde herum. Die Küche ist schmierig und ungemütlich. In Angelas Zimmer, auf der Erde, Zeitungsausschnitte verstreut. Ich lege noch einmal Elton John auf. Will wissen, was ich beim Hören dieses Liedes empfinde. Habe ich die Trauer beerdigt? Und die Sucht nach Versicherungen?

Habe ich mich damit abgefunden, daß du kommst und gehst, wann du willst? Habe ich verstanden, daß es kein Angriff auf meine Person ist, keine Ablehnung, keine Änderung deiner Gefühle für mich bedeutet, wenn du die Nacht nicht mit mir verbringen willst? Mir ist, als hätte ich gestern abend nur geträumt. Ich vermisse die Bauchschmerzen. Die Bauchschmerzen, als ich beim Kirchentag in Frankfurt am letzten Abend das Mädchen aus Flörsheim kennenlernte.

Morgens über das Messegelände gegangen. Am Tag zuvor noch das Gedränge von Zehntausenden. Jetzt nichts mehr. Papierfetzen werden vom Wind fortgeweht. Hier und da räumen Jugendliche Informationsstände ab, verstauen das Material in Bullis und fahren davon. Gespenstische Stille. Trauer, daß jetzt niemand mehr da ist. Und hier habe ich gestern mit dem Mädchen gesessen, die in einer Musikgruppe mitspielte. Die vielen Menschen und das Mädchen wollte ich gern zurückholen.

In Angelas Zimmer sehe ich auf dem Bücherregal das Zeitmagazin. Auf dem Titelbild ein Palästinenserkind aus einem Lager im Libanon. «Muscheln schmecken so gut, wenn ich satt bin zu Hause, bei meinen Eltern, wo es genug gibt, gehe ich aufs Klo, um mich auszukotzen und dann weiterzuessen», sagt C. Mich widert diese Verschwendung an, als ich das Kind auf dem Titelbild des Magazins sehe.

Du meinst, dein Verhalten sei vergleichbar mit Verhütungsmitteln. Es sei dasselbe Prinzip.

Es ist mir egal, es widert mich an.

Ich gehe rüber, um mein Zimmer aufzuräumen. Bin unheimlich wütend. Ich weiß nicht, warum ich dich so liebe. So leidenschaftlich. Und es hat etwas mit Leiden zu tun, in dich verliebt zu sein. Ich kann deine Vernunft nicht ertragen, wenn du sagst, du müßtest gehen, weil du nicht abhängig werden willst von mir. Ich kann deine Unvernunft nicht ertragen. Sie tut mir weh, deine Wehmut, wenn du schreibst ‹Ich will meine Wiese wiedersehen›. Es tut mir weh, wenn du von Muscheln erzählst, die du gern ißt und wieder erbrichst, wenn dein Hunger gestillt ist, um noch mehr davon zu genießen. Es tut mir manchmal weh, deine Art zu genießen.

> Euch liebe ich, Idealismus und Realismus,
> wie Wasser und Stein,
> ihr seid Teile der Welt,
> Licht und Wurzel vom Baum des Lebens.
> Ich liebe, was nur Träume hat.
> Ich habe einen Garten voller Blumen, die nicht existieren.
> Ich vermag die Vernunft nicht mehr auf meinen
> Schultern zu ertragen.
> Ich möchte das tägliche Meer erfinden.
>
> *Pablo Neruda*

Ich hatte das Zimmer aufgeräumt. Die Spuren des Abends beseitigt. Im Flur sehe ich einen roten kleinen Zettel, der von meiner Pinnwand heruntergefallen ist. Ich nehme ihn auf, will ihn mit einer Stecknadel wieder an der Styroporplatte befestigen. Lese vorher noch die Notiz, die ich mir nach einer Lesung von Erich Fried gemacht hatte, die wir gemeinsam besuchten. War es ein Zitat von Fried oder entstand der Satz in einem Gespräch? ‹Es ist nicht nur wichtig, daß einer etwas Richtiges sagt, es ist auch wichtig, daß der, der etwas Richtiges sagt, ein Mensch ist.›

Ich halte den kleinen Zettel lange in der Hand. Betrachte ihn. Starre regungslos auf die Schrift. Deine Schrift. Der Zettel. Der Satz. Als sei es ein Bild von dir.

Ich will mehr spüren, Meer, mehr ... Du Menschenkind.

In der Nacht fahre ich nackt hinüber in Angelas Zimmer. Ohne Licht zu machen. Ich bin mir sicher. Ich fahre bis dicht vor ihre Matratze, steige aus dem Rollstuhl, knie vor ihr und beobachte sie.

Sie schläft, bemerkt mich nicht. Liegt auf die Seite gerollt, mit dem Kopf zur Wand. Vorsichtig ziehe ich die Decke weg. Sie läßt es sich gefallen, ohne wach zu werden. Ich brauche sie nicht auszuziehen, sie schläft nackt. Ich betrachte ihren Rücken, ihre Beine und den Po. Lege mich dann neben sie auf die Matratze. Grabe meine Zähne in ihren Rücken ein, sauge mich daran fest. Gleite dann mit der Zunge ihren Rücken hinab, sie ist inzwischen wach geworden. Sie dreht sich schließlich auf den Rücken. Ich lege mich auf sie. Drücke meinen Kopf zwischen ihren Hals und ihre Schulter, umklammere sie mit beiden Armen, presse ihren Körper so fest an mich, daß sie aufschreit. Schließe meine Augen dabei. Der Katheter, der irgendwo zwischen dem Gewirr unserer Beine herumbaumelt, stört mich nicht. Sie ist wohl zu müde, ihn zu bemerken. Ich lutsche eine Weile an ihren Brüsten, ihrem Bauch und ihrem Hals herum. Mehr als Alibi sucht meine rechte Hand ihren Kitzler. Ich habe keine Lust, ihr einen Orgasmus zu machen. Es dauert immer so lange bei ihr. Schließlich ziehe ich sie auf mich. Sie beginnt mit einer wahnsinnig zärtlichen Energie, an meinen Brustwarzen zu saugen, der einzigen noch wirklich erogenen Stelle meines Körpers. Es erregt mich unheimlich. Aufgeregt wühle ich in ihrem Afro-Look herum, reibe mit meinen angezogenen Knien ihre nasse Scheide. Nach einer Stunde liegen wir regungslos aufeinander. Hitze strömt aus den Körpern. Erschöpfung. Angela legt sich neben mich. Ich gucke zur Zimmerdecke. Wir reden nicht. Nach einiger Zeit gebe ich ihr lieblos einen Kuß, setze mich in den Rollstuhl und fahre in mein Zimmer, um zu schlafen. Ich guckte nicht in ihre Augen, besah nicht ihr Gesicht, ihren Körper nicht, ich küßte nicht lange ihren Mund, um die Illusion nicht zu verlieren, ich schliefe mit C. Ich hielt tatsächlich die ganze Zeit die Augen geschlossen.

Als ich gegen Mittag aufwache, weiß ich nur noch, daß ich in der Nacht einen Traum hatte, aber sein Inhalt ist mir aus dem Kopf. Ich kann mich noch erinnern, daß das Wort ‹beziehungsbehindert› darin vorkam.

Florenz. Im Landhaus einer deutschen Lehrerin.

Spät abends klopft es an der Tür. Vier Leute stehen draußen, wollen zu Friederike, der Lehrerin, die für ein paar Tage nach Deutschland gefahren ist. Es gäbe ein Problem zu besprechen, sagen sie. Ich bin mißtrauisch, da Friederike mir eingeschärft hat, vorsichtig mit Fremden zu sein. Bis auf ein Mädchen, das Mirja heißt, sprechen alle ein bißchen Englisch. Sie scheinen wirklich Freunde der Lehrerin zu sein. Ich bitte sie herein. Sie fragen nach etwas zu trinken. Im Wohnzimmer trinken wir ein Glas Wein. Mirja fällt mir durch ihre bunten Kleider auf. Die anderen in ordentlichen Hemden und Hosen. Sie trägt einen gelben Hosenanzug, ein orangefarbenes T-Shirt darunter. Und Turnschuhe. Wir gucken uns etwas näher an. Sie lächelt. Vielleicht lächele ich auch. Sie sieht sehr offen aus. Das Gesicht so weit. Sie sitzt anders da als die anderen, lehnt ihren Körper entspannt gegen eine Stuhllehne.

Sie steht auf, guckt sich neugierig das Haus an, in dem Friederike noch nicht lange wohnt. Ich beobachte sie. Sie geht so leicht, als schwebe sie über dem Boden. So leise. Bleibt vor einer Truhe stehen, nimmt einen Porzellanteller zwischen die Finger. Vorsichtig hält sie ihn, betrachtet das Muster eine Zeit. Sie kommt zurück ins Wohnzimmer. Bleibt an den Türrahmen gelehnt stehen, die Hände lässig in den Hosentaschen. Wieder ein Augenblick zwischen uns, Lächeln.

Sie beschließen, morgen abend wiederzukommen. Die drei stehen auf, gehen direkt zur Tür, sagen im Hinausgehen: Ciao. Mirja kommt zu mir herüber, berührt mich an der Schulter, sagt, «grazie, Ciao.» Geht zur Tür. Schließt sie leise hinter sich.

Ich bin allein, spüre, wie ein warmes Kribbeln durch den Körper geht vom Anblick dieses Mädchens.

Am nächsten Morgen im Halbschlaf stelle ich mir vor, Mirja wäre allein gekommen und die Nacht über geblieben. Wir hätten zusammen geschlafen, ohne vorher oder nachher ein wichtiges Wort miteinander gesprochen zu haben. Einverständnis durch einen Blick. Durch Körpersprache. Wunsch nach einem eindeutigen Verständigungsmittel. Keine Worte mehr. Keine Sprache. Die verletztenden Sätze des Liebesentzuges nicht mehr hören. «Ich möchte jetzt gehen.» Ich will keine Erklärungen mehr. Und keine Diskussionen um Erwartungen. Ich will Leichtigkeit. Was wäre, wenn die Sprache nicht wäre? Nur Gucken und Spüren.

Als sie zwei Wochen später kommt, wieder die Blicke, die Berührungen. Aber diesmal ist sie auf Friederike fixiert. Sie küssen sich und umarmen sich. Ich habe noch nie zwei Frauen so zärtlich miteinander gesehen.

Wieder um eine Illusion ärmer, denke ich, gehe hinaus an die frische Luft. Ich kann nicht mehr unbefangen in das Zimmer hineingehen und Mirja angucken. Sie wird mich anlächeln, vielleicht berühren, aber ich werde es anders auffassen müssen.

«Du nimmst Zärtlichkeiten anders wahr», sagt sie.

«Was ist Übererotisierung?» fragt ein Mädchen auf einer Tagung über Behindertenprobleme, nachdem sie das Wort in einer Untersuchung gelesen hat.

Übererotisierung: jede Berührung als sexuell gemeint deuten. Das freundliche Lächeln eines Mädchens, die Berührung meiner Schulter löst die Assoziation an das Miteinanderschlafen aus. – Die Nervenregionen, die sensibel sind, reagieren auf Zärtlichkeiten übersensibel, weil sie positive Berührung nicht gewöhnt sind. Ein einziges Zucken der Nerven und Muskeln, als mich eine Frau das erste Mal unterhalb des Bauchnabels streichelte. Sie meinte, es täte mir weh.

Die poliogelähmte Frau, die in einem Heim lebt, sich selbst nicht waschen und anziehen kann, sagt mir, «wenn dir jahrelang jemand, zu dem du keine Beziehung hast, im Intimbereich herumgrabscht, ganz einfach, weil er dir beim Waschen und Anziehen helfen will, dann fühlst du da unten einfach nichts Gutes mehr.»

Mit C. auf dem Festival der Jugend in Dortmund, 120000 Leute laufen durch die Westfalenhalle. Wir gehen in die größte Halle zu einer Rockband. Die Stühle sind aus der Halle geräumt. Die Leute stehen oder sitzen zwanglos herum. Wir setzen uns in die Nähe des Einganges auf die Erde. Pausenlos strömen Menschen an uns vorbei. Ich will nicht näher an die Bühne heran. Angst, im Gewühl nicht mehr zurückzukommen, wenn etwas passiert. Oder habe ich

Hemmungen, Dutzende von Leuten aufzufordern, Platz zu machen?

Dann will C. im Rollstuhl durch die Halle fahren, um zu testen, was sie dabei erlebt. Ich bin gespannt und gebe ihr den Stuhl. Als sie wegfährt, habe ich Angst, weil die Ströme der vorbeilaufenden Massen so weit über mir sind. Nach 20 Minuten kommt sie wieder. Sieht etwas bleich aus. Sie setzt sich auf den Boden zu mir, guckt mich beeindruckt an. «Entweder sie rempeln dich an, oder sie machen einen Bogen um dich», sagt sie. Und sie hat nur Bäuche gesehen, als sie da fuhr. «Du bist eine Ebene tiefer», meint sie. Es hätte ihr niemand länger in die Augen sehen können. «Die, die du interessant findest und deshalb anguckst, gucken ganz schnell zur Seite. Die, deren Blick du erwiderst, weil sie dich angaffen, werden verlegen, bekommen einen roten Kopf. Wenn ich durch so viele Menschen gehe, habe ich sicher ab und zu ein Blickgespräch mit jemandem. Oder es lächelt einer. Eben ist mir das nicht passiert. Vermißt du eigentlich Körperkontakt, wenn du dich in der Masse bewegst?» fragt sie.

Ich kenne selbst die Mechanismen nicht genau. Registriere sie nicht. Was sie mir über ihre Rollstuhlerfahrung sagt, klingt mir völlig fremd. So schrecklich isoliert fühle ich mich gar nicht. Nicht an den Rollstuhl gefesselt. Oder ich denke nicht mehr darüber nach, weil ich abgestumpft bin.

In der Halle stehen jetzt die Leute auf, nachdem durchs Mikrofon zum Tanzen aufgefordert wurde. Ich setze mich in den Stuhl und will hinausfahren. Die wild herumhopsenden Leute bedrohen mich. Ich fahre in Richtung Hallenausgang. C. kommt etwas widerwillig mit. Die Musik ist jetzt lauter, so daß die Leute mich nicht hören, mich erst wahrnehmen, als ich unmittelbar vor ihnen bin, oder sie über meinen Rollstuhl stolpern beim Tanzen. Ich komme nur langsam durch die Menge. Das Gewühl der Tanzenden macht mich nervös und wütend. Am liebsten würde ich ein paar der Kinder, die mir den Weg versperren, brutal zur Seite schubsen. Draußen fragt mich C., ob es mir etwas ausmachen würde, Leute fröhlich tanzen zu sehen. Ich sage nichts.

Ich fühle mich behindert, meinen Körper zu erleben. Die Blocks und den Druck spüren, aber keine Möglichkeit haben, sie abzureagieren. So festgesetzt.

Mit dem Germanistikstudenten gehe ich im Kneipenviertel Kassels ein Bier trinken. Wir sitzen in der ‹Nuß› in einem Durchgang zum Klo. Man kann die Kneipe von hier aus gut überblicken, selbst wenn sie randvoll ist. Der Germanist sitzt auf einer Bank. Ich stehe im Stuhl daneben. Es ist ein bißchen unbequem, da ständig die Leute zur Toilette laufen. Ab und zu geht jemand an die gegenüberliegende Musikbox und drückt einen Titel. Vorwiegend Oldies. Der Baßlautsprecher ist defekt, er dröhnt und schnarrt fürchterlich. Der Germanist und ich sprechen kaum ein Wort miteinander. Ich rauche wieder, frage alle paar Minuten, ob ich mir noch eine Zigarette drehen könne. Um uns herum stehen viele dieser teuer angezogenen Boutiquetypen, die hier wohl jeden Freitagabend verbringen. Ich fühle mich von ihnen beobachtet und verachtet. Denke, daß ich hier nicht hineinpasse, weil man bei der lauten Musik nicht reden kann. Als guckten die Leute von den Barhockern auf uns herab. Links von uns redet ein junger Typ mit einem Mädchen. Aus der Box dröhnt ‹Josephine› von Fats Domino. Die beiden, die auf einem Podest stehen, das sonst als Bühne dient, fangen an zu tanzen. Sie, langes, braunes Haar, die schlanken Beine in einer wahnsinnig engen Cordhose verpackt. Ich muß ihr Gesicht angucken. Es strahlt eine irre schöne Lebendigkeit aus. Die immer schneller werdenden Bewegungen der beiden auf dem Podest machen mich geil. Die Hose spannt sich ihr bei jeder Bewegung enger um den runden Po. Der Junge ist irgendein Bravo-Boy-Verschnitt. Ich schätze ihn auf achtzehn. Blond, schlank, ziemlich groß. Die Haare glatt gekämmt. Nicht zu lang. Mit seiner schreiend roten Cordhose stößt er mich ab. Je länger ich die beiden beobachte, merke ich, daß ich den Typ beneide um das Mädchen, das mit ihm tanzt. Sie hat eine wahnsinnige Art, Rock 'n' Roll zu tanzen, mit den Hüften zu wackeln, die Haare bleiben ihr im Gesicht kleben. Sie dreht sich, windet sich so sexy, als hätte sie Pfeffer in der Hose. Als wolle sie ihre Kleider wegschmeißen, sich enthäuten, windet sie sich wie ein Fisch im Wasser. Ich glaube, sie hat keine Zeit, einen der Blicke, die auf ihr haften, zu registrieren. Sie tanzt, um zu tanzen. Der Germanist wirft mir einen vielsagenden Blick zu. Zwischen meinen Beinen rührt sich etwas bei ihrem Tanz.

Die Musik ist zu Ende. Die beiden verlaufen sich für mich unsichtbar im Gewühl. Das Stimmengewirr tritt wieder in den Vordergrund. Nach Minuten gehe ich an die Musikbox und suche einen Titel aus. Ich will gerade das Geld in den Schlitz hineinstecken, da erscheinen neben meinem Kopf lange Haarsträhnen, die bis auf die Glasplatte der Box herunterhängen. Ich gucke seitlich, vorsichtig nach oben. Als hätte mich ein Scheinwerfer geblendet, gucke ich wieder auf die Box, will die Titel drücken. «Na, was willst du denn hören?» fragt sie. Lehnt ein Knie auf das große Hinterrad meines armlehnlosen Rollstuhls, so daß ihr Knie meinen Oberschenkel berührt. Ich gucke noch mal zu ihr hoch. Von nahem sieht sie noch schöner aus. Ich wundere mich, daß sie mich anspricht. Als ich auf die Taste drücke, lehnt sie sich so weit herunter, daß ihr Oberkörper meine Schulter berührt. Duft eines Parfüms strömt mir in die Nase.

Ich gehe zum Germanisten zurück. Sie holt sich ein Bier. Kommt nach, setzt sich zu uns. Ich bin mir nicht sicher, warum sich dieses Mädchen, das ich gerade noch so tanzen sah, ausgerechnet zu uns setzt. Sie hockt ganz dicht neben mir, schlägt die Beine so übereinander, daß sie meine Knie anstoßen. Da die Bremsen des Rollstuhls angezogen sind, rollt er nicht zurück. Ihre Beine drücken leicht gegen meine. Wir flachsen herum, versuchen, die Texte von Songs herauszubekommen, singen mit. Nach ein paar Bier geht es noch besser. Wir reißen ein paar dumme Sprüche, nehmen uns gegenseitig auf den Arm. Zwischendurch intensive Augenblicke. Sie spielt mit der Bremse des Rollstuhls, will mich ärgern.

«Du Spielkalb, wie heißt du eigentlich?»

«Gisela.» Sie will unvermittelt wieder tanzen, mit dem Germanisten. Ich gucke ihn an. Und er kennt meinen Blick in solchen Situationen, sagt, «nein!» Es deprimiert mich einen Moment, daß er aus Mitleid verzichtet. Der Germanist schlägt vor zu gehen. Gisela fragt, ob sie sich von uns verabschieden dürfe. Wir umarmen uns, sie gibt jedem einen Kuß. Es überrascht mich, wie frei und spontan sie ist. Na, Bier, denke ich.

«Wir hätten noch bleiben sollen», meine ich, als wir im Auto sitzen. Wir sind schon einige Straßen entfernt, als dem Germanisten einfällt, daß in der Mensa eine Fete ist und er da noch ein Bier trinken will. «Dann nehmen wir sie doch mit», rufe ich und fahre zurück. Der Germanist ist skeptisch. Wieder an der Kneipe, bitte ich ihn, hineinzugehen und Gisela zu holen. Sie kniet neben mir, an der offenen Wagentür. Guckt mich mit großen, unheimlich lieben Augen an. Sie hat eine Bierfahne, aber die interessiert mich nicht. Ich lege meine Hand auf ihre Schulter. Wundere mich, daß ich das ohne Alkohol kann. «Okay», sagt sie nach einem Moment Überlegung. «Ich gehe nur meinen Mantel holen.»

In der Mensa ist furchtbar laute Musik. Fast alle Anwesenden sind auf der Tanzfläche. Als Gisela aufs Klo geht, sagt der Germanist, «die beachtet mich gar nicht, die hat nur 'n Auge für dich.» Es macht mich stolz, weil ich sonst sehr leicht das Gefühl habe, nicht beachtet zu werden.

Sie kommt wieder, kniet vor mir auf der Erde. Legt die Arme auf meine Beine. Den Kopf darauf und guckt mich lächelnd an. Dann sitzt sie auf meinem Schoß. Wir streicheln uns. Es macht mir nichts aus, sie zuerst anzufassen, habe überhaupt keine Blockade mehr. Nach einem langen Blick zerzausen wir uns völlig wirr die Haare. So sieht sie noch schöner aus. Ich sehe den Germanisten nicht mehr. Sehe niemanden mehr, als sie auf meinem Schoß sitzt. Daß wir mitten zwischen den Tanzenden stehen, deren unberechenbare Bewegungen mich sonst stören, merke ich erst nachher.

Abrupt steht sie auf, löst sich von mir, fängt ein paar Schritte vor mir an zu tanzen. Ich gucke im ersten Moment wohl etwas hilflos. Sie sieht es, geht zurück, als gäbe sie mir einen Stoß, geht sie hinter den Rollstuhl, schiebt den Stuhl mit irrem Tempo durch die tanzende Menge, fährt etwas langsamer, versucht, mich im Takt zu bewegen, umarmt mich von hinten. Ihre langen Haare hängen mir über die Schulter. Sie schiebt mich durch den Saal. Ich drehe mich um, ziehe sie an meinen Körper. Will sie spüren, für Sekunden. Ich löse mich von ihr, bewege den Rollstuhl auf zwei Rädern nach der Musik. Sie legt die Hand auf meinen Kopf, umtanzt mich. Ich schließe die Augen, bewege mich durch den Raum im Rhythmus der Musik. Ich komme zurück. Versuche, direkt mit ihr zu tanzen. Sie muß nur schneller sein als ich, daß sie nicht über meinen Stuhl stolpert. Dann geht es. Ich weiß nicht, wie lange wir das so machen. Zwanzig, dreißig Minuten? Die Leute, vor deren Blicken ich Angst hatte sonst, weil sie mich an den Rollstuhl festnageln, sind mir vollkommen egal. Nein, sie sind mir nicht egal. Ich fange an, die Blicke zu genießen, weil es nicht mehr neugieriges, verlegenes Gaffen, sondern fast wie Staunen ist.

Mit der Zeit gelingt es mir immer besser, mich auf Giselas Bewegungen einzustellen. Ich werde immer schneller. Zugleich versuche ich, neue Bewegungen auszuprobieren, ohne daß mich etwas behindert. Ich spüre die Knoten und Stöcke in mir. Nach einer Zeit kann ich nicht mehr. Erschöpft lehne ich an der Wand neben einem offenen Fenster. Schweißnaß. Ich gucke den Tanzenden zu. Mich verunsichern sie nicht mehr. Ich könnte jederzeit wieder mitmachen. Nicht mehr so bedürftig, beleidigt ob der Ausgelassenheit der anderen in der Ecke stehen.

Der Germanist ist inzwischen verschwunden. Als ich Gisela nach Hause fahre, gibt sie mir ihre Telefonnummer. Ich denke, vielleicht ist es gut, nicht anzurufen. Endlich mal jemanden loslassen können, den man für Minuten spürte.

Ein paar Tage später habe ich eine unbändige Wut, als ich über das Erlebnis mit Gisela nachdenke. Ich denke an diese verklemmten Volkshochschulpädagogen, die das Umgehen mit Behinderten trainieren.

Sprüche vom Geld

«In Geldsachen …

… hört die Gemütlichkeit auf», sagt man, um anzudeuten, daß Geld eine ernste Angelegenheit sei, die keinen Spaß verträgt.

Wohl dem, der es irgendwann so weit gebracht hat, daß er es sich leisten kann, den Spruch umzudrehen und zu sagen: «In Geldsachen fängt die Gemütlichkeit jetzt erst so richtig an …»

Ich lese in ‹Lieben›: ‹Diese entsetzlichen Ablenkungen, dieses vielfältige Ablenken. Zeitungen. Fernsehen. Das Geschrei der Leute.› Ich bin unpolitisch geworden, so desinteressiert an Dingen, die mich nicht unmittelbar betreffen. Das ‹Geschrei› von anderen Menschen ist oft das von denen, die Hilfe benötigen. Wir müssen was tun. Ich bin sauer auf C., daß sie nichts Politisches macht. Vorbeigehen, nicht hingucken und von Ablenkungen quatschen, ist Ignoranz.

Ich bin zu empfindlich geworden, den Katheter zu wechseln. Ich will nicht zweiwöchentlich etwas aus mir herausreißen. Der Gummischlauch stört den Fluß der Ströme.

C. sagte, sie wolle nur Mittelmäßiges von mir.

Sie ist inkonsequent.

Diesmal tut es mir gut. Ich habe zum erstenmal das Gefühl, daß sich etwas entwickelt, daß sich eine Beziehung aufbaut, von der ich lernen kann.

Ich blicke nur nicht mehr durch, die Unterschiede: Zweierbeziehungen, Freundschaften sind doch egal. Manchmal werde ich unsicher, wenn ich mit C. zusammen bin. Erinnere mich daran, daß sie sagte: Mittelmaß. Wann wird die sich zurückziehen? Ich brauche Versicherungen. Mir ist, als sei jeder Zentimeter ihres Körpers, den ich liebe, ein Teil dieser Sicherheit. Als sei jedes Zusammensein eine Möglichkeit, die Verbindung zu stärken.

Ich hole C. von der Arbeit ab. Es ist März. Der Himmel blau. Es wird wieder wärmer. Nicht sofort bis auf die Knochen durchgefroren, wenn ich spazieren gehe. Diese elende Nässe, der Schnee und die Regentage nicht mehr. Ein Gefühl, als käme ich aus einer Waschküche und stünde mitten in einem Garten. Richtig durchatmen können. Wir fahren nachmittags an den See, um den Sonnenuntergang zu sehen. Übermütig. Wir setzen uns auf die Wiese am See. Das Gras ist trocken. Ich ziehe den Parka aus. Vielleicht werde ich deswegen morgen Nierenbeschwerden haben. Aber es ist mir egal: wenigstens für diesen Moment leben können.

Auf den asphaltierten Wegen um uns herum Spaziergänger, meist ältere Leute. Ab und zu mal ein Pärchen, Hand in Hand. Das einzig vernehmbare Geräusch ist das Geschnatter der Enten. C. sitzt, die Beine über Kreuz, vor mir und raucht eine Tabakpfeife. Es erinnert mich an Annegret, sie da Pfeife rauchen zu sehen. So sinnlich zufrieden, ihr Gesicht.

Du sitzt dicht neben mir. Ich gucke auf den See. Ich rieche, daß du es bist, die neben mir sitzt. Zum erstenmal spüre ich, daß du einen Geruch hast, der sich von allen anderen Gerüchen unterscheidet, all der Menschen, die ich bisher kennenlernte. Und wen habe ich bisher schon kennengelernt? Wen habe ich bisher schon gerochen?

Ich spüre deine Haut, deine Finger über mein Gesicht fahren. Ich spüre deine Zunge an meinem Gaumen kitzeln. Ich weiß, daß du es bist, C. Unverwechselbar und einmalig. Und doch kann ich es nicht begreifen. Ich öffne die Augen beim Küssen, um zu sehen, ob du es wirklich bist, C. Ich streichle dein Gesicht, verstrubble dir die Haare. Du bist es und du bist es nicht. Ich kann es nicht begreifen. Ich kann keinen Menschen begreifen. Vielleicht nur über eine wahnsinnig intellektuelle Anstrengung. Ich halte deinen Kopf fest und denke, daß ich traurig sein müßte, Grund zur Panik hätte, weil es so schön ist, dich zu halten, und weil ich es nachher schon nicht mehr tun kann, wenn du fort bist.

Ich kenne den Unterschied deines Körpers zu allen anderen Körpern, die ich bisher kennenlernte. Ich umfasse deine Schultern fest, komme näher, drücke deinen Kopf an mich. Ich will ihn spüren und begreifen. Halte ihn in den Händen. Ertaste mit den Fingern deine Wangen. Als hielte ich eine Seifenblase in der Hand. All deine Eigenschaften, sie sind da und sie sind nicht da.

Ich kann es nicht fassen, ich kann dich nicht fassen. Ich will dich begreifen. Was ist die Steigerung von Nähe? Ich entferne mich von dir, wenn ich sie nicht erreiche. «Mach mir einen Knutschfleck, damit ich morgen noch weiß, daß wir zusammenwaren.»

Was ist Vertrauen für ein Wort? Habe ich Vertrauen zu dir? Noch nicht. Oder? Ich bin mir nicht sicher. Du sagst, du könntest für mich einstehen. Ich sei einer der wenigen, für die du das könntest. Ich liebe dich für solche Sätze.

Angela sagt, ich sei so eiskalt, so unnahbar. Es erreiche mich niemand. Die Psychologin meint, ich sei immer so ‹weg›. Ich bin nicht weg. Ich bin nicht unnahbar. Schon gar nicht eiskalt. Vielleicht laufe ich weg.

Ich denke an den Kafka-Satz. ‹Ich will die Axt für das gefrorene Meer in uns.› Es liegt an mir, daß ich sie nicht bekomme, diese Axt, für die Kälte in mir. Für die Angst, die so kalt macht. Ich sitze noch immer neben dir, aber mein Blick schweift weit ab, als säßest du nicht mehr da, flüchte ich, nehme dich nur noch mit einem flüchtigen Blick wahr, nur noch deine Oberfläche. Ich schweife ab, denke daran, was ich jetzt alles wieder tun müßte. Ich sehe dich nicht mehr, weil ich es nicht gelernt habe, mich auf einen Menschen zu konzentrieren. Weil sich nie ein Mensch auf mich konzentriert hat.

Ich hetze über die Menschen hinweg und berühre nur die Oberfläche. Ich werde oberflächlich dort am See, mein Blick wird es, und mein Denken. Mein Leben ist auf Oberflächlichkeiten abgestellt, die dazu dienen, mich abzulenken, mich darzustellen als Mensch, der ich nicht bin.

Die Angst nicht wahrhaben wollen. Angst vor der Nähe, weil sie die Oberflächlichkeit entlarvt? Ich möchte eine Axt haben, um das Eis an meiner Oberfläche einzuschlagen und in die Tiefe vorzudringen. Dorthin, wo es wärmer ist.

«Was hast du, warum guckst du so weit weg?» fragt sie, dort am Seeufer sitzend. «Nichts», sage ich, «oder nichts, was ich sagen könnte. Eine unbestimmte Angst.» Es nützt nichts, mich dir zu offenbaren, es hat keinen Sinn. Ich muß allein damit fertigwerden, Angst, dich zu überfordern. Angst, es könne dir zu viel werden, wenn du alles von mir weißt. Vielleicht würdest du panisch, würdest wegrennen, wenn meine Ängste dich zu überfluten drohen. Vielleicht könntest du nicht mehr zu mir stehen, wenn du zuviel über mich wüßtest.

«Ängste kann man doch miteinander teilen», sagt sie, als wir zum Auto gehen. Der Satz geht mir warm durch den Körper.

Abends beim Essen frage ich dich, ob du wieder mit Terry geschlafen hast. Du sagst offen und unschuldig, «ja». Es verletzt mich. Ich sage nichts. Reden über Sexualität. Vergangene Nacht mit Terry hattest du das Problem gehabt, nicht so viele Orgasmen bekommen zu können, wie du gern wolltest. Deine Fähigkeit zu genießen, macht mich wieder leidend. Ich schimpfe auf Terry, diesen englischen Freak, der eine Frau ausnützt, um mit ihr zu schlafen, weil er bei ihr billig wohnen kann. Dieser Scheißtyp, der nicht arbeitet, den ganzen Tag nur rumhängt und fickt. Wem nützt dieser Mensch eigentlich? Ich denke an die Freaks in Amsterdam, die nur den Tag so nutzlos verbringen. Sich Shit und Alkohol kaufen und nichts tun. Egal, sagst du, sei es, ob sie etwas tun, einen Nutzen haben. Für dich ist es wichtig, Nichtstun zu lernen und dich von dem Druck zu befreien, eine Bedeutung haben zu müssen.

Sie fährt nach Kanada zu Verwandten. Erzählt von dem totalen Luxus, als sie wiederkommt. Man müsse auch mal diese Art des Lebens kennengelernt haben. Ich bin sauer! Vermutlich bin ich unsicher, ob ich nicht in meiner Schwäche drüben im Überfluß versinken würde. Ich sage, ich würde nie dort hinfahren. Panik über den Verlust meiner letzten Sicherheiten?

Im Kino, während des Films «1984» schlafe ich ein. Meinen Kopf auf ihren Beinen.

Früher empfand ich Ekel vor langen Küssen. Bettina nicht küssen mögen, Annegret nicht küssen können. Ekel vor fremdem Speichel in meinem Mund. Mich nicht mit der Zunge in meiner Mundhöhle verlieren können. Mit Ilona stundenlang auf einem Autositz herumknutschen. In ihrem Speichel baden. Er läuft in meinen Mund. Ihre langen schwarzen Haare hängen dazwischen. Es macht nichts mehr. Endlich den Mund aufmachen können. Sie ist so unbefangen. Merkt meine Unsicherheit nicht. Nicht mehr diese kleinen, spitzen Münder der Annegrets und Petras. Nach C.'s Küssen süchtig. Nach ihrer Zunge, ihren Lippen, ihrem Speichel, ihrer Mundhöhle. Meine Zunge ist so steif und starr.

Florenz.

Seit ich ernsthaft am C.-Kapitel schreibe, rauche ich Gauloise. Ich habe bei Filterzigaretten das Brennen nicht mehr in der Lunge gespürt. Es müssen die stärksten sein, damit es wieder brennt in der Lunge. Ich habe Verlangen, den Rauch einzusaugen, wirklich etwas Starkes zu spüren, in mich einzusaugen. An der Zigarette ziehen, spüren, wie mir schwindelig wird. Abheben im Nikotinrausch. Dabei ist es nur der Kreislauf, der durch das Gift für Sekunden aus dem Takt gerät. Die Zigaretten sind so dick. Die dicksten und stärksten, die ich je geraucht habe. Mir schmecken die Zigaretten überhaupt nicht. Nach drei bis vier Zügen von einer Gauloise mache ich sie aus. Ich finde, es sieht dekorativ aus, so eine lange, filterlose zwischen den Fingern zu halten. Ich würde mich gern mit der Fluppe hinaus auf die Wiese setzen, zu den anderen Pensionsgästen. Aber ich kann nicht an dem Stengel ziehen, ohne einen Kreislaufkollaps zu riskieren.

In meinem Kopf flackern Lichter an und aus. Wie Birnen, die einen Wackelkontakt haben. Wenn es hell ist, sehe ich C. nackt in meinem Bett liegen.

Noch auf das Häuflein Asche im Aschenbecher starrend, denke ich, nie mehr im Leben zwei Sachen zugleich machen zu wollen. Wenn ich mit anderen in einer Diskussion saß, dachte ich daran, mit dir wegzufahren, mit dir zu schlafen. Wenn ich mit dir zusammen war, habe ich oft geschimpft und gesagt, es käme darauf an, nicht im Sumpf von Beziehungsproblemen zu versacken. Hinterher tut mir mein Gekotze immer leid. Es ist eben nur Aggression, auf mich, weil ich nicht so unverstellt genießen kann wie sie.

C. und ich fahren nach München. Ich will dort Interviews für eine Rundfunksendung machen, wir wollen einige Tage bleiben. Vielleicht ist es eine Möglichkeit, uns besser zu begreifen. Es hat angefangen zu schneien, als wir losfahren. Die Fenster des Wagens sind mit einer dicken Schneeschicht bedeckt. Der Wind treibt das weiße Pulver gegen die Scheiben. Das Wageninnere ist durch den Schnee etwas verdunkelt. Wie eine Höhle. Die Heizung ist ausgefallen. Es ist furchtbar kalt. Die Wärme, die erzeugt wird, kommt aus unseren Körpern. Mir ist, als fahren wir in einer hermetisch abgeriegelten Kapsel durch lebensfeindliches Gebiet. Achthundert Kilometer durch ein verschneites, kaltes Land. Nicht aussteigen zum Pinkeln, zum Essen oder Trinken, weil es zu kalt ist.

Ich denke, daß ich dich in den nächsten Tagen sicher bei mir weiß. Das Gefühl macht mich ruhig. Ich beobachte dich im Rückspiegel. Du singst Lieder von Bertold Brecht. ‹Und weil der Mensch ein Mensch ist …› Deine Stimme, dein Gesicht dabei werde ich nicht vergessen.

Es ist schon dunkel, als ich hinter Nürnberg auf die Bremse trete, links an den Seitenstreifen fahre. Mich umdrehe und dich umarme. Du bist etwas erschrocken. Ich sah dein Gesicht nicht mehr in der Dunkelheit.

Das Jugendgästehaus in München, in dem wir übernachten wollen, hat Stufen vor dem Eingang. Ich bleibe draußen im Wagen sitzen, als du hineingehst, um nach einem Zimmer zu fragen. Ich kann aus dem Auto beobachten, wie du durch die hellerleuchtete Eingangshalle läufst, mit einem jungen Mann sprichst, der daraufhin telefoniert. Dein langer Mantel locker über die Schulter gehängt, bei jeder Bewegung hinter dir herwehend: du siehst sehr aktiv aus, so.

Es ist noch ein Doppelzimmer frei. Angestrengt von der Fahrt liegen wir angezogen auf den Betten. Wir fangen an, uns Geschichten aus unserer Kindheit zu erzählen. Du wirst für mich unverwechselbarer, je mehr ich von dir weiß, je mehr ich dir erzählen kann. Unser Verhältnis wird unzerbrechlicher durch das, was wir voneinander wissen, die Zeit, die wir miteinander verbringen.

Ich frage C. nach ihren Eltern. Wenn man dort anruft, nicht diese knurrigen, unfreundlichen Stimmen, die einen gleich wieder loswerden möchten. Ihre Mutter nannte mich beim Vornamen. Du beobachtest, während wir reden, meine Hände, meine Finger. «Die Fingernägel sind dreckig und ungeschnitten», sage ich. «Nein, das ist es nicht», sagt sie lächelnd. «Ich sag's dir später mal.» Ich kann nichts mit meinen Fingern anfangen, sie sind so unbeholfen.

Du stehst vom Bett auf. Ziehst dich aus. Ich kann mich nicht sattsehen, sattfühlen an deinem Körper. Du stehst eine Weile nackt im Zimmer. Ich bin ein bißchen unruhig, weil ich nicht weiß, was du willst. Was ich will, weiß ich, aber ich traue mich nicht, es zu sagen.

Als sei überhaupt nichts, reden wir über das Interview, das ich morgen machen will. Du gehst, immer noch nackt, zu dem Tisch, nimmst den Zettel mit den Fragen, kletterst in das Etagenbett über mir.

Es tut mir gut, mit dir aufzuwachen, zu frühstücken, wegzufahren, einen ganzen Tag zu verbringen. München ist mir unheimlich. Die Schneemassen, der braune, gefrorene Matsch auf der Straße. Vor dem Bahnhof das Gebäude der Oper. Ein riesiger, dunkler Klotz auf einem großen weiten Platz, von allen Seiten sichtbar. Kompakt, als wäre er fertig dort hingesetzt worden. Überall diese großen grauen Gemäuer. Ich kann die Zeit nicht bestimmen, in der sie errichtet wurden. Aber ich muß unwillkürlich an einen Hochbunker denken, aus dem Zweiten Weltkrieg, der in Hannover auf einer freien Wiese steht. Selbst hinter den Fenstern der Monsterbauten sieht es grau und düster aus. Etwas geht von dieser kalten Gräue dieses winterlichen Münchens aus, das mich anzieht. Das Besitz von mir ergreift. Eine Stimmung, als überrollten mich die vielen Menschen, die Autos, der Trubel. Die alten, wuchtigen Bauten, als gefährdeten sie mich.

Allein hätte ich Angst hier. Mit dir ist das anders. Als ob ich etwas erlebe mit dir. Etwas durchlebe. Ich weiß nicht, warum wir in den Bahnhof gehen. Wohl weil es zu kalt draußen ist. Wir schlendern durch die Gänge, die von der großen Wartehalle wegführen, als wären es blumenduftende Prachtalleen. Was machen wir hier? Du stehst vor einem Schaufenster. Ich suche in der Bahnhofsbuchhandlung nach interessanten Büchern, ich finde Karin Struck, ‹Klassenliebe› und kaufe es für dich. Liebe als Kraut gegen den Tod, lese ich. Arbeit als Kraut gegen die Liebe, schreibe ich hinein.

Ich will dich umarmen, dich liebkosen, mit dir Hand in Hand durch diesen Bahnhof laufen. Bahnhöfe machen mich traurig. Abschiedsszenen. Züge fahren ab. Menschen stehen an den Zügen, umarmen sich, winken. Fenster werden hochgehoben. Abschiedsworte, Abschiedsküsse. Sie stehen am Bahnsteig, die jemanden zum Zug gebracht haben, winken schüchtern oder leidenschaftlich, rekken sich, als wollten sie den Zug anhalten, der da abläuft. Bleiben dann noch einen Moment stehen. Regungslos, beinahe erschrokken, als verstünden sie nicht, daß da eben noch ein Zug stand, in den Eltern, Kinder, Geliebte eingestiegen sind und davonfuhren.

In der Bahnhofsgaststätte der billigsten Kategorie trinken wir einen Kaffee. Die Gäste, hauptsächlich Ausländer und alte Leute. Viele allein an Tischen. Es ist schmuddelig hier. Volle Aschenbecher. Auf den kahlen Tischen nicht gewischt. Meine Hände sind dreckig vom Schneematsch. Vom Bewegen der Räder. Ich mag dich nicht anfassen. In einer Ecke sitzen zwei jüngere Leute, die einzigen außer uns hier. Der Mann trägt einen Cowboyhut, der aus der Entfernung ledern aussieht. Es wird einer für 12,50 DM von der Stange eines Warenhauses sein. Enge Stoffhosen, Cordblazer, weißes Baumwollhemd. Die Frau fällt durch ihre hochabsätzigen Stiefel und ihren geschminkten Scheißegalgesichtsausdruck auf. Neben ihr auf der Erde steht eine Krokodillederhandtasche. Die einzigen Menschen in heller Kleidung im Raum. Die Alten nur in grünen, grauen, abgetragenen Mänteln. Eintönig. Zigarettenqualmverhangen ist's hier. Wartesaalatmosphäre. Für einige ist der Zug schon vor Jahrzehnten abgefahren. Gegenüber am Tisch eine Gruppe kartenspielender Ausländer. Die sind mir zu laut. Ich will irgendwohin, wo es ruhiger ist.

Gestern abend mit dir durch Schwabing laufen. Im diesigen Nieselregen, auf den langen, grauen, dumpfbeleuchteten Straßen an einer der endlosen Häuserreihen eine Kneipe gesucht, in die man sich setzen kann und gelassen wird. Nur Imbißbuden oder teuer ausgestattete ‹Künstlerkneipen›. Snobs und Wichtigtuer sitzen auf Bänken, an Tischen und auf Barhockern, gucken durch ladenfenstergroße Scheiben, erhaben, allwissend, mit Chinesenaugen auf das Publikum herab. Die ‹Lebenskünstler› in Schwabing sind wie die Nutten in Amsterdam, die gucken auch so aufgesetzt aus ihren Schaufenstern.

Sie ist bei mir – und das ist sehr gut. Aber es fehlt mir etwas, das ich nicht ausdrücken kann. Nähe? Nein, sie ist mir nah. Die ganze Zeit, die wir durch München rennen, das Gefühl, als will ich etwas tun, will mit ihr etwas bereden. Mir ist nicht klar was, ein unbestimmtes Gefühl, als gäbe es da noch eine Mauer einzureißen, als wäre da noch etwas, was wir teilen müßten, um ganz nahe zu sein. «Laß uns in den Englischen Garten gehen», sage ich zu C. in der Bahnhofskneipe. Ich kann's nicht mehr haben, daß die Eindrücke so auf uns einstürzen. Wir lassen uns von Passanten den Weg erklären, müssen mit dem Auto fahren. Der Lärm des Verkehrsgewühls erwürgt mich. Am Chinesischen Turm ist es endlich still. Wir sind zu faul auszusteigen. Es ist auch zu kalt. Also fahren wir mit dem Auto über die breiten Wege des Englischen Gartens. Den wütenden Spaziergängern, die mit ihren Stöcken, erhobenen Fingern und der Polizei drohen, winke ich fröhlich, übermütig zu. Hinter einer Biegung wird der Weg schmaler. Wir lassen das Auto stehen, gehen ein paar Schritte.

Als wäre ich geblendet. Vor uns taucht hinter einer Baumgruppe eine riesige weiße Fläche auf. Der Kontrast zwischen dem eisigen Weiß und dem klaren blauen Himmel läßt die Augen flimmern. Ist es eine verschneite Wiese oder ein zugefrorener See? Ringsherum von Wald begrenzt, wie eine Lichtung. Ein Bild wie gemalt, Spaziergänger laufen über die Weite, nur ein paar. Andere sitzen auf den Bänken am Rande. Kinder bauen in der Mitte einen Schneemann. Andere sind in eine Schneeballschlacht verwickelt. Von ganz weit her aufgeregtes Lachen und Schreien. An den Bäumen rechts und links hängen lange Eiszapfen, von deren Spitzen ab und zu schon wieder ein Wassertropfen abtaut.

Stumm stehen wir, du an den Stuhl gelehnt, und gucken. Dieser Frieden hier ist der absolute Kontrast zu den grauen Monsterbauten der Innenstadt, zu dem rasenden, brüllenden Verkehr, den verlogenen Snobs in den Schwabinger Kneipen. Zu der aufgebauschten Künstlichkeit draußen. Die dumpfmachende Hektik ist wie weggeblasen. Hier sitzen und in Ruhe etwas spüren. Nicht mehr diese orientierungslose Angst und Sentimentalität, Melancholie, wie auf dem Bahnhof. Natürlichkeit. Wie eine Reinigung wirkt der Anblick. Als sei ich vergiftet, betäubt worden von den Eindrücken. Dann kommt das Gefühl wieder, ich will näher an dich heran. Es ist etwas zwischen uns, über das wir reden müssen. Ich kann's bloß nicht sagen. Es geht nicht, selbst hier noch nicht. «Was denkst du?» fragt sie, als ahne sie etwas. Ich weiß es nicht. Ich kann's nicht sagen. Vielleicht aufschreiben. Aber nicht ausdrücken in Worten, hier, dir gegenüber. «Ich schreib's für dich auf.» – «Ich will's gern wissen», sagt sie. «Ich bin nur müde. Laß mich schlafen.» Ich fahre zurück zum Parkplatz am Chinesischen Turm, lege mich auf den Hintersitz des Wagens und will schlafen. C. macht einen Spaziergang. Zwei Tage fast ununterbrochenen Zusammenseins mit dir sind auch anstrengend.

Ich will mit dir schlafen, kritzele ich auf den Münchener Stadtplan. Beobachte verlegen und gespannt deine Reaktion. Abends im Jugendgästehaus ziehst du dich aus, legst dich ins Bett. Tust, als sei nichts, unterhältst dich ganz normal mit mir. «Das Wesentliche am Bluff ist, etwas so zu formulieren, daß jeder Zweifel ausgeschlossen ist», sagt Wolf Wagener. Ich habe mit Angela geschlafen, sage ich. Ich habe mit Petra geschlafen, es sei furchtbar gewesen. Ich habe mit Bettina und Judith gepennt. Und es sei nichts Besonderes gewesen.

Als du sagtest, du hättest das Problem mit Terry, nicht so viele Orgasmen zu bekommen, wie du gern wolltest, da wurde ich wütend. Meinte, ob du nur solche dekadenten Probleme hättest. Schließlich gäbe es doch wohl wichtigere Dinge als deine Orgasmusschwierigkeiten. Deine hedonistische Genußfähigkeit. Als du über deine Sexualität redetest, sagte ich dir nicht, daß ich wütend oder traurig oder verletzt bin, weil ich selbst Schwierigkeiten habe. Ich schimpfte, bezeichnete dich als dekadent und verantwortungslos. Ich brachte dich mit einem Satz von Langhans in Verbindung: «Was interessiert mich Vietnam, ich habe Orgasmusschwierigkeiten.» Vielleicht interessiert mich Chile, Vietnam, weil ich Orgasmusschwierigkeiten habe. Zumindest scheint es mir so, als sei mein Engagement manchmal Flucht in eine Welt von intellektuellen Sicherheiten. Als du von Orgasmus redest, flüchte ich auf eine politische, intellektuelle Ebene. Als sei es unanständig, über seinen Körper zu reden, solange noch jemand auf dieser Welt nach Brot hungert oder gefoltert wird. Eine Variante bürgerlicher Sexualfeindlichkeit? Oder Sexualangst? Mein Wunsch mit dir zu schlafen ist nichts als eine Flucht nach vorn. Ich habe wahnsinnige Angst davor. Weil ich noch nie mit einer Frau geschlafen habe.

Querschnittslähmung. Unterbrechung der Nervenstränge ab fünftem Lendenwirbel. Die Folge: eine Lähmung von Blase und Darm. Ableitung von Harn und Stuhlgang über künstliche Ausgänge. Im rechten Unterbauch, neben dem Bauchnabel, vier Zentimeter rötlich glänzender Mastdarm, aus dem Kot in einen Beutel fließt, festgehalten mit einem Gürtel um den Bauch. Überbleibsel eines medizinischen Experiments. Mißerfolg eines x-beliebigen Arztes, vielleicht einer seiner x-beliebigen Mißerfolge.

Die Vorstellung, daß wir uns lieben, und du riechst dieses Ding, fragst danach, erzeugt Panik. Blähungen, der Austritt der Scheiße läßt sich nicht zuverlässig kontrollieren. Angst mit einer Frau im Bett zu sein und pupen zu müssen. Über dem Schambeinknochen diese Öffnung, aus der der Gummischlauch herausragt, der den Urin aus der Blase absaugt, angeschlossen an einen Beutel, der die Pisse auffängt. Unterbrechung der Nervenstränge ab fünftem Lendenwirbel. Oft ist bei Querschnittsgelähmten unterhalb der Bruchstelle alles tot. Bei mir nicht komplett. In den Oberschenkeln ist das Gefühl da. In den Unterschenkeln teilweise, in den Füßen gar nicht. Am Hintern Druckempfindlichkeit, am Hodensack volles Gefühl, am Penis ein bißchen. Die Beine kann ich bewegen, die Füße nicht. Der Schwanz wird steif. Spermaflüssigkeit läuft. Aber die Erregung läuft nicht ab. Nicht über den Penis. Deswegen nicht ficken können. Oder wollen. Erregung läuft über andere Stellen des Körpers ab. Zum Beispiel über Brustwarzen. Koitus würde mir also nichts bringen. Ich müßte hingucken, um festzustellen, ob mein Schwanz in dir wäre oder nicht. Es ist das Gefühl, als hätte jemand den Versuch gemacht, mir den Unterleib unterhalb des Bauchnabels abzusägen, sei damit aber nicht ganz fertig geworden. Verstümmelt.

Also deswegen die Hose nicht ausziehen wollen. C., was für einen Wert hat es für dich, mit mir zu schlafen? Kannst du einen Orgasmus kriegen, ohne meinen Schwanz in dir zu spüren? Die Ungewißheit macht Druck und Angst. Wer unterdrückt und ängstlich ist, kann sich nicht fallenlassen, keinen Orgasmus bekommen. Was ist überhaupt ein Orgasmus? Wilhelm Reich lesen: ‹Funktion des Orgasmus›. Die Orgasmusformel: Anspannung, Aufladung, Entladung, Entspannung. Mechanisch wie eine mathematische Formel. Und das Ergebnis muß stimmen. Sonst ist man orgastisch impotent, also krank. Eine Freundin schreibt im Brief, ‹diese Scheißbumserei bringe ich nicht mehr. Beim Ficken noch nie einen Orgasmus gehabt.›

Der querschnittsgelähmte Jurastudent, den ich interviewen will, verbittet sich vorher Fragen nach seiner Sexualität, «ich möchte da nicht intim werden, sagen, wie es bei mir läuft», sagt er.

Nach dem Lesen der Tagebuchaufzeichnungen spricht mir der Zeitungsmacher am Telefon beinah sein Beileid aus. Er sei mit dreiundzwanzig auch noch Jungmann gewesen. B.W. war vierundzwanzig, als er das erste Mal mit einer Frau schlief. Es ist keine Frage des Alters, sondern der Angst.

Traum, mit einer Frau im Bett zu sein. Ich weiß nicht mehr, wer es ist, habe keine Vorstellung mehr von ihrem Gesicht. Ich will in sie eindringen, aber mein Glied rutscht von ihrer Scheide.

Eine Sozialarbeiterin, die ich nach einer Tagung in Düsseldorf in ihrer Wohnung besuche. Als wir auf das Thema Sexualität zu sprechen kommen, bei einer Flasche Wein, zieht sie die Beine enger an den Körper, winkelt die Arme an, legt die Hände an die Innenseite ihrer Oberschenkel vor ihr Geschlechtsteil, sagt ungewohnt schnell, «ich habe mit dreißig Männern geschlafen, eigentlich geht es ja keinen was an, und du bist auch der erste, dem ich das so sage.» Abrupt steht sie auf, stürzt fast zur Kochnische, um sich ein Brot zu schmieren, später im Bett sagt sie, «ich hab's nur gesagt, um mich zu schützen.» «Wovor? Auf ihrem Nachttisch liegt ein Buch, ‹Partnerschaft in den intimsten Situationen. Pairing›. Sicherheiten anlesen, Versicherungen. Sich durch Angeben einen Erfahrungsvorsprung sichern. Um den Leistungsdrück nicht mehr zu spüren. Die sexuelle Befriedigung eines Menschen scheint eine Serviceleistung zu sein, vor deren Vollbringung ich Angst habe. So lieblos. So abgegriffen der Ausdruck Sexualität. Koitus. Geschlechtsverkehr. Die Sprache kalt und brutal. Gibt es ein Wort für den Geschlechtsverkehr, das nicht klinisch, steril oder sadistisch ist? Für ‹Ficken› hat Ernest Bornemann hundertsieben Ausdrücke in deutscher Sprache gezählt. Ich habe Angst davor, eine Frau zu vögeln, zu stoßen, zu nageln, ihr einen über den Dorn zu ziehen. Sexualität ist verdinglicht, reduziert auf das ‹Ding da unten›. Es geht nicht um Menschen mit sexuellen Bedürfnissen, um Liebe, es geht ums Gutsein im Bett, Mithalten-Wollen, Erfahrungen-Sammeln, Ansprüche-Erfüllen, die der Koitusnorm. Des Koituszwangs. Sex ist selbst beim Aufklärer Wilhelm Reich ausschließlich Genitalsexualität. Voll entfaltete Sexualität schafft sich im Koitus Ausdruck. Wer in einer bestimmten Phase des Geschlechtsaktes etwas anderes tut, als hingebungsvoll leidenschaftlich zu stöhnen, lachen etwa, der hat halt eine Macke. Mensch reduziert auf Penis und Vagina, Sex beschränkt auf Ficken. Orgasmus kann nur beim Ficken erreicht werden. Die Schriftstellerin sagt, ‹Der Körper ist eigentlich immer unterschätzt worden.› Warum habe ich dann diese Angst vorm Miteinander-Schlafen? Warum haben Menschen Komplexe, weil sie wegen eines zu kleinen oder großen Busens, zu kurzer oder zu dicker Beine, zu kleinem Schwanz, der Norm vom makellosen Körper nicht entsprechen? Wenn der Körper doch immer unterschätzt wurde, wie sie sagt. Warum bluffe ich in Gesprächen, sage, bei mir sei alles normal, um klarzustellen, daß ich 'ne Frau ficken kann. Ein Psychotherapeut erzählt mir, daß ein Drittel seiner Klientel wegen Störungen im sexuellen Bereich seine Hilfe braucht. In ‹Lieben›, ‹Sie ahnen ja gar nicht, wie verkümmert das sexuelle Leben der meisten Menschen ist, sagt die Ärztin zu ihr.›

Ein Freund, der Reich gelesen hatte, sagte, als er sein Orgasmuserleben mit der Reichschen Beschreibung verglich, war er plötzlich impotent, bekam keinen mehr hoch.

Mit der Frage, was ein normaler Orgasmus ist, würde ich mich nur im Kreis drehen. Erregung baut sich nicht ab bei mir. Spannung entsteht durch Berührung bestimmter Stellen meines Körpers. Aber die Erregung läßt nicht wieder nach. Nicht explosiv. Die Kurve fällt nicht plötzlich nach einem Höhepunkt ab. Es gibt keinen Höhepunkt, nur eine Hochebene, die allmählich abfällt. Die Erregung klingt ab. Ich denke an den EKG-Befund in der Uni-Klinik, auf dem ich den Ausdruck ‹ungelöster Erregungszustand› entzifferte. Besteht ein Zusammenhang zwischen meinen Orgasmusschwierigkeiten und dem Druck im Kopf, den verkrampften Händen, der Unruhe, dem Prickeln, das sich durch den Körper zieht? Gibt es einen Zusammenhang zwischen meiner eingerollten Embryoschlafstellung, meiner Unfähigkeit, durchlässig zu sein, und der Reichschen

Orgasmuskurve, die bei mir nicht den Höhepunkt erreicht? Ist es sexuelle Erregung, die ich nicht abbauen kann? Die den Körper in ein Bündel von Knoten, in einen Block verwandelt?

Es ist alles zu unklar, vermischt. Ist es die Trennungsangst, die panische Angst vor dem Verlust einer Beziehung, die mich auch sexuell handicapt? Ärzte sagen, daß Querschnittsgelähmte erektionsunfähig sind, wenn ein Reflexbogen im Rückenmark nicht funktionsfähig ist. Ich weiß nicht, ob dieser Reflexbogen bei mir funktioniert. Ich weiß nicht mal, wo der sitzt.

Ärzte. Nein, ich werde mit keinem Arzt über meine Sexualität reden, solange diese Schweine an Büchern mit dem Titel ‹Können, dürfen, sollen Behinderte heiraten?› mitarbeiten. Gemeint ist nichts anderes, als ob es aus Expertensicht zu verantworten ist, den behinderten Menschen ihre Sexualität zuzugestehen. Das Recht auf Gefühl für Körperlichkeit wird diskutiert: von Ärzten, Sozialarbeitern, Psychologen und einem Pastor.

Fachleute debattieren über das Lebensrecht von Behinderten. Die Betroffenen dürfen's sogar lesen. In einem Verlagsprospekt zu dem Vierhundert-Seitenwerk heißt es, ‹Das Buch ist leicht geschrieben und daher auch für Behinderte verständlich.›

Florenz.

Eine Woche nicht geschrieben, weil der Vorrat an Anus praeter-Beuteln aufgebraucht war. Die Verpackung von alten Beuteln mitgenommen, die Ambulatorien und Hospitäler der Umgebung abgefahren. Ich brachte es kaum fertig, dem Pfleger oder dem Arzt zu erklären, daß ich einen künstlichen Darmausgang habe.

Ich habe Angst vor den Bekannten, Freunden, die das lesen, Bescheid wissen, was bei mir nicht ‹normal› läuft. Aber ich will keinen Grund zur Lüge mehr. «Wozu hast du denn das ganze Zeug mitgenommen?» fragt Dorothee vor unserer Abreise, auf die Koffer deutend, in denen für drei Monate Zellstoff, Katheter und Beutel sind. «Ich muß mir irgendein Mittel gegen Niereninfektion spritzen. Da brauch ich eben Kanülen, Spritzen, Tupfer etc.», lüge ich. Ich kann es ihr nicht sagen.

«Hast du einen künstlichen Darmausgang?» fragt mich ein Besucher in der Wohnung in Kassel. Wir sitzen mit seiner Freundin vorm Fernseher. «Ja», sage ich scheinbar gelangweilt. Obwohl mich die Frage verlegen macht. Mir wird heiß.

Nicht krank sein wollen, und künstliche Ausgänge für Harn und Stuhl sind wohl ein Zeichen von Krankheit. Zumindest zähle ich zu den Schwerstbehinderten für Ärzte und Sozialarbeiter. Jemand liest einen Zeitungsartikel von mir, in dem das Wort ‹inkontinent› vorkommt. Er sagt mir, daß Behinderte, die inkontinent seien, das heißt, unfähig sind, Harn oder Stuhlgang zu kontrollieren, wohl eine geringere Chance zur Integrierung hätten. Ich konnte mich gerade noch beherrschen, ihn zu schockieren. Die Scham, über den Anus praeter zu schreiben, ist wirklich ungeheuer groß. Vor Jahren habe ich einen Beitrag im ‹Gesundheitsmagazin Praxis› über Anus praeter-Träger gesehen, die darüber frei und offen vor der Kamera geredet haben. Die Ehefrau eines Anus praeter-Trägers meinte, sexuell bringe das überhaupt keine Einschränkung, es stinke eben nur furchtbar. Ich werde den Gedanken nicht los, daß Frauen einen Grund haben, sich vor mir zu ekeln.

Für meine Eltern existieren Anus praeter und Katheter als Zumutung. «Nein, ach, das können wir Ihnen nicht zumuten», sagte meine Mutter, als mein Klassenlehrer anbot, ich könne für die Dauer der Klassenfahrt in seinem Zimmer schlafen. Sie hat den Anus praeter jahrelang gepflegt. Wie hielt sie das bloß aus, ohne zu kotzen?

Mit sechs oder sieben, direkt nach der Operation. Auf dem Balkon beim Mittagessen. Ich mußte furzen. Meine Mutter, «kannst du das nicht lassen?», obwohl sie genau wußte, daß es nicht ging.

Wenn ich bei meinen Eltern bin, die Peinlichkeit spüren. Nicht nur bei meinen Eltern: beim Essen zusammengekrümmt sitzen, als hätte ich Magenkrämpfe. Die Angst zu pupen. Wenn meine Schwester sich erlauben würde, beim Essen zu furzen: Geschimpfe und böse Blicke. Wenn mir das passiert, peinliche Stille, konzentriertes Weiteressen. Auf der Fahrt nach Kassel im Auto meines Vaters. Von ihm unvermittelt, aber leise und diskret die Frage, «willst du ihn dir nicht wegoperieren lassen, das soll doch heute wohl gehen, oder?»

Unter den Bedingungen sechs Wochen stationären Krankenhausaufenthaltes mit der Aussicht, wieder in eine Narkose zu fallen, werde ich nie wieder eine Klinik betreten.

Die Angst, daß die Scheiße in dem Beutel um den Bauch jemand riecht, die Angst, daß sich der Darm vollkommen unvermittelt entleert, der Beutel überläuft, diese Angst terrorisiert mich. Sauber, hygienisch und geruchsfrei preist die Firma die Beutel an und macht irre Gewinne damit.

Eine Studentin ruft mich an. Sie hat meine Adresse aus dem Behindertenreport von Klee. Sie will von mir Informationen über die Sexualität der Behinderten. Ich sage ihr, es gäbe keine Sexualität der Behinderten. Es gibt nur behinderte Sexualität. Schließlich ist eine Frau nach einer Brustamputation keine Behinderte im üblichen Sinne, dennoch ist sie sexuell behindert.

Mit vierzehn zu Hause. Ich liege im Bett. Die Tür zum Schlafzimmer meiner Eltern ist geöffnet. Ich wälze mich hin und her. Kann nicht schlafen. Meine Mutter: «Was macht der da drüben?»

Mein Vater: «Vielleicht onaniert er!»

Mutter: «Na, das kann er doch gar nicht!»

Das kann ich nicht. Ich bin querschnittsgelähmt.

Ich würde sie gerne fragen, wie sie sich denn vorstellt, was Sexualität für mich bedeutet, wie sie sich vorstellt, daß ich mit einer Frau schlafe. Nie ein Wort darüber gesprochen, daß ich Kinder zeugen kann. Natürlich bin ich sexuell nicht aufgeklärt worden. Es ist nicht mal gefragt worden, ob ich denn eine Freundin hätte, nie ist ein Witz darüber gemacht worden, nicht mal das.

Für meine Eltern hat sich durch die Pubertät nichts geändert. Ich bin halt ihr behinderter Sohn. «Wir konnten doch nicht ahnen, daß du mal so wirst», schluchzte meine Mutter im Heulkrampf. Hätten sie mit mir über Sexualität geredet, wäre an ihre Schuldgefühle gerührt worden. Weil sie dann erfahren hätten, daß ich mich in den Bedürfnissen meines ‹so Seins› nicht von anderen unterscheide. Aber das Thema haben sie immer verschluckt.

Kürzlich las ich, daß die ‹Fehlschußquote› bei meiner Behinderung fünf Prozent beträgt. Fünf Prozent Wahrscheinlichkeit, daß ein Kind, das ich einer Frau ansetze, ‹so› wird wie ich.

Aber es wird nicht aufgeklärt, nichts besprochen, nicht gewarnt in den Elternhäusern. Und welche Eltern stellen sich ihre Kinder schon beim Vögeln vor. Sexualität bekommt niemand so einfach mit. Von Haus aus ist man Sohn oder Tochter. Vielleicht würden Eltern auf ihren Ehetod zu sprechen kommen, wenn sie akzeptierten, daß in ihren Kindern sexuelle Begierden sind. So bleibt nur die Angst und die Unsicherheit. Angela beim Abtippen der Tagebücher. «Hast du Angst vor erfahrenen Frauen?» – «Ja.» Was heißt erfahrene Frauen? Es ist alles Bluff. Angst vor der Teilung einer Beziehung. Sex ist Sex und tatsächlich unterschiedlich von dem Bereich, der über den Kopf läuft. Beides hat nichts miteinander zu tun. Im Bett gelten andere Normen. Verena Stephan: ‹Nackt. Es geht nicht um Argumente. Es geht um Busen, Beine, Po, Erfahrungen!›

Ich war fünf oder sechs. In der Nacht erwachte ich. Schreien und Stöhnen aus dem Zimmer meiner Eltern. Die Stimme meiner Mutter. Rufe, Schreien, Stöhnen, das nicht enden will. Ich fange an zu schwitzen. Denke, der bringt sie um. Bei jeder Fick-, Stoß-, über'n Dorn-zieh-Szene im Kino, Fernsehen an das Schreien denken müssen, jahrelang.

Zwei Tage vor dem Katheterwechsel zieht sich die Blase immer häufiger zusammen. Ein Gefühl, als wenn Kalkstein an den Blasenwänden scheuere. Einen Tag später die ersten Verstopfungen. Der Urin fließt nicht mehr ab, fließt zurück in die Harnleiter. Beschwerden in der Leistengegend. Die Nieren stauen, als sei der Unterleib an eine Luftpumpe angeschlossen, die gnadenlos immer mehr Luft hineinpumpt. Die Blase, inzwischen nur noch faustgroß, ist innerhalb von Minuten zum Platzen voll. Den Schlauch mit den Fingern zusammenpressen, damit er ansaugt. Eine ruckartige Bewegung, ein schmerzhaftes Ziehen, als steche jemand mit einer Nadel ins Blasengewebe. Der Gries, die kleinen Steine, haben den Weg freigegeben. Schleim fließt vorn weg in den Katheter, wie aus einer wochenlang nicht benutzten Wasserleitung. Dann schießt die Flüssigkeit hinterher. Ein befreiendes Gefühl. Noch einen Tag Aufschub.

Stundenlang nicht aus dem Haus gehen können. Immer wieder den Beutel kontrollieren, ob genug Urin abgeflossen ist. Wenigstens die Krämpfe sind nicht mehr so häufig. Waren es Abstoßungserscheinungen des Körpers gegen das Gummi? Nein, die Krämpfe sind nicht mehr so stark. Aber ich verbinde Katheter jetzt mit Koitus.

Keine positiven Gefühle und Erfahrungen unterhalb des Bauchnabels. Keinen Orgasmus bekommen können, weil der Unterleib schmerzbesetzt ist. Den Katheter in das Loch stecken. Den Penis in die Vagina. So mechanisch. So kalt. Die Gedankenverbindung löst sich nicht.

In einem Philosophiebuch lese ich das Wort ‹Leiblichkeit›. Ich assoziiere. Vollständigkeit, Einheitlichkeit, Wohlbefinden des Leibes. Im Leib sein. Der Kopf sitzt auf dem Leib, und es besteht eine Verbindung zwischen ihm, die ohne Unterbrechung und Unterschied bis in die Fußspitzen reicht. Ich habe diese Verbindung nur teilweise. Stümmelhaft. Als sei das, was unterhalb des Bauchnabels ist, nur Anhängsel. Ich erinnere mich, als kleiner Junge mit einem Ledergürtel meine Füße geschlagen zu haben, bis sie rot waren und anschwollen. Schmerzempfindungen habe ich nicht gehabt.

Haben meine Eltern in Zusammenarbeit mit den Ärzten den Schwanz abgetrennt, um mir einen Fehlschuß unmöglich zu machen? Ich wichse eigentlich so gut wie nie. Angst vorm Fliegen. Ich kann mich nicht fallenlassen. Angst, aus mir herauszukommen, mich zu verlieren in einem Rauschzustand, ‹Orgasmus›.

Ich kann mich nicht selbst vergessen, wenn ich liebe. Wie absurd: aus sich herauskommen, sich selbst vergessen. Ich lebe nicht für den Moment, auch nicht in den Betten, in denen ich liege.

Der Jurastudent sagt, im Orgasmus werde der Mensch zum Tier, da vergesse er sich selbst und alles um sich herum. Angst vor den eigenen Sinnen, die vielleicht ohne rationale Kontrolle Gewalt ausüben können? Das Schreien und Stöhnen der Mutter im Kopf. Ekel vor den rohen Rauschzuständen verbindet sich mit dem Ekel vorm Ficken. Es müßte empfindsamer, einfühlsamer geschehen, damit das Stoßen unnötig wird. Das sadistische Ficken sich auflöst. Die Angst vorm Zusammenbrechen beim Eindringen des Schwanzes sich auflöst, das Vordringen zum Höhepunkt möglich wird.

Ich will endlich einen schmerzfreien Orgasmus erleben, keine Blase, die sich krampft, weil ein Katheter dazwischen sitzt. Sich fallenlassen bis zur Ekstase. Ohne Krampf im Kopf. Ich denke an den Satz in ‹Lieben›, ‹du machst mich fertig.› Ich will fertiggemacht werden.

«Mach dich fertig, wir müssen zum Arzt. Hast du auch eine saubere Unterhose an?» meinte Mutter.

Wenn ich mit Angela schlafe, löst sich die Angst vor dem Rauschzustand.

Ihr Stöhnen macht mich geil.

Mit Jonas die Gespräche über Sex. Im Auto. Auch er meint, Orgasmus sei etwas Rohes, Urtümliches, Gewalttätiges. Ein Zustand, in dem der Mensch sich einfach abreagiert, die Spannung aus dem Körper stößt. Er sagt, er will ‹Orgi› treffen, wenn er mit einer Frau fickt. Ohne Stoßen sei es ihm zu labberig. Er erzählte mal, beim Vögeln unheimliche Schmerzen gehabt zu haben, das Gefühl, als werde die Vorhaut seines Schwanzes beim Eindringen abgerissen.

Mit keinem so über Sex reden können wie mit Jonas. Und nur im Wagen. In der Kneipe trauten wir uns das nicht.

Ihm zuerst gesagt, wie ‹das bei mir läuft›, und ich war nicht mal peinlich berührt, als er mir Fragen stellte.

Krankenhaus mit zwölf. Die Ärztin kommt mit einer Nierenschale, einem Bunsenbrenner und einem Reagenzglas. Stellt die Utensilien auf den Nachttisch. «So, wollen mal sehen.» Zieht mir die Bettdecke weg. Fordert mich auf, die Schlafanzughose runterzuziehen. Auf dem Tisch entzündet sie den Bunsenbrenner, hält das Reagenzglas darüber und macht es steril. Wendet sich dann mir zu, schiebt meine zusammengepreßten Beine auseinander, meint, es würde nichts passieren. Nimmt meinen Penis zwischen die Gummihandschuhfinger, schiebt die Vorhaut zurück. Hält den Rand des erhitzten Glases dicht an die Eichel. «Kannste mal Wasser lassen?» Mein Körper immer mehr in Richtung Kopfende geschoben, Angst, sie würde meinen Schwanz anbrennen.

Ist es wichtig, ob ich aus medizinischen oder psychologischen Gründen nicht mit dir schlafen kann, C.? Sie kann stundenlang ein paar Stellen meines Körpers küssen, ohne daß die Erregung nachläßt. Ich will keinen Orgasmus, wenn Koitus schmerzbesetzt ist und Orgasmus ohne Koitus nicht geht.

Zimmer im Jugendgästehaus München.

Sie sitzt auf einem Stuhl mir gegenüber. Ich liege auf dem Bett. – Du blickst so nachdenklich zur Seite, die Augen auf die Erde gerichtet. Wie bei unserer ersten Begegnung in Kassel. Ich will dich fragen, was in dir arbeitet. Aber du sagst es selbst. «Ich habe da was rausgekriegt, wenn du mit mir schlafen willst, ich hab da 'n Problem, ich kann keinen Orgasmus kriegen beim Koitus, wenn du nicht meinen Kitzler streichelst.»

«Sag das noch mal.»

«Warum?» Sie guckt mich plötzlich betroffen an.

«Ich will's noch mal hören, um sicher zu sein.» – «Also, ich kann ...» Sie sagt den Satz noch mal, beinahe ungeduldig wirkt es, als müsse sie mir etwas ganz Schwieriges begreiflich machen, klopft sie mit der Handfläche entschieden auf die Stuhllehne. Sie steht auf, kommt herüber, setzt sich auf die Bettkante, nimmt meine Finger, betrachtet sie wieder so intensiv merkwürdig. «Als ich vorgestern deine Finger so ansah», sagt sie ruhig, «da habe ich mir vorgestellt, daß du meinen Kitzler streichelst. Und ich fand das unheimlich sinnlich und schön.» Neben mir liegen die Aufzeichnungen aus dem Englischen Garten. Ich habe auf dem Parkplatz hinten im Auto nicht geschlafen, sondern geschrieben. «Hast du das gelesen?» frage ich ungläubig. «Was? Nein.»

Ich stehe auf, setze mich in den Rollstuhl, sie beobachtet mich wortlos. Ich zünde mir eine Zigarette an, fahre durchs Zimmer, als wolle ich einen Geschwindigkeitsrekord im Zimmerdurchqueren aufstellen. Das Pulverfaß explodiert. Teile meines Körpers laufen in alle Richtungen, in alle Winkel des Zimmers. Als schlägt das Meer in mir zusammen. Mir wird schwindelig, endlich da sein können, wenn du da bist. «Was hast du?» – «Ich freue mich so.» – «Wieso?» – «Daß ich dich nicht ficken muß.» – «Es ginge übrigens auch gar nicht.» – «Erklär mal.» Ich erklär's ihr.

Ich find's so komisch, wenn eine Frau mich ‹Mann› nennt. Ich kann's nicht glauben, ein Mann zu sein, weil sich Männlichkeit durch Stärke und sexuelle Potenz definiert. – Ich bedarf der Hilfe anderer Menschen, und Männer sind nicht bedürftig. Vielleicht ist der Rollstuhl ein Mittel, um den Männlichkeitswahn zu entlarven. Aber den verrückten Komplex meines Vaters, alles zu können, alles zu wissen und jedem überlegen zu sein, den Drang nach Perfektion in der Darstellung meiner Person, den hab ich auch.

Als ich mit einem Mann, den ich bitte, meinen Koffer zum Auto zu tragen, auf den Parkplatz gehe, sagt er: «Da sind doch extra breite Parkplätze für euch reserviert?» Mit euch meint er mich und die behinderte Frau, die noch in dem Studentenheim wohnt.

«Wir konnten ja nicht ahnen, daß du ‹so› wirst.» Ich bin ein Fehlschuß. Ich konnte die Bäckerei meiner Eltern nicht übernehmen, also mußten sie sie verpachten. Ich muß intellektuell etwas leisten, weil ich körperlich nicht arbeiten kann. Nicht mal einen Nagel in die Wand klopfen. Ich kann mir kein Gehör verschaffen unter Männern. «Der kann doch gar nicht onanieren, oder?»

Die Urlaubsszene aus Portugal ist mir wieder im Kopf. In Lissabon. Die Frau auf dem Schoß des jungen Mannes im Rollstuhl. «Na, ihr müßt ja nehmen, was ihr bekommt.» Es ist auch ein Stück Selbsturteil, daß mich die Frage so beschäftigt.

Die Eltern von Ilona verbaten ihr jeden Kontakt mit mir. Einer, der ‹so› ist, kann dich nicht glücklich machen, der kommt für dich nicht in Frage, sagt ihr Vater. Als sie ihren Eltern sagte, daß wir zusammen geschlafen haben, fing ihre Mutter an zu heulen.

Ein Besuch versucht, Angela zu verführen. Er sagt, von mir habe sie sowieso nur Geistiges zu erwarten. Ich könne doch 'ne Frau gar nicht sexuell befriedigen. Sie schmeißt diesen Besuch raus.

Eine Amtsärztin erzählt mir, daß zu ihr regelmäßig Eltern kommen, deren behinderte Kinder in der Pubertät sind. Um jeder Gefahr vorzubeugen, wollen sie die Sterilisierung ihrer Kinder unbedingt vornehmen lassen.

Im sexuellen Bereich hat mich C. der Notwendigkeit zu bluffen beraubt. Wird der Traum, frei und ohne Hemmungen mit dir zu schlafen, wahr? Nicht so verkrampft im Bett liegen, die Beine zusammengekrümmt, die Bauchmuskeln bilden einen Panzer, als lösten die Berührungen Schmerzen aus, vor denen ich mich zu schützen habe. Sie lösen keine Schmerzen aus, sie erinnern nur daran.

Auf einer Tagung über behinderte Sexualität vermutete jemand, wenn man erst mal im Bett liege, sei der Unterschied doch nicht so groß. Ob man nun behindert sei oder nicht. Man legt seine Komplexe mit der Unterwäsche ab.

Ich kann nicht bei Licht mit einer Frau schlafen.

Bei Petra war es, als läge ich starr und unbeweglich im Bett. Als würde ich etwas empfangen. Liebe empfangen wie die Spritzen der Krankenschwestern, die Maßnahmen der Ärzte, die Pflege meiner Mutter.

Ich will endlich mit dir schlafen, C., ohne etwas zu leisten, aber auch, ohne passiv zu sein.

Sie sagt, sie will im Moment nicht, aber wir können wenigstens darüber reden.

In Regensburg machen wir das letzte Interview für die Rundfunksendung. Eine Psychologin lädt uns ein, bei ihr zu übernachten. In der Nacht wache ich auf, du liegst im Schlafsack neben mir. Erzählst von einem Alptraum. Es wolle dich jemand erschießen. Du wüßtest aber nicht wer. Er ziele aus einer Nebelschwade auf dich. Und du könntest kaum flüchten. Ich bezieh den Traum sofort auf mich. Denk, du meinst, ich wolle dich erschießen. Es ist so kalt in dem Zimmer. Als du nicht in meinen Schlafsack hineinkriechen willst, fühle ich mich abgelehnt.

Auf der Heimfahrt im Wagen liest C. ein Gedicht vor, das sie während ihres Spazierganges im Englischen Garten schrieb.

Ich möchte so gern etwas von deiner feinfühligen, empfindsamen Sprache haben. Vielleicht fiele mir dann auch das Schreiben leichter, wenn ich Gefühle besser beschreiben könnte. Stimmungen nicht analysieren, nicht reflektieren, sondern einfach so kommen lassen und aufs Papier fließen lassen könnte. Ich muß das lernen.

Mir fällt auf, daß ich meine Aufzeichnungen gerade dann als dekadentes Geschreibsel begreife, wenn ich wirklich anfange, von mir zu erzählen.

Ich kann mich immer noch nicht so einfach ausziehen. So einfach nackt daliegen und mich von dir streicheln lassen.

C. kommt vom Klo, fragt: «Ja, wie geht denn ‹das› nun genau bei dir? Was ist Inkontinenz? Es ekelt mich nicht», sagt sie. Aber mich. Die Hose einfach so ausziehen vor dir. Angst vor dem Teilen? Angst, daß die Teilung in mir aufhört. Als Angela C. nackt auf meinem Bett liegen sieht, triumphiere ich wieder. Ich überspiele meine Komplexe mit solchen Triumphen. Ich bin ein Narziß. Ein Don Juan im Rollstuhl.

Ich muß lernen, daß es nicht eine Entscheidung gegen mich, sondern für dich ist, wenn du gehst, wenn du die Nacht nicht bei mir schläfst. Ich muß dich als Teil von dir begreifen, nicht als Teil von mir. Ich muß kapieren, daß du nur so sein kannst, wie du bist durch deine Beziehungen, daß du nur so leicht sein kannst, weil du selbst bestimmst, was du tust, auch den Zeitpunkt, zu dem du gehst.

Ich habe Angst, dich eines Tages so zu hassen, wie ich Petra haßte. Vertrauen haben. In dich. Und es geht immer noch nicht. Vertrautheiten. Am Telefon sagst du deinen Namen nicht mehr. Ich kenne deine Stimme.

Ich will mich nicht mehr erklären. Mit dir auf einer Basis der Verständigung, bei der Andeutungen und Blicke genügen, um Klarheit zu schaffen.

Florenz.

Gestern abend beim Schreiben wieder Selbsttötungsgedanken. Ich halte die Offenheit nicht mehr aus. Alles ist offen. Das Ende des Schreibens. Das Ende meines Italientrips. Das Ende meiner Ängste. So ohne jegliche Sicherheit kann ich Bernward Vespers Situation vor seinem Selbstmord nachvollziehen. Bei einer dermaßen vorsichtslosen Reise durch sein Innenleben muß man verrückt werden.

Wenn ich aus dem dunklen Zimmer, aus dem ich schreibe, ins helle Sonnenlicht nach draußen komme: wie aus einem muffigen, feuchten Kellergemäuer. Die Augen tun weh.

Kassel.

Sonntagabend allein in der Wohnung.

Ich schreibe.

Die Angst wird greifbar, bedrohlich. Als werfe ich das Bild einer grausigen Fratze mit dem Projektor an eine weiße Wand gegenüber. Das Bild meines Innenlebens. Meiner Sexualitätsängste. Meines Körpergefühls. Meiner Krankenhauserinnerungen. Kann ich mit einem solchen Selbstbild leben?

Es gibt Ängste, die werden bleiben. Sie in Frage zu stellen ist sinnlos. Weil ich an ihren Gründen nichts ändern kann.

Werde ich mit dem Rollstuhl weiterleben können, wenn ich mir bis ins letzte Detail klarmache, wie behindernd es ist, darin zu sitzen. Was für eine Entwürdigung es im Grunde für mich bedeutet, im Rollstuhl geschoben zu werden, wenn ich nicht mehr weiterfahren kann?

Werde ich mit dem Katheter, mit dem Anus praeter leben können?

Wenn ich noch mehr über Sexualität erzähle, reflektiere, bin ich demnächst unfähig, mit einer Frau zu schlafen, ohne daran zu denken, daß ich es beschreiben werde und sie es nachher liest.

Warum wühle ich so in mir herum? Schreiben ist total. Bei jeder Szene fallen mir unzählige neue Gedanken, Erinnerungen und Bilder ein, die ich längst vergraben glaubte. Für Geld kann man das nicht machen. Wofür sonst?

«Hast du dir schon mal vorgestellt, in eine andere Haut zu schlüpfen, ein ganz anderes Leben zu führen?» fragt sie. Was hat es für einen Sinn, mir ein Leben vorzustellen, das ich nicht führen kann?

In einer dieser durchwachten, durchdachten, durchschriebenen Nächte. Ich sitze am Schreibtisch, bezeichne mein Schreiben wieder als reine Selbstbeweihräucherung. Hinter meinem Rücken höre ich jemanden durch das Zimmer laufen. Ich drehe mich um. Sehe eine gebückte Gestalt, die Hände hinter dem Rücken verschränkt, den Kopf nach vorn gebeugt. Nachdenklich. Grübelnd. So wie ich mir einen Knacki vorstelle, der etliche Male seine Zelle durchschreitet, von Schlaflosigkeit geplagt.

Das Gesicht dieses Menschen hat Falten. Die Haare sind ordentlich kurz, die Ohren sind frei. Der Körper wirkt klein und massig. Kleidung unauffällig, aber sorgfältig. Keine schlottrige Hose, das Hemd hängt nicht frei herum. Ich würde den Mann auf fünfundzwanzig bis dreißig schätzen. Er unterbricht seine Runden durch das Zimmer. Kommt auf mich zu. Ich sitze ihm mit dem Rücken zugewandt, muß den Kopf nach hinten drehen. Er kommt näher. Beugt seinen Körper noch etwas näher heran. Guckt mir über die Schulter. Ich sehe ihm ins Gesicht, rieche seinen Atem, wie den eines

Magenkranken. Sein Gesicht starr auf mich gerichtet. Ich erschrecke nicht, daß ich mir in die Augen gucke. Ich bin es, der mich da durchs Zimmer laufen sieht.

Ja, mein Gesicht.

Anders als meines, ganz anders, aber doch meine Gesichtszüge. Der intensive Blick zwischen mir und mir. Die Augen meines Gegenübers viel nichtssagender als meine. Das Gesicht, bartlos, langweiliger. Ein Allerweltsgesicht, ohne Ränder unter den Augen. Nicht blasser als meins, aber fader. Die Augen, ein Allerweltsblick.

Mich laufen zu sehen, verwundert mich nicht. In dieses Gesicht kann ich beruhigt blicken. Es sagt mir nichts. Es sieht nur so aus wie ich. Aber ich bin es nicht. Doch, ich bin es.

Nein, was wäre denn, wenn ich laufen könnte? Eine Sperre gegen die Frage: Was wäre mir am wichtigsten, wenn ich laufen könnte? Einfach aufstehen, weggehen, ohne die Frage, «kannst du mich mal da runterbringen?» Oder einfach aufstehen und tanzen. Oder einfach sich ins Auto setzen, irgendwo hinfahren, aussteigen, reingehen, ohne Rücksicht auf Treppen, ohne den Blick nach denen, die gucken.

Aber es ist zu kurz gedacht, denn laufend hätte ich andere Voraussetzungen. Laufend hätte ich wahrscheinlich das humanistische Abitur gemacht. Oder die Bäckerei übernommen. Vielleicht Jura oder Betriebswirtschaft gemacht. Mit zwanzig noch so verklemmt wie mit dreizehn. Ordentlich angepaßter Junge, der abgesehen von pubertären Launen nie etwas gegen seine Eltern gesagt, mit der CDU oder gar nichts sympathisiert hätte. Sartorius statt Bücher über soziale Probleme und Dritte Welt. Karriere, keine andere Interessen, das Studium möglichst schnell und ausgezeichnet beenden. Ich hätte die Schriftstellerin, den Journalisten, die Psychologin, den Zeitungsmacher, Angela, das Main-Mädchen, Annegret oder C. nie kennengelernt. Ich hätte wohl nicht mal von ihnen gelesen. Ich hätte wahrscheinlich nie mehr versucht, als einen Brief zu schreiben.

Aber ich wäre nie das Objekt von Ärzten gewesen. Hätte keine Krankenhausangst. Vielleicht keine Trennungsängste. Wäre mit Ausnahme von Geburt, Besuchen, Mandel- oder Blinddarmoperationen nie in Krankenhäuser hineingekommen.

Wer weiß, was gewesen wäre, wäre der Zystensack am fünften Lendenwirbel nicht gewesen? Ich wäre jedenfalls kein Grund für Menschen, auf der Straße stehenzubleiben, für Kinder, mit dem Finger auf mich zu zeigen und die Eltern etwas zu fragen, was die meist gar nicht beantworten.

Wenn die Ärzte damals nach meiner Geburt nicht so auf Draht

gewesen wären, wäre ich schon zweiundzwanzig Jahre tot. So muß man das auch mal sehen. Ich verdränge die Vorstellung, was wäre wenn...

Ich bin viel zu sehr damit beschäftigt, das, was ist, auch nur annähernd begreiflich zu machen, als daß ich Lust auf solche Phantasien hätte. Und mir ist klar, daß ich als Behinderter nicht zwangsläufig unbewußter lebe, daß ich den Rollstuhl verdränge. Ich bin dumpf geworden, sage, es mache mir nichts aus, weil ich vieles nicht mehr registriere. Einiges macht mir angeblich nichts aus, weil ich es nicht wahrhaben will, daß es stört. Diese Verdrängung zu enttarnen, ist Schreibarbeit. Und ich will nicht meine Zeit mit dem Bejammern unabänderlicher Tatsachen verschwenden, ungefähr so, wie jemand, der sein ganzes Leben mit der Frage nach dem Sinn des Todes verbringt und damit sein Leben erstickt.

Kann man nichtbehindert aussehen? Wo Behinderung doch nur eine Bewegungseinschränkung bedeutet. Nackt vor dem Spiegel, muß ich mich zwingen, stehen zu bleiben. Mich ekelt mein nackter Anblick. Warum? Ich habe eine nichtbehinderte Vorstellung von mir. Von Geburt an fand ich mich nicht unvollkommen. Nicht behindert. Als ich noch auf dem Fahrrad fuhr oder mit Kameraden auf dem Rasen herumbalgte, empfand ich es als nicht schlimm, nicht laufen zu können.

Gibt es das überhaupt, sich von Geburt an unvollkommen, behindert, verstümmelt vorkommen? Oder muß erst die Vorstellung der Umwelt vom menschlichen Körper dazukommen? Oder einfach nur der Vergleich?

Als ich zehn Jahre alt war, kauften meine Eltern mir einen Rollstuhl. Ich sollte in ein Oberschulinternat für Behinderte geschickt werden. Dort verbot man mir das Fahrrad. Wer behindert ist und nicht laufen kann, gehört in einen Rollstuhl.

Der erste Tag im Rollstuhl: Zu den Leuten aufschauen. Auf dem Rad reichte ich den Erwachsenen nur bis zur Brust, im Stuhl nur bis zum Geschlechtsteil und zum Bauchnabel.

Nicht allein fahren können mit dem Gefährt. Es mußte immer jemand schieben. Das Gefühl, so schutzlos zu sein, wenn niemand dahinter steht. Mit der Zeit bequem werden. Nicht mehr auf einen normalen Stuhl umsteigen, da man mit dem Rollstuhl ja an den Tisch fahren kann. Nur noch selten den Rollstuhl wegschieben und mich einfach auf den Rasen setzen. Nicht mehr allein auf die Straße. Als würden die Häuser, die Fabrikgebäude, die Laternenpfähle, die hohen Zäune und Mauern, neben denen ich stand, umkippen, auf mich einstürzen und mich erschlagen. Die Leute guckten so. Aber das machte mir damals nicht viel. Manchmal hatte ich auch Angst, daß sie mich einfach übersahen, überrannten.

Eines Sonntags dann das Gespräch mit dem Direktor des Internates. Nach dem Gespräch gingen wir mit dem Direktor durch das Haus. Wir stehen im Foyer. Essenszeit. Aus dem Aufzug, aus den verschiedenen Gängen, die sternförmig in die Eingangshalle führen, strömen Rollstühle in Richtung Eßsaal. Ich kam mir so verloren vor in dieser Blechlawine von Behinderten. Alles so gleichförmig geregelt.

Bauchscheißer nannten sie mich im Internat am ersten Tag.

Als ich das erste Mal in einer Gruppe saß, nicht im Rollstuhl, sondern im normalen Sessel, stellte ich fest, daß meine Beine kürzer sind. Welche Auswirkungen das hat, merkte ich, als meine Mutter eine Schneiderin bestellte, weil ich keine Hosen von der Stange tragen kann.

Bin ich mir selbst ungeheuer, weil mich die Norm schon kastriert hat, daß ich meinen nackten Anblick nicht ertragen kann?

Den Zeitpunkt meiner Kastration kann ich nicht nachvollziehen. Begann es an dem Tag, als ich in einen Rollstuhl gesetzt wurde?

Der Zeitungsmacher, die Schriftstellerin und die behinderte Psychologin sind bei mir zu Besuch. Wir brauchen nicht über ‹die Behinderten› zu reden. Der Zeitungsmacher sagt, er hätte auf der Fahrt zu mir Angst gehabt, mit dem Auto zu verunglücken, dabei querschnittsgelähmt zu werden. Am Telefon kündigt er mir ein paar harte Fragen zum Thema Sexualität an. Ich habe Angst vor seiner Neugier. Aber er traut sich nicht richtig. Will nur mal wissen, ob ich denn auch Kinder zeugen könne. «Ja sicher», bestärke ich mich selbst.

Die Schriftstellerin, die uns zusammengebracht hat, will sich grundsätzlich aus dem Thema heraushalten. Sie wollte nur etwas in Gang bringen und hier und da mal mitdiskutieren. Ich sage ihr, sie sei hier nicht Hebamme, sondern Nichtbehinderte. Und als solche habe sie doch bestimmt Fragen, Ängste und Interessen. Die solle sie doch mal sagen. Sie könne sich nicht in einen Mann verlieben, der in einem Rollstuhl sitzt, es sei denn, es käme etwas ganz Besonderes dazu, etwas, was einschlägt, sagt sie im Laufe des Gespräches. Etwas, was einschlägt: die Stümpfe des Beinamputierten, die hautengen Jeans um die muskulösen Beine des Querschnitters, die zarten, weichen Gesichtszüge des Spastikers, oder was soll da einschlagen?

Sie könne sich übrigens auch nicht in einen Neger verlieben, wegen der Schwierigkeiten mit den Nachbarn. Es geht also ums Äußere. Denn was hat ein Neger mit einem Rollstuhlfahrer gemein? Das Aufsehen, das er in seiner Andersartigkeit erzeugt. Und woher soll es kommen, was da bei der Schriftstellerin einschlagen soll, wenn nicht aus dem Hirn? Es muß etwas Geistiges sein, körperlich hat ein Outsider bei ihr keine Chance. So würde sie auch nicht mit mir allein in eine Diskothek gehen.

«Wenn du dumm wärst», sagt mein Vater, «wäre das eine Tragödie. So hast du wenigstens noch eine Möglichkeit.» Vielleicht hat er recht?

Ich finde es ehrlich, was die Schriftstellerin sagt, aber mich erschreckt es, weil ich damit wegen einer Äußerlichkeit aus dem Kreis der Männer herausfalle, in die sie sich verlieben könnte.

Im Sozialamt. Ich will Pflegegeld beantragen. Andere sitzen auf der Bank und warten. Ich stehe mit dem Rollstuhl gegen eine Wand gelehnt neben der Tür. Plötzlich öffnet sich die Tür. Für mich wird zuerst der Gummiknauf einer Krücke sichtbar, dem ein Fuß folgt. Dann eine andere Krücke und noch ein Fuß. Eine Frau geht langsam aus der Tür. Ein Mann steht in der offenen Tür, hält den Griff in der Hand, schließt sie, unmittelbar, nachdem sie weitergegangen ist.

Die Frau biegt links herum in die Richtung des Flures, in dem ich stehe. Wie sie so langsam näherkommt, merke ich, daß ich mich aufmerksam hingesetzt habe und mit dem Rollstuhl an die Wand gerückt bin, obwohl für mindestens drei Frauen mit sechs Krücken Platz gewesen wäre zwischen mir und der gegenüberliegenden Fensterreihe. Ich kann ihr nicht ins Gesicht gucken. Sie muß angestrengt aussehen, wie sie sich so langsam fortbewegt. Irgendwie ist es mir unangenehm, daß sie an mir vorbeigeht. Wie eine Schnecke. Warum ist sie nicht längst verschwunden? Auch die anderen Wartenden beachten sie. Als sie an mir vorbei ist, gucke ich ihren langsamen Bewegungen nach, bis sie durch eine Drehtür geht. Die anderen starren ihr genauso nach wie ich.

«Seien Sie gefälligst leise, hier wohnen Versehrte», schnauzt der Hausmeister Angela an, als sie mit ihren holländischen Clogs nachts noch durchs Treppenhaus rennt.

«Man tut ja jetzt eine Menge für euch, man baut sogar Extra-Wohnungen», sagt ein Besuch.

Ich will nicht zu *euch, denen, den Versehrten, Kranken, Schwerbeschädigten, Krüppeln* gehören.

Vielleicht ist dieses Buch ein Mittel, um zu verdeutlichen, daß es *die Behinderten* so nicht gibt.

Allerdings habe ich die Unterteilung zwischen Gesunden und Kranken, zwischen Behinderten und Nichtbehinderten auch im Kopf. Ich weiß, es ist faschistisch oder so: allein kann ich meine Normalität besser spielen.

Ich würde auch nicht mit der behinderten Psychologin allein in eine Kneipe gehen.

In Wiesbaden. Ich besuche die behinderte Frau. Wir gehen mit zwei Freunden spazieren. Sie kann den Rollstuhl nicht allein bewegen. Einer ihrer Freunde schiebt sie. Ich fahre schneller als der Freund den Stuhl schiebt. Der andere geht neben den beiden. Ich bin mit meinem Stuhl immer zehn Meter voraus. Vielleicht will ich nicht, daß man denkt, wir gehören zusammen. Als ich halt mache, nimmt mich der andere Begleiter, schiebt mich vor sich her. Obwohl ich es nicht will, lasse ich es mir gefallen. Wir in den Rollstühlen sind jetzt auf gleicher Höhe. Unsere Schieber hinter uns auf einer anderen Ebene. Mir scheint, Passanten machen einen Bogen, weichen einige Meter früher aus, die Rollstuhlfront auf sich zukommen sehend. Ob die über uns reden, meinen, wir seien verheiratet? Wenn wir mit unseren Begleitern reden wollen, müssen wir uns umdrehen, die Köpfe nach oben recken. Also reden wir untereinander.

Wir beschließen, ein Bier trinken zu gehen. Das Lokal, ein schmaler Schlauch. Links die Theke, rechts eine Tischreihe. Am Ende des Ganges ein Fernseher auf einem Schrank, daneben die Klotür, natürlich zu schmal für einen Rollstuhl. Die Gespräche der Männer auf den Barhockern werden gedämpfter, als wir eintreten, uns an den Tisch setzen. Ab und zu dreht einer den Kopf auf uns zu, wagt einen verstohlenen Blick auf den Rollstuhl. Einer guckt etwas gelangweilt zu uns herüber für einen Moment, so als würde es ihn eigentlich nicht interessieren. Unsere Begleiter ziehen zwei Stühle von der Vorderseite des Tisches weg. Einer schiebt die Frau an den Tisch. Ich muß mich direkt daneben stellen. Die Nichtbehinderten setzen sich gegenüber auf die Bank. Die Nähe des Rollstuhles der Frau ist mir unangenehm. Ich kann mir vorstellen, worüber das leise Gespräch der Männer hinter uns geht. Ich kann sie kaum angucken. Versuche, mein Gegenüber in ein Gespräch zu verwickeln, um mich von ihrer Anwesenheit abzulenken. Ihr scheint die Situation nichts auszumachen. Als wir allein bei ihr zu Hause sind, sagt sie, sie hätte sich etwas mehr Zuwendung von mir gewünscht.

Ich träume, mit einer Frau, die Muskelschwund hat, zusammenzusein. Sie ist so schwach, daß ich ihr morgens die Tasse mit Kaffee zum Mund führen muß. Gespräch mit meinen Eltern über diese Beziehung. «Es wäre doch das Vernünftigste, ihr würdet heiraten», meint Vater. «Ihr gehört doch zusammen. Ihr seid doch gleichgesinnt. Kennt doch die Probleme. Mit einer gesunden Frau würde es doch schwierig werden», meint Mutter. Wut über ihr Geschwafel, als ich aufwache. So stellen sie sich es wahrscheinlich vor. Daß ich nur mit einer gleichgesinnten, ebenfalls behinderten Frau zusammenleben könnte. Jemand anders, eine gesunde Frau, würde mich so empfinden, wie sie mich empfinden müssen. Ich will den Nachbarn nicht als Objekt für ihr Getratsche dienen, wenn ich mit einer Behinderten zusammenwohnte: «Die Versehrten da unten.» Ich will mich nicht einengen lassen durch noch einen Rollstuhl.

Nein, für mich wäre es unmöglich, mit einer Behinderten zusammenzuleben. Der Zeitungsmacher sagt, wenn er durch einen Unfall gelähmt würde, überlegte er sich, ob er sich umbrächte, etwa so, wie bei einer Verurteilung zu lebenslanger Haft. Behinderung als Knast? In den Knast kommt man aufgrund der Übertretung der Normen. Freiwillig geht niemand ins Gefängnis. Die Verwirklichung des Traumes vom Zusammenleben mit der behinderten Frau, das wäre Knast, weil es der Norm entspräche.

Ich bin schockiert über den Satz der Schriftstellerin, sie könne sich nicht in einen Mann verlieben, der im Rollstuhl sei. Wenn ich ein Mädchen sympathisch finde, wenn ich mir vorstelle, mit ihr ins Bett zu gehen, wenn ich mich in sie verliebe, achte ich auf Äußerlichkeiten, auf ein hübsches Gesicht, auf schlanke Beine, einen großen Busen. Ein sportlicher Typ muß das sein. 'ne Frau im Rollstuhl kommt nicht in Frage, mit der könnte ich nicht so spontan Samstagnacht um zwei an die Nordsee fahren. Ist doch logisch?

Mit dem Freak im Auto durch Rom. Er fährt, ich sitze auf der Hinterbank. Vor uns rennt ein Mädchen über die Straße an einer roten Ampel, ohne auf den Verkehr zu achten. Wir müssen ihr ausweichen. Ich gucke ihr nach. Sie lacht und rennt über die breite Fahrbahn, als wolle sie jemandem entwischen. Auf der anderen Seite angekommen, umarmt sie den Pfeiler der Ampel. Steht da, als warte sie auf jemanden, den sie provozieren wolle, ausgelassen.

Wir fahren vorbei. Ich gucke aus dem Rückfenster des Autos. Nur einen Moment später sehe ich sie Hand in Hand mit einem Jungen hinter einer Hausecke verschwinden.

Ich dachte, wenn ich gehen könnte, hätte ich keine Lust, eine Frau im Rollstuhl durch die Straßen zu schieben.

Ich dachte, daß ich nicht Hand in Hand mit einem Mädchen durch die Straßen laufen kann. Entweder sie schiebt mich, ich muß den Kopf nach rechts oder links oder oben recken, um sie zu sehen, oder wir gingen nebeneinander, aber anfassen geht nicht.

Ostern bricht in San Felice die nichtbehinderte Frau eines Rollstuhlfahrers zusammen. Die beiden sind seit etlichen Jahren verheiratet, haben eine zwölfjährige Tochter zusammen. Die attraktive Frau verliebt sich im Urlaub in einen nichtbehinderten Italiener. Die beiden verbringen einige Tage und Nächte zusammen.

Am letzten Tag des Urlaubes im Salon Mittagessen. Am nächsten Tag ist die Abreise der beiden geplant. Das Ehepaar sitzt sich stumm gegenüber, sie schieben sich gleichgültig abwesend das Essen in den Mund. Dann hält die Frau inne, führt die Gabel nicht mehr bis zum Mund, verharrt erstarrt, die Gabel in Halshöhe, die Augen weit geöffnet, unbegreiflich ins Leere. Man sieht ihr an, daß sie nicht darüber nachdenkt, ob sie weiteressen soll oder nicht. Sie sieht aus, als hätte sich ihr im Hals etwas quergelegt, an dem nichts mehr vorbei geht. Sie merkt es, kann nicht mehr. Langsam, den Gesichtsausdruck nicht verändernd, legt sie die Gabel weg. Die anderen unterbrechen ihre Gespräche, richten ihre Aufmerksamkeit auf die Frau. Einige Zentimeter über dem Teller läßt sie die Gabel abrupt auf das Porzellan fallen, ihre Hand öffnet sich wie die eines Roboters. Das Geräusch der auf den Teller fallenden Gabel, das einzige im Raum. Sie ist unberührt, guckt ins Leere, kann nichts mehr fassen. Ihre Bewegungen wie in Zeitlupe, so zähe, als brauche sie Stunden, um zu begreifen, was sie am Essen hindere. Dann Erschrecken. Plötzlich reißt sie die Hände vors Gesicht und schluchzt. Die Ellenbogen auf dem Tisch, das Gesicht in den Händen vergraben, der halb leergegessene Teller davor. Staunen drumherum. Zwei Frauen haben sich aus ihrer Zuschauerrolle herausgerissen. Kommen von hinten an ihren Stuhl, fassen sie unter die Schulter, heben sie hoch, schleifen sie fast hinaus. Ihr Schluchzen wird immer heftiger. Kurz vor der Tür zum Schlafzimmer ruft sie, «ich will endlich leben!» Das Leben mit einem Partner im Rollstuhl ist kein Leben.

Ich besuche Angela, bin noch nie in ihrem Zimmer gewesen. Es liegt im zweiten Stock, nur über eine enge Treppe erreichbar. Ein Mann aus der Nachbarschaft bringt mich die Stufen zur Haustür hinauf. Angela und ich stehen im Hausflur, warten auf Freunde, die mich die Treppe hinaufbringen werden. Die Hauswirtin und ihr Mann, beide schwerhörig, kommen in Mänteln aus ihrer Wohnung, gehen in Richtung Haustür. Kommen an uns vorbei. Angela sitzt auf einer Treppenstufe. Ich stehe davor. «Ach du lieber Gott, ja», ruft die Frau, «wir sind selbst alt und krank, wir können nicht helfen.» Zu Angela gewandt die Frau, «ja, schieben Sie ihn doch so lange in unseren Flur, hier verkühlt er sich ja.» Ihr Geschrei hallt durchs Treppenhaus. Angela murmelt irgendwas, was ich auch nicht verstehe. Ich bin sauer auf ihre Unsicherheit. «Es wird schon gehen», sage ich. Die Frau guckt mich jetzt zum erstenmal an, mustert mich von oben bis unten, als wolle sie sagen. «Sie waren doch nicht gemeint.» Wortlos wenden sich die Alten der Haustür zu, im Hinausgehen schreit die Schwerhörige ihren schwerhörigen Mann an, «die hat's aber nicht leicht mit ihm ...»

Vielleicht ist das der Tod solcher Beziehungen, wenn den nichtbehinderten Partnern vorgehalten wird, wie schwierig, ja unmöglich die Beziehung zu einem Behinderten ist. Vielleicht braucht man mehr Geduld, wenn der eine skifahren geht, tanzen, wandern, am Strand entlanglaufen, ganz spontan, ohne Planung und Diskussion in das Kino, das nur über unendlich viele Stufen zu erreichen ist. Kleinigkeiten?

«Lebenswichtig», sagt die Psychologin. Vielleicht braucht man ... Ach, was weiß ich, was man braucht, damit das Leben mit jemandem im Rollstuhl Leben bleibt. Sagt die behinderte Psychologin vielleicht, um dieser Frage aus dem Weg zu gehen, sie hätte nur kurze Männerbeziehungen?

Kassel.

In der Nacht der Traum, mit Annegret zu schlafen. Als ob es nach all den Jahren der Distanz, der Wut, der Liebe noch irgendwas Reales hätte, sie morgens nach durchliebter Nacht neben mir liegen zu sehen. Als ob ich das überhaupt noch wollte. Vor sechs Jahren fing es an, als sie in einem Kurheim die Rampe um den Parkplatz hinunterlief, dort unten am Parkplatz auf mich wartete, mich fragte, «so, wo willste hin?»

Spazierengehen, meinte sie.

Ja, sechs Jahre habe ich den Eindruck gehabt, Annegret wolle nicht mit mir schlafen, weil sie sich vor mir ekele. Ich weiß, daß das eine Unterstellung ist, aber ich brauche einen Gegenbeweis.

Vielleicht schiebe ich den Rollstuhl vor, als Entschuldigung für meine Schwierigkeiten mit Frauen. Ich kann mich nicht unvoreingenommen ohne Ekel mit meinem Körper auseinandersetzen, also nehme ich an, daß es eine Frau auch nicht kann. Der Rollstuhl bewahrt mich vor der Frage nach Komplexen, die mit meiner Behinderung nichts zu tun haben.

Mit Annegret auf einer Fete. Alle Räume sind vollgestopft mit Tanzenden oder auf der Erde sitzenden Leuten. Kein Durchkommen mit dem Stuhl. Annegret kennt niemanden. Mich nervt das Gedränge, der Krach der ausgelassenen Leute. Wir sitzen allein in der Küche und reden. Dann frage ich sie, warum sie nicht zu den Leuten, zu der Musik ginge, statt sich hier mit mir allein in einer Küche abzugeben. Ich habe noch keinem Menschen geglaubt, daß er mich nicht ‹trotzdem› mag.

Die behinderte Psychologin sagt, ich könne die Nacht bei ihr bleiben. Es ist allerdings nur ein Bett da. Einen Abend zuvor fand ich die Vorstellung, mit ihr in diesem Bett zu liegen, noch schön.

Ich hocke auf dem Teppich vor dem Tisch. Sie fährt zwischen der Küche und dem Zimmer hin und her, räumt den Tisch ab. Mir zittern die Knie, als hätte ich einen Spasmus. Mein Mund ist so trokken, daß ich laufend an einer Flasche Mineralwasser nuckle, damit die Mundhöhle nicht austrocknet. Jedesmal, wenn sie anrollte den Oberkörper zum Tisch hinunterbeugt, die Teller und Schüsseln vom gemeinsamen Essen auf den Schoß stellt, dreht sie mir den Kopf zu, lächelt jedesmal etwas herausfordernder. Jedesmal wandert mein Zittern dreißig Zentimeter an meinem Körper hoch. Ich stehe auf, hole die Packung Lord aus der Schreibtischschublade. Stelle mich an die Terrassentür. Rauche eine nach der anderen, gucke hinauf auf die spiegelglatte Straße. Oder fahre ich doch? Nein, es ist so ungemütlich, jetzt hinaus in die Kälte. Es wäre auch zu gefährlich. Also bleibe ich hier. Ich will nur nicht mehr mit ihr schlafen.

Sie kommt aus der Küche, sagt, «laß uns schlafen gehen, ja?» Sie hätte auch sagen können, «so, laß uns abwaschen.» Aber nein, sie sagt, «laß uns schlafen gehen.»

Sie schiebt den Tisch zur Seite, fährt an die Bettcouch dahinter. Holt mit einem Handgriff das Bettzeug aus dem Kasten unter dem Bett hervor. Breitet es aus, legt sich dann auf das Bett. Beginnt, sich wortlos auszuziehen.

Ich stehe noch in einigem Abstand in der Terrassentür. Gucke ihr regungslos zu. Kann mich nicht entschließen, näher zu kommen. Sie liegt in der äußersten Ecke des Bettes, dicht an der Wand, so daß in dem großen Bett noch Platz für mindestens zwei Männer ist. Ich denke nichts, als ich sie so daliegen sehe, ich stehe einfach nur da und kann nicht näher kommen. Nichts von mir preisgeben wollen.

Ich denke an den Satz von Verena Stephan, ‹es geht nicht um Argumente ...›

Sie liegt unter der Bettdecke. Hat sich einen Schlafanzug angezogen. Guckt mich, den Kopf in die Hand gestützt an, sagt, «du denkst zuviel.» – «Vielleicht.» Ohne zu antworten, nehme ich mir eine Wolldecke, lege mich weit von ihr entfernt fast an die Terrassentürgardine, angezogen, auf die Erde. «Ich möchte, daß du neben mir liegst», sagt sie. «Aber ich nicht», sage ich knapp. Ich kann es nicht ertragen, mein Bett die ganze Nacht mit einer Frau zu teilen. Könnte nicht schlafen, fühlte mich eingeengt. Ich wüßte mich beobachtet, jede meiner Bewegungen, Drehungen würde registriert. Vielleicht sage ich etwas im Schlaf, was ich nicht sagen will, vielleicht wecke ich dich versehentlich durch meinen unruhigen Schlaf. Vielleicht habe ich einen Alptraum. Ich denke an meine Mutter, die mich im Krankenhaus beobachtete, als ich die Narkosen ausschlief. Nein, ich will hier schlafen, so unbequem und eingerollt ist mir wärmer als bei dir im Bett. Ich will nicht, und je öfter mich jemand um was fragt, was ich nicht will, desto aggressiver werde ich.

Bisher habe ich keine Frau die ganze Nacht neben mir ertragen können. Nur C., aber die will nicht. Mitten in der Nacht wache ich auf. Sie läßt ihren Körper über den Bettrand auf die Erde gleiten. Hat ihren Schlafanzug nicht mehr an. Eine Sekunde lang sehe ich ihren schönen Hintern im schalen Licht der Straßenlaterne. «Wenn du nicht zu mir kommst, komme ich eben zu dir.» Ihre Beckenknochen sind so hart, daß sie mir beinah weh tun. Sie stöhnt schon, als ich nur einfach auf ihr liege. Ihre Lippen sind so unheimlich weich und naß, zum drin versinken. Sonst merke ich nichts, oder?

Mit C. in Enschede auf dem Wochenmarkt. Wieder dieses tolle Gefühl von Nähe, daß du nicht gleich gehen willst. Daß du nicht gleich wegkannst. Wir gehen durch die Reihen der Stände und suchen Stoff für meine Matratzen aus. Wie wir so in den Auslagen herumwühlen, entwickele ich ein sicheres, geborgenes Zusammengehörigkeitsgefühl. Ich denke, daß es völlig absurd ist, daß ich mit Angela zusammenwohne. Eigentlich will ich mit dir zusammenwohnen. Damit ich mich nicht mehr ans Trennen gewöhnen muß. Mit dir zusammen was lernen. Es macht mich so ruhig, wenn ich weiß, daß du nicht in einer Stunde schon gehen willst.

Ich rufe aus Enschede in Kassel an und frage Angela nach den Maßen der Matratze. Sie blickt überhaupt nicht durch, ist total konfus. Als ich aus der Telefonzelle komme, mit C. über den Markt gehe, fühle ich mich unheimlich ruhig und frei mit ihr.

Das ist, was ich brauche, um Vertrauen zu entwickeln, wo Blicke und Andeutungen reichen, um Verständnis zu erzeugen. Ich kann sie umarmen, ohne sie vorher bedürftig anzugucken, ohne auf ein Signal von ihr zu warten.

Nachmittags auf der Demonstration in Almelo. Gegen Atomenergie. Es ist wie München, je mehr wir miteinander reden, desto sicherer bin ich mir. Im Auto auf der Heimfahrt an der Ampel sagst du wieder, «ich hab dich lieb.» Ich drehe mich um, umarme dich, lasse die Bremse los, wir rollen dem Vordermann auf den Wagen, ohne es zu merken.

Als wir den Stoff und den großen Gummibaum in die Wohnung hoch bringen, denke ich, es sind Einrichtungsgegenstände einer Wohnung gegen den Tod. Angela steht stumm in der Tür. Anschließend gehen wir ins Kino. ‹Reich der Sinne›. Du willst vorher noch eine Freundin anrufen, fragen, ob sie mitkommt. Ich weiß nicht, warum ich etwas dagegen habe. Ich will allein mit dir ins Reich der Sinne.

Samstagabend bin ich mit C. in ihrer Wohnung verabredet. Sie sagt, sie hätte Wein und Räucherkerzen gekauft. Ich freue mich, daß sie nicht immer zu mir will. Daß ich zu ihr hochkommen kann, ohne daß es schwierig sein soll. Es bedeutet Gleichberechtigung für mich, wenn ich zu dir genauso kommen kann wie du zu mir. Als ich vor ihrem Haus stehe, ist allerdings aus ihrer Wohngemeinschaft niemand da, der mich in den zweiten Stock tragen könnte. Hinter den Fenstern der anderen Stockwerke ist es dunkel. Sie nimmt die Flasche Wein und die Räucherkerzen. Wir fahren zu mir. Ich weiß nicht, warum ich nicht enttäuscht bin.

Ich bin in Frankfurt. Fahre nach Flörsheim hinüber, um das Mädchen zu besuchen, bei der ich C. kennenlernte. Kaffeetrinken im Haus der Eltern. Ihre Mutter bombardiert mich mit Kuchen. Sorgt sich darum, daß der Kaffee nicht zu stark ist für meinen labilen Kreislauf. Außerdem kapiert sie nicht, daß mehr als drei Löffel Zukker den besten Kaffee ungenießbar machen. Man sieht's ihr an. Die Mutter geht. Wir sind in der Wohnung allein. Schweigen, zuerst ein wenig Befangenheit. Ich, die Arme vor dem Bauch verschränkt. Sie, steht auf, lehnt sich zu mir herüber, gibt mir unvermittelt einen Kuß auf die Stirn. Guckt mich an. Meint, mein Blick strahle Ruhe aus. Schließlich erzähle ich ihr von meiner Beziehung zu C., und daß ich sie wochenlang mit ihr verwechselte.

Sie schimpft über C., mit der sie sich zerstritt. Regt sich darüber auf, daß sie mit anderen schläft und mir sagt, ich solle warten. Sie könne das nicht, mit mehreren Männern schlafen, sagt sie. Fängt dann an von Heirat, von Ehe an zu reden, als eine für sie mögliche Form von Zusammenleben. Das macht sie mir noch fremder.

Als ich mich verabschiede, sagt sie, sie brauche mal wieder einen Mann. Ich reagiere darauf nicht.

Fahre zum Main. An die Stelle, an der wir saßen, als wir uns kennenlernten letzten Sommer. Es ist früher Nachmittag. Ich stehe mit dem Wagen allein auf dem Parkplatz, direkt am Ufer. Links die Pappelallee mit dem Schotterweg und den Bänken zwischen den Bäumen. Etwas hindert mich daran, auszusteigen, die Allee entlangzugehen, zu der Bank, auf der sie mit der Gitarre saß. Würde ich sie wiederfinden? Mir ist, als sei es Jahre her, daß wir hier saßen.

Hinter der Mainbiegung noch die Türme der Caltex-Raffinerie. Als hätte ich erwartet, daß sie zusammengebrochen seien. Die Flugzeuge starten und landen immer noch. Starten und fliegen immer noch direkt über den Parkplatz. Scheinen noch direkt auf dem Gelände der Raffinerie zu landen. Zwischen diesen Beobachtungen der Satz von C., «ich würde für dich einstehen.»

Ich habe von dem Mädchen hier gedacht, daß sie es könnte. Aber sie stand nicht für mich ein. Warum höre ich nicht auf, von einem zum anderen zu fahren? Was suche ich bei den vielen Leuten, den flüchtigen Beziehungen? Ich will nicht mehr wegfahren, nicht mehr den startenden Flugzeugen am Main nachgucken, nachtrauern, bis die Augen weh tun. Soll es doch Tausende ‹Die Vision› singende Mädchen auf der Welt geben, die leidenschaftlich und süchtig sind. Es soll mir egal sein. Ich will die Sucht nach der Weite nicht mehr. Ich versäume dort nichts. Ich will heim. Ich habe eine komische Empfindung bei dem Satz.

Samstagabend in Kassel. Der Germanist kommt, um die Tagebuchaufzeichnungen zu lesen, aus denen ich ein Buch machen will. Ich kann nicht mehr nachvollziehen, welcher Zustand es mir ermöglicht, ihm die losen Blätter und damit mich selbst auszuliefern. Er ist der erste, der es lesen wird.

Ich gucke ihm zu, wie er am Küchentisch sitzt, die Selbstgedrehten raucht, unseren Kaffee schlürft, sonst aber drei Stunden nichts anderes tut, als das schlecht getippte Manuskript zu lesen. Ich stehe mit dem Rollstuhl auf zwei Rädern an die Spüle gelehnt und kann mich nicht darüber beruhigen, daß dort drei Stunden jemand hockt und nichts anderes tut, als Seiten zu lesen, die ich beschriftet habe. Mit meinem Innenleben. Ich sage kein Wort zu dem, was er da liest, warte nur auf Äußerungen von ihm. Auf seine Fragen, ob das mit den Krämpfen noch so sei, ob die Schmerzbesetzung des Unterleibes noch wirke, antworte ich ausweichend.

Nach dreieinhalb Stunden legt er das letzte Blatt aus der Hand, hält einen Moment inne, stemmt sich dann vom Stuhl auf und geht einmal wortlos durch die Küche. Bleibt vor mir stehen, guckt mich lange an, wirkt erschöpft, pustet dann aus. Sagt, es habe ihn erschlagen, was er über Sexualität los. Einiges habe er von sich selbst gekannt. Er finde es wichtig und gut, daß ich weiterschreibe. «Es betrifft mich und viele andere», meint er. Mich freut sein Urteil, und seine Erschöpfung macht mich stolz.

Ich schlafe mit Angela. Sie wäscht gerade ab. Ich fange an, sie auszuziehen. Sie läßt es sich gefallen. Merkt nicht, daß ich mich ihres Körpers bediene. Wir liegen auf dem Boden, zwischen Abfalleimer und Küchentisch. Mir ist, als errege es uns noch, daß wir uns so nackt im Dreck lieben. Ich spüre einen Ekel vor Angelas Körper. Habe ihr Gesicht, ihren Mund noch nie küssen mögen. Ihre Brüste scheinen schlaff an den Rippen zu hängen. Die Haut adrig uneben, ihr Bauch so weiß. Die Beine kurz und plump. Ich will nicht. Sie streichelt mich. Ich habe die Augen zu und will die Berührungen nicht spüren. Der Körper soll taub sein. Warum überfalle ich sie immer wieder? Als sie an meinem Schwanz lutscht, ziehe ich ihren Kopf weg, aber der Samen spritzt ihr schon ins Gesicht. Ich löse mich von ihr, gehe ins Bad, will duschen. Bin dann zu faul. Gucke in den Spiegel. Möchte hineinspucken. Bin zu kraftlos. Jetzt die Haut abstreifen, mit der ich eben noch auf dem Küchenboden gelegen habe. Anschließend bin ich zu C. gefahren, «ich habe mit Angela geschlafen», sage ich beinah triumphierend, ohne etwas von meinem wahren Gefühl durchdringen zu lassen. «War's schön?» fragt sie. Die Frage tut mir weh. Ich antworte nicht. Aber warum soll sie nicht annehmen, daß es schön gewesen sei? Wir sitzen in meinem Zimmer. C. läßt den Satz los, daß sie jetzt mehr mit anderen Leuten unternehmen möchte. Wie einen Vertrag, sagt sie, stelle sie sich unsere Beziehung vor. Und im Moment fühle sie sich überfordert von meinen Ansprüchen.

Ich halte deine Widersprüche nicht aus, C. «Menschenfresser», nanntest du mich an jenem Abend. Und vor einer Woche sagtest du noch, «ich hab dich lieb.» Aber vielleicht kannst du auch einen, der Menschen auffrißt, liebhaben.

«Ich will dir noch so viel geben», sagtest du. Und nun willst du nicht mehr so viel mit mir machen, weil du Angst hast, daß ich dir die Luft nehme für andere Beziehungen. «Ich will dich nicht vereinnahmen, C., weil ich Angst habe, dich dann zu verlieren», sage ich. Verlieren, Sprache ist verräterisch.

Das Gefühl, daß du mit mir teilen willst, teilst, nicht teilst, macht mich wahnsinnig. Daß du da bist und daß du nicht da bist, daß du sagst, «Menschenfresser», und, «ich hab dich lieb.» Daß du mit Terry schläfst und sagst, daß du mich liebhast. Deine Sätze treffen mich im Magen, so oder so. Du bist unberechenbar. Und je unberechenbarer du wirst, desto nötiger brauche ich die Versicherung deiner Liebe.

Vielleicht könnte ich dich wirklich erwürgen, bevor du nach Arrezzo gehst. Dich in einem Glassarg in mein Zimmer stellen. Dornröschenschlaf. Nein, ich brauch dich, und will dich liebend und sprechend. Ich will aufbrechen mit dir, aber du redest von anderen Beziehungen und Verpflichtungen.

Ich weiß nicht mehr, wo es hingehen soll. Ich bin dabei, meine Angst abzustreifen. Ich wollte zum erstenmal nach Hause, als ich am Main saß. Und nun setzt du mich wieder einem Wechselbad von Gefühlen aus. Weil du Angst hast, daß ich dich besetze. «Vielleicht ist es besser, wir haben eine Therapeutenbeziehung.» «Therapeutenbeziehung», du Scheißpsychologin.

Du willst dich aus der Gefahrenzone herausmanövrieren. Du willst deine Ängste nicht mehr in bezug zu meinen sehen. Du willst dich aus mir heraushalten. Ich zeige mich, öffne mich, ziehe mich aus. Du stehst sachlich interessiert neben mir. Analysierst mich. Therapeutenbeziehung, das würde dir wohl gefallen, weil du dann Beobachterin wärst und nicht mehr Beteiligte. Ich will euch Ärzten und Psychologen die Fachbücher um die Ohren hauen, auf daß ihr einen Menschenverstand bekommt statt eines Sachverstandes.

Ich bin erschrocken, daß ich so wütend sein kann über dich. Sie bleibt die Nacht da. Aber selbstverständlich ist es nicht. Schläft in meinem Bett, während ich auf den Matratzen im Schlafsack liege. Nicht schlafen kann.

Wie unvorstellbar für mich, jetzt zu ihr herüberzugehen. Völlig absurd der Wunsch, mit ihr zu schlafen. Wir liegen in einem Zimmer. Du schläfst, ich höre deinen Atem. Sehe dich da drüben liegen. Aber du bist es nicht mehr.

Am Morgen kommt sie zu mir herüber, als sei nichts gewesen. Zieht sich aus, will tatsächlich mit mir schlafen. Ich liege neben ihr, bin unfähig, sie auch nur anzufassen, weil sie es für mich nicht mehr ist. Oder warst du es nicht, die am Abend zuvor von ‹Therapeutenbeziehung› faselte, mich einen Menschenfresser nannte? Ich bin nicht fähig, mit ihr über die Ängste, die ich in der Nacht ausstand, zu reden.

Nach dem Frühstück gebe ich C. die Tagebuchaufzeichnungen zu lesen, die Tage zuvor der Germanist las. Ich kann ihr nicht zusehen beim Lesen, weil sich so vieles auf sie bezieht. Hinterher sagt sie, sie habe vieles davon gewußt, oder zumindest geahnt. Ich fühle mich durchschaut.

Im Auto, auf der Fahrt zu ihrer Wohnung, sagt sie unvermittelt, «danke!» Gibt mir einen Kuß. Guckt mich so unfaßbar an, daß ich sie vergesse zu fragen, was sie denkt. Steigt dann aus dem Auto.

Ostern will ich mit Angela nach Amsterdam, oder will Angela Ostern mit mir nach Amsterdam? Ich hatte ihr versprochen, gemeinsam mit ihr wegzufahren, nachdem sie so zerschlagen von der Arbeit nach Hause kam. Sie braucht das irgendwie, dachte ich. Mal ein paar Tage raus. Wollte ich auch. ‹Therapeutenbeziehung› fällt mir ein, wenn ich an Angela denke. Sie ist völlig runter mit den Nerven. Manchmal so besoffen, daß sie kaum noch die Treppe allein hochkommt. Die Leute in der Kneipe reden hinter ihrem Rükken von ihrer Figur, meint sie. Ich bin nicht sicher, ob sie sich das nur einbildet.

Ich besuche ein Dialyse-Zentrum. Spreche mit einem Arzt über die Probleme der Patienten mit den künstlichen Nieren. Ich will Material zu dem Thema sammeln, um einen Artikel darüber zu schreiben. Der Arzt gibt mir zum Abschluß unseres Gespräches einen Stapel kleiner grüner Karten. Spendenausweise. Die jeder bei sich tragen kann, der im Todesfall die Bereitschaft zur Organspende bekundet. Am Abend gebe ich Angela einen solchen Spenderausweis. Sie schreit mich erregt an, schleudert die Karte in die Ecke, läuft trotzig davon. «Da könnte ich ja gleich meine Brüste abschneiden, ich kann mir doch nicht meine Nieren rausreißen lassen.» Verstümmelungsangst. Sie dachte tatsächlich, daß die Spenderbereitschaft zu Lebzeiten gilt.

Des Nachts träumt sie, nackt auf dem Boden ihres Zimmers zu liegen. Ich käme hineingerollt, würde mit dem Rollstuhl über ihre Brüste fahren, bis sie total zerquetscht sind.

Am Tag vor Ostern liegt ein Kuvert vom WDR im Briefkasten. Es wird nicht gesendet, sondern zurückgesendet. Sie haben ein Manuskript von mir abgelehnt, zahlen aber ein Ausfallhonorar für zwei Monate Arbeit. Sofort beschließe ich, nie wieder den Versuch zu machen, etwas zu schreiben. Ich fahre zu der Schriftstellerin. Will mit ihr über die Ablehnung und meinen Schreibfrust reden. Sie ist nicht in der Wohnung. Ich warte eine Weile, im Auto sitzend, vor ihrem Haus. Ich will mich bei jemandem ausquatschen in dieser Stadt. C. liegt mir tief im Magen. Eine Melancholie, die ich besser nicht versuche zu beschreiben. Immer wieder ziehen die Szenen an mir vorbei, die Sätze, wenn sie teilen will, für die ich sie liebe. Die Sätze, die mich in der Magengrube treffen. Tiefschläge. Immer das gleiche Material an Erfahrungen türmt sich auf zu einem unbezwingbaren Berg in meinem Kopf, auf dessen Gipfel die Frage ‹Warum?› steht, immer wieder.

Ich will jetzt nicht weg aus Kassel. Will die Ablehnungen, die ich erfahre, klären, mit dir. Nein, Ostern nicht weg, schon gar nicht mit Angela.

Am Abend fahre ich zu einem Therapiezentrum, in dem C. in einer Patientengruppe arbeitet. Ich muß sie sehen. Im Dunkeln vor dem Haus wartend, sehe ich die Schatten zweier Menschen an der Wand eines schwach beleuchteten Raumes. Die Schatten sitzen sehr eng beieinander, zerfließen fast. Als ob sie sich umarmen. Ich will schon davonfahren, weil ich annehme, C. sei schon gegangen. Da geht das Licht in dem Zimmer aus. Nach einer knappen Minute öffnet sich die Haustür. Aus dem Haus kommt sie. Die andere Person bemerke ich nicht. Sie geht zielstrebig, ohne sich über mein Hiersein zu wundern, auf mein Auto zu. Öffnet die Tür. Ich denke, sie muß mich schon wahrgenommen haben. Zur Begrüßung die obligate Umarmung. Ich fühle, daß es ein Ritual heute ist. Ich weiß nicht, ob ich mir einbilde, daß dein Kuß nach jemand anderem schmeckt. Sie erzählt aufgeregt von einem Therapeuten, den sie attraktiv findet, mit dem sie nach der Sitzung noch zärtlich gewesen sei. Jetzt wird mir das Schattenspiel klar. Aber es kommt mir zu kleinlich vor, ihr daraus einen Vorwurf zu machen.

Ich erzähle ihr von der WDR-Ablehnung, was es für mich bedeutet. Sie hört kaum zu. Ich kann nicht verstehen, warum sie so verschlossen ist für mich. Warum sie nicht mit mir reden will. Warum ich ihr so unvermittelt egal bin.

Du wirkst kalt auf mich. Und ich versteh nicht, warum. Durch dein Verhalten häufen sich meine Probleme. Niemand, dem ich das alles vermitteln kann. Das Gefühl, als rinne mir unsere Beziehung unaufhaltsam durch die Finger. Ein Gefühl von Verlassen-Sein.

Ich fahre dich zu deiner Wohnung. Die vier Fenster im zweiten Stock schwarz und unheimlich. Eigentlich war ich nur einmal dort. Wir sitzen im Wagen, schweigen. Dann die Vision, ich käme mit

Krebsgeschwüren bedeckt in ein Krankenhaus, das ich sicher nicht mehr lebend verlassen könnte. Als stünden alle Verwandten um mich herum, ich könnte kaum sprechen, weil mir Schläuche in Mund und Nase die Kraft nähmen. Dann will ich, im Sterben liegend, Erdbeereis essen. «Ja, warte nur, bis du wieder gesund bist», sagt meine Oma großmütterlich verlogen. Ich höre mich, «geht jetzt» murmeln, weil ich von Lügnern umgeben bin und nicht sterben will. Ich sage meinem Vater noch, er möge unauffällig die Kanülen aus den Venen nehmen und mich von den Schläuchen im Mund befreien.

Ich kann C. im Auto meine Phantasie nicht mitteilen. Ich kann es nicht ausdrücken, was in meinem Kopf ist. Gucke aus dem Auto, sehe den Mond, der meine Augen beinahe blendet, so hell und klar. Blicke hinauf zu der Hausecke, die vom Mondlicht so ungeheuer tiefschwarz gelassen wird. Sage dann etwas von Bedrohung, Fortgerissenwerden und Todesangst. «Du stirbst nicht», meint C. tröstlich. «O doch, vielleicht sogar bald.» Ich habe Angst, sie zu fest zu umarmen, berühre nur ihre Schulter, nähere mich ihrem Körper ein Stück. Küssen kann ich sie nicht. Gucke sie an. Sie guckt ruhig und gewiß, als wolle sie mir wirklich glauben machen, ich müßte nicht sterben und alle Angst sei nur ein böser Traum und ganz und gar unnötig. Daß sie aussteigt, ist ein Gegenbeweis ihres Blickes.

Am folgenden Nachmittag fahren Angela und ich nach Holland. Vorher werfe ich meinen Wohnungsschlüssel in C.s Briefkasten. Sie hat versprochen, den Gummibaum zu gießen.

Auf der Fahrt nach Amsterdam. Es ist Abenddämmerung. Wir sprechen kein Wort. Angela sitzt stumm auf der Hinterbank. Ich sitze stumm am Steuer. Das Radio plärrt.

Das Land ist flach. Ich glaube, jeden Moment am Horizont das Meer auftauchen zu sehen. Aber dann ist es schon dunkel. Ich denke an C. Wut und Trauer sind unlösbar miteinander verbunden. Je mehr wir in das dunkle, flache Holland eindringen, desto mehr habe ich den Eindruck, aus dem Kreis unserer Beziehung hinauszufahren. Will sie anrufen während der Fahrt und ihr versichern, daß es mir weh tut, wenn sie sich von mir gewürgt fühlt. Ich interessiere mich nicht für Angela an diesem Abend. Obwohl sie nicht so aufgepeitscht redet, eher gleichgültig. Ich kann sie ignorieren.

Sie ist verwirrt, als wir durch das nächtliche Amsterdam laufen. Ich will ins ‹Melkwek›. Sie sagt nichts, geht mit. Am Eingang eine Schlange von hundert Metern, um uns herum nur Deutsche. Von hinten kommt einer, sagt, ich schiebe dich durch. Angela läuft neben ihm her. Ehe ich etwas machen kann, boxt uns jemand durch die Wartenden. Der hinter mir schiebt beharrlich. Entweder man hat Verständnis für meinen Rollstuhl, den mein Schieber laut rufend ankündigt, oder man zieht schreiend die Füße weg. Nach zwei Minuten sind wir drin, ohne zu bezahlen. Normalerweise hätten wir eine halbe Nacht draußen stehen müssen, um hineinzukommen. Da drinnen sagt der Typ, der sich jetzt vor mir aufbaut, «so, jetzt bin ich mit deiner Hilfe reingekommen.» Ich weiß nicht, warum ich ihm nicht in die Fresse schlage.

Nachts fahren wir hinaus ans Meer, legen uns ins Auto und schlafen. Eng aneinandergekuschelt, im VW. Am Morgen können wir nicht aus den Fenstern gucken, sie sind von feuchtem Sand verklebt. Die Türschlösser und Scharniere quietschen. In der Nacht wurde der Wagen von einem Sandsturm geschüttelt. Sandford heißt der nächste Ort.

Auf dem Flohmarkt in Amsterdam kann ich wieder nicht reden. Denke an die Fahrt mit C. nach Enschede. Ich kann nicht gelassen durch die Straßen schlendern, ich kann mich nicht an Angelas Bauch anlehnen, wenn sie mich schiebt. Der Nachmittag wird langweilig. Wir wissen nicht, was wir tun sollen. Fahren von Amsterdam nach Den Haag. Die Stadt wie ausgestorben. Kaum Autos oder Menschen auf den Straßen. Nichts und niemand hier. Ruhe und Schweigen in der Stadt. Durch meinen Kopf geistert nur C. Wo ist sie jetzt? Was macht sie? Denkt sie auch an mich? Oder schläft sie mit dem englischen Freak?

Sonntagnachmittag kann man in Den Haag nur bleiben, wenn man auf dem Trip ist oder ernste Selbstmordabsichten hat. Oder wenn ich mit C. allein hier wäre. So ist es trostlos. Gegen Abend gehen wir im Badeort Scheveningen in ein teures Strandhotel. Wir buchen für eine Nacht. Vor der Eingangstür etwa zwanzig Stufen. Das Zimmer ist so winzig, daß ich den Rollstuhl draußen lassen muß. Der Raum wird vollständig eingenommen von einem riesigen Bett, einem Nachttisch und einem Einbauschrank. Schäbige Gardinen hängen an einer losen Kordel wie schmutzige Wäsche an der Leine. Der Raum ist drei bis vier Meter hoch und hat einen neuen Anstrich dringend nötig.

Eine Gruft, in die man uns gesteckt hat. Nicht mal eine Heizung bei der Kälte. Ich liege mit dem Oberkörper auf dem Bett und stiere an die Decke. Die Beine baumeln vom Bettende. Angela steht am Fenster. Wir beachten uns nicht. Ich denke an nichts Besonderes. Auf dem Flur werden Türen zugeschlagen. Schritte, Stimme. Holländisch, englisch.

Die Birne der brennenden Deckenleuchte sieht aus, als wäre sie zwanzig Jahre alt. Ich friere. Angela dreht sich um. Unsere Blicke treffen sich. Sie guckt ernst. Sagt nichts. Ich sage nichts. Sie fängt einfach an, sich auszuziehen. Sie guckt mich starr und gefaßt an, wirft ohne ein Zeichen besonderer Erregung die Kleidungsstücke von sich, ohne Hast, aber auch ohne Zögern. Es wirkt ein bißchen wütend, wie sie die Unterwäsche im hohen Bogen auf die Erde wirft. Für ihr Gesicht fällt mir später das Wort Todesverachtung ein.

Sie kommt nackt zu mir ans Bett. Kniet vor meinen herunterhängenden Beinen, zieht mir die Schuhe aus, streift die Strümpfe ab. Ich höre den Reißverschluß der Hose ratschen, stütze mich mit den Armen ab, so daß sie mir die Hose ausziehen kann. Ich glaube, sie wirft sie noch weiter als ihren Slip. Sie schiebt meine Beine auseinander. Streichelt meine Schenkel, ich spüren jeden Quadratzentimeter, bewußt. Dann nimmt sie meinen Schwanz zwischen die Finger, streichelt ihn, massiert ihn minutenlang. Ich habe die Augen geschlossen. Merke, wie das Glied fester wird. Sie nimmt es in den Mund, spielt mit der Zungenspitze an der Eichel, dann fester mit den Zähnen. Ich spüre alles. Dann will ich sie. Nicht nur mehr da unten spüren. Sie kommt hoch. Legt sich auf mich. Ich rutsche ganz auf das Bett. Sauge ihre Zunge so tief wie ich kann in meinen Mund. Ihr Mund schmeckt nach mir.

Wir küssen uns, verrückt nacheinander, wie ich es nie geträumt hatte, Angela jemals küssen zu können. Lange, und tief mit der Zunge den Mund durchfahrend. Die Zähne leckend, die Unter- und Oberlippe einsaugend. Den Speichel trinkend. Dann wieder so hart und wild, daß ich ihre Zähne spüre. Als wollten wir uns das Leiden aus dem Körper saugen. Den Hals aufreißen, das Blut heraustrinken, wir halten uns fest und noch fester, ich drücke meinen Körper an sie, bis sie aufschreit. Sie rutscht ein Stück hinauf. Ich halte ihre Brüste in den Händen, lecke sie ab wie ein Hund, beiße hinein, küsse sie zärtlich, spiele mit ihnen wie mit zwei Kugeln. O je, ich bin ein Busenfetischist.

Dann klemmt sie mein Becken zwischen ihre Schenkel, setzt sich auf mich, steckt meinen Schwanz in ihre nasse Scheide. Ich merke nicht viel. Ihre Knie rutschen ein Stück in Richtung meines Kopfes. Mit den Armen stützt sie sich nach hinten ab. Ihr Körper ist eine glänzende Fläche. Die Brüste nicht mehr ekelig, wabbelig, nein, groß und schön, die Brustwarzen klein und spitz. Sie bewegt ihren Körper auf meinem Schwanz und stöhnt. Ich streichele, was ich erreichen kann, massiere ihre Fettpolster, drücke meinen Daumen gegen ihren Kitzler. Sie kommt nach vorn, beugt sich, küßt minutenlang meine Brustwarzen. Der Körper bebt von einem erregenden Kribbeln. Ich kralle meine Finger in ihren Hintern. Sie guckt mich einen Moment an, die Augen klein und rund, das Gesicht glühend rot. Heiß ist es.

Sie dreht sich um. Meinen Kopf zwischen ihre Schenkel gedrückt, presse ich meinen Mund gegen ihre Möse, stecke die Zunge hinein, so weit es geht, wirbel mit der Zunge umher, bis sie lahm ist. Sie bearbeitet wieder meinen Schwanz.

Ihre Schenkel so weit wie möglich an meinem Kopf, meine Ohren gepreßt, höre ich ein meerhaftes Sausen. Und einen rasenden Puls. Ich weiß nicht, ob es meiner oder ihrer ist.

Auf der Zunge der Geschmack von Urin und Salzwasser. Als ob das Meer in mir wäre.

Irgendwann ebbt es einfach ab. Sie dreht sich um. Liegt still und platt und schlaff auf mir. Weint einfach. Sie weint immer, wenn sie einen Orgasmus hat. ‹Gelöster Erregungszustand›, würde jetzt auf meinem EKG stehen.

Den Rest der Nacht verbringe ich mit halboffenem Mund unter einer Dusche, beinah im Halbschlaf, zu schlapp, um aufzustehen.

Am nächsten Nachmittag beim Frühstück sehe ich Angela mit anderen Augen. Ich habe sie letzte Nacht nicht ausgenutzt, angefallen, um einen Selbstekel zu überspielen. Ich habe sie nicht geliebt, um mich zu bestätigen. Oder wir haben uns beide geliebt, um unser beider Selbstekel vergessen zu machen. Angeblich zu große Brüste, angeblich zu kleiner Schwanz, Anus praeter, Katheter, all das spielte keine Rolle. Und Orgasmus ist kein Mythos mehr. Danke!

Ich finde es gut, daß sie am Morgen ruhiger erzählen kann, ohne daß sie etwas herauskotzt und schreit. Sie sagt, die Freundschaft mit dem Psychologiestudenten hätte etwas in ihr zerstört. «Ständig Minderwertigkeitskomplexe, weil ich keine Studentin bin. Sein intellektuelles Geschwafel: immer versucht er, mit seinem Wissen aufzutrumpfen, buttert mich unter, stempelt mich zum Lernenden ab, während er den Lehrer spielt. Wenn ich mir ein Mofa kaufte, wußte er sofort, wo es die billigsten und besten gibt. Wenn ich eine Arbeit über Montessori-Schulen schrieb, palaverte er eine Stunde über Montessori-Schulen, ohne daß ich überhaupt dazwischen kam. Ich konnte mich einfach nicht gegen ihn wehren. Ich kam einfach nicht von ihm los. Ich hab ihn unheimlich geliebt, bis er eines Tages mit dieser verklemmten Theologiestudentin frühstückte, nicht aufgemacht hat, als ich klingelte. Vor der Tür das Auto dieser Frau. Ich hab ihm eine Zwiebel in den Briefkasten gelegt, anders konnte ich mich nicht ausdrücken. Er kam noch oft zu mir. Aber ich hatte nie die Kraft, ihn hinauszuwerfen. Ich habe mich immer als Nebenfrau von der Theologie-Tante gefühlt. Wir haben ja auch immer noch zusammen gepennt. Immer und immer wieder. Wir waren süchtig nach unseren Körpern. Konnten es nicht über uns bringen, nur zu reden. Oft fünf oder sechs Orgasmen in einer Nacht. Aber ich wollte das nicht mehr. Ficken schafft Teufelskreise. Nur noch Sex. Er stieg aus dem Bett und ging zu der Tante. Das konnte er so einfach. Mich hat es fertig gemacht.»

Es erinnert mich an C. Merkwürdig, daß beide Psychologie studieren.

Mag sein, daß Angela auch eine Behinderte ist, denke ich. Ihre gestörte Beziehung mit dem Psychologiestudenten. Ihre Saufereien. Ihre Komplexe mit ihrer Figur. Ihre Hast, sich Wissen anzueignen. Sie träumt, mit dem Germanisten und mir im Auto zu sitzen. Der Student und ich würden ein Gespräch über Literatur führen. Sie sei unfähig, mitzureden. Während unserer Diskussion hätte sich in ihr nur eine stumme Wut aufgeladen, die sie nicht mitteilen konnte.

Ich weiß, daß wir oft genug in der Wohnung zu dritt oder zu viert saßen, von etwas Schlauem redeten, von dem wir meinten, sie verstünde nichts davon. Wenn sie doch eingriff, hektisch, etwas einwarf, bemühte ich mich, sie nicht zu beachten. Oder redete mit einem Satz, der beweisen sollte, wie unrecht sie hatte, über sie hinweg.

Ich fühlte mich gut, wenn es um ein Thema ging, bei dem viele Fremdwörter anzubringen waren. Vielleicht war ich sogar stolz darauf, sie diskriminieren zu können.

Am eindrucksvollsten waren die Gespräche mit jenem Psychologiestudenten, der hin und wieder noch zu Besuch kam. Oft lief Angela aus der Wohnung, weil sie unser Auf-sie-ein-Gerede oder Über-sie-hinweg-Gerede nicht mehr aushielt. Ich stelle jetzt fest, daß ich eineinhalb Jahre mit Angela geschlafen habe, um mich zu befriedigen. Und ich habe sie eineinhalb Jahre in den Arsch getreten, wenn sie für mich Gefühle entwickelte.

Kann sein, daß ich jetzt die Angela kennenlerne, mit der ich auch reden kann.

Eigentlich benehme ich mich wie mein Vater. Wir fahren durch Amsterdam. Sie findet auf dem Stadtplan die Straßen nicht so schnell, wie ich fahre. Wütend fahre ich rechts ran, entreiße ihr den Plan, suche selbst und finde sie natürlich auch nicht gleich.

Eigentlich benehme ich mich, wie sich mein Vater mir gegenüber benimmt. An meiner Sprache muß sie abgleiten. Durch meine scheinbare Logik mache ich mich aalglatt. Ich spiele den Überlegenen, der den Überblick behält. Angela darf machen. Wenn mir ihre Bemerkungen zu dämlich sind, überhöre ich sie einfach.

Der VW, in dem wir Nacht für Nacht enger zusammenrücken, ist keine Gruft. Und unsere Osterfahrt dauert keine Ewigkeit. Nach der Rückfahrt am letzten Abend ist alles beim alten.

Wir sitzen in einer Düsseldorfer Altstadtkneipe, sie ist besoffen, raucht wie ein Schlot und bastelt an der x-ten Version eines Briefes an den Psychologiestudenten.

Als wir unsere Taschen in die Wohnung hochtragen, stelle ich fest: C. war nicht hier.

Der Gummibaum, den ich mit ihr in Enschede kaufte, ist verdorrt. Die Blätter hängen bräunlich-gelb vom dünnen Stamm. Ist der vertrocknete Baum, der nicht mehr wachsen will, ein Symbol? Ließ sie ihn vertrocknen?

Ich bin traurig und enttäuscht. Um wenigstens den Hausschlüssel wiederzubekommen, fahre ich zu ihrer Wohnung. Stehe vor dem Haus und hupe. Ihr gelbes Fahrrad steht vor der Tür. Aber sie meldet sich nicht. Auf dem Parkstreifen steht ein grüner VW-Käfer mit drei ‹Atomkraft, nein Danke›-Schildern auf der Motorhaube. Mir kommt das Auto bekannt vor, aber ich weiß nicht, wo ich es gesehen habe. Nach zehn Minuten rührt sich noch nichts. Deprimiert fahre ich nach Hause. Ich fühle mich von ihr hängengelassen.

Zu Hause sagt Angela, sie sei bestimmt da, wolle aber nicht aufmachen. Ich schrei sie an, sie soll mich in Ruhe lassen, es sei meine Sache. Ich mache mir Vorwürfe. Es war unmöglich, mit Angela nach Holland zu fahren. Ich hätte hierbleiben sollen, um unter allen Umständen wieder einen Draht zu C. zu bekommen. Den Nachmittag Panik. Ich bin unfähig, die Taschen auszupacken. Fahre aufgebracht durch die Wohnung. Stiere aus dem Fenster. Es darf doch nicht einfach so zu Ende sein. Sie kann sich doch nicht so von mir abtrennen, so einfach brutal, ohne jede Erklärung. Am Spätnachmittag fahre ich noch einmal zu ihr.

Hinter dem Bahnhof gerate ich in einen Feierabend-Verkehrsstau. Vor der Eisenbahnunterführung eine große Fläche mit Werbeplakaten. Zigarettenwerbung. Marlboro. Das Gesicht einer blonden Frau, Ende zwanzig, die Zigarette senkrecht zwischen Zeige- und Mittelfinger geklemmt. Das Gesicht hat ein Werbefotolächeln. Gefroren, tausendmal geprobt und im Moment der größtmöglichen

Unkünstlichkeit abgelichtet. Gestochen scharf, das Gesicht. Die Augen so groß und verträumt, weit geöffnet, als gucke sie jeden der Vorbeikommenden an, habe für jeden noch eine Sekunde Blick übrig. Die offenen Augen verbinden sich mit der Zigarette. Mit dem Blick auf die Augen der Frau kommt man an ihrem Glimmstengel nicht vorbei.

Ich hatte die Werbung am Morgen schon bemerkt. Jetzt erscheint mir das Lächeln der Frau nicht mehr so kalt. In meinem Wahn bitte ich die Marlboro-Werbefrau, dafür zu sorgen, daß C. da ist.

Das Fahrrad ist immer noch an die Haustür gelehnt. Der VW steht noch da. Ich gucke hoch zu den vier Fenstern. Die Gardinen sind vorgezogen. Ich hupe verzweifelter, länger, vermeintlich lauter. Keine Reaktion. Eine Ahnung. Sie ist da oben. Und nicht allein.

Ich habe die verrückte Idee, daß C. da oben am Fenster steht, hinter den Gardinen, um mich zu beobachten. Jemand steht neben ihr, sie reden über mich. Sie ist nicht allein. Dann fällt mir ein, daß der Käfer, der da steht, einem dicklichen, bärtigen, älteren Typen gehört. Einem Bayern, den ich mit C. zusammen im ‹Odeon› sah.

Ich denke mir, nein, ich sehe es, wie sie da oben hinter dem Fenster steht und mich beobachtet. Ich sehe, wie alle Bewohner des Hauses hinter den Fenstern stehen, hinter den zugezogenen Gardinen, mich beobachtend und über mich redend. Und allen hat C. gesagt, «wenn der ... kommt, laßt ihn nicht rein, helft ihm nicht aus dem Auto, bringt ihn nicht die Treppen hoch. Er will mich erwürgen.»

Wenn ich hochgehen könnte, würde ich eine Möglichkeit finden, mit ihr zu reden, sie zur Rede zu stellen. Dann könnte sie sich nicht so billig entziehen. Die Tür eintreten. Den dicklichen Bayern aus dem Fenster werfen. Warum macht sie das? Warum ist sie so kalt und brutal zu mir. So rücksichtslos. Als wäre nie etwas zwischen uns gewesen, hätte sie all diese Sätze nicht gesagt. Warum kommt sie nicht wenigstens herunter, sagt mir, ich kann dich jetzt nicht sehen, gib mir ein paar Tage Zeit. Warum tut sie nicht wenigstens das?

Ich fühle mich erniedrigt von ihr, und nicht nur um die zwei Stockwerke, die sie höher ist. Sie will über mir stehen, weil sie meine Ängste mitreißen. ‹Therapeutenbeziehung›. Sie sagte, ihr gefiele die Rolle des Ablehnenden nicht, sie würde nicht gern über mir stehen. Nun tut sie es deutlicher als je zuvor, als ich es mir je vorstellen konnte. Ich hupe noch einmal eindringlicher, als müsse sie dieses Zeichen kapieren. Aber sie kommt nicht. Die Fahrt nach

Hause gleicht dem Schlafwandel eines Mondsüchtigen. Ich registriere nichts mehr. Finde mich erst wieder im Zimmer stehen, vor der verdorrten Palme. Ratlos.

Den Abend verbringe ich mit Tagebuchschreiben. Die Zimmertür ist geschlossen. Von Angela will ich nichts sehen und hören. Die Musik läuft nicht. Ich starre wie geschlagen auf die Palme, die sie malte. ‹Wir sind eingeladen.›

Dann wieder Anfälle irrer Unruhe. Kettenrauchen. Fahre aufgeregt durchs Zimmer. Bringe zwischendurch einzelne Sätze oder Worte aufs Papier. Es hat keinen Sinn, mir die Gedanken immer wieder durch den Kopf zu treiben. Es bringt mich dir nicht näher. Ich muß reden, dich erreichen. Ich stehe am Fenster. Gucke in die Nacht hinaus. Die Parkplatzbeleuchtung ist kaputt. Gegenüber eine Lagerhalle, dahinter die Umrisse einer Baumgruppe. Nebenan, rechts davon, die Fenster eines Altersheims. Seit zehn Uhr dunkel. Schwarze Dunkelheit. Ich bin ganz nahe an der Scheibe, die Arme auf die Fensterbank gelegt. Blicke ins Schwarze.

Sehe dann dein Gesicht da draußen in der Dunkelheit. Nein, nicht ein Bild deines Gesichtes, dein Gesicht, mit lebendigen Gesichtszügen, atmender Haut, zwinkernden Augen und lachendem Mund. Es ist, als hinge dein Körper in der Luft, von unsichtbaren Fäden gehalten. Dein Körper ist, ich weiß nicht wo. Wir sind durch die Scheibe getrennt, sonst könnte ich dich anfassen. Dein Kopf mal näher, entfernt sich dann wieder, als beobachte ich ihn durch den Zoom einer Kamera, nur, daß ich die Bewegung nicht beeinflussen kann.

Dein Gesicht zu sehen, erschreckt mich so, daß ich angezogen ins Bett flüchte, das Licht anlasse, mir die Decke über den Kopf ziehe. Mich zur Wand drehe, den Körper an die kalte Wand drücke. Die Augen schließe.

Ich träume, jemand im Stockwerk über uns hätte sich am Balkongeländer erhängt. Ich würde am Schreibtisch sitzen, aus dem Fenster gucken und am oberen Ende der Scheibe zwei Füße baumeln sehen.

Erschrocken sitze ich im Bett, reiße den Rollstuhl heran, wuchte mich hinein. Stürme aus dem Zimmer. Durch den dunklen Flur, an der Haustür vorbei, laufen mir kalte Schauer über den Rücken, ein Anfall von Zittern, als stünde jemand im Treppenhaus, der auf mich warte.

Hinüber zu Angela. Sie ist völlig verwirrt. Ich sage, ich halte die Angst nicht mehr aus, knipse das Licht an und lege mich zu ihr. Nach einer Weile traue ich mich, mich in ihrem warmen Bett auszuziehen. Sie ist gleichgültig auf der Seite liegend eingeschlafen.

Am nächsten Morgen bin ich nicht mehr wütend. Nur noch kraftlos niedergeschlagen sitze ich in der Wohnung auf einem Stuhl, kann nichts essen. Mir ist, als wäre ich tagelang, essenlos, schlaflos in einem Labyrinth herumgeirrt. Das Telefon klingelt. Die Klingel ist schrill, sie zerreißt mir fast die Nervenstränge. Ihre Stimme klingt warm, weich und unberührt, wie immer. Wie die Stimme eines Folterers, der sich nach etlichen Stunden Tortur sehr lieb bei dem Opfer entschuldigt. Ich sage ihr, daß ich den Hausschlüssel habe holen wollen. Als gäbe es nichts Wichtigeres zu sagen. «Der liegt im Briefkasten», sagt sie. «Du warst hier», ich muß es wohl fast hysterisch sagen. «Ja.» – «Wann?» – «Heute nacht.» – «Wann?» – «Gegen zwei Uhr.» – «Warum bist du nicht heraufgekommen? Es brannte Licht.» – «Ich wollte Angela und dich nicht stören.» Ich will sie anschreien für diesen Zynismus. Aber mir fehlt der Atem. Nach einer Pause sagt sie, «ich hatte Panik heute nacht. Als ich von dir zurückfuhr, dachte ich, es sei jemand in meiner Wohnung. Auf dem Weg flog ein brennendes Streichholz an mir vorbei. Es mag ein Glühwürmchen gewesen sein, aber es hat mich unheimlich erschreckt. In der Nacht, allein draußen. Es hat etwas zu bedeuten, diese Angst. Zu Hause die Wohnungstür aufgelassen, das Licht angeknipst, habe ich geguckt, ob ich auch wirlich allein bin. Habe mich dann gleich ins Bett verkrochen.» Ich erzähle von mir. Von meinen Ängsten in der vergangenen Nacht. «Warum hast du mich zwei Tage draußen warten lassen?» frage ich etwas ruhiger. «Ich wollte dich nicht sehen. Ich konnte es dir nicht mal sagen. Ich brauche Entfernung», sagt sie dann. «Können wir uns treffen?» frage ich vorsichtig. «Ja, aber an einem neutralen Ort. Deine Wohnung macht mir angst», sagt sie. Jetzt macht ihr meine Wohnung angst. «Du bist hysterisch», rufe ich. «Meinetwegen», sagt sie ruhig. Sie fühle sich die ganze Zeit schon in meinem Zimmer unwohl, meint sie. Es sei ihr zu groß.

Also fahre ich zu ihr. Das Auto des Bayern ist weg. Sie sieht blaß aus. Die erste halbe Stunde, die wir im Auto sitzen, schreie ich sie fast nur an. Warum ihr denn so plötzlich einfiele, daß ihr meine Wohnung und meine Person überhaupt Angst einjage. Wie es denn so wäre mit all ihren schönen Sätzen.

Sie sagt, sie könne nicht mehr, hielte eine Beziehung zu mir nicht mehr aus, so jedenfalls nicht. Ich sage, «ich brauche dich.» Sie will ab und zu anrufen, fragen, wie's mir geht. Ich sage, «ich brauche dich nicht als meine Therapeutin, sondern als Freundin, verstehst du das?» Sie sagt, ich solle entscheiden, was ich will. «Ich will dich so wie im Englischen Garten in München oder gar nicht.»

Ich wundere mich über meinen Mut, das so zu sagen und mir klar darüber zu sein, dich vielleicht nie wiederzusehen. Sie wirkt eine Spur blässer. Ich kann ihr nicht sagen, wie ich mich fühle, daß ich einen riesigen Kloß im Magen habe und am liebsten heulen möchte. «Also ist Schluß ...» meint sie. «So wie in München kann ich nicht mehr. Ich ersticke daran.» Pause. Ruhe. Ich bemühe mich, sie abweisend anzugucken. Jede Berührung von ihr brächte mich jetzt zum Heulen. Ich will meine Schwäche nicht zeigen. Kann sie nicht angucken. Nach einer Zeit: «Also, höre ich mal wieder von dir?»

«Vorläufig nicht», sage ich, reiße mich zusammen, strahle wohl eisige Kälte aus, «ich muß mich erst mal wieder von dir erholen.» Sie kommt näher, lehnt den Kopf an meine Schulter.

Herrgott, warum kann ich jetzt nicht zeigen, was wirklich in mir vorgeht? Ich will ihr irgendwas sagen, nur ein Wort, sagen, daß ich sie immer noch sehr gern habe, daß sie mir wichtig ist oder einfach nur ‹danke› sagen, oder wenigstens ‹tschüß›.

Sie guckt mich an, guckt mir in die Augen. Immer noch fragend, offen, erstaunt, aber entschlossen. Sie öffnet die Wagentür, kommt mit dem Kopf noch einmal ganz nah an meine Schulter, hebt sich dann aus dem Sitz. Ohne zu zögern, drehe ich den Wagen. Halte an, gucke ihr zu, wie sie die Stufen zur Haustür hinaufsteigt. Langsamer als sonst, denke ich, viel langsamer. Ich fahre nach Hause. In der Wohnung. Allein.

Die Luft ist stickig, heiß. Obwohl die Fenster geöffnet sind und draußen Frühling ist. Die Decke kommt mir niedrig vor. Und es scheint, als komme sie jeden Augenblick tiefer herunter. Mir ist unerträglich heiß, die frische Luft dringt nicht ein. Mir wird schwindelig, ich bekomme keine Luft mehr. In meinem Hals ein Knoten, der die Luftröhre verstopft. Die Luft wird immer dünner. Ich verkrieche mich. Ich verkrieche mich in einer schmalen, kleinen Ecke zwischen Regal und Kleiderschrank, ziehe den Körper so eng wie möglich zu einem Knäuel zusammen.

Ich kann endlich hemmungslos heulen.

Als hättest du den Sauerstoff mitgenommen.

6

In der Wohnung erinnert mich so vieles an C. Ich kann dort nicht mehr sein ohne sie. Stundenlang muß ich zwanghaft die Palme anstarren, die sie malte. Ohne eine Idee, ohne Antrieb vor der Zeichnung stehen und es nicht begreifen können. Nur die Frage im Kopf: Wo ist sie? Warum ging sie?

Den verdorrten Gummibaum lasse ich mitten im Zimmer stehen. Keine Energie ihn wegzuwerfen. Wenn sie ihn vertrocknen ließ, will ich ihn so stehen lassen, bis sie kommt und einen neuen bringt. Den Stoff des Matratzenbezuges, den ich mit ihr in Enschede kaufte, nicht mehr berühren, auf den Matratzen nicht mehr sitzen, weil wir dort saßen, lagen, wir.

Wir – gibt es nicht mehr.

Zwei Monate Illusionen sind zu Ende. Die Idee, daß ich es lernen könnte, jemanden zu lieben, ohne ihn gefangenzunehmen. Die Idee, daß wir unsere Ängste teilen könnten, um sie loszuwerden.

Meine Frauenbeziehungen sind immer gleich verlaufen, die gleichen Fragen und Ängste, das gleiche Ende.

Ich kann niemanden zwingen, mich gern zu haben. Ich kann niemanden zwingen hierzubleiben, wenn er gehen will.

Mit drei oder vier Jahren habe ich oft furchtbar gekotzt, damit meine Eltern nicht ins Kino gehen.

Nachts sehe ich jetzt auf das Gesicht von C. an der weißen Wand gegenüber dem Schreibtisch. Das künstliche Licht, das ich nachts manchmal brennen lasse, um schlafen zu können, erzeugt Kopfschmerzen. Ich weiß jetzt, daß ich ihrer am sichersten war, als wir zusammen wegfuhren und keine Gefahr bestand, daß sie sagte, sie möchte nach Hause. Mir ist klar, daß ich in den zwei Monaten immer wieder möglichst weit weg wollte mit ihr, um mir ihrer möglichst sicher zu sein. Ich konnte sie in Kassel kaum mit anderen Bekannten und Freunden sehen. Ich wollte nur mit ihr allein sein, weil ich ihre Aufmerksamkeit und Zuneigung ungeteilt wollte. «Ich will dich nur mit mir teilen», sagte ich. Wenn ich sie mit anderen sah, war sie der lebende Gegenbeweis dafür, daß sie kein Teil von mir war. Das konnte ich nicht ertragen.

Florenz.

Bevor ich einschlafe, lese ich noch einmal die achtzig Seiten des C. Kapitels. Ich komme nicht ganz bis zum Ende, werde müde, schlafe dann ein. In der Nacht spreche ich die letzten drei Seiten in einer Art Traum auswendig zu Ende. Ich merke es erst, als ich C. den Satz sagen höre, «dann ist also Schluß ...»

Ich bin hellwach und denke, es muß jemand im Raum sein. Noch schlaftrunken, aufrecht im Bett, bin ich sicher, daß ich nicht alleine bin. Jemand steht vor meinem Bett. Ich bin sicher, daß es eine Frau ist, die neben mir steht. Ich glaube sogar, einen Schatten zu sehen. Die Tür ist nicht abgeschlossen. Ich schließe das Pensionszimmer nie ab. Eine der alten Frauen wird sich verlaufen haben, denke ich, oder ist es diese Frau, ich knipse das Nachttischlicht an, aber es ist niemand da.

Ernest Bornemann sagt in einem Interview über sein Buch ‹Das Patriarchat›, eine Frau könne bis zu fünfzig Orgasmen hintereinander bekommen. Monogamie ist eine Zumutung. Ich denke es, aber ich fühle es nicht. Ich werfe ihr noch immer vor, daß sie mit dem englischen Freak geschlafen hat, obwohl ich kein Recht habe dazu. Aber ich will wenigstens zu meinen Gefühlen stehen.

Zwei Tage, nachdem sie ging, bin ich zu einem Treffen einer Aktionsgruppe für entwicklungspolitische Fragen eingeladen. Ich weiß nicht genau, warum ich dort hingehe. Interesse an den Problemen? Ja sicher! Aber ich will mich auch ablenken von ihr. In der Wohnung hängt der Mief der beiden Monate. Der Geruch von C. Ich will mich ablösen von der Trauer. Oder am besten gar nicht erst richtig trauern. Nur nicht im Morast des Beziehungskrampfes versacken.

Die Gruppe trifft sich in einem kirchlichen Gemeindezentrum. Auf der Fahrt dorthin bin ich unsicher, mich in einem Kreis unbekannter Menschen zu setzen, die von mir erwarten, daß ich Standpunkte vertrete, Aufgaben übernehme. Ich weiß nicht mehr, auf welchem Standpunkt ich stehe, welche Ansichten ich vertreten könnte. Ich bin einfach unsicher geworden, politisch zu reden. Früher kannte ich diese Angst vorm Reden nicht.

Auf dem Parkplatz des Gemeindezentrums muß ich mich zwingen auszusteigen. Der Bruder von Jonas, der ebenfalls in der Gruppe aktiv ist, sieht mich im Auto sitzen, kommt aus dem Haus, holt mir den Rollstuhl aus dem Kofferraum. Wir gehen zusammen in den Clubraum. Er stellt mich der Gruppe vor. Ich werde gefragt, was ich denn auf entwicklungspolitischem Gebiet alles schon gemacht habe. Ich habe Mühe, mich darzustellen. Ich kann keine einfachen Sätze mehr formen, mit denen ich meine politischen Aktivitäten beschreiben könnte. Das Gefühl, als stocke ich nach zwei, drei Worten, suche nach eindringlicheren Ausdrücken, weil mir die bisher benutzten Worte wirkungslos erscheinen. Der Bruder von Jonas sitzt neben mir. Das beruhigt mich etwas, denn er ist eine Autorität in der Gruppe. Ich will mich beim ersten Treffen auf das Zuhören konzentrieren. Aber ich kann nicht einmal der Diskussion folgen. Ich sehe nur die Gesichter, die Hände und die Beine der Leute, die reden. Ausdruckslos ziehen einige an der Pfeife, die Hände auf den übereinandergeschlagenen Beinen zusammengefaltet, auf dem Schoß liegt ein Schreibblock oder Papiere. Andere haben den Kopf in die Linke gestützt, in der Rechten eine Zigarette. Manche haben in der Hand einen Stift, mit dem sie sich gelegentlich Notizen machen. Ein dummes Gefühl, daß ich nichts zu schreiben bei mir habe. Aber ich wüßte auch nicht, was ich mir notieren sollte. Ich höre nur hin und wieder Wortfetzen der einzelnen Redebeiträge. Völlig verschiedene Begriffe, die in meinem Gehirn den gleichen Eindruck hinterlassen. Es sind wichtige Fragen, über die hier geredet wird. Aber auf mich wirkt alles Gesagte verbindungslos. Ich blicke aus dem Fenster und entferne mich aus der Runde. Immer wieder drängt sich C. dazwischen, der Magen zieht sich zusammen. Der Herzschlag beschleunigt sich. Die Hände werden feucht, krampfen sich zu Fäusten. Die Sitzhaltung wird gekrümmter. Ich taste nach meinem Puls. Ich bin nicht mehr in dem Raum, obwohl ich noch dort sitze. Ich bekomme keine Luft mehr. Sehe ihr Gesicht. Diesmal das blasse Gesicht, im Auto, als sie ging. Szenen laufen vor der Innenwand meiner Stirn ab, als sei sie eine Leinwand, das Kino des Gedächtnisses. Momentaufnahmen. Gestochen scharf. Sie, die Palme malend, in der Pizzeria, in München, im Englischen Garten, in Enschede, in der Angstnacht vor meinem Fenster.

Wo ist sie jetzt? Was löste der Bruch unserer Beziehung in ihr aus? Beschäftigt es sie überhaupt? Oder hat sie gleich danach mit dem englischen Freak geschlafen?

Nach langen Abstechern in die letzten Monate komme ich in den Sitzungsraum zurück. Keine Neuigkeiten. Es geht um die Fahrt zu einem Entwicklungshilfekongreß. Jeder darf sagen, ob die Gruppe einen Delegierten hinschicken soll. Für und Wider. Endlos. Ich will, daß das Palaver aufhört. Es ist mir wichtig, etwas zu tun. Etwas anderes, als diesem gleichförmigen Singsang von Begriffen zuzuhören. Der anwesende Pastor dreht und wendet die Sache noch einmal, um die Bedeutung der Frage zu verdeutlichen. Andere, die schon geredet haben, reden noch einmal dasselbe, eine Tonlage schärfer. Ich gucke wieder aus dem Fenster, denke, meine Güte, warum ist nicht Schluß. Es ist doch alles gesagt. Warum noch einmal, als ob sich da etwas ändere. Warum gehe ich nicht? Nein, ich bin das erste Mal hier und kann doch nicht gleich früher verschwinden.

Auf der anderen Straßenseite sehe ich jetzt das Gebäude der Universitätsklinik. Ich habe es schon vorher bemerkt. Als ein Gebäude mit vielen beleuchteten Fenstern. Aber erst jetzt wird mir bewußt, daß es sich um eine Klinik handelt. Ich frage mich, was hinter jedem der Fenster passiert. Nachtschwestern teilen die Tabletten aus. Patienten werden Zeitung lesen. Die für die Operation Vorgesehenen bekommen einen dummen, gutgemeinten Spruch und ein Schlafmittel verabreicht. Einige werden in ihren Tod dämmern. Andere werden furchtbare Schmerzen haben. Ärzte und Schwestern werden ihre Kittel ausziehen, ihre Taschen und Mäntel nehmen, in den Aufzug steigen und nach Hause fahren.

Es ist entschieden. Zwei Mitglieder der Gruppe fahren zu dem Kongreß nach Köln. Die Sitzung ist beendet. Der Bruder von Jonas begleitet mich noch bis zum Auto. Fragt, was für einen Eindruck ich von der Gruppe habe. «Ich weiß nicht», sage ich unbestimmt, obwohl es mir schon unangenehm ist, ihm so etwas Unbestimmtes zu sagen, «ich werde nächstes Mal wiederkommen.»

In den Morgenstunden wieder der Alptraum. Ich komme nichtsahnend in das Haus meiner Eltern. Im Flur empfängt mich meine Mutter. Sie sagt etwas Demütigendes zu mir. An die Worte kann ich mich nicht genau erinnern. Sie läuft auf mich zu, zerrt mich an den Haaren aus dem Rollstuhl. Ich liege gekrümmt am Boden. Sie schreit, schlägt und tritt auf mich ein. Mein Vater kommt. Verstärkt die Beleidigungen noch. Beide treten auf mich ein, schlagen mich, zerren an mir herum.

Ich wache auf. Weinend und zitternd. Eine furchtbare Kälte in mir. Wenn C. doch jetzt neben mir läge.

Beim Aufstehen, Stunden später, nur noch eine blasse Erinnerung an den Traum. Ich gucke in den Spiegel. Will wissen, ob ich verweinte Augen habe. Kann nicht begreifen, daß ich heut nacht allein im Bett unter dem Eindruck des Traumes geheult haben soll. Es kommt mir vor, als wäre ich weich geworden. Ich werde es nie verstehen, daß ich fähig bin zu weinen. Denke dann, vor dem Spiegel: So sind sie doch wirklich nicht zu mir, oder doch?

Eltern, Arbeit und Sexualität, sagt die Schriftstellerin, sind die drei Problemkreise, über die ich schreiben müsse.

Ich schreibe kaum noch Tagebuch in diesen Wochen. Selbst das erinnert mich an die Zeit mit C. Sie holt mich ein, immer und überall. Ich suche nach Vergleichen, aber nichts, was mir einfällt, ist kräftig genug, um die Trennung zu beschreiben. Ich will ihr mitteilen, wie weh es tut, sie nicht mehr zu sehen. Ich schreibe Dutzende Briefe, zerreiße alle wieder. Ich kann nicht begreifen, daß ich ihr nicht mehr sagen kann, wie's mir geht. Obwohl sie sich zwei Monate dafür interessierte. Ich will ihr noch so unendlich viel sagen, aber sie will es nicht mehr hören. Gerade als ich begann, eine positive Beziehung zu meinem Körper zu entwickeln, es nicht mehr nötig hatte, sie zu beschimpfen, ging sie. Trennung ist so sinnlos. Die Zeit mit ihr ist so unmittelbar. Ich würde mich meiner Sprache schämen, wenn ich jemandem von ihr erzählte, den ich aus einer politischen Gruppe kenne. In einem Psychologielehrbuch lese ich etwas über Hospitalismus. Spätfolge des Hospitalismus ist vor allem die Unfähigkeit, Beziehungen abzubrechen, ausgelöst durch die Trennung von Mutter und Kind im Säuglingsalter. Der Hospitalisierte klammert sich immer wieder an die Möglichkeit, Beziehungen aufzubauen, er ist unfähig, Trennungen zu verarbeiten.

Tagebuch: Was so weh tut an den Trennungsszenen, ist die brutale Unerreichbarkeit des anderen. Durch ein einziges Wort eine ungeheure Entfernung zum anderen. Ich kann dir nicht mehr zeigen, wie weh du mir tust, im Auto vor deinem Haus. Ich will, daß du aussteigst, ehe ich vor dir zu heulen beginne. Noch im Wegfahren tröste ich mich damit, dich bald wiederzusehen, dich anzurufen oder dir zu schreiben. Tröste mich damit, daß sich die Nähe wieder herstellen ließe, so leicht wie die Trennung. Durch wenige Worte. Das glaube ich für einige Tage. Bis mir zu Hause die Decke auf den Kopf fällt. Ich will mit dir reden. Die Trennung von dir wenigstens mit dir durchmachen.

Ich klammere mich an die Möglichkeit einer Begegnung mit C. Angela, die mit ihr in einem antifaschistischen Kreis arbeitet, frage ich nach ihr. Was macht sie? Mit wem spricht sie? Wie sieht sie aus? Kommt sie allein? Wird sie abgeholt? Ist sie noch mit dem dicklichen Bayern zusammen? Beteiligt sie sich an politischen Diskussionen? Was sagt sie? Ich will alles genau wissen, bin ungeduldig, wenn Angela die Antwort nicht gleich weiß. Schreie sie an, sie soll sich doch konzentrieren. Einzelne Worte, die Angela über C. verliert, gehen mir noch Tage, Nächte später durch den Kopf.

Es ist nicht mehr wichtig, wo ich bin. In einem Seminar, in der Mensa, bei einem Treffen einer Gruppe, auf der Straße, in einem

Studentenheim oder in der Wohnung. Weil ich C. im Kopf habe oder nichts mehr.

Es ist Anfang April. Der Frühlingsduft von unbenennbaren Büschen im Nebengrundstück ist nicht egal, erinnert mich an sie und verstärkt meine Sehnsucht. Meine Spürsucht nach ihr. Das ganze Viertel ist durchströmt von dem ungeheuren Geruch dieser Gewächse. Am liebsten will ich die Luft anhalten, wenn ich in unsere Straße einbiege, um nicht zu riechen, nicht an sie denken zu müssen. Oft verbringe ich Stunden damit, im Auto zu sitzen, das Bild von ihr anzustarren, das sie mir geschenkt hat. Es liegt im Handschuhfach. Verständnislos. Fassungslos. Ich bin unfähig auszusteigen. Hier auf der Straße vor unserem Haus. Oder vor dem Studentenheim, oder auf dem Parkplatz am See. Für den Rest meines Lebens stehenbleiben und ihr Bild angucken. Nichts anderes mehr tun wollen. Die Vorbeigehenden gucken, fragen und reden, interessieren mich nicht.

In der Dunkelheit fahre ich mehrmals an dem Haus vorbei, in dem sie wohnt. Gucke hinauf zu den vier Fenstern im zweiten Stock. Wenn sie beleuchtet sind, fahre ich ganz langsam daran vorbei, in der Hoffnung, C. für einen Augenblick hinter dem Fenster zu sehen. Angst, die hinter mir hupenden Autos könnten ihre Aufmerksamkeit erregen. Ich habe Angst, daß sie es merkt, daß ich sie verfolge.

Oder fühle ich mich von ihr verfolgt? Ich kann Mittwochabend nicht in die Kneipe gehen, in der der antifaschistische Arbeitskreis tagt, weil ich weiß, sie ist dort. Ich wüßte nicht, wie ich mich verhalten würde, wenn ich sie sehe.

Ich gucke bei jeder Veranstaltung, die ich besuche, die sie interessieren könnte, ob sie da ist. Ich bleibe in der Tür stehen. Erst wenn ich sicher bin, sie ist nicht anwesend, kann ich ruhig reingehen. Wie bei Petra. Als ich nicht zu der chilenischen Folkgruppe ‹Inti-Ilimani› ging, weil ich wußte, sie ist auch da. Mit ihrem Freund.

Sonntag rufe ich oft die Telefonnummer ihrer Eltern an, um festzustellen, ob sie da ist. Wenn jemand den Hörer abnimmt, lege ich sofort wieder auf, weil ich nicht den Mut habe, nach ihr zu fragen. Ich fahre regelmäßig an dem Haus ihrer Eltern in dem Vorort vorbei, um zu sehen, ob ihr Fahrrad vor der Tür steht. Ich fahre beinah jeden Mittwochabend an der Kneipe vorbei, in dem sich der Arbeitskreis trifft, um nachzusehen, ob sie da ist. Oft steht vor der Tür der grüne Anti-AKW-Käfer.

Nachts der Traum. Fahre mit dem Auto durch die Umgebung von Kassel. Hügellandschaft. Es ist Winter. Der Schnee liegt hoch, die

Straßen sind nicht gestreut. Ich fahre sehr schnell. Ich habe das Gefühl, vor etwas zu flüchten. Eine Kraft treibt mich an, die ich nicht benennen kann. Sie erschreckt mich, ist hinter mir her. Ich wundere mich, daß die Räder auf der verschneiten Straße nicht durchdrehen, der Wagen nicht ins Schleudern gerät. Plötzlich sehe ich im Rückspiegel dieses Auto. Ich weiß sofort, wem es gehört, kann seinen Besitzer aber nicht benennen. Der Wagen ist eine Art Oldsmobile aus den vierziger Jahren. Durch den Rückspiegel sieht das Bild des mich verfolgenden Wagens aus wie eine Stummfilmszene. Es ist körnig, wackelig. Bewegungsabläufe viel zu schnell. Kein Geräusch wahrnehmbar. Aus den Fenstern des Wagens hängen die Köpfe zweier Männer. Ich fahre noch schneller, um dem Wagen zu entfliehen. Da macht sich der Winter bemerkbar. Die Hinterräder meines Autos drehen durch. Ich komme ins Schleudern. In einer Kurve gerate ich von der Fahrbahn. Lande auf einem verschneiten Acker. Meine Verfolger halten am Straßenrand. Ich robbe mich quer über den Acker. Suche hinter einer Buschreihe Schutz. Die beiden Männer steigen aus, rennen über den Acker auf mich zu. Sie tragen lange dunkle Mäntel, Mützen mit Ohrenklappen und Fellhandschuhe. Beide haben Pistolen in der Hand. Der eine feuert im Laufen einen Schuß auf die Buschreihe ab, hinter der ich liege. Der zweite kommt näher, streckt die Pistole von sich, zielt von nahem auf den Busch, schießt. Ich wache auf.

Seit Monaten zum erstenmal wieder der Gedanke an den Tod. Nach einem solchen Traum. Eines Tages wird Schluß sein. Zusteuern auf ein unvermeidliches Ende. Fahren, bis an den Rand einer Klippe, die jeder von uns hinunterspringen muß. Jeder. Allein. Abwärts. Am Abend nehme ich allen Mut zusammen, bleibe vor dem Haus von C. stehen, sehe oben die Fenster erleuchtet und hupe. Und wenn es unter einem Vorwand ist, ich muß sie sehen. Sie sprechen hören, sie in Bewegung sehen, weil ich sie so viel in meinem Kopf habe. Ich will wissen, was ich fühle, wenn ich ihren lebenden Körper sehe. Sie kommt aus dem Hausflur zum Auto. Sagt mir durchs offene Autofenster, «hallo!» Ein offenes, freundliches «hallo», so als wäre nichts gewesen. Ich denke mir, daß sie nach den Tagen der Angst, nach den Wochen der tauben Trauer distanzierter sein müßte. Aber es ist ja auch nur meine Trauer. Ich kann nichts sagen, bin so eingenommen von ihr, von ihrem Anblick, ihrer Stimme. Stottere den Satz hervor, daß sie Bücher von mir hat, die ich dringend für ein Hochschulseminar brauche. Obwohl ich seit Wochen kein Seminar mehr besucht habe, mich auf nichts konzentrieren kann. In Wirklichkeit will ich dir sagen: ach was war ich gemein und narzißtisch. Ja, ich habe dich vereinahmt, ich wollte dich ‹erwürgen›. Ich habe dich erpreßt. Aber nun ist es vorbei, ich bin gesund geworden und fähig zu einer gleichberechtigten Beziehung. Laß uns wieder so nahe sein wie früher.

Ich bringe den Satz heraus: Ich habe mich von dir erholt. Betrug. Jemand anders hätte es auch so sagen können. Ich kann mich nicht von ihr erholen, und ich will es auch nicht. Sie wirkt so selbstverständlich leicht auf mich, daß ich wieder spüre, es gibt noch vieles, was wir gemeinsam machen könnten. Aber ich kann nichts von mir erzählen, und so geht sie wieder hoch.

In der Nacht stelle ich mir zum erstenmal wirklich vor, C. zu ermorden. Ich werde die Treppen zu ihrer Wohnung hochrutschen. Werde an der Tür klingeln. Sie öffnet erstaunt die Tür, wird zu mir heruntergucken. Ich denke, sie wird mich entweder sofort hereinlassen oder erschrocken die Tür zuwerfen. Ich kann gerade noch verhindern, daß die Tür ins Schloß fällt. Sie läßt mich doch hinein, nachdem ich sie überzeugt habe, daß ich nur kurze Zeit mit ihr reden will. Wir sind allein in der Wohnung, uns gegenübersitzend. Ich würde mich bemühen, ihr die Furcht zu nehmen. Ich würde mich bemühen, sie betont ruhig und weich anzugucken, betont ruhig und weich zu sprechen. Bis sie überzeugt ist, daß ich nur zum Reden gekommen sei. Bis ihr Blick auch ruhig und weich wird, ohne jedes Mißtrauen. Schließlich werde ich meine Hände auf ihre Schultern legen, die Daumen auf die Schlüsselbeine, mit einem Gesichtsausdruck, als wolle ich sagen: so, nun ist es wieder gut. Wir werden nichts sagen in diesem Moment. Ich werde mit den Händen beinah unmerklich in die Richtung ihres Halses fahren, die Daumen etwas näher an die Handflächen bringen. Die Finger nähern sich den Halswirbeln. Und die Daumen der Kehle. Ich werde mit den Händen hin- und herfahren, ein bißchen vor, ein bißchen zurück, so daß sie denkt, es sei Streicheln. Meine Augen sehen ruhig und tief in ihre. Das Gesicht wirklich so entspannt, konzentriert auf ihre Augen, daß sie denken muß, ich bin mit meinen Gedanken nur bei dem Ausdruck ihres Gesichtes. Zentimeter vor dem Ziel verspannt sich mein Gesicht zu einer grausigen Oberfläche von haßverzehrten Falten. Blut schließt in meinen Kopf. Die Finger drücken mit aller Kraft gegen die Halswirbel. Die Daumen pressen den Kehlkopf in den weichen Hals. So weich ist der Hals, die Haut, der Kehlkopf, aus der ihre Stimme kam. Alle Energie, die ich habe, presse ich in diesen Druck. Ich werde meine Augen zukneifen, nur den Hals spüren. Und wie ihr Kehlkopf dann wegflutschte, als fiele er in die Speiseröhre. Finger und Daumen drücken beide gegen die Halswirbel. Ich öffne die Augen. Ihr Gesicht ganz weiß und friedlich, schön. Sie hat nicht einmal nach meinen Händen greifen können. Nicht mal kratzen können. So sehr habe ich sie überfallen. Nein, ich würde nicht einmal erschrecken bei ihrem toten Anblick. Könnte die Wangen zwischen den Händen halten. Feststellen, daß sie tot noch entspannter aussieht als lebend. Etwas abgeschlossener, ihr Gesicht. Gefroren. Ruhig. Friedfertig. Frieden haben wollen, von dir!

Am nächsten Tag schlafe ich bis Mittag. Reiße mir nach einer halben Stunde halbwachen Herumdösens die Decke vom Leib. Schleudere sie auf die Erde. Mit Kraft etwas unternehmen wollen, sagt mir mein Kopf. Aber ich kann es nicht umsetzen in Bewegungen. Die Hände baumeln vom Bett. Schlaff will ich die Kraft aufbringen. Die Fingerspitzen berühren ein Stück Silberpapier auf der Erde. Ein kärgliches Stück Shit ist darin eingewickelt. Ich nehme die Silberpapierkugel, wickele den Stoff heraus, stecke den Krümel in den Mund, schlucke ihn herunter. Ohne zu überlegen. Keine Angst, in einen Zustand zu geraten, den ich nicht kontrollieren kann. Was passiert, wenn nichts passiert? Als wäre eine Zeitlupenwahrnehmung in meinen Kopf eingebaut. Meine Bewegungen langsam und schwimmend. Die Fliege an der Decke, als schwebe sie über der Rauhfasertapete. Ich liege noch flach auf dem Bett. Hebe ein Bein und betrachte es. Ohne daß es eine Rührung in mir auslöst. Ich lasse es wieder fallen. Es fällt nicht, es sinkt auf das Bett zurück. Kein Geräusch im Raum. Nichts dringt von draußen in das Zimmer, als sei es ein Vakuum. Mir würde jetzt die Kraft fehlen, mich hinzusetzen. Einfach nur daliegen, zur Decke starren. Sein lassen. Ich weiß nicht wie lange. Weiß nicht, warum ich's plötzlich so kann. Noch nie einen solchen Zustand gehabt. Und nichts spüren. Nichts denken. So etwas war mir immer verhaßt. Wo ist mein Bewußtsein? Es muß doch gleich wiederkommen. Aber es kommt nicht an diesem Mittag. Das geht nicht, ich muß doch etwas tun, will ich mir zurufen. Aber es ist einfach nichts. Langsam wird mir kalt, so nackt auf dem Bett liegend. Ich merke es, aber ich tue nichts dagegen. Alles gleichgültig. Geräusche oder Wärme sind nicht wichtig.

Ich drehe den Kopf, gucke aus dem Fenster, ich kann nicht mal sagen, wie draußen das Wetter ist. Der Blick auf die Bäume löst nichts in mir aus. Nachdem mir einfällt, wie lange ich hier schon liege, setze ich mich in den Rollstuhl und fahre durch die Wohnung.

Über den Vater so schreiben wie über C. Über die Eltern so ausführlich wie über die Beziehung zu C., schießt es mir plötzlich durch den Kopf. Aber ich kann es nicht umsetzen. Kopf und Bauch scheinen getrennt. Nicht nur an diesem Mittag. Ich stehe in Angelas Zimmer und gucke egal wohin. Ich stehe nur da. Greife, ohne zu wollen, aber auch ohne es ausdrücklich nicht zu wollen, in ein Bücherregal. Reinhard Lettau, ‹Der tägliche Faschismus›. Ich blättere wahllos. Gucke auf die Seiten. Lese auch. Aber ich kann nicht sagen was ich sehe. Wahrnehmungen und Verstehen, Erfahrung und Umsetzung scheinen eine gestörte Beziehung zu haben. Überschriften fliegen durch meinen Kopf. ‹Nixon griff in Streik zugunsten der Unternehmer ein›. ‹My Lai passiert täglich›. ‹Rasierklinge in den Apfel gesteckt›. ‹Zweiundsiebzigjähriger Häftling erschossen›. Es wirkt nicht in mir.

Nach einer Weile stelle ich das Buch in das Regal zurück. Gehe wieder in mein Zimmer. Habe immer noch nichts an. Ich kann immer noch nichts dagegen tun. Bin ich taub geworden heute nacht? Hat jemand mein Gehirn, meine Nerven herausgerissen, daß ich zu nichts mehr fähig bin heute mittag? Ich setze mich in den Polstersessel, der am Fenster neben dem Schreibtisch steht. Langsam und bedächtig drehe ich den Kopf von rechts nach links, gucke mir in Ruhe das Zimmer an, das meines ist. Die Augen streifen über einige Gegenstände. Das ungemachte Bett, die Decke liegt noch immer daneben. Die Papiere über den Boden verstreut, der verdorrte Baum steht wirklich noch da. Das Bücherregal, mit den vor dem Regal aufgestapelten Büchern, die ich angefangen habe zu lesen. Diese Unordnung, aber ich bin nicht imstande, sie zu ändern. Also kann es mir egal sein. Ich gucke aus dem Fenster und sehe nichts. Man könnte es genausogut zumauern. Auf der Fensterbank steht das Telefon.

Wo ist sie jetzt? Sie hatte versprochen anzurufen. Warum ruft sie nicht an? Ich schaue auf das Telefon, als wolle ich es durch die Dringlichkeit meines Blickes zum Klingeln bringen. Aber es klingelt nicht. Ich denke, daß sie wohl nach München gefahren ist, mit ihrem Bayern im Englischen Garten auf einer Bank hockt und schön-geistige Gedichte über das Wetter schreibt. Es ist das erste Mal, daß ich etwas spüre an diesem Mittag. Der Gedanke an sie bewirkt etwas in mir. Als hätte es mir jemand befohlen, öffne ich abrupt die Schreibtischschublade. Obenauf ein Packen Papier mit acht grünen beschriebenen Seiten von ihr. Ich nehme die letzten zwei Seiten aus der Lade. Vorsichtig halte ich sie in den Fingern. Als seien sie zerbrechlich. ‹Ich will deine Angst in Blüten ertränken, daß du schwimmen kannst neben mir, von Tiefe getragen.› Verdammt noch mal. Warum rufst du nicht an, du Dichterin, du Heuchlerin. Dieser Satz tut mir so weh.

Im Sessel starre ich sehr lange auf das Blatt, sprachlos versunken, stelle sie mir beim Schreiben dieser Seiten vor. Danach sehe ich das Blatt aus meiner Hand gleiten. Ich sehe es auf die Erde segeln. Ich stütze mich mit den Armen auf die Lehne des Sessels, stemme meinen Körper hoch, setze mich in den Rollstuhl, fahre zum Bett hinüber und lasse mich hineinplumpsen. Nehme das Federbett, bedecke meinen Körper von Kopf bis Fuß mit dem schweren Bett. Warte darauf, daß das Federbett den Körper wärmt. Ich fühle mich geborgen unter der Last der Decke. Bleibe noch lange so liegen. Die Luft wird heiß, ich bekomme kaum noch Luft. Denke wieder ans Aufstehenmüssen. Aber es geht nicht. Vielleicht jetzt ein Glas Wasser, mit hundert blutdrucksenkenden Tabletten nehmen und nie mehr aufstehen müssen.

Gegen zwei Uhr schaffe ich es endlich, mich anzuziehen und in die Mensa zu fahren. Vor dem Gebäude die Stände der politischen Gruppen, die ihr Material verteilen. Menschentrauben, so dicht zusammen, daß sie mich an der Durchfahrt hindern. Der Lärm einer megaphonverzerrten Stimme belästigt mich. Ich gehe an den Ständen der Gruppen vorbei, wühle mich durch die Menge hindurch. Am liebsten alle zur Seite schubsen. Ich hole mir das Tellergericht für neunzig Pfennig, setze mich mit dem Tablett an das Ende eines langen Tisches. Esse gelangweilt, um mich herum sehe ich niemanden. Zerkaue mechanisch, schmecke nichts, taub. Die Leute, die hinter mir zu den Aufgängen strömen und dabei an meinen Rollstuhl stoßen – eine Erschütterung, die sich bis in das sehnige, kalbfleischdurchschneidende Messer fortpflanzt, fauche ich ungeduldig an. Wie aus dem Schlaf geweckt. Nach dem Essen mache ich mich auf den Weg ins Studentenheim. Es nieselt. Ich setze die Kapuze meines Parkers nicht auf. Lasse mir auf das Haar regnen. Egal. Die Sonne hätte auch scheinen können. Auch das wäre egal. Ich bleibe einen Moment stehen. Gucke auf die nasse Straße, zu dem See herüber. Das Wasser sieht tiefer aus, wenn so diesiges, regnerisches Wetter ist. Auf der anderen Seeseite hinter der Villenreihe liegt der große Friedhof der Stadt. Jetzt über den stillen Friedhof gehen. Mich unter einen großen weisen Baum stellen, an einen Grabstein lehnen und warten. Dort ist Ruhe. Dort stört und stößt niemand. Mich nicht durch die lange Allee von der Mensa weg hindurchzwängen, durch die Reihen der dichtgeparkten Studentenautos. Ihnen ausweichen müssen, wenn sie anfahren. Weil diese blinden Idioten mich nicht sehen. Denen, die auf dem Bürgersteig parken, will ich den Seitenspiegel abbrechen, die Fensterscheibe einschmeißen, weil ich ihretwegen den Bordstein einmal mehr rauf und runter muß. Das an einem Tag, an dem das Aufrechtsitzen im Bett schon ungeheure Energien verschlingt.

Im Studentenheim setze ich mich in eine Küche und lese Zeitung.

Dieter kommt aus seinem Zimmer und will abwaschen. Bis vor kurzem haben wir zusammen in einer Knastkontaktgruppe gearbeitet. Dieter begrüßt mich aufmerksam, aber knapp. Macht sich dann sofort an den Abwasch. Ich erkundige mich nach der Arbeit im Gefängnis. Dieter meint, daß diese Gruppe auch ohne mich arbeiten könne. Die Antwort trifft mich, aber ich kann darauf nichts sagen. Ich meine, ich könne mich im Moment nicht interessieren. Ich fühle mich antriebslos, alles sei mir scheißegal. Dieter sagt, daß er meinen ‹Ego-Trip› nutzlos findet. Schließlich sei es doch eine Aufgabe, anderen Leuten zu helfen. Und es mache ja auch Spaß. Ich sage, daß ich nicht mehr selbstlos sein könne, deshalb sei ich aus der Knastgruppe ausgestiegen. Es sei doch Heuchelei, anderen Leuten helfen zu wollen, wenn es einem selbst zum Kotzen sei. Es wäre doch pervers, mich von meiner Geschichte mit dem Elend anderer abzulenken. Und ehe ich nur dasitze und nichts sagen kann, bleibe ich lieber weg.

Ich erinnere mich an ein Seminar über Strafvollzug, das ich mit Dieter zusammen besuchte, um mich auf die Arbeit im Gefängnis vorzubereiten.

Im Plenum dreißig Menschen, hauptsächlich Studenten und Sozialarbeiter. Sie diskutieren über die Auswirkungen des Strafvollzugsgesetzes. Ich kann nichts sagen, mir fällt nichts ein. Ich denke, daß es auch nicht auffällt, in einer großen Gruppe einfach nur zuzuhören. Schließlich hat mein Nachbar auch noch nichts gesagt. Als ich mich dann doch aufraffe, den Finger heben will, um mich zu melden, stellt ein anderer schon meine Frage. Ich bin nicht mehr geübt im Anhören abstrakter Diskussionen. Mein intellektueller Tauschwert ist gesunken, seit ich mit Angela zusammenwohne, denke ich. Vielleicht bin ich aber auch das Kind, das nicht auf den Schoß will, daß ich gerade bei solch zähen Diskussionen neuerdings lieber auf einer Wiese, auf einem Autorücksitz mit einem Mädchen sein möchte. Während Dieter mit einigen gezielten Bewegungen den Abwasch erledigt, spult er nebenbei seine Rede über moralisches Verhalten weiter. Er sagt etwas von Selbstkontrolle, daß man sich doch nicht so fallenlassen könne. Daß man einen Orientierungspunkt bräuchte. Es berührt mich nicht, was er sagt. Mir fällt der Satz von Erich Fried ein, als ich ihn da so, mit dem Abwasch beschäftigt, reden höre.

Ich gehe aus dem Studentenheim hinunter an den See und setze mich auf eine Bank. Es hat aufgehört zu regnen. Ich will in Ruhe gelassen werden. Ziehe die Jacke enger an den Körper. Verschränke die Arme vor der Brust. Den Kopf will ich am liebsten einfahren. Ich will mich dicht machen. Nicht mehr sehen. Nichts mehr hören. Nichts mehr spüren.

Da fällt mir ein, daß heute ja Montag ist, daß der Entwicklungshilfearbeitskreis sich trifft, und ich versprochen habe zu kommen. Ich versuche, den Gedanken schnell wieder beiseite zu schieben. Sperre mich gegen die Vorstellung, mich heute noch mal freiwillig unter Menschen zu begeben. Der Gedanke daran, wieder in diesem Clubraum zu sitzen, einer Diskussion nicht folgen zu können, nicht zuhören oder auch nicht weghören zu können, läßt meinen Körper noch mehr zusammenschrumpfen. Ich will nicht hin. Ich muß, weil ich zugesagt habe.

Wie kommt es, daß ich vor einem Jahr noch Mitgliedern von Gruppen, mit denen ich arbeitete, arrogante Mahnbriefe schrieb, nur weil einige nicht zu Seminaren und Treffen erschienen? Damals schrieb ich, politische Arbeit dürfe nichts mit Lustprinzip zu tun haben. Jetzt spüre ich Unlust. Nur noch die hohle Verpflichtung. Das Gefühl, ich müßte mich bei Dieter entschuldigen, daß ich nicht mehr teilnehmen kann, weil ich private Probleme habe. Ich kann mit dem, was für mich vor einem Jahr lebenswichtig erschien, nichts mehr anfangen.

Die Empörung transportiert sich nicht mehr. Widerstand ist zur Routine erstarrt, auch bei den Aktiven. Veranstaltung zum fünften Jahrestag des Putsches in Chile. Ein Vertreter der Unitad-Popular ist auf Redetournee. Stur, emotionslos, ohne Gestik, Elan und Enthusiasmus leiert er längst bekannte Fakten runter. Man hätte ebensogut ein Tonband aufstellen können. Keiner der Zuhörer ist mehr betroffen, traurig, wütend wie damals nach der Frenz-Rede. Die Funktionäre der Friedens- und Solidaritätsbewegung geben sich ein Stelldichein. Neunzig Prozent der Anwesenden kenne ich vom Sehen. Am Schluß der Rede gelangweiltes Klatschen, keiner der nicht wußte, was gesagt werden würde. Als der Kulturteil beginnt, gehe ich raus. Ich habe keine Lust mehr, indianische Flötenmusik anzuhören. Der Gedanke, daß in naher Zukunft keine Indios mehr leben, weil sie ausgerottet werden, verschafft mir auch kein Sitzfleisch. Ich bleibe nicht, weil Kultur für mich keine Pflichtkür, kein Termin sein soll wie für einen Teil der Funktionäre. Ich denke, früher konnte ich meine Unzufriedenheit hinter einer Diskussion über internationalen Unfrieden verstecken. Ich hatte aber auch Gemeinschaftsgefühle beim Singen von ‹Venceremos› in einem mit achthundert Menschen überfüllten Theater.

Privat-politisch, ein Gegensatz. Privat ein schlechtes, politisch ein gutes Wort? Wilhelm Reich sagt, daß Menschen, die ihre Sexualität unterdrücken, anfällig sind für blinden Gehorsam, aggressives Verhalten und Faschismus.

Der Journalist schimpft über die Schriftstellerin, die darüber schreibt, wie sie ihren Kindern Brot backt. Wer könne sich das denn leisten, fragt er. Als ob sie ihren Kindern Fabrikbrot ins Maul stopfen soll, nur weil es Millionen andere tun. Als ob wir aufhören sollen, uns um eine gesunde Ernährung zu bemühen, ‹nur› weil Millionen verhungern.

Am Abend wieder Krach mit Angela, weil sie nicht zu dem antifaschistischen Arbeitskreis will. Ich sage ihr, sie soll sich nicht so hängen lassen, und es sei Unsinn, wenn sie behaupte, die Gruppe könne ohne sie arbeiten. Ich will von ihr nachher hören, was es Neues von C. gibt.

Als zerbreche etwas in mir. Ich scheue vor Kontakt. Ziehe mich zurück. Gesichter, die mich angucken, belasten mich, Blicke kann ich nicht erwidern. Mir ist, als müßte ich mich ständig gegenüber denen rechtfertigen, mit denen ich mal Kontakt hatte. Als müßte ich ständig mein Verhalten erklären. Aber ich kann nichts erklären. Nichts erzählen. Möchte allein sein, um nicht reden zu müssen. Um von mir nichts mitteilen zu müssen. Ich fühle mich gestört, aufgerüttelt aus einem Tiefschlaf, wenn mich Mitglieder einer Gruppe fragen, wann ich das nächste Mal komme. Ich fühle mich unter Druck gesetzt, nur weil ich eine Einladung zu einer Geburtstagsfete erhalte. Jemand, der mir von hinten mit der Hand auf die Schulter tippt, fahre ich erschrocken an, weil ich die Finger auf der Schulter wie Betonklötze empfinde. Die Berührung erschüttert den ganzen Körper.

Satres ‹Ekel› lesen.

Ich denke, ich muß hinfahren, wo es sehr warm oder sehr kalt ist. Der Schweiß muß vom Körper rinnen – immer noch die Idee, damit würde der Dreck weggespült –, oder ich muß erbärmlich frieren. Jedenfalls muß ich wieder etwas spüren. Vielleicht hilft ein Tapetenwechsel, eine neue Umgebung. Ich bunkere mich ein, um mich selbst nicht zu gefährden. Ich bin noch so voll von C., noch so viele Erinnerungen. Alles noch so triefend, wie ein nasser Schwamm, den man aus der Badewanne holt. Wann wird er hart, gelblich, spröde, trokken?

Spaziergang auf der Via Appia in Rom. Eine fünfzehn Kilometer lange schmale Straße, ehemals ein römischer Friedhof. Am Wegesrand hohe, mächtige Felsbrocken mit den Inschriften der alten Römer. Unverrückbar und zeitlos. Grabmäler. So wuchtig, daß man hinter ihnen Schutz suchen kann. Dauerhaft, ewig. Aber tot. Traum von dieser zeitlosen, steinigen, festen, alles überdauernden, schützenden, beschützenden Beziehung. Aber muß sie nicht durch Zeitlosigkeit sterben? Oder ist diese Beziehung nur ein Mythos, dem ich nachrenne? Eine Versicherung. Meine Unsicherheit, meine Probleme, alle auf einen Schlag gelöst, durch eine sichere Frauenbeziehung. Warten auf die Märchenfee, die mich aus der Scheiße zieht. Ich bin dauernd auf der Suche nach einer Frau und begreife nicht, daß ich nur warte, daß ich nicht aktiv suche, sondern nur ausgucke: mit der will ich schlafen, mit der und mit der und mit der ... Ich habe immer noch die Selbsteinschätzung im Kopf, ich als Behinderter sei weder fähig zu lieben, noch wert geliebt zu werden. Ich verlange, daß die Frau auf mich zugeht, bin unfähig, selbst etwas anzufangen.

Deshalb wäre ich C. und jeder anderen gleichberechtigten Beziehung immer noch nicht gewachsen. Weil ich mich klammere, weil ich haben will, statt zu sein.

Ein Mädchen, das mit ihr studiert, erzählt, C. habe in einem Seminar gesagt, sie sei mit einem Behinderten zusammengewesen. Die Beziehung sei gescheitert. Es verletzt mich so, daß sie mich auf ‹Behinderter› reduziert. Stimmt es denn nicht? Ich bitte das Mädchen, C. zu bestellen, ihr Bild von mir stünde auf dem Kopf.

«Beschreib doch mal eine Szene, in der du ganz nahe mit C. bist, mit ihr schläfst», sagt die Psychologin. Ich weiß nicht, ob es diese Nähe gab. Nein, ‹richtig› geschlafen haben wir nicht zusammen. Natürlich gab es diese Nähe. Ich kann sie nur nicht mehr beschreiben. Wenn ich ihr Bild angucke, habe ich fast das Gefühl, sie ist es nicht mehr.

Beim Schreiben in Florenz liegt das Bild neben mir. Sie guckt nicht in die Kamera, also mir nicht in die Augen. Nicht dahin, wo ich möchte, daß sie hinguckt. Eines Tages ist das Foto verdorben, von einem Tag zum anderen. Es kam wohl Luft unter die Glasfassung des Rahmens. Das Bild von ihr ist zersetzt. Schimmel. Am Hals eine gräßliche Wunde, die sich innerhalb von zwei Tagen über das ganze Fleisch frißt. Alles offen, schwarz-weißes Fleisch. Wie Hautkrebs. Nach drei Tagen ist das Gesicht zerfressen. Jemand nimmt den Rahmen, betrachtet ihn und sagt, «na ja, solche Bilder halten nicht länger als ein Jahr.»

Ich denke, daß es absurd ist, erst dann leben zu können, wenn ich eine Beziehung mit einer Frau habe. Wer verliebt sich schon in einen Toten?

Selbst der Wagen ist voll von Erinnerungen an C. Eines Tages steht er vor der Tür. Dieser Mercedes 250 SE Automatik, den ich für viertausend Mark gekauft habe. Zweimeterfünfzig breit und fast fünf Meter lang, mit einem Satz neuer Nebelscheinwerfer ausgerüstet. Der beige, frischgewachste Lack gleicht einem Spiegel. Die zwölf Jahre sieht man ihm wirklich nicht an. Bekannten, die mich auf das aufwendige Luxusauto ansprechen, sage ich, daß ich den Wagen im Herbst in Syrien verkaufen wolle, um den Rückflug zu finanzieren.

Man hat wirklich ein darüberblickendes Gefühl am Steuer dieses Wagens. Die Liegesitze leicht nach hinten verstellt, die Arme lässig zum Steuer hin angewinkelt, gucke ich durch die riesige, breite Frontscheibe, überblicke den Verkehr wie in einem Breitwandfilm. Der Motor brummt leise, weich und gleichmäßig. Es ist, als schwebe ich in einem Haschischrausch über die Straßenoberfläche, als gleite ich durch das Verkehrsgewühl und jeder macht respektvoll Platz. Benzgefühle. Das Gegenteil von Rollstuhlfahren. Mit dem Stern, der die Mitte der Motorhaube ziert, peile ich die Straßenecken, die Toreinfahrten und die Mädchen an, die den Zebrastreifen bereits zu einem Drittel überquert haben.

Es ist schon ein erhabenes Gefühl. Und die Nachrichten aus dem Radio prallen an mir ab wie die Regentropfen an der gewachsten Karosse. Am Straßenrand sehe ich manchmal einen Penner, mit dem ich früher oft gesprochen und getrunken habe. Er ist mir unwichtig geworden. Eigentlich kein Verhältnis mehr zu Menschen, mit dem Benz.

Am Abend ging ich früh schlafen. In der Nacht erwache ich, muß pinkeln. Auf dem Klo, im dunklen Halbwachen, die Vorstellung, C. liegt nackt auf meinem Bett. Noch im Badezimmer wird mein Glied steif. Ich gehe mit halboffenen Augen zurück in mein Zimmer, schiebe die Bettdecke beiseite und lege mich auf den Bauch mit gespreizten Beinen, beginne eine Frau zu ficken, die gar nicht da ist. Als ich es merke, lasse ich vom Kopfkissen ab, das ich zusammengeknüdelt zwischen den Händen halte und gestreichelt habe wie den Kopf eines Mädchens.

Ich schiebe das Kissen weg, liege bäuchlings auf dem Bett, das Gesicht auf das Laken gepreßt, die Arme von mir gestreckt. Mit einem Ruck, als wolle ich eine Liegestütze machen, stemme ich mich auf, steige aus dem Bett und ziehe mich an. Ich gehe ins Treppenhaus, hole den Aufzug und fahre hinunter. Noch im Aufzug bereue ich, aufgestanden zu sein. Das Surren des Liftes, der Lärm, den das Öffnen der Tür macht, wird die Hausbewohner vom Erdgeschoß links und Erd- bis Obergeschoß rechts an die Fenster und Türen rufen. Es ist mir peinlich, bei meinen nächtlichen Ausflügen beobachtet zu werden. Zumal ich nicht genau weiß, wie spät es ist.

Bevor ich die Tür des Benz von innen schließe, strömt noch dieser unerträgliche Blütenduft in das Innere des Wagens. Er bestärkt mich, hier jetzt wegzufahren. Ich gebe Gas und fahre schnell und leise über die nächtlichen Straßen der Stadt. Richtung Umgehungsstraße. Als der Kick down mich in den Sessel zurückdrückt, fühle ich mich mitgenommen. Ich fühle, wie meine Kräfte wiederkommen. Ich fahre einfach so und lasse mich eine Weile durch die Straßen treiben. Die letzten Tage habe ich antriebslos verbracht. Das ändert sich, als ich in die Umgehungsstraße einbiege. Die hundertfünfzig PS sind nur durch die Schalt-Automatik reduziert. Ich stelle den Lautstärkeregler der Stereoanlage auf voll. Peter Frampton comes alive. Ich gebe voll Gas. Auf der Straße sind siebzig Kilometer Höchstgeschwindigkeit erlaubt. Aber nachts und leer, läßt sie Geschwindigkeiten bis hundertsechzig zu. In den langgezogenen Kurven behält der Wagen immer noch eine hervorragende Straßenlage. Ich habe Gewalt über den Wagen, und ich spüre es. Ich kann das Fahrzeug halten und beherrschen, ohne daß er irgendwann ausbrechen will. In den langen, breiten Geraden fliegt alles an mir vorbei. Ampeln, Häuser, Räume, Laternen, Schilder, Radfahrer, entgegenkommende Fahrzeuge. Wirklich wie im Kino, durch die klare Scheibe, mit der Musik. Nur daß ich die Gewalt hier noch direkter spüre. Und ich schreie, als der Beifall für Peter Frampton aufbrandet. Rase und rase und weiß selbst nicht, wievielmal ich so um den Ring der Stadt gefegt bin, bis ich die Anzeige zur letzten Abfahrt der Autobahn sehe. Ich bremse ab. Merke, wie der Schweiß mir auf der Stirn steht. Nein, am ganzen Körper klebt. Ich fühle mich nicht mehr so aufgewühlt. Erschöpft und ruhig wie nach schwerer körperlicher Arbeit. Ich fahre die Abfahrt herunter, durch eine lange Geschäftsstraße. Um nicht von einer versteckten Streife angehalten zu werden, beachte ich die Höchstgeschwindigkeit. Kurz vor der Ausfahrt aus der Stadt biege ich links in eine Kastanienallee, ich biege einfach so ab. Bis ich merke, daß es die Straße ist, in der C. wohnt. Vor ihrem Haus fahre ich wieder ganz langsam. Als ich glaube, einen Schatten am Fenster vorbeihuschen zu sehen, rücke ich wie elektrisiert enger hinter das Steuer und gebe Gas bis zum Anschlag.

Am nächsten Morgen kommt mir die Szene der Nacht unwirklich vor. Als sei es ein anderer gewesen, der das alles erlebt hat. Überhaupt hätte alles, was ich in diesen Wochen tat, auch ein anderer für mich tun können.

Florenz.

Beim Essen in der Pension fällt mir das Wort Lebenshemmung ein. Ich kann nicht wandern. Nicht aus dem Auto aussteigen, über Felder und Wiesen laufen. Ich kann den Gedanken nicht aushalten, auf dieses Panorama der Berglandschaft Toscana zu gucken und nie, zumindest nie allein, dorthin zu kommen.

Ich will natürlich leben.

Man lese diesen Satz mit den jeweils wechselnden Betonungen der verschiedenen Worte. Mich ausziehen, nackt auf einer Wiese liegen. Durchweht werden tut so gut. Als kitzeln die Sonnenstrahlen die weißen, unberührten Stellen meines Körpers. Die Beine, die Füße, das Becken, den Schwanz, den Hodensack, die Lenden, den Bauchnabel. Wenn jetzt Bekannte aus Kassel vorbeikämen, mich so nackt auf der Wiese liegen sehen, ich hätte bestimmt keinen Grund gefunden, mich schnell anzuziehen, irgendwie wäre ich auch sehr schnell auf Schreiben oder andere intellektuelle Themen zu sprechen gekommen. Wenn ich darüber schreibe, was ich nicht kann, fasse ich mir an den Puls. Ich überprüfe meinen Herzschlag. Wie idiotisch, als ob ich es noch merken würde, wenn das Herz stehenbliebe.

Lebenshemmung.

Gestern während des Katheterwechsels, als kein Schlauch in der Blase steckte, plötzlich wurde der Schwanz steif. Und die Sensibilität war da. Als der neue Schlauch drinsteckte, sackte das Glied zusammen wie ein Luftballon. Ein schmerzhafter Krampf. Als bohre sich der Schlauch in das Geschlecht, drücke auf die Nerven, mache mich impotent. In meinem Leben gibt es sexuell keine oder nur eine verstümmelte Daseinsmöglichkeit, weil ich durch die Vorstellung, nicht ficken zu können, keine Kinder zu zeugen, in einer Wunschwelt lebe. Heute nachmittag der Entschluß: Sobald ich nach Deutschland zurückkehre, breche ich meinen Schwur, mich nie mehr ohne unmittelbare Lebensgefahr auf einen OP-Tisch zu legen. Ich werde zu einem Arzt gehen und untersuchen lassen, ob es eine Möglichkeit gibt, ohne Katheter zu leben.

Mit Judith fahre ich für einige Tage auf den Emslandkotten des Zeitschriftenmachers, um mich zu beruhigen und zu schreiben. Auf der Fahrt im Wagen liest Judith, was ich über Sexualität schrieb. Ich will es ihr immer wieder wegreißen. Kann es nicht ertragen, daß sie über mich liest und dabei mich angucken kann. Ich will mich nicht so öffnen. Sage ihr zwischendurch, was sie lese, sei Jahre alt. Und meine Situation habe sich verändert. Sie sagt nichts. Liest nur neugierig und lacht ab und zu. Ich bin ungeheuer nervös. Dann sagt sie, was ich über den Orgasmus geschrieben habe, finde sie gut. Sie hätte beim Koitus auch noch nie einen Höhepunkt gehabt. Ich freue mich, daß ich so mit ihr über das Geschriebene reden kann. Daß sie mitteilt, wie es auf sie wirkt. Ich fühle mich bestärkt weiterzumachen. Meine Ahnung, daß es nicht nur Behinderte betrifft oder daß viel mehr Menschen behindert sind, als wir eigentlich ahnen oder akzeptieren können, scheint sich zu bestätigen.

Der Kotten liegt in einem Waldstück, nahe einer Bundesstraße. Etwa sechs Kilometer bis zum nächsten Dorf. Rund um das Haus liegen einige Bauernhöfe. Wir sind eine dreiviertel Stunde damit beschäftigt, die Karte auf dem Schoß liegend, die Handzeichnungen daneben, den Feldweg und die Einfahrt zu suchen. Der Nachbar, ein Freund des Zeitschriftenmachers, zeigt uns das Haus. Es gibt elektrisches Licht. Keine Heizung, nur einen Kohleofen. Keinen Elektroherd, nur einen mit Holz und Kohle heizbaren Plattenherd. Kein fließend Wasser, nur eine Pumpe, die das Wasser aus einem Brunnen absaugt. Kein schick gekacheltes Badezimmer. Keine Toilette, ein Plumpsklo hinter einem Bretterverschlag in der Tenne. Die Tenne, ein lichtloser, riesiger, hoher, unheimlicher Raum, bis zur Decke mit Gerümpel vollgestopft. Unübersichtlich. Hinter den Ecken raschelt und krabbelt es. Mäuse, Ratten, Ungeziefer, Katzen. Ich liege den Nachmittag auf dem Rücksitz des Autos und döse. Mir ist so ungewohnt im Haus. Judith sitzt in der Küche und liest. Durch das offene Schiebedach des Autos gucke ich zu den Bäumen hoch. Sattes Grün. Bei der Einfahrt in das Grundstück der beiden Kottenhäuser habe ich gedacht, in eine grüne Höhle zu fahren. Ein einziges grünes Blätterdach. In sich geschlossen. Noch nie so viel sattes, lebendiges Grün gesehen. Mich beruhigt die Farbe. Das Gefühl, ich kann wieder richtig durchatmen.

Ich muß zum erstenmal im Leben ein Feuer anzünden, weil ich friere, weil wir etwas Warmes zu essen brauchen, weil wir Wasser brauchen für den Tee und zum Waschen. Nein, nicht zur Erbauung neben dem Fernseher der Kamin, hier dient er als Lebensnotwendigkeit. Das Holz zerkleinern, das Zeitungspapier zerknüddeln, eine Schicht Papier, eine Schicht dünne Holzscheite auflegen. Und jetzt, nein, kein Spiritusofenanzünder, ein Stück Papier zur Fackel drehen, es anzünden, in den Ofen werfen. Kohle daraufschütten und die Flamme wieder ersticken. Ein neuer Versuch. Es klappt. Drekkige Hände. Ich bekomme eine Beziehung zu der Wärme des Raumes, wenn ich selbst dafür sorgen muß, statt den Thermostat der Heizung aufzudrehen. Das Reisgericht, das wir abends kochen, langsamer essen, weil wir wissen, wieviel Mühe es gemacht hat, es zu kochen. Es ist still nach dem Essen. Das Radio läuft nicht. Der Fernseher nicht, das Tonband nicht, der Plattenspieler nicht. Weil nichts von all dem da ist. Wir überlegen nicht, in welches Kino, in welche Kneipe, welches Theater, in welche Veranstaltung wir gehen, welche Freunde wir besuchen, weil nichts und niemand da ist. Stille. Was hört man, wenn man nichts hört? Würmer im Holz, Ungeziefer, Gräser, Bäume, Fische, Katz-und-Maus-Spiel in der Tenne. Ein Eimer fällt um, ein Brett rutscht aus einem Regal, wir trauen uns nicht mehr in die Tenne zum Pinkeln. Der große Raum wird nur mit einer nackten Birne angestrahlt. Eigentlich hören wir noch viel mehr. Geräusche, die ich nicht beschreiben kann. Oder nur Einbildung, weil ich die Stille nicht gewohnt bin? Irgend etwas muß ja sein. Wir sitzen in der Küche. Vor dem Fenster keine Gardine. Draußen nur die schwarze Nacht. Keine Straßenlaternen, nicht mal Autoscheinwerfer, keine beleuchteten Häuser in Sicht. Im Raum mattes Licht von der Decke.

Judith und ich gucken uns eine Weile schweigend an. Ich stelle mir vor, sie wäre nicht mehr da, würde mir nicht mehr gegenüber am Küchentisch sitzen. Ich blende ihren Körper weg, um mir vorstellen zu können, daß ich die Unheimlichkeit hier alleine aushielte. Dauernd das Gefühl, vor dem Fenster draußen stünde jemand, würde uns beobachten, gleich tauche sein Gesicht hinter der Scheibe auf. Nein, ich klammere mich an Judiths Anwesenheit. Ohne sie würde ich es nicht aushalten. Wir reden nun auch noch über Angsterlebnisse. Über die Angstnacht ohne, mit C. Über die Halluzinationen, die wir beide hatten. Über mein Gefühl, es stünde jemand im Treppenhaus, in der Nacht. Jemand, der hineinwollte, und sie war da, tatsächlich. «Solche Ängste und Befürchtungen sind kein Zufall», sagt Judith, «ich glaube, daß es Energien gibt, die übersinnlich sind, wir nehmen sie bloß in der Stadt nicht wahr», sagt sie.

In der Nacht träumte ich, der Leichnam meines Großvaters müßte tiefer verbuddelt werden. Die Leiche identifiziert werden, um umgebettet zu werden. Mein Vater sei nicht in der Lage, ihn zu identifizieren. Ich auch nicht. Wir fahren zu meinem Cousin, der als Lehrer in der Provinz arbeitet, um ihn zu bitten, es zu tun. Er fragt um Bedenkzeit, geht hinüber in ein anderes Zimmer. Ich frage meinen Vater, ob denn nur Verwandte ersten Grades an die Leiche herangelassen würden. «Ja», sagt er, «Verwandte und Gehirne.» Im Traum denke ich, er meint Gehirnspezialisten, die die Hirne der Toten zu Forschungszwecken entnehmen. Als ich aufwache, denke ich: Gehirne kommen an Tote heran und erschrecke fürchterlich.

Judith erzählt Geschichten aus ihrer Kindheit. Wie ihre Großmutter ihr angst machte und sie deshalb nachts nicht schlafen konnte. Sie erzählt von ihrer ersten Wohnung allein in Tübingen. Sie konnte nachts nicht nach Hause gehen, weil sie dachte, in der Wohnung warte jemand, der sie umbringen wolle. Wie sie so dasitzt und erzählt, platze ich beinahe vor Angst. Denke, jeden Moment wird jemand die Tür aufreißen, in der Küche stehen. Ich höre auf jedes Geräusch in der Tenne und draußen. Ihr Gesicht verändert sich für mich beim Erzählen. Als sei ein dunkler Schleier zwischen uns. Ihre Stimme klingt mal näher, mal entfernter. Ich denke daran, daß mir als Kind mal eine alte Frau erzählte, wenn es nachts fünfmal an die Wand klopft, kommt der Tod tags darauf. Mein Vater stand immer sehr früh auf, um in der Bäckerei zu arbeiten. Neben meinem Zimmer befand sich die Dusche. Wenn er beim morgendlichen Duschen, was ich als Nacht empfand, mehrere Male gegen die Wand stieß, konnte ich nicht mehr einschlafen. Und die Nacht darauf auch nicht.

Die Nacht ist vollkommen dunkel, nicht der Schimmer eines Lichtstrahls. Durch die offene Zimmertür dringt Judiths Atem. Ich denke wieder, wenn ich jetzt allein wäre, ich würde aus dem Haus stürzen, mich ins Auto setzen und in die nächste Stadt fahren. Aber wovor hätte ich eigentlich Angst? Vor der Stille? Vor dem Alleinsein? Vor den unbekannten Geräuschen? Oder hätte ich nur Angst, mit mir allein zu sein? Bei den Selbstgesprächen, die ich manchmal führe, wenn ich lange Strecken allein mit dem Auto fahre, erschrecke ich oft über meine eigene Stimme.

Oder habe ich Angst, daß mein verstorbener Großvater mich nachts auf dem Kotten besucht? Ich weiß nicht, ob ich um den Tod meines Großvaters, der am Abend meiner Konfirmation an Krebs starb, trauerte. Es war mir eigentlich ziemlich egal. Ich wollte nur fluchtartig die Wohnung verlassen, weil ich die Anwesenheit einer Leiche nicht aushielt. Den ganzen Abend die Diskussion mitanhören müssen, ob sie ihm ein Totenhemd oder einen schwarzen Anzug anziehen.

Am nächsten Tag gehen wir mit den Kindern vom Bauernhof nebenan spazieren. Als ich die Umgebung des Kottens bei Tag sehe, kommen mir die Ängste der Nacht fast lächerlich vor. Jetzt könnte mich kein Gespräch über Tote aus der Fassung bringen, keine nach Mäusen springende Katze in der Tenne erschrecken. Warum befürchte ich jetzt nicht, mein Großvater könnte an der nächsten Weggabelung auf der Bank sitzen? Jetzt stelle ich es mir schön vor, hier in Ruhe auf dem Kotten zu schreiben. Zwischendurch einfach hinausgehen an die frische Luft, nachdenken und mich auf eine Bank oder eine Wiese setzen. Wenn die Nächte nicht wären.

Die beiden fünfjährigen Mädchen wollen meinen Rollstuhl schieben. Jede nimmt einen Griff des Stuhles. Begeistert jagen sie mit mir durch die Gegend. Judith sagt nichts. Da sich die beiden nicht über die Richtung einigen können, werde ich willkürlich mal nach rechts, mal nach links gerissen. Ich bitte sie, mich loszulassen. Aber sie hören nicht, machen sich einen Heidenspaß daraus, mich den Weg entlangzuschubsen. Ich wäre fast in den Graben gerollt, als sie mal wieder nicht wußten wohin und mich einfach losließen. Ich bin sauer. Aber sie sind belustigt über das Gefährt. «Mensch, was hast du für kurze Beine?» fragt die eine. Ich reagiere nicht. Die andere fragt, warum ich denn im Rollstuhl sitze, ob ich nicht laufen könne, ob ich krank sei? Ich antworte auf all die Fragen nicht. Möchte die Kinder am liebsten nach Hause schicken. Aber ich bringe es nicht fertig zu sagen: Jetzt geht! Wir wollen unsere Ruhe.

Erwachsenen, die diskreter fragen, kann ich meine Behinderung erklären. Kindern, die ohne zu filtern, offen jede Beobachtung mitteilen, kann ich nur eine Abfuhr erteilen. Wie meine Mutter, die, als ich Kind war, anderen Kindern in meiner Gegenwart nie etwas erklärte.

Eines Sonntags der Besuch einer Arztfamilie bei meinen Eltern. Sie bringen ihren achtjährigen Sohn im Rollstuhl mit. Er hat die gleiche Behinderung wie ich. Das laute Reden des Jungen übertönt alle Stimmen. Am Tisch sitzen wir uns in den Rollstühlen direkt gegenüber. Seine Anwesenheit ist mir unangenehm. Er stellt mir alle möglichen Fragen. Alle Anwesenden hören unserem Dialog zu. Wie lange ich schon im Rollstuhl fahre, ob ich allein zur Schule fahre, ob mich andere Kinder auch immer dumm anredeten, ob mir meine Mutter beim Anziehen helfe?

Als ich in mein Zimmer gehe, weil ich den Jungen nicht mehr aushalte, kommt er hinterhergefahren und meint ganz euphorisch, «wir sind doch jetzt Freunde, oder?»

Wir haben noch zwei Tage auf dem Kotten verbracht. Viel geredet und spazierengegangen. Der Freund des Zeitschriftenmachers kommt herüber, erzählt von dem Landleben. Von der Ruhe, die er hier gefunden hat. Ich kann es nicht begreifen. Dann meint er lachend, es spuke hier auch. Eines Nachts sei er zwischen den beiden Kottenhäusern hin und her gelaufen. Plötzlich fasse ihm von hinten eine Hand auf die Schulter. Er drehte sich um und sah im dunklen Haus des Zeitungsmachers einen schneeweißen Schleier. Ich werde hier mit Sicherheit nicht alleine hinfahren, denke ich. Zum Abschied schenkt er uns selbstangebautes ‹Gras›. Auf der Fahrt nach Kassel rauchen wir eine Graspfeife nach der anderen, bei der Einfahrt in die Stadt ist Berufsverkehr. Aus der Einsamkeit zurückkommen, auf verstopften, höllisch lauten Straßen stehen. Plötzlich bemerke ich die verbissenen, verkrampften Gesichter der Menschen hinter dem Steuer der Autos. Es ist unmöglich, in der Stadt ruhig zu werden. Ein bißchen beneide ich den Freund des Zeitungsmachers um seine Gelassenheit.

Morgens nach dem Frühstück habe ich plötzlich die Idee, die Tagebücher in einer zweiwöchigen irren körperlichen, intellektuellen Anstrengung in ein Buch umzuschreiben. Etwas, woran ich seit Monaten sitze, jetzt an einem Stück beenden. Tag und Nacht schreiben, bis zum Ende. Nein, so geht es nicht. Ich werde mich dauerhafter bemühen müssen, statt all das Gerümpel aus meinem Kopf fortzuschieben und in einem Höhepunkt alles abzuarbeiten.

Die Mappe mit dem Tagebuch liegt im Schreibtisch. Einmal nehme ich sie heraus. Ich lese darin. Die Szene im Englischen Garten. Ich kann nicht weiterlesen. Nein, es geht nicht. Vielleicht ist alles noch zu frisch in mir. Vielleicht spukt mir C. noch zu oft im Kopf herum. Ich rufe einmal in der Woche die Schriftstellerin an, klage über meine Schreibhemmungen, meine Unkonzentriertheiten. Sie macht mir einige Male Mut, gibt mir die Anschrift ihres Lektors. Nimmt das Telefon dann nicht mehr ab. Sie meint, ich schaffe es.

Ich rede bald nur noch übers Schreiben und darüber, wieviel Angst ich habe. Ich denke, ich werde in fünf Jahren noch mein Klagelied singen, wenn ich nicht endlich anfange. Ich schreibe Max von der Grün an, um von ihm etwas über die Rolle als Vater eines behinderten Kindes zu erfahren. Er antwortet nicht. Ich muß selbst herausfinden, wie z. B. mein Vater mich sieht. Ich muß selber denken und schreiben. Egal, wer es wichtig findet. *Ich* muß anfangen. Sonst niemand. Und ich muß mir selbst Ruhe schaffen.

Ich finde immer Ausreden und Ablenkungen. Die Leute, mit denen ich mich treffe und nichts als blödes Zeug rede. Die politischen Gruppen, in die ich gehe. Was wollte ich nicht schon alles machen? In wievielen Initiativen habe ich in den letzten fünf Jahren angefangen? Wie lange habe ich es durchgehalten? Wieviele Ideen für Artikel oder Sendungen hatte ich in den letzten zwei Jahren? Wieviele habe ich verwirklicht? Wieviele Bücher habe ich mir gekauft, um sie zu lesen? Wieviele habe ich wirklich zu Ende gelesen? Wieviele Seminare wollte ich besuchen? Wieviele habe ich bis zum Ende des Semesters durchgehalten? Wieviele Leistungsnachweise wollte ich machen? Bisher habe ich noch keine Prüfung fürs Studium gemacht. Gestern traf ich einen Studenten, mit dem ich zu studieren anfing. Er sagte, er wolle im nächsten Wintersemester Examen machen.

Ich will so viel machen und schaffe kaum etwas. Warum renne ich von einer Beschäftigung zur anderen? Ich kann nichts durchhalten. Ich sage, ich kann in Kassel nicht arbeiten wegen der Ablenkungen. Ich kann auf dem Kotten nicht arbeiten, dort sei es zu einsam. Ich muß mir den Platz schaffen, den ich brauche. Es kann niemand für mich die Energie aufbringen, schon gar nicht, wenn es um mich geht. Spät nachts komme ich angeheitert aus einer Kneipe. Im Aufzug zur Wohnung hochfahrend, frage ich mich, wo ich denn meinen Kopf gelassen habe? Ich treibe ab, wenn ich nicht wieder anfange, meinen Kurs zu bestimmen. «Du suchst herum, wie eine Biene, die von jeder Blüte ein bißchen Honig nimmt», sagt der Journalist zu mir. Mein Kopf ist wie eine Rumpelkammer. Als hätte ich alle Stücke, die ich auf der Suche fand, darin abgestellt, um sie nacheinander herauszuholen und mit ihnen etwas zu beginnen.

Der Germanist sagt, die Suche nach dem *ganzen* Leben erschöpfe ihn so. Er hat jahrelang hochschulpolitische Auseinandersetzungen mitgeführt. Jetzt schläft er wieder bis sechs Uhr nachmittags, läuft mit Bauchschmerzen herum, weil er eine Engländerin liebt, die ihn nicht liebt. Verstümmeltes Leben, sagt er, nach fünfzehn Semestern Studium wird er jetzt Examen machen. Wird mit einer irren Angst dann vor Schulklassen treten und Sicherheiten vermitteln, die er selbst nicht hat.

Ich beschließe, ein halbes Jahr ins Ausland zu gehen. In einem Niemandsland meine Rumpelkammer Gedächtnis ausmisten. Meine Ängste kommen lassen. Meine Geschichte aufschreiben. Ohne Ablenkung mit dem Platz, den ich brauche, damit es mir mit Ende zwanzig nicht so geht wie dem Germanisten.

In der Nacht träume ich, ich würde immer schwächer. Meine Muskeln würden schwinden. Eines Tages wolle ich verreisen und könne keine Reisetasche mehr heben. Am Morgen beschließe ich, endlich regelmäßig Sport zu machen. Der Arzt sagt, Sport sei lebenswichtig für mich. Aber ich halte nichts durch. Auch keinen Sport. Nichts, was Mühe kostet, mache ich länger. Den ersten Tag würde ich hingehen, zum Basketballtraining, den zweiten vielleicht auch noch. Aber am dritten schon würde mir eine Ausrede einfallen.

Kein Wunder, daß ich nichts konsequent mache, bei den Schulen und Klassen, die ich besuchte. Aus denen ich herausgeholt wurde, weil Ärzte sich etwas Neues ausgedacht haben, oder weil ich die Leistungsansprüche nicht erfüllte. Vielleicht sind die Lehrer doch manchmal zu blind gewesen, wenn sie sagten, der Junge hat doch sein Kreuz zu tragen. Den können wir nicht unnötig fordern. Oft genug habe ich Nierenschmerzen vorgetäuscht, um aus der Schule abzuhauen. Keiner hat gezweifelt. Verdammt, oft genug habe ich auch mit Nierenschmerzen und über beide Ohren mit Antibiotika vollgestopft im Unterricht gesessen und buchstäblich nichts kapiert. Ab und zu dachte ich, sie schleifen mich nur mit, dulden mich nur in der Schule. Mein Vater sagte es direkt, der Lehrer gab mir immer zu verstehen, meist vor der ganzen Klasse, daß ich in einer Sondersituation bin. Daß ich besonders belastet bin. Also schrieb er unter die Deutschaufsätze eine eins und unter die Mathearbeiten eine fünf, das gleicht sich aus.

Der Rollstuhl ist immer aufgefallen. Die Biologielehrerin, «du kannst doch nachmittags nichts anderes machen als lesen.» Schuleschwänzen wäre aufgefallen, meine unentschuldigte Abwesenheit hätte Aufsehen erregt, wegen des Rollstuhls. Also mußte ich den Stuhl ausnutzen: Bin heute unpäßlich.

Die Sozialarbeiterin einer Sonderschule für Körperbehinderte, mit der ich rede, sagt, die Behinderten müßten härter rangenommen werden. Wenn jemand hier einen Realschulabschluß mache, hat er es in einer normalen Schule oder Ausbildungsstätte hinterher unheimlich schwer, weil das ungefähr dem normalen Hauptschulabschluß entspricht. Die Lehrer wollen die armen Behinderten nicht über Gebühr fordern, oder sie wollen sich mit ihnen nicht unterbezahlt auseinandersetzen. Also hagelt es gute Zensuren.

Wenn ich mit Jonas über seine Gärtnerarbeit rede, habe ich das Gefühl, etwas mit den Händen herstellen zu wollen. Vom Kunstunterricht hat man mich während der gesamten Schulzeit befreit. Irgendein psychologisches Gutachten besagte, daß die Umsetzungsfähigkeit meiner Ideen im praktisch-manuellen Bereich sehr gering ist. Meine Mutter sagt, ich hätte mein ‹Greifalter› nicht gehabt oder Krabbelalter. Oder so. Ein Psychologe hat ihr das eingeimpft.

Als der Kunstlehrer an der Realschule darauf bestand, daß ich zum Kunstunterricht erscheine, habe ich versehentlich die Linolschnitte unter die Säge gelegt. Er gab auf. Für meine Mutter habe ich zeit meines Lebens zwei linke Hände gehabt. Krabbelalter nicht gehabt!

Marion, die ich in einem Studentenheim für Behinderte in Marburg besuche, sagt, sie hätte zu gute Lehrer gehabt. Die Folge seien ständige Arbeitsschwierigkeiten im Studium. Sie könne sich auf nichts konzentrieren, kaum ein Buch von Anfang bis Ende durcharbeiten. Sie sagt, das behindere sie heute, daß sie nicht an einem Stück durcharbeiten könne.

Die letzten zwei Tage in Florenz nur herumgefahren und geguckt. Ich sitze viel im Bahnhofscafé. Was will ich bei den auf die Abreise Wartenden? Es ist wie eine Suche. Fast wie zu Hause. Die Ruhe zum Schreiben in Florenz habe ich nur durch die Tatsache, daß ich zu faul bin, Italienisch zu lernen. Wenn ich die Sprache verstünde, mehr Kontakte hätte, würde ich hier das gleiche Leben führen wie in Kassel. Ich will mit Leuten über die politischen Plakate reden, die ich sehe. Ich will etwas über die sozialen Probleme Italiens wissen, über die Situation von jungen Leuten. Ich will Kontakt haben. Ich will etwas über die Situation von Behinderten wissen. Ich will eigentlich nur mit einer Italienerin schlafen.

Mit einem Mädchen, das gut Englisch spricht, will ich ans Meer fahren. Wir verabreden einen Treffpunkt. Ich bin froh, daß wir miteinander reden können. Sie will mir Florenz ein bißchen zeigen. Aber sie kommt nicht zu der Verabredung, läßt ausrichten, daß sie zu müde sei. Ich sollte wirklich in der Pension bleiben. Ein Tag, an dem ich, sei es auch nur für ein paar Stunden, nach Florenz fahre, ist verloren als Schreibtag. Ich muß hierbleiben, sonst treibe ich wieder ab von der mühsam errungenen Konzentration.

Gleichzeitig.

Ein Samstagnachmittag in einem Transvestitenpuff in Rom. Einer der Transsexuellen stirbt auf dem Klo an einer Überdosis Heroin. Ein Samstagnachmittag in jener berühmten Klinik in Neapel. Eine Frau, Mitte vierzig, kommt schreiend, heulend, von zwei Männern gestützt aus dem Hauptportal, wird in ein Taxi gesetzt. Ihr drittes Kind ist an dem Virus gestorben, der regelmäßig Säuglinge und Kleinkinder in einem neapolitanischen Elendsviertel befällt. Ein Samstagnachmittag bei einer indischen Reisbauernfamilie. Wie ist er? Ein Samstagnachmittag für einen Polisario-Guerilla in der West-Sahara. Wie ist er? Ein Samstagnachmittag in einem Armenviertel in Managua. Gerade der, als Somossa befahl, die Slums mit Napalm zu bombadieren. Ein Samstagnachmittag für eine Rentnerin in

Altona. Ein Samstagnachmittag in einem Münchener Penner-Asyl. Ein Samstagnachmittag im Anna-Stift-Haus Roderbruch in Hannover. Einer der Behinderten hat sich in die Hose geschissen, sich in die Hose scheißen müssen, weil er um elf einem Pfleger gesagt hat, er müsse aufs Klo. Der hatte keine Zeit. Ein Samstagnachmittag für einen Strichjungen am Bahnhof Zoo in Berlin. Ein Samstagnachmittag in einem achthundertfünfzig-Zimmer-Studentenheim in Münster-Mecklenbeck. Aus dem Fenster gucken und feststellen, der Hof, die Häuserwände und der Himmel sind noch nicht ganz übergangslos grau. Ein Samstagnachmittag beim Kaffeetrinken in einer deutschen Kleinfamilie. Vater im Bademantel, Mutter verteilt Kondensmilch auf Kaffeetassen. Na ja. Ein Samstagnachmittag mit Studenten in einer evangelischen Akademie in Norddeutschland. Eine Tagung über Probleme anderer Menschen. Nun ja.

Nicht oft genug kann ich nicht ruhig bleiben bei dieser erschrekkenden Gleichzeitigkeit. Ich leide darunter, daß Menschen leiden. Ich kann nichts dazu, ich werde verrückt bei dem Gedanken, wieviel Menschen elendig krepieren, während ich in Florenz in einem Café sitze und nichts tue. Ich weiß, daß das Nachdenken darüber wenig bringt, weil ich mich verlieren würde beim Palaver über das Elend dieser Welt. Ich weiß, daß ich eine Richtung in mein Treiben bringen muß. Mich auf eine Sache konzentrieren muß. Inzwischen kann ich auch zu meinem Leiden stehen.

Einen ‹Spiegel› nach dem anderen verschlingen. Auch die zehn Jahre alten, die, sorgsam gebündelt, bei Friederike im Haus liegen. Spezielles Interesse an den Geschichten über Umweltzerstörung. Ich will mein Auto verkaufen, nicht mehr mitmachen, zumindest mal sehen, wie und ob's geht, ohne. Ich habe Angst, vergiftet zu werden, ohne daß ich es merke. Das Trinkwasser in Florenz schmeckt untrinkbar nach Chlor. Im Fleisch, die Antibiotika und Hormone, die man Tieren gibt, setzen sich in unseren Knochengelenken ab. Was ist, wenn eines Tages die Ozonschicht ‹Löcher› bekommt, wegen der Treibgase in den Spraydosen? Wie wird es sein, wenn wir erfahren, oder erahnen, wir sterben den Strahlentod, weil in Kalkar ein GAU passiert ist? Ich denke an Selbstmord, weil ich nicht gezwungen sein will, solches Ende mitzuerleben. Und es sind keine neurotischen Ängste. Die Zerstörung ist real. Ich habe jetzt Raucherhusten, von den Gauloises.

Kassel.

Ich suche Anknüpfungspunkte. Ich treffe mich nach langer Zeit wieder allein mit Petra. Sie sagt, sie will raus aus ihrer Wohnung. In eine Wohngemeinschaft. Das ist die Verbindung zwischen privat und politisch, die ich meine, denke ich, als sie mir in einer Kneipe von ihren Wohngemeinschaftsplänen erzählte. Ich habe ein bißchen Angst davor, mein Intimleben so rauszulassen. Aber es muß versucht werden. Wirklich über Angst reden. Über die wirkliche Angst reden.

Vielleicht bin ich nicht gemeinschaftsfähig im Moment. Zu sehr in mir, als daß ich mit anderen wohnen und leben könnte. Ich kann meine Zustände schlecht vermitteln im Gespräch. Mir fehlen die Worte. Und es fehlt mir Wärme. Die Leute sind so abgewandt. Die Haltung der Arme zu einer Linie verlängern, dann siehst du, wie jemand ist, was er will. Diesen Satz lese ich in meinem Buch über Körpersprache.

Meist liegt ein Arm seitlich vor dem Bauch. Wie ein Querbalken. Oder eine zur Faust geballte Hand, würde mir bei Verlängerung direkt ins Gesicht oder vor die Brust oder ins Geschlechtsteil stoßen.

Nein, es darf kein Widerspruch sein, die scheinbare Innerlichkeit, die eigenen Probleme und die Äußerlichkeit, die nicht nur scheinbar entrückte Ökologie und Ökonomie, die Gegenstände zu zerschlagen und wieder richtig zusammenzusetzen. «Was ist Dialektik?» fragt die Spitzenklöpplerin ihren Philosophie studierenden Freund. Vielleicht ist es der Drang, sich abzuheben von anderen, alles zu abstrahieren, zu vermitteln, sich zu rechtfertigen, sich recht fertig zu machen, was das Leben noch viel mühevoller macht. Nicht geradeaus leben, nicht geradeaus reden können. ‹Unverstellt sich selber geben.› Steht in ‹Klassenliebe›. Ich beschließe, daß es keine objektive Motivation für politisches Engagement gibt. Jeder macht es aus unterschiedlichen Gründen. Und warum nicht mit Menschen zusammenarbeiten, die sich für etwas einsetzen, nicht auch, sondern gerade weil man sich alleine fühlt. Weil wir rausmüssen aus den Parzellen. Weg von den Kneipentresen, Flipperautomaten und Fernsehern. Und weil die Perspektive dieses Alltags, oder jedes Alltags, zum Wahnsinn treibt. Nur Leben an Feierabenden und Wochenenden. Mit Fernseher und Mittelklassewagen. In der Ehe und dann mit Kindern in der Mietwohnung, und wenn's gut geht, im Eigenheim. Nicht mehr zugestehen können, daß Scheiße läuft, weil wir buchstäblich in zu vielen Versicherungen drinhängen. Und nach dem Ficken zufriedener, spannungsloser einschlafen und nicht kapieren, warum.

Der Freund von Petra versucht mich wieder in die Kinderladengruppe hereinzuholen. Wir sitzen öfter an Biertischen zusammen. Auch sein Arm langt mir meistens in die Fresse. Er redet so schnell, daß ich ihn oft nicht verstehe. Wir reden nur über Politik zusammen. In den Redepausen versuche ich, mir wieder etwas Kluges aus den Gehirnwindungen herauszupressen. Ich weiß nicht, ob es mir gelingt. Ich sehe, er bemüht sich um mich. Aber wir reden doch nicht das, was wir reden müßten. Er windet sich so aalglatt, dann rutscht ihm endlich der Satz raus, «ich würde mich freuen, wenn du dich wieder meldest.» Ich habe gerade woanders hingeguckt und reagiere erst ein, zwei Sekunden später. «Also für mich, für mein Gefühl», schiebt er nach.

Petra ruft jede Woche an, fragt, ob ich denn zur nächsten Sitzung der Kinderladengruppe käme. Verflucht, ich will nicht dahin, um jemandem einen persönlichen Gefallen zu tun. Ich tue mich schwer, jedesmal eine Ausrede zu finden. Sage dann, es hätte keinen Sinn, wenn ich noch zwei-, dreimal käme. Weil ich ins Ausland will für ein halbes Jahr. Deshalb nicht längerfristig mitarbeiten kann. In Wahrheit will ich einfach nur aufhören, mich über fünfzehn oder mehr Meter Elendsanalysenliteratur zu bestimmen, die Mann und Frau gelesen haben müssen in den Gruppen. Petra findet es schlimm, daß ich keine Aufgabe habe, mich so hängenlasse. Ich finde, sie moralisiert. Ich sage, ich könne im Moment nichts Ernsthaftes, Diszipliniertes tun, alleine nicht.

Wieder der Traum von einer Wohngemeinschaft, vom Zusammenleben mit anderen. Als ich bei der Psychologin im Bett liege.

Vor Weihnachten mit meinen Eltern in einem Warenhaus in Kassel. Heißluft am Eingang wird mir genauso mächtig gegen den Körper geblasen wie die Menschenströme. Sichthöhe: Geschlechtsteile, Bäuche, Brüste, Plastiktüten. Menschenmauern vor den Wühltischen. Ich werde verrückt, wenn mich meine Eltern schieben. Vorsichtig, demütig, wartend, bis der Vordermann oder -frau sich bequemt weiterzugehen. Wenn es absolut zu lange dauert, im ‹Ach-es-ist-mir-ja-so-peinlich›-Ton um Durchlaß bittend. Mein Vater schiebt, meine Mutter geht dann vor, tippt demjenigen auf die Schulter, macht auf mich aufmerksam. Dauernd rennen Leute dicht vor den Rädern herum, alle paar Sekunden wird der Rollstuhl vom Schieber durch eine ruckartige Bewegung gestoppt, für mich völlig unkontrolliert, willkürlich. Das Feingefühl des Schiebers hinten über mir ist entscheidend. Fußgänger bestimmen das Tempo. Wenn ich allein durch die Masse will, schreie ich einmal eindringlich laut ‹Vorsicht›. Wer da nicht hören will, muß fühlen. Rollstuhlfußrasten in die Hacken gestoßen zu bekommen, soll angeblich gemein weh tun. Mir macht das auch keine Freude. Aber notfalls die Leute mit den Armen zur Seite schieben, um an dicht umlagerte Stände zu kommen. Ich denke nicht daran, mich vorher zu entschuldigen dafür. Jeder durchschnittlich große Fußgänger kann von hinten über den Kopf eines Rollstuhlfahrers hinwegsehen, nicht nur von hinten. Aus der Rollstuhlperspektive kann ich keinem Fußgänger über die Schulter gucken.

Wenn meine Eltern mich schieben, mit der Begründung: Sonst wirst du so schmutzig, oder einfach aus Gewohnheit, traue ich mich nichts mehr. Lasse ich mich gleichgültig verschaukeln. Die Frau, die uns schnellen Schrittes vollbeladen mit Tüten in einigen Metern Entfernung entgegenläuft, hat ihre Augen interessiert auf die Auslagen links des Ganges gerichtet. Achtet nicht auf den Weg. Andere Fußgänger weichen ihr zwei Meter vorher aus. Mein Vater kann das nicht anders machen, als mich links in einen Mantelstand zu setzen, oder rechts einen Rentner aus dem Gleichgewicht zu bringen. So läuft die Dame auf den Rollstuhl, wird jäh aus dem Traum gerissen, legt sich fast auf mich, ich kann ihren Schweißgeruch riechen. Ihre Tüten landen auf meinem Schoß. Sie reißt ihren Kopf hoch, zu meinem Vater, ein beiderseitiges Entschuldigungsgestammel.

Ich komme nirgendwo richtig ran, weil sich meine Eltern so viel entschuldigen müssen, um mich durchzuschleusen. Es ist ihnen wohl peinlich. Am Jackenstand sucht meine Mutter in Zusammenarbeit mit einer Verkäuferin das richtige Modell für mich aus. Ich stehe daneben, die beiden verständigen sich über meine Größe, darüber, daß die Jacke warm und gefüttert sein muß, daß die Arme beim Rollstuhlfahren so schnell durchgescheuert werden, also empfehle sich robuster Stoff. Ich werde von der Verkäuferin nicht einmal angeguckt. Sie übergibt nach der Auswahl meiner Mutter die Modelle, die mir beim Anziehen hilft. Manchmal versuche ich, mit besonders lauter Stimme in das Gespräch einzugreifen, meinen Geschmack anzubringen. Die Verkäuferin quittiert meinen Einwand mit einem kurzen ‹Hast schon recht, aber stör uns nicht›-Lächeln. Meine Mutter will noch einen Pullover kaufen, ich schreie sie an, will endlich raus hier. Wundere mich selbst, daß ich die Energie noch aufbringe, mich zu wehren. Draußen will sie, daß wir noch zu dritt über die Fußgängerzone bummeln. Ich lehne barsch ab, weil ich nicht von Bekannten gesehen werden will, während mich meine Eltern schieben. Ich kann dieses langsam, bedächtig und vorsichtige Geschoben-werden nicht ertragen.

Florenz.

Nachts stehe ich auf der Piazza Senioria, dort, wo die Autos nicht lärmen und stinken. Die Massen haben ihre Fotoapparate abgelegt und sind schlafengegangen. Aus der Umzäunung eines geschlossenen Straßencafés hebe ich mir einen Stuhl heraus, trage ihn mitten auf den Platz. Sezte mich in den Stuhl, lege die Beine auf den Rollstuhl. Am anderen Ende des Platzes spielen Jugendliche Fußball. Ihr Lärm dringt von weitem an mein Ohr. Jeder Mensch, der jetzt in meiner Nähe vorbeiginge, dort vielleicht stehenbliebe, würde mich stören. Ich genieße es, hier nachts allein herumzulaufen und zu sitzen, solange ich will, und wo es mir paßt.

Abends war ich bei der Vorsitzenden eines italienischen Behindertenverbandes zum Essen eingeladen. Sie ist knapp vierzig, mager, knochige Gestalt, klein, kurz geschnittenes schwarzes Haar, breiter Mund, dünne, blutleere Lippen. Aber große kräftige Augen. Für ihre Augen fällt mir nur der Begriff mütterlich, sizilianisch ein. Streng und leidenschaftlich. Zur Begrüßung reißt sie meine Begleiter zu sich herunter in den Rollstuhl, zieht die Körper der Fußgänger an sich, drückt ihnen laute Küsse auf die Wangen. Hält dann ihrerseits die rechte und die linke Wange hin. Anfangs Sprachschwierigkeiten. Wir verständigen uns auf Englisch. Sie gleitet immer wieder ins Italienische ab. Sie entschuldigt sich bei mir, daß der Eßraum noch etwas chaotisch aussieht, «gestern waren wir zwanzig», sagt sie. Sie hat ihren Clan unter Kontrolle. Auf ihre Anweisung hin wird Essen gekocht, der Tisch gedeckt, die Tür zugemacht, weil sie friert, der Wein vom Nachbarn geholt. Die Zigaretten ausgemacht, weil sie den Rauch nicht verträgt. Wir sitzen uns am Tisch gegenüber. Sie erzählt von ihrer Arbeit. Jedes fünfte Wort heißt ‹Struggle› oder ‹Fight›. Ich beschränke mich auf Fragen und Beobachten. Zwischendurch sagen die anderen in der Runde zu mir etwas auf Italienisch. Ich verstehe nur Bruchstücke. Sie übersetzt es nicht einmal, guckt sich um und sagt: «These are my children.» Einem Spastiker, etwa so alt wie ich, der mit uns und fünfzehn Leuten am Tisch sitzt, sagt sie, er soll sich den Mund mit der Serviette abwischen. Sie redet fast zwei Stunden, unterbrochen von meinen Fragen und ihren Sprachschwierigkeiten, vom Kampf gegen Ärzte, Bürokraten, Architekten und Unternehmer. Sie spricht von ihrem Traum, die Behindertenheime auszuräumen, den Bewohnern draußen eine normale Existenz zu verschaffen und darüber einen Film zu drehen. Später, nach einigen Gläsern Wein, erzähle ich von meinem Buch. «Oh, ein Buch», unterbricht sie mich begeistert, «über die Revolution?» – «Nein, über mich», sage ich beschämt, «ist aber nichts Konterrevolutionäres.» Sie sagt, sie schreibt nur Kurzgeschichten, «short stories, best I write short before I'll commit suicide.»

In der Nacht durch Florenz rollend, merke ich, es würde mich erschlagen, so ununterbrochen zu kämpfen, ununterbrochen mit anderen zusammen zu sein. Es würde mir den Atem nehmen, wenn ich mich nur durch Kampf bestimmen würde. Es wäre mir zu laut, ich könnte mich selbst nicht mehr hören, nur so kämpfend.

Kassel.

Nach dem Pizzaessen mit vollem Magen zum Fachbereich der Sozialpädagogen. Der Asta veranstaltet eine Fete. Als die anderen aus dem Auto steigen, will ich plötzlich nicht mehr mit. Das Gedränge, die Stufen hinunter, die Luft, die Lautstärke. Ich fahre zum Bahnhof in der Nähe des Fachbereiches. Ich will reisen, bindungslos umherziehen, und gucken, wie weit ich komme, im Rollstuhl mit meinen Ängsten. Wann werde ich umkehren?

Die behinderte Psychologin gibt mir eine Adresse einer behindertengerechten Pension in der Nähe von Neapel. Nein, nicht schon wieder Behinderte. Ich will unbelastet unterwegs sein, nicht laufend mit meinen Handicaps konfrontiert werden, sondern ausprobieren, wie ich sie bewältige. Ich fahre nicht weg, um in die alten Strukturen hineinzukommen.

Der Journalist erzählt mir von einem französischen Rollstuhlfahrer, der um die Welt getrampt ist. Das ist noch spannend. Ein bißchen schlechtes Gewissen habe ich, einfach so wegzufahren und nichts Richtiges zu tun. Wenn ich dann aber doch irgendwann in den Alltag einsteige, muß ich ja auch mit vier Wochen Urlaub auskommen. Also weg.

Ich fahre durch die Straßen von Kassel und begreife nicht mehr, wie ich früher nach Wochenendbesuchen so traurig nach Hause fahren mußte. Ich weiß gerade noch, daß Annegret der Auslöser war, nach Kassel zu gehen. Meine Liebe zu ihr war der Grund, mich von zu Hause loszulösen. Zum erstenmal im Leben war ich nicht Sorgenkind, sondern Mensch mit Macken und Vorzügen, ich mußte Kritik verdauen und nicht mit Ablehnung verwechseln. Für meine Eltern gab es vier Möglichkeiten, wie ich in Kassel ums Leben kommen könnte: Im Dreck meines Zimmers ersticken. Mangels medizinischer Aufsicht krepieren und mit dem Geld nicht auskommen, mir nichts Richtiges zu essen kaufen. Oder bei einer Demonstration unter die Räder kommen.

Ich weiß noch, daß ich vor vier Jahren den See in der Stadt mit frischem Tau verband, mit Frühlingsduft. Nebel, der sich lichtete, als der Freund von Annegret mich morgens um sechs zum Zug brachte. Ich habe mir in Kassel selbst ein Zimmer im Studentenheim besorgt. Als ich noch kein Auto hatte, bin ich oft stundenlang kilometerweit durch Kassel gefahren. Mit Blasen an den Händen, nur um in Seminare zu kommen.

Zweimal bin ich von zu Hause abgehauen, um nach Kassel zu fahren, weil ich demonstrieren wollte, daß ich es allein schaffe. Wenn ich in den Nachrichten das Wort ‹Kassel› hörte, dachte ich an Annegret und die Möglichkeit, dort zur Schule zu gehen. Jetzt ist alles eingefahren, ich sehe keine Chance mehr, in dieser Stadt noch jemanden kennenzulernen.

Der Tramper, den ich auf der Autobahn mitnehme, sagt, er komme immer mal gern nach Kassel zurück, weil er dort seine ‹Abnabelungsorgie› gefeiert habe. Ich fahre durch das Kneipenviertel der Stadt, durch die Altstadt. Es könnte die Altstadt, das Kneipenviertel jeder anderen unbekannten Stadt sein. Als sei ich noch nie hier gewesen. Als hätte ich keine Geschichte hier gehabt. Ich fahre vorbei an der Uni, zu dem Haus, in dem sich die Kinderladengruppe trifft. Vor der Tür auf dem Parkstreifen stehen Autos mit ‹Terres des hommes›-Aufklebern auf der Heckscheibe. Hinter den Fenstern des Versammlungsraumes brennt Licht. Und gleich werden sie herauskommen und in eine der Kneipen gehen. Ich fahre zu dem Studentenheim, in dem Annegret wohnte, aber ich weiß nicht mehr, welches Fenster es ist, hinter dem wir so oft saßen.

Bevor ich länger ins Ausland gehe, will ich noch zwei Wochen wegfahren, Bekannte besuchen, bei einem Rehabilitationskongreß zuhören und Material für eine Rundfunksendung über Behindertenheime sammeln.

In einem Studentenheim für Behinderte und Nichtbehinderte in Marburg bekomme ich meinen ersten Rollstuhlkoller. Das Heim, in dem ich für ein paar Tage wohne, liegt auf einem Berg mit 12 % Steigung. Mein Auto kommt dort kaum hoch, geschweige denn die Leute im Rollstuhl. Die meisten behinderten Studenten, die hier wohnen, haben nicht einmal ein Auto. Sie werden morgens mit dem Bus zur Uni gefahren und abends wieder abgeholt. Ein Kleinbus für sechsunddreißig Rollstuhlfahrer. Privatfahrten zum Einkauf in die Stadt oder zum Besuch von Freunden, Kinos und Konzerten gibt es nur in Ausnahmefällen. Der Leiter des Heimes glaubt nicht, daß einer der Bewohner auch nur einmal das Bedürfnis habe, das Haus spontan am Abend zu verlassen. Das Heim, auf dem malerischen Schloßberg gelegen, wie es der Heimleiter nennt, hat laut Prospekt einen zwölftausend Quadratmeter großen Park, in dem die Behinderten lustwandeln können. Vom Park sehe ich nichts. Aus dem

Erdgeschoß führt eine schmale Tür auf eine terrassenähnliche Betonplattform, die direkt an den steil hinaufführenden bewaldeten Schloßberg anschließt. Ich vergesse, den Heimleiter zu fragen, ob er die steilen Haarnadelkurven, die von der Innenstadt zum Heim hinaufführen, probeweise schon mal im Rollstuhl zurückgelegt hat. Im Haus hängen vor den Flurtüren Strippen herunter wie die Abzüge an den alten Klos. Man fährt mit dem Rollstuhl auf die Tür zu, zieht vorher kurz an der Strippe, ein bis zwei Sekunden Wartezeit, ein kurzes Surren, die Tür öffnet sich automatisch. Neben der einzigen Treppe im Haus führt eine Rutsche her. Nur im Notfall zu benutzen. Damit auch die Schwerbehinderten, die im vierten Stock wohnen, bei Feuer noch eine Chance haben, lebend ins Freie zu gelangen. Als ich durch das Haus fahre, sehe ich fast nur Behinderte, fast nur Rollstuhlfahrer. Wo sind die zwei Drittel Nichtbehinderten, die hier nach den Zielvorstellungen des Erbauers wohnen sollen? In einer Flurküche abends, eine feste Clique. Nur Rollstuhlfahrer sitzen vor dem Fernseher. Auf dem Tisch liegt eine Gabel, an der jemand all seine Aggressionen ausgelassen haben muß, völlig verbogen. Ein Mädchen, deren Hand gelähmt ist, ißt später damit. Einige spielen Karten, die anderen gucken Fernsehen. Jeder hat eine angebrochene Flasche Bier vor sich. In der Tischmitte steht der Korn. Es wird nicht viel gesprochen. Die Leute kommen mir abgeschlossen vor, als sei alles, was hier passiert, eine Selbstverständlichkeit, als gebe es keine Überraschungen mehr. Als später im Heim ein Mann mit Muskelschwund beim Baden an Herzschlag stirbt, sitzen die Bewohner des Flures am Abend wieder in der Küche, saufen, spielen Karten, gukken Fernsehen, als sei nichts geschehen.

Ich war einmal mit einer nichtbehinderten Freundin hier – auf der Fahrt zu dem Heim hatte ich ein ungutes Gefühl. Ich will nicht zugeben, daß mir an einigen der Leute hier im Heim etwas liegt. Will nicht mit den Behinderten identifiziert werden. Auf der Rückfahrt fragt das Mädchen beeindruckt, was hat die denn, was hat der denn?

Ich bleibe vier Tage in dem Heim, treffe mich mittags in der Mensa mit den Bewohnern. Oder auch einmal abends in der Kneipe. Immer ist ein ganzer Tisch mit Rollstühlen besetzt. Am Eingang der Mensa fahre ich gegen eine geschlossene Glastür. Ich hatte erwartet, daß sie sich automatisch öffnet. Eine nichtbehinderte Heimbewohnerin, die ich in der Küche treffe – die einzige Nichtbehinderte, die ich in den vier Tagen spreche – sagt, sie nerve das monotone Surren der Elektrostühle. Sie kenne keinen der Behinderten näher. Alles erinnert mich hier an Krankenhaus.

Morgens in der Küche beim Frühstück, Rollstühle, Pfleger, die das Essen für die zubereiten, die es nicht alleine können. Mittags in der Mensa Rollstühle, an einem Tisch sitzend, das Essen in einem Raum einnehmend, in dem normalerweise geraucht und Kaffee getrunken wird. Weil der Eßsaal nur über Stufen zu erreichen ist, holen Pfleger die Tabletts herunter. Nachmittags im Haus kaum Rollstühle, weil Vorlesung ist. Der Bus fährt so selten, also bleiben die meisten den ganzen Nachmittag in der Uni. Abends in der Küche Rollstühle, abends im Fernsehraum Rollstühle. Und Bierflaschen. Ich frage einen der Männer, der ein Auto in der Tiefgarage stehen hat, warum er nicht in die Stadt fährt, statt hier mit anderen Rollstühlen herumzusitzen und zu saufen. Er sei nichts anderes gewöhnt, sagt er. Ich sitze im Zimmer eines Rollstuhls. Er ist bei den anderen in der Küche. Ich kann nicht mehr dorthin. Alles ist so behindernd hier. Rollstühle. Mit keinem jetzt spontan in die Stadt gehen können. Nicht mal allein aus dem Haus können, einen Spaziergang machen, weil ich den Berg nicht allein wieder heraufkomme. Die einzige Frau, mit der ich reden kann und vielleicht etwas unternehmen möchte, ist auch behindert: Rollstuhl, Muskelschwund, kann nicht mal vom Rollstuhl allein ins Bett. Nur noch Hindernisse. Ich sehe keine Menschen, die hier in Stühlen sitzen, ich sehe nur die Rollstühle. Und ich sehe mich selbst nicht mehr im selben Rollstuhl sitzen. Ich rolle den Rollstühlen aus dem Weg, will weg hier, hinaus, unter lebendige Menschen. Oder lieber allein im Zimmer sein, statt mit einem Rollstuhl. Ich frage einen der Rollstühle nach einer Kneipe, nach einer Pizzeria in der Stadt. Er schüttelt mit dem Kopf, «ist nicht. Kommste nirgendwo alleine rein. Sind überall Treppen davor.»

Der Rollstuhl ist Zwang in dem Heim. Das Hiersein mit dem Rollstuhl ist Zwang. Der Fahrdienst ist Zwang. Der Pflegedienst ist Zwang. Das Leben ist Zwang hier. Das Saufen dann auch. Ich denke, warum holt einer der Rollstuhlfahrer, der im ‹Kommunistischen Bund› mitarbeitet, seine Genossen nicht zu den Sitzungen in diese Monstergruft, damit sie sehen, was hier abläuft. Fast jeder der hier wohnenden Behinderten ist so schwer gehandicapt, daß ihm laut Gesetz ein Zivildienstleistender zur Verfügung gestellt werden müßte, um ihm zu helfen. Warum ziehen diese Behinderten nicht aus dem Heim, nehmen sich eine Wohnung, lassen sich von einem Zivildienstleistenden helfen? Fangen an, da zu leben, wo das Leben ist. Versuchen, Wohngemeinschaften zu gründen, in denen Behinderte und Nichtbehinderte leben. Aber wie oft wollte schon jemand raus, Sonntagabend, nur auf eine Pizza, oder ins Kino und hat es sich verkniffen, weil er der festen Meinung war, es gäbe Barrieren, die seien unüberwindlich.

Ich denke, daß es ein spannendes Wagnis wäre, diese Gettos zu verlassen und sich selbständig zu machen. Ich denke, daß es eine subversive Aktion wäre, diese Gesellschaft mit ihren Monstern zu konfrontieren, die von ihr systematisch ausgeschlossen werden. Aber die Bierautomaten, die Farbfernseher, das Schwimmbad sorgen dafür, daß die Monster sich ein bißchen wohlfühlen in ihrer Gruft.

Ich fahre weiter nach Wiesbaden, besuche die behinderte Frau, will an einer Diskussion teilnehmen. Ich habe vorgeschlagen, einen Bahnhof zu besetzen, für einen Morgen den Zugverkehr zu blockieren, um gegen die Beförderung von Behinderten in den Viehwagen der Deutschen Bundesbahn zu protestieren.

Nachmittags in Flörsheim am Main. Ich will das Mädchen nicht sehen, nur hier ruhig auf einer Bank sitzen und feststellen, was ich empfinde. Ich bin wieder alleine auf dem Parkplatz. Zum erstenmal bemerke ich die graue Spielplatzgerätefabrik am anderen Ufer. Sie stört die Idylle. Die hohen Türme der Caltex-Raffinerie ragen immer noch über die Flußbiegung. Sie überdauert unsere Zustände, kalt, eisig und unberührt. Friedhöfe werden errichtet, nach Jahrzehnten wieder eingeebnet, Prachtbauten, schöne Häuser werden gebaut und wieder zerstört. Beziehungen beginnen und sterben ab. Wohnungen gegen den Tod, in denen das Gefühl der Sicherheit und Geborgenheit ist, werden eingerichtet, und nach einer Zeit zieht die nackte Kälte wieder ein in sie. Nichts hat Beständigkeit. Das letzte Mal, als ich hier war, dachte ich, nach Hause zu fahren, auffangen, dachte ich, könne mich C. Jetzt muß ich mich schützen in einem dicken, unsichtbaren Panzer, damit ich nichts mehr wahrnehme. Total vergänglich soll alles sein, damit ich niemals mehr auf jemanden hereinfalle und nie mehr glaube, etwas sei endgültig und gleichbleibend warm. Das Mädchen, das hier vor anderthalb Jahren die ‹Vision› spielte, führt jetzt einen eigenen Haushalt, wie sie es nennt. Sie strebt eine akademische Laufbahn an. Ich hole ein Foto von ihr aus der Tasche. Dick und blind ist sie geworden, die Augen fast zugewachsen. Sie hält die Gitarre in der Hand. Faßt sich mit der linken Hand an den Kopf, als wolle sie sagen: Mein Gott, wie konnte ich nur so unvernünftig sein. Nein, du warst Mensch, mit jeder Faser deines Körpers, mit deinen Augen, deinen die ‹Vision› mitsingenden Augen, deinem Mund, der das Lied so aggressiv hervorbringen konnte, deinen Gitarre spielenden Fingern, den Rest fand ich nie sehr attraktiv an dir.

Ich werde ihr Bild vergessen. Ihres und das ihrer Freundin C., damit sie mir nicht mehr unkontrolliert im Kopf herumspuken. Diese Stelle am Main wird ihre Bedeutung für mich verlieren. Jetzt will ich weg hier. Überall weggehen, fremd sein, keine Anknüpfungspunkte mehr, damit ich mich nicht mehr trennen muß. Vergessen werde ich lernen müssen. Vergessen, ich kann das Wort nicht ableiten.

Ich wundere mich, mit welcher Geschwindigkeit und Konzentration ich die Mainbrücke bei Rüsselsheim überquere, ohne auf den Fluß hinabzugucken. Erstaunt denke ich in dem Versammlungsraum in Wiesbaden, wie ich gerade jetzt mit einer solchen Sachlichkeit über die Frage einer Bahnhofsbesetzung diskutieren kann. Man beklagt sich nur, daß ich zu spät komme. Das erinnert mich noch einen kurzen Moment an den Main, wo ich gerade herkomme.

In Neckargmünd bei Heidelberg besuche ich einen Rehabilitationskongreß. Zweitausend Fachleute, hauptsächlich Mediziner, treffen sich im Fünfundsechzig-Millionen-Protzbau des Berufsbildungswerkes, einem riesigen Schulheim für behinderte Kinder und Jugendliche. Die Wände des Foyers sind mit Werbeplakaten der Pharmaindustrie vollgepflastert. Ich frage mich, warum sie nicht von den hier untergebrachten ‹Contergan-Kindern› abgerissen werden. Die Rehabilitations- und Pharmaindustrie ist der Hauptfinanzier dieser Veranstaltung. Viel Prominenz ist da. Die halbe baden-württembergische Landesregierung. Späth wird den Kongreß eröffnen. Stingl ist da. Und Sir Guttman, aus Stoke Mandleville, der Nestor der modernen Rehabilitation, wie im Programm zu lesen steht. Die Eingangshalle wird bestimmt von Menschen, meist über vierzig, in schwarzen Anzügen und modernen Kostümen. Zwischendurch einige Rollstuhlfahrer. Sie müssen geschoben werden, weil sie sich beim Selberfahren ihre gute Kleidung versauen würden. Fernsehen und Funk sind natürlich auch da. Ein paar ahnungslose Kameraleute filmen die Prominenz ab, verschwinden dann wieder. Ich denke, daß sie abends beim Empfang noch ein paar Bildchen machen werden. Der Eintrittspreis für die Gala beträgt fünfundachtzig Mark. In der Kongreßhalle im vierten Stock hält Späth seine Sonntagsrede. Die Behinderten seien ja nun keine Randgruppe im eigentlichen Sinne mehr. Allein die Sitzordnung im Saal straft seine Rede Lügen. Die Rollstuhlfahrer sind auf besonders markierten Plätzen am oberen Rand der Stuhlreihen aufgebaut. Direkt am Durchgang. Aber Späth gibt sich christlich. Die Einteilung in Behinderte und Nichtbehinderte sei doch fragwürdig. Statt die Behinderten abzuschieben, sollte sich jeder Nichtbehinderte mal lieber fragen, wie normal er eigentlich sei. Ja, ob unser Katalog von Normen nicht schon längst überspannt sei, fragt er rhetorisch. Ich überlege mir schon, ob ich ihn um ein Vorwort für diesen Text bitten sollte.

An das Rednerpult und ans Saalmikrofon kann kein Rollstuhlfahrer gelangen, ohne daß Umbauten vorgenommen werden. Als Späth abzieht, folgen ihm im Fächer aus dem ganzen Saal ein halbes Dutzend gutgekleideter junger Herren. Die Brusttaschen der Blazer sind so merkwürdig ausgebeult. Vor wem hatten die wohl Angst hier? Als Stingl von der Bundesanstalt für Arbeit sagt, daß es Behinderten ja heute schon möglich sei, zu studieren, klatschen die Damen und Herren im Rollstuhl begeistert Beifall. Das Ganze artet in eine kollegiale Jubelfeier aus, als ein gewisser Volkmar Paeslack über die Fortschritte der Querschnittsgelähmtenversorgung in der Bundesrepublik redet. Er sagt, es sei Entscheidendes verändert worden in den letzten zehn Jahren. Er nennt Namen, die ich nie zuvor gelesen oder gehört habe. Er sagt, es seien einschneidende Verbesserungen erreicht worden durch Gesetze, deren Wert ich ihm widerlegen könnte. Die anwesenden Politiker klatschen sich selbst Beifall. Aber es sei schändlich, sagt er, oberflächliche Klischees durch das Verfassen von einseitigen Reporten zu nähren. Die würden den Behinderten nur schaden. Die ins Bewußtsein der Prominenz geholten Behinderten, im Saal immer noch an der Peripherie sitzend, applaudieren ihren Gönnern. Wie assimilierte Affen. Ihre Anpassungsgebärden sind verzweifelt und albern. Am Nachmittag fahre ich durch das Menschengewühl im Kongreßstockwerk. Ich überlege, wo denn wohl die Kinder und Jugendlichen sein mögen, die hier sonst zur Schule gehen. Wo hat man sie hinverfrachtet, damit die Fachleute ungestört über ihre Probleme beraten können?

Im Aufzug fahre ich hinunter in die Cafeteria. Ich merke, daß mein Katheterbeutel undicht ist. Woher einen neuen bekommen? Mein Quartier ist in Ludwigshafen, dreißig Kilometer entfernt. Ich denke, daß es im modernsten Reha-Zentrum Europas möglich sein muß, einen Katheterbeutel aufzutreiben. Ich frage den Fahrstuhlführer, ob es hier eine Krankenstation gebe. Er sagt, er sei nur für den Kongreß herbeordert, arbeite normalerweise bei der Stadtverwaltung in Heidelberg. Außerdem sei der Luft nur für das Stockwerk programmiert, in dem der Kongreß stattfinde. Ich staune, will wissen, was sich hinter den anderen Etagen verbirgt, daß dort niemand hin soll. Ich gehe zum Aufzug nebenan, versuche dort mein Glück. Tatsächlich, der Fahrstuhlführer hat Verständnis. Er wartet, bis die anderen aus der Kabine ausgestiegen sind, nimmt dann einen Schlüssel, steckt ihn in ein Schloß, unter der Taste fünf. Im fünften

Stock steige ich aus. Ich bin auf einer Station, wie in einem normalen Krankenhaus. Grüne dicke Plastiktüren, die schalldämpfend ins Schloß fallen. Der Fußboden mit hellem Linoleum belegt. Kein Fenster ist offen. Trotzdem angenehme Luft. Klimaanlage. Am Ende des Ganges ein großflächiges Fenster. Ein freundlich wirkendes gelbes Geländer mit Querverstrebungen bis in Mannshöhe. Links auf dem Gang ein Glaskasten, das Stationszimmer, in dem eine Schwester am Schreibtisch sitzt und über Papieren arbeitet. Ich fahre durch die offenstehende Glastür und erkläre ihr mein Problem. Ich sage nicht, daß ich Kongreßteilnehmer bin. Sonst würde sie vermutlich aufspringen, herumfragen und telefonieren, bis ich den gewünschten Beutel hätte. So bleibt sie erst noch sitzen. Sagt, ich solle einen Moment draußen auf dem Flur warten und wendet sich ungerührt ihren Papieren zu. Ich stelle mich an die Flurwand und beobachte sie durch die offene Tür. Inzwischen tropft Urin aus dem Beutel.

Nach einigen Minuten hat sie immer noch nichts unternommen. Ich fahre in das Zimmer, und bitte sie nochmals, etwas eindringlicher, sich um den Beutel zu kümmern. Nach einer Viertelstunde endlich, ich mußte sie nochmals fragen, was sie mit ungeduldigem Murren beantwortet, greift sie zum Telefon, wählt eine Nummer und fragt, ob die Beutel am Lager seien. «Ja, ist in Ordnung», höre ich und atme auf. «Also noch'n Moment Geduld. Es kommt schon wer», sagt sie mir. Inzwischen hätte ich sie auch gleich um eine neue Hose bitten können. Nach zwanzig Minuten kommt ein junger Mann aus einer Milchglastür am Ende des Ganges. Der Auffangbeutel, den er mitbringt, hat einen Schlauch von einem Meter Länge. Ein Beutel, von der Art, den man Krankenhauspatienten ans Bett hängt. Ich frage ihn, ob ich mir den Beutel mit dem Verbindungsschlauch um den Hals wickeln soll. Mißmutig zieht er ab, nachdem er begriffen zu haben scheint, was ich brauche. Nach zwanzig Minuten kommt er mit dem richtigen Modell zurück. Ich muß inzwischen doch in mein Quartier nach Ludwigshafen und mich umziehen.

In der Kongreßhalle wird weiter über die Fortschritte in der Rehabilitation von Körperbehinderten gelobhudelt. Sir Guttman hat das Wort. Der Kongreßleiter spricht den englischen Namen Guttman deutsch aus, so daß es wie Gut-mann klingt. Am nächsten Tag belieben die Experten über die ‹Sonderstellung des Behinderten in Fragen der Sexualität› zu beratschlagen. Ein assimilierter Affe im Rollstuhl referiert über die Techniken des Geschlechtsverkehrs bei Paraplegikern. Eine Fernsehtante, die das Programmheft wie einen Museumsführer hält, stolziert durch den Raum, ihr Team trottet hinterdrein, «ah, endlich mal was Konkretes», stöhnt sie.

Er verfügt über ein hohes technisches Wissen, dieser Affe im Rollstuhl. Psychologe ist er von Beruf. Aber er kapiert nicht, daß der Leistungsdruck, der Koitusnorm zu entsprechen, nicht vom lieben Gott kommt. Also spricht er über Techniken der Penisstimulation, mit der man selbst bei vom Halswirbel abwärts Gelähmten noch eine Erektion erreichen kann. Reiben, lutschen, massieren, bis es spritzt. Manuell oder oral stimulieren, bis die Ejakulation eintritt, danach den vollständig erigierten Penis in die Vagina einführen. So. Jetzt weiß die Fernsehtante, wie es geht. Er sagt übrigens, daß die Probleme von querschnittsgelähmten Frauen nicht so gravierend seien. Frauen seien ja sowieso die passiveren. Eine nichtbehinderte Partnerin eines behinderten Mannes habe allerdings einen Lernprozeß durchzumachen, vom passiven zum aktiven Teil. Dieser Idiot.

Unerwartet kommt in der Diskussion contra. Behinderte berichten über ihre Erfahrungen, empören sich über die anmaßende Formulierung des Themas. Es ist eine Frage der gesellschaftlichen Normen, die den Leidensdruck unter behinderter Sexualität erzeugt. Ein Mann an Krücken sagt aufgebracht, er verstünde das Thema überhaupt nicht. Er wüßte auch nicht, warum Behinderte Komplexe hätten. Schließlich seien es doch die sogenannten Nichtbehinderten, die die Ekelschwelle gegenüber Behinderten als Behinderung mit sich herumtrügen. Also wer ist nun behindert?

Auf der Abschlußveranstaltung in dem Saal danken einige Damen sowie schlipstragende Herren im Rollstuhl der Veranstaltungsleitung für den gelungenen Kongreß. Die Mikrofone ließ man extra umbauen, damit man sich auch Dank sagen lassen kann, für die viele Mühe, die schlaflosen Nächte, die geopferten Wochenenden. Bis zum nächstenmal 1981 in der Wiener Hofburg. Allerseits Gute Nacht!

Mit dem Zug von Heidelberg nach München. Im Abteil eine ältere Frau. Als ich mich vom Rollstuhl auf den Abteilsitz herüberhebe, guckt sie verkrampft in ihre Zeitschrift. Sie wagt nur eine Sekunde hinüberzugucken, als ich den Stuhl zusammenklappe und aus der Tür schiebe. Während der ganzen Fahrt läßt sie etwa ein bis zweimal pro Minute von ihren ‹Frau im Spiegel› und ‹Goldenes Blatt› ab, ihre Augen gleiten zur Seite, ohne daß der Kopf sich bewegt, aus den Augenwinkeln mustert sie meinen Körper von oben bis unten. Sie kann sich nicht satt sehen an mir. Oder will sie mich unter Kontrolle haben, fühlt sie sich bedroht von mir, erwartet sie jede Minute einen tätlichen Angriff, daß ich mich aufstemme und mich auf sie fallen lasse? Der Stuhl steht im Gang zusammengefaltet. Die Reisenden, die an meinem Abteil vorbeigehen, müssen sich samt Gepäck auch an dem Rollstuhl vorbeidrängen. Starren das Gerät ungläubig an. Gucken dann ins Abteil. Sehen mich sofort. Gucken dann wieder zum Stuhl. Dann, als zögen sie eine Verbindungslinie zwischen mir und dem Stuhl, noch ein weiterer Blick, als könnten sie es nicht glauben, gleiten auch ihre Augen an meinem Körper herab. Doch dann sind sie schon vorbei. Mir mehr Aufmerksamkeit zu widmen, wäre nur unhöflich.

In München rolle ich über den Bahnhof. Als wäre es irgendein Bahnhof in irgendeiner Stadt. Mir ist so dreckig. Ich will nur schnell weg hier. In ein Bett und schlafen. Will mich nicht auf den Brei aus Abschied, Ausländern, Alten, Pennern und Liebespaaren einlassen. Ich nehme mir ein Taxi, fahre nach Schwabing. Dort wohnt ein Bekannter von mir, der mir sein Zimmer für ein paar Tage überlassen hat. Ich nehme die Stadt nicht wahr, durch die mich der Taxifahrer bringt, es hätte auch Hannover oder Köln sein können. Das Haus, in dem der Bekannte wohnt, ist ein Neubau. Sein Zimmer im vierten Stock. Über einen Aufzug zu erreichen. Selten. Ohne auf Einzelheiten zu achten, schließe ich die Wohnungstür auf. Fahre durch einen schmalen Vorraum mit Garderobenecke und Kochnische. Stehe dann im Wohnraum. Fahles, durch zugezogene Gardinen rötlich gefiltertes Licht. Ohne nachzudenken werfe ich die Tasche in die Ecke, lege mich auf das ungemachte Bett, ohne mich auszuziehen. Ich merke noch, wie mein Kreuz sich gerade biegt. Die Fettrollen sich glätten. Der Kopf schwerer wird, wie ich wegsacke.

Ohne richtig wach zu sein, ohne zu wissen oder zu fragen, wie lange ich geschlafen habe, setze ich mich in den Stuhl. Ziehe die Jacke an und verlasse das Haus. Ich weiß nicht, wie spät es ist. Es ist noch hell. Was heißt hell? Grau und trübe. Ich spüre die kühle Luft schneidend im Hals. Die Glieder sind noch schwer vom Schlaf, meine Bewegungen langsam. Mir ist ein bißchen schwindelig. Ziemlich bewußtlos schwanke ich über den Bürgersteig, kann den Stuhl kaum halten. Weiß selbst nicht, wie ich rückwärts die Rolltreppe zum U-Bahn-Schacht herunterkomme. Die Fahrt nehme ich nicht wahr, schlafe beinahe schon wieder. Oben auf der Straße tief durchatmen. Links am Isarufer lang. Die hohen Häuser mit Portier. Vornehme Wohnungen reicher Leute. Ruhig ist's hier. Wieder kreuz und quer über den Bürgersteig rollen. Als wolle ich nicht so recht geradeaus über die Isarbrücke. In eine breite Allee einbiegen, links und rechts der Bürgersteig mit Autos vollgestellt. Ein Hinweisschild. Und plötzlich, jede Schwere und Müdigkeit verflogen. Chinesischer Turm.

Es läuft mir kalt über die Schulter, als ich das Schild sehe, es treibt mich an. Ich fahre zum Parkplatz am Turm. Ich bin erschrocken, hier so viele Autos zu sehen. Damals waren wir allein hier. Hinter dem Turm das Restaurant. Alles mit Stühlen vollgestellt. Dutzende von Leuten auf langen Bänken, an endlos langen Tischen. Kellnerinnen mit Maßkrügen treiben durch das Gedränge. Bretzeln und Essen werden verkauft. Stimmen, Krakeelen, Kindergeschrei. Es war einsam damals hier. Und nun, auf der Straße, die durch den Garten führt, kommt mir ein Bus entgegen. Seine Scheinwerfer wie Augen, die mich anglotzen und weitertreiben. Den breiten Weg entlang. Spaziergänger und Radfahrer begegnen mir. Geradeaus, da hinten links muß es sein. Hinter einer Bushaltestelle biege ich ab. Fahre einige Meter über einen schmalen Schotterweg. Hinter einer Buschreihe bleibe ich stehen. Als hätten sich die Räder festgefressen. Ich kann nicht mehr weiter. Die Wiese, ich traue mich nicht auf die riesige, weite grüne Fläche. Vorher alles so eng und laut. Der Zug, das Taxi, die vielen Menschen eben noch. Ich traue mich nicht auf die große Wiese, denke, ich könnte in ihr versinken. Käme mir schutzlos vor, mitten auf der Fläche, für jeden sichtbar. Die Bänke an den Rändern sind voll besetzt. Es sieht immer noch aus wie gemalt. Aber noch lebendiger und grüner als damals. Vorsichtig fahre ich den Weg um die Wiese. Hier haben wir damals mit dem Auto gestanden. Ein bißchen schaler Geschmack bei dem Versuch, es mir vorzustellen. Aber ich kann es mir nicht mehr vorstellen. Es liegen anderthalb Jahre dazwischen. Ich will es nicht einsehen, daß schon soviel Zeit vergangen ist. Ich will es im Kopf haben, als sei es gestern gewesen. Als wäre ich gestern mit C. hier am Rande der Wiese gewesen, als hätte ich sie gestern sagen hören: ich will die Angst mit dir teilen. Warum empfinde ich nichts mehr auf dieser Wiese? Ich sitze verkrampft am Boden und denke, es sieht ruhig aus hier. Ich fühle mich wie ein kaputtes verstaubtes Klavier. Auf dem vor einigen Monaten mal jemand versuchte, ein paar Töne anzuschlagen. Eine dicke eisige Schicht über meiner Empfindsamkeit. Warum bin ich so kalt, was hatte es für einen Sinn, hier mit C. zu sein, wenn ich jetzt wieder so kalt sein kann? Die Trauer vergeht. Es vergeht wieder, es verfliegt wieder, sagt man, das geht vorbei. Es lebe die Vergänglichkeit. Ich stehe auf, setze mich in den Stuhl, obwohl ich, als ich das Wort Vergänglichkeit denke, etwas tiefer in die Wiese hineinrutsche. Ich gucke noch einmal einen langen Blick auf das riesige Grün.

Ich kann es nicht exakt benennen was, aber ich habe das Gefühl, hier hat etwas begonnen. Und ich bin es mir schuldig, daß es nicht so einfach vorbeigeht. Ich drehe mich um und gehe. Nein, ich rolle ... langsamer als vorher. Ich fahre quer über weite, flache Wiesen hinüber zum Monopteros, dem Tempel der Drogenfreaks. Bernward Vesper schreibt, von dort habe man einen sagenhaften Blick über die Stadt. Ich will dort hoch, es geht nicht. Der Weg dort hinauf ist zu steil. Ich müßte drei, vier Leute bitten, mir zu helfen. Aber ich will mich an niemanden hängen, jetzt. Ich lege mich ruhig auf die Wiese vor dem Hügel, und es fällt mir nicht schwer, mich damit abzufinden, daß ich nicht auf den höchsten Punkt komme.

Abends in einer Schwabinger Kneipe. Mit einigen Leuten zusammen um einen Tisch. Ich sehe, höre die Menschen kaum als einzelne Personen, kann nicht verfolgen, was sie sagen. Ich gehe hinaus. Schließlich bin ich in München. Draußen. Dunkelheit. Seichter Regen, Kühle. Das Kopfsteinpflaster glitzert, Laternenlicht spiegelt sich darin. Egal, daß es feucht kühl ist. Damals auf der Suche nach einer Kneipe mit C. hier in Schwabing war es auch ungemütlich. Die Straßen gleichförmig, die parkenden Autos brav und ordentlich hintereinandergereiht. Überschaubar. Man kann die Straße durchschauen, wenn man sich in die Mitte der Fahrbahn stellt. Ich kann bloß nicht erkennen, wann sie zu Ende ist. Die Straßenlaternen bilden eine Lichterkette. Wenn man vor einer steht, sieht man alle hintereinander aufgereiht. Die vierstöckigen Häuser bilden eine Häuserfront, eine lange Häusermauer, schnurgerade. Ich sehe keine Fußgänger, höre keine Autos. Vielleicht sind Autos da, aber ich höre sie nicht. Ich rolle geradeaus. Vergesse die Kneipe. Rolle über Querstraßen und Bürgersteige. Die Straße scheint endlos. Und obwohl ich nach einer langen Zeit links abbiege, habe ich nicht das Gefühl, in einer anderen Straße zu sein. Wieder dasselbe Bild. Sieht es denn überall so aus hier? Ich weiß nicht mehr, wo ich bin, habe die Orientierung verloren. Wo ist die Kneipe? Wo sind die Leute, die ich kenne? Mir ist, als wäre ich schon nächtelang durch diese Schwabinger Nebenstraßen gerollt. Ich gucke an einer Hausfassade der gegenüberliegenden Straßenseite hoch. Am offenen, erleuchteten Fenster steht ein Mann, ein älterer Mann. Dritte Etage zähle ich. Er guckt hinunter. Unten steht ein junges Paar vor einem Auto. Der Mann schließt die Autotür auf. Die beiden unten mögen zwanzig, fünfundzwanzig Jahre jünger sein als der Mann oben am Fenster. Der Mann oben, der Vater der jungen Frau? Er ruft ihr etwas zu, während sie die offene Wagentür in der Hand hält. Sie wechseln

Worte, die ich nicht höre, während der junge Mann schon im Wagen sitzt, das Auto anläßt. Dann winkt sie ihm zu, ihr Winken ist fröhlicher, heftiger, mit ausgestrecktem Arm, er winkt nur leicht, bescheiden mit der Hand. Sie steigt ins Auto, der Wagen fährt schon an, als sie die Tür schließt. Der Mann guckt dem fahrenden Wagen nach, bis er nicht mehr zu sehen ist. Er zögert einen Moment, bis er das Fenster schließt. Die Gardine vorzieht und für mich verschwindet. Ich warte. Nach einigen Sekunden wird das Licht im Zimmer gelöscht. Ich muß daran denken, daß C. erzählte, die Mutter des Bayern, die in einer dieser Straßen wohnt, sei jetzt in einer psychiatrischen Anstalt.

Nachmittags besuche ich ein Heim für spastisch Gelähmte in der Nähe Münchens. In dem Vorort, zwanzig Minuten mit der U-Bahn vom Stadtzentrum, stehe ich vor einem ummauerten Terrain und suche den Eingang. Rings um die Mauer, bis zur Straße hin, ein Rasenstreifen mit Kastanien. Eine Durchgangsstraße mit Kopfsteinpflaster, in deren Linkskurve eine Straßenbahnschiene liegt, auf der anderen Straßenseite mehrere kleine Geschäfte, aus denen Hausfrauen mit Tüten herauskommen. Die Straße ist nicht sehr befahren. Eine Straßenbahn klingelt heran. Nur wenige steigen aus. Vorstadtatmosphäre. Links von mir die efeubewachsene hohe Mauer. Würde ich jetzt die Spitze eines rotziegeligen Turmes über der Mauer hinweg sehen, ich würde meinen, ich sei in Frankfurt-Preungesheim vor dem Frauengefängnis. An der der Hauptstraße abgewandten Seite finde ich schließlich den Eingang. Eine kleine Eisentür, durch die ich mit dem Rollstuhl knapp durchpasse, eingebaut in ein großes Tor, durch das wohl ein Möbelwagen hindurchkäme. Ich klingele, warte einen Moment. Höre das Klappern eines Schlüsselbundes. Ein Schlüssel bewegt sich im Schloß. Ein Mann mit grauem Arbeitskittel steht wortlos, mit fragendem Gesicht vor mir. Ich sage, daß ich einen der Insassen besuchen will. Ich darf hineinfahren, werde zur Pförtnerloge gewiesen, die links von der Tür im Gelände liegt. Durch eine runde Luke in der Frontscheibe sage ich den zwei Männern meinen Namen. Ich werde nach dem Namen des Mannes gefragt, den ich besuchen will. Der eine telefoniert. Der andere nimmt ein schwarzes Buch, einen Stift und kommt zu mir heraus. Ich muß meinen Namen in das Besucherbuch eintragen. Die Uhrzeit meiner Ankunft schreibt der Mann dazu. Ich frage nicht warum. Während ich meinen Namen in das Buch eintrage, schließt sich die Eingangstür hinter mir. Ich bin schon mehrfach zu Besuch in Gefängnissen gewesen. Doch das Gefühl, eingeschlossen zu sein, selbst für die Dauer eines freiwilligen Besuches, bedrückt mich immer wieder. Ich werfe einen Blick zurück aufs Tor. Und halte inne. Das kann doch nicht wahr sein. Auf dem Mauervorsprung an der Ecke zum Tor hin, hängt schräg angewinkelt eine Videokamera. Ich kenne den Knast in Hannover mit einer solchen Kamera. Der Knast in Essen hat eine solche Vorrichtung. Das Jugendgefängnis in Plötzensee hat die Kamera. Das Frauengefängnis in Preungesheim filmt seine Ein- und Ausgänge. Und das Spastikerheim in einem Münchener Vorort. Ich komme nicht dazu, lange über diese erschreckende Beobachtung nachzudenken. Der Mann, der mir die Tür öffnet, sagt, ich solle mitkommen. Wir gehen über den Vorplatz auf einem geraden Betonweg. Schnurgerade zieht sich dieser Weg durch das Gelände, links und rechts mit Bäumen bepflanzt. In einigen hundert Metern Entfernung sehe ich ein Gebäude. Unterwegs kommen wir an abgezirkelten Rasenflächen vorbei. Ich denke an den Zentralfriedhof in Hannover. Den langen Weg zum Grab meines Großvaters. Auf dem Rasen sitzen nur Menschen im Rollstuhl. Mir fallen die alten Karossen auf, in denen sie sitzen. Sie stehen dort auf dem Grünen, als seien sie vom Himmel gefallen. Bewegungslos, starr, hingeworfen, abgestellt. Wie die Würfel aus dem Knobelbecher, die auf die Tischplatte fallen und so lange liegen bleiben, bis sie jemand wieder einsammelt. Sie sind stumm. Ich höre keine Gespräche. Sehe niemanden lesen oder schreiben. Niemand schreit, niemand lacht, niemand weint, niemand streitet, niemand schmust mit irgendjemand. Tot. Regungslos. Dumpf. Werden Mann und Frau wohl, wenn sie hier jahrelang leben müssen. An der Glastür des Gebäudes lese ich ‹Männerstation›. Es gibt also noch ein Gebäude mit der Aufschrift ‹Frauenstation› an der Tür. Männer und Frauen in getrennten Gebäuden. Wir gehen durch eine grau beflieste Eingangshalle zu einem Aufzug älteren Modells. Plötzlich will ich wieder hinaus hier. Die Atmosphäre nimmt mich gefangen, und ich bin zu schwach, mich dagegen zu wehren. Obwohl ich nur vorhabe, zwei Stunden hier zu sein. Ich will den Mann, der hier eingesperrt ist und der mir nach einem Zeitungsartikel schrieb, plötzlich nicht mehr sehen. Ich habe Angst, ihn zu sehen, obwohl ich ihm versprochen habe vorbeizukommen. Aber wenn er doch Zeitung liest, kann er nicht so abgestumpft sein. Eben deshalb ist es wichtig, daß er Kontakt nach draußen bekommt. Ich gebe mir einen Ruck. Im ersten Stock des Hauses, zwischen zwei Milchglastüren, im Korridor ist eine Sitzecke, ein Tisch ohne Decke, karge Blumen darauf, zwei schlichte Holzstühle, mit kleinen Polsterkissen. Am Tisch sitzt der Mann im Rollstuhl.

Ich fahre von hinten an ihn heran. Er scheint mich nicht zu bemerken, zumindest dreht er sich nicht nach mir um. Der Oberkörper ist etwas nach vorn gebeugt, und die Arme an den Körper gewinkelt. Die Finger verspannt, fast zur Faust geballt. Der Daumen steckt zwischen Zeige- und Mittelfinger. Er hebt den Kopf ein bißchen, als er mich ansieht. Seine Gesichtszüge verziehen sich noch mehr, der Körper macht einen Ruck nach vorne, verkrampft sich. Er ist nervös, denke ich. Ich auch. Die Begegnung ist auch für mich ungewohnt. Es hört sich an, als gurgle er. Er will etwas sagen. Mir ist meine Nervosität peinlich. Ich kann ihm nicht in die Augen sehen. Das macht ihn noch unsicherer. Oder bin ich unsicher, weil ich seine Worte nicht verstehe? Mich nicht auf ihn einlassen kann? Ich versuche zu schauspielern, meine Gesprächs- und Verständnisbereitschaft zu mimen. Das registriert er natürlich sofort. Wie ich sofort Mitleid von Verständnis unterscheiden kann, neugieriges Gaffen von freudlichem Gucken. Was macht mir angst an ihm? Daß er so gekrümmt sitzt, sich zwischendurch hin und wieder im Spasmus windet? Vernunftgemäß weiß ich, meine Fremdheit, meine Unsicherheit, mein Rückzug wird sein Vertrauen nicht gerade fördern, wird seine Sprache nicht deutlicher werden lassen. Dann bringt er etwas heraus, was sich anhört wie eine Begrüßung. Ich antworte auf Verdacht. Ich ertappe mich dabei, daß ich ungewöhnlich laut mit ihm rede, als sei der Mann nicht Spastiker, sondern hörbehindert.

Er lebt schon seit sechsundzwanzig Jahren in diesem Knast. Ich will wissen, wie er hier hereinkam. Warum er nicht draußen leben kann? Ob er Kontakte nach draußen hat? – Ich will ihn so viel fragen: Ob er hier im Heim mit Menschen reden kann, die ihm was geben? Was das für Menschen sind, die hier außer ihm noch leben müssen? Wie der Pflegedienst ist? Wie die Ärzte sind? Wie die Leitung des Hauses ist? Was die Kamera am Eingang soll? – Ich kann es ihn nicht fragen, weil ich jedesmal Angst habe vor seinen krampfigen Versuchen zu antworten. Und ich kann über meine Unsicherheit nicht reden. Ich frage nicht nach, gebe nicht zu verstehen, daß ich ihn kaum verstehe. Ich stehe außerhalb der Situation, fühle mich nicht behindert. Sehe ihn da im Rollstuhl sitzen, ihn als Behinderten, den ich nicht verstehe. Ich weiß im selben Moment, daß ich mich irre. Ich würde so gern verstehen, was er sagt, weil ich so pervers neugierig bin zu erfahren, was man hier in sechsundzwanzig Jahren erlebt. Oder erstirbt man hier nur?

Ich habe abgeschaltet, nehme nur Wortfetzen wahr. Eltern tot … Seit Jahren nicht draußen gewesen … Hier kaum jemand, mit dem man anspruchsvoll reden kann.

Ich breche das ‹Gespräch› ab, mit der Ausrede, mein Zug führe bald. Ich verspreche, ihm zu schreiben. Wir verabschieden uns kurz. Ich klopfe ihm im Vorbeifahren mit der Hand auf die Schulter. Er wird von einem Pfleger durch die Milchglastür geschoben. Ich sehe das noch gerade, als ich in den Aufzug rolle.

Vor dem Tor der Anstalt atme ich tief durch – frage mich, ob die Menschen, die hier täglich vorbeifahren, hier leben und arbeiten, wissen, was sich hinter diesen Mauern abspielt? Ob sie jemals darüber nachgedacht haben? Ich spüre, daß ich eine Verantwortung habe für das, was in solchen Häusern passiert. Ich weiß genau, daß ich mithelfen kann, die Mauern einzureißen. Aber ich kann es jetzt nicht. Weil mein Engagement wieder nichts anderes wäre, als Ablenkung von mir selbst. Das Wort vom ‹privilegierten Behinderten› geht mir durch den Kopf auf dem Weg zum Bahnhof. Wenn meine Eltern arm gewesen wären, nicht das Geld, die Beziehungen gehabt hätten durch die Bäckerei, wäre ich entweder nicht mehr am Leben oder auch in einem solchen Knast. Die Tatsache, daß ich das Fachabitur machen konnte, ein Studium angefangen habe, die Chance habe, ständig neue Beziehungen aufzunehmen, Auto zu fahren, herumzuflippen von einem Ort zum anderen, nachdenken und reflektieren, schreiben kann, daß ich entscheiden kann, wann ich was tue, ist nicht persönliche Willensentscheidung und Anstrengung. Deshalb kann ich nicht still bleiben, wenn jemand, der zufällig Eltern in einer anderen sozialen Stellung hat, die ihm zufällig auch noch früh sterben, sein Leben in einem Behindertenheim verbringen muß, das alle Merkmale eines offenen Strafvollzuges aufweist.

Im Zug nach Kassel. Die Abteiltüren des Zuges sind angeblich zu schmal. Die Gepäckarbeiter überlegen nicht lange. Ich bestehe nicht darauf, ohne Rollstuhl ins Abteil getragen zu werden. Also verfrachten sie mich in den Gepäckwagen.

Die Fenster des Wagens sind vergittert, zwischen den Gittern ist es so dreckig, daß mir die Sicht nach draußen versperrt ist. Unter Ausschluß der Öffentlichkeit werde ich befördert, zusammen mit Gepäck, Ersatzteilen und Kleinvieh, ohne Heizung. Zum Preis der Zweiten Klasse, versteht sich. Ich kann nicht lesen, nicht schreiben, mich nicht unterhalten, nicht all das tun, was ich sonst im Abteil während langer Zugfahrten tue. Also sechs Stunden Zeit nachzudenken.

Es ist unmöglich, sich als Behinderter den Normen dieser Gesellschaft anzupassen. Die Illusion vom normalen Leben im Rollstuhl muß eine Wunschvorstellung bleiben. Das Getto des Gepäckwagens, das technisch ganz einfach zu lösen wäre, ist das beste Beispiel dafür: Als Behinderter paßt man nicht hinein in den normalen Ablauf. Türen sind zu schmal, Treppen sind ein Hindernis, schon architektonisch geht es nicht. Als Behinderter schafft man durch seine Anwesenheit bei Nichtbehinderten so etwas wie Kastrationsängste. Als Rollstuhlfahrer stößt man die, die sich gesund, nicht behindert wähnen, auf die Grenzen ihrer Normalität. Aber auch ich habe die Angst vor der Verstümmelung verinnerlicht. Meine Angst vor dem Spastiker, meine Angst während des Spazierganges mit der behinderten Frau in Wiesbaden, mein Zurückweichen im Sozialamt, meine Weigerung, mit der behinderten Psycholgin ins Kino zu gehen, meine Unfähigkeit, mit einer behinderten Frau zusammenzuleben. Was nicht förderlich ist, ist hinderlich. Deshalb wird man ausgeschlossen vom normalen Ablauf. Sondersituationen werden geschaffen, in Gepäckwagen, Sonderschulen, Sonderkindergärten, Sonderausbildungsstätten, in besonderen, beschützenden Werkstätten, in besonderen Pflegeheimen – und alles ja weit genug weg vom normalen Leben, an die Ränder der Städte, in die idyllischsten Wälder.

Die Herren Doktoren im Anzug, im Rollstuhl, die sich in Heidelberg artig für den bombastischen Kongreß bedanken, der nicht den Behinderten, sondern den Profilneurosen der Experten und Helfer galt, irren, wenn sie meinen, sie könnten sich in dieses Gesellschaftssystem integrieren, ohne sich selbst zu verleugnen. «Vergessen Sie Ihre Beine, Ihren Unterkörper», sagte man einer Querschnittsgelähmten nach dem Unfall. «Gebrauchen Sie Ihr Gehirn, das ist unbeschädigt geblieben.» Bleibt das Bewußtsein wirklich unbeschädigt, wenn man einen Teil seines Körpers verleugnen muß? Man muß sich verleugnen, mit seiner Behinderung, wenn man dazugehören will.

Man muß tolerieren, daß von nichtbehinderten Medizinern über die Sonderstellung in den Fragen der Sexualität diskutiert wird. Ich muß tolerieren, daß ich in Geschäften, an Tankstellen, von Bundesbahnschaffnern, Beamten und Passanten einfach geduzt werde, weil man mich für ‹Klein-Doofi im Rollstuhl› hält. «Dieses System, mit seinen unerreichbar hohen Normen, zwingt täglich Millionen Menschen, sich eine andere Existenz zu suchen oder ihre Normalität zu bluffen», sagt eine Frau auf dem Kirchentag in Berlin. Ich will nicht zu dieser Gesellschaft von Selbstverleugnern gehören.

«Nun schneid dir doch endlich die Haare», sagt meine Mutter, «die Leute gucken doch schon.»

«Du hast es doch schon schwer genug, eine Anstellung zu finden, wenn du deine linke Ideologie nicht ablegst, wird es ganz unmöglich sein», sagt mein Vater, «dich nimmt so niemand.»

Der Sozialarbeiter in der Klinik sagt auch, ich soll mir mal die Haare schneiden, weil es ja schwieriger sei, sich sauber zu halten, wenn man im Rollstuhl säße. Dem einen Stigma nicht noch ein anderes zufügen, meint er.

«Ziehen Sie sich mal etwas Anständiges an», sagt der Personalchef im Büro dem Lehrling im Rollstuhl, der wegen seiner verkrüppelten Beine keine Hose von der Stange tragen kann. Nähen lassen ist dreimal so teuer.

Selbst wenn ich 20 kg weniger Gewicht hätte, wenn ich mir die Haare schneiden ließe, wenn ich mir anständige Sachen anzöge, wenn ich meine politische Meinung ablegte, würde ich immer noch im Rollstuhl sitzen, hätte immer noch einen Blasenkatheter, einen Anus praeter.

Florenz.

Hier in der viel zu teuren Pension bedient der Kellner erst alle anderen Gäste, ehe er in unschuldigem Englisch fragt, «please, Sir?» Und ich sage nichts, wenn ich zwanzig Minuten warten muß, bis er mich die Stufen zum Restaurant hochholt.

Fernsehen in einer Bar.

Italienisches Nachtprogramm. Striptease. Zwischendurch eine Varieté-Nummer. Nur zwei Frauen in der Bar, sonst ist der Laden gerammelt voll mit geilen Männern. Auf dem Bildschirm imitiert ein Liliputaner Bill Haley. Alles macht sich lustig über den Kleinen, der mit einer Gitarre auf der Bühne steht und versucht, Rock zu tanzen. Er reicht dem Schlagzeuger gerade bis über den Trommelrand. Ich denke, der verzweifelte Versuch eines Behinderten, sich nicht anzupassen, sondern seine Unnormalität zu prostituieren. Aber damit paßt er sich doch auch an, oder? Ich möchte wissen, ob der ‹Shorty› über den Menschen steht, die sich über ihn lustig machen, oder ob er nur besoffen arbeiten kann. Eine ältere Frau sagt auf Italienisch, «ich möchte wissen, wie groß sein Pimmel ist. Ob der wohl auch im Bett was kann?» Ihr Mann scheint sie zu beruhigen, indem er sagt, funzione del fisico e normale.

Als Behinderter gelte ich gemeinhin als aggressiv. Ich bin aggressiv. Der Germanist sagt das nach dem Lesen der Tagebücher. «Vielleicht leidest du doch an Überkompensation deiner Behinderung.»

Die Sozialarbeiterin im Amt fragt mich, als ich Pflegegeld beantrage, wie ich denn auf die Toilette gehe. Ob ich einkote, «was ja bei Querschnittsgelähmten nicht ungewöhnlich sei.»

«Seien Sie still, hier wohnen Versehrte», meint der Hausmeister.

«Von Ihnen ist ja ohnehin nicht zu erwarten, daß Sie schnell fahren», sagt der Automechaniker.

«So, wo haben wir denn den Packwagen», fragt die Frau von der Bahnhofsmission den Schaffner, als sie mich zum Zug begleitet.

Die Verkäuferin im Warenhaus beachtet mich nicht, spricht nur mit meiner Mutter, als ob die den Parka anziehen wolle.

«Findest du denn immer jemanden, der mit dir in den Urlaub fährt?» fragt meine Mutter.

«Fahr auf dem Seitenstreifen. Auf der Fußgängerzone sind so viele Menschen. Das wird doch eine Belästigung», wird mir zu Hause gesagt.

«Warum beherrschst du den Stoff nicht, dir bleibt doch nachmittags nichts anderes als lesen», sagt mir die Lehrerin in der Schule.

«Du mußt einen Schulabschluß haben, dir bleibt doch nichts anderes, als Tätigkeiten im Sitzen zu verrichten», sagt mein Vater.

«Onanieren, nein, das kann er doch gar nicht», sagt meine Mutter.

«So einer ist doch nichts für dich. Einer im Rollstuhl kann dich doch nicht glücklich machen», sagen die Eltern einer Freundin von mir.

«Von dem kannst du doch nur Geistiges erwarten, der kann dich doch sexuell nicht befriedigen», wird Angela von einem Bekannten gesagt.

Es ist Aggression!

Und es ist Selbstbehauptung!

Florenz.

Mit F. und einigen italienischen Behinderten eine Diskussion über den Sinn der Auseinandersetzung mit architektonischen Barrieren. In Italien ist noch niemand in einem Gepäckwagen befördert worden. Hier fahren die Rollstuhlfahrer oft mit dem Bus. Weil sich niemand darum schert, ob der Fahrplan wegen eines Motordefektes nicht eingehalten wird, oder weil Alte oder Behinderte oder Frauen mit Kinderwagen nicht so schnell einsteigen können. «Es ist Illusion, die ganze Gesellschaft behindertengerecht machen zu wollen», sagt jemand. Warum kann es nicht gehen? Wir müssen kapieren, daß die Mehrheit von uns Macken hat. Daß Normalität nur ein Mythos ist. Also nicht die Behinderten dulden und mitschleppen, weil man ja so sozial ist, sondern kapieren, wo die eigenen Behinderungen und Schwächen liegen.

Behinderung und Schwäche selbstverständlicher machen und dadurch die Mauer der Begriffe ‹behindert› und ‹nicht behindert› einreißen. In Italien, Holland, England, USA sind Behinderte gehandicapt. Ist man nicht mehr behindert, wenn man Handicaps hat?

In der Bundesrepublik steckt man Behinderte ins Getto! Ich fühle mich privilegiert, obwohl ich mitten im Getto stecke. Ich merke, seit ich Behindertenarbeit mache, bin ich nicht mehr allein abends in Kneipen, die nur über Stufen zu erreichen sind. Ich traue mich dort nicht mehr allein hin, weil wir auf Tagungen so viel von den gaffenden Leuten geredet haben, die einen im Rollstuhl nicht akzeptieren.

Ich bin ein bißchen unfähig geworden, mich in der ‹normalen Umwelt› zurechtzufinden, seit ich mir eintrichtere, wie falsch alles konstruiert ist.

In Italien habe ich kein einziges behindertengerechtes Klo gesehen, und es funktioniert trotzdem. Trotzdem muß man sich dafür einsetzen, daß Rampen gebaut werden, Bürgersteige abgesenkt werden, Türen verbreitert, Toiletten eingerichtet und Züge umgebaut werden.

Ich denke, oft ist mein Überlegenheitsgefühl gegenüber den Behinderten im Heim arrogant, weil ich nicht merke, wie sehr ich selbst im geistigen Getto stecke.

Ich war nie in der Wohnung von Petra, die im zweiten Stock liegt. Ich war nie in der Wohnung von Gisela, die im ersten Stock liegt. Das Klo im Keller. Ich war in zweieinhalb Monaten nur zweimal in der Wohnung von C.

Ich isoliere mich selbst, wenn ich mich hinter der Position von Behindertengruppen verstecke, die alles perfekt, rollstuhlgerecht umbauen wollen. Es vergeht mir der Mut zur Improvisation. Und ich gehe nur noch mit Leuten um, die ‹gleichgesinnt› sind.

In Marburg war ich in einem Behindertenheim.

In Wiesbaden besuchte ich eine behinderte Frau.

In Heidelberg war ich auf einem Rehabilitationskongreß.

In München in einem Heim für Spastiker.

Dieter fragt, «machst du jetzt nur noch Behindertensachen?» – «Ich finde Solidarität wichtig», sage ich. Und ich habe ein dummes Gefühl zu sagen, daß ich hauptsächlich Sendungen über Behinderte mache. «Dann biete dich doch mit anderen Themen an, wenn dich das nervt», sagt eine Redakteurin vom Kinderfunk.

Man wird nicht so anerkannt, wenn man eine Gruppe mit Behinderten und Nichtbehinderten im Stadtjugendring vertritt. Ich habe ein bißchen das Gefühl, daß ich mich mit der Behindertenarbeit nur selbst vertrete. Das klingt selbstverleugnerisch, als sei es vorher besser gewesen, nur über Abstraktes zu reden. Ich kapiere wohl nicht, daß es eigentlich nichts Befriedigenderes gibt als eine Arbeit, von der ich persönlich betroffen bin.

Aber ich will mehr, als nur im Saft der eigenen Probleme kochen. Auch wenn es nur nach Selbstverleugnung klingt. Schließlich bin ich nicht nur behindert. Und es geht ja nicht nur um ‹Die Behinderten›, also muß man auch mehr machen, als nur ‹die ...›. Nur will ich mich nicht wieder in Arbeitsprojekten verlieren, die ich nicht durchhalte. Ich will erst mal ein halbes Jahr nach Italien und herausfinden, was ich will und wer ich bin.

Ich rufe Petra an, will sie noch einmal sehen, bevor ich fahre. Am Telefon sagt sie, sie hätte ein Haus für eine Wohngemeinschaft. «Schön», sage ich gespielt teilnahmslos. Sage ihr, sie soll eine Freundin aus der Kinderladengruppe mitbringen, zu dritt wird's vielleicht interessanter. Ich wollte die Freundin von Petra schon oft anrufen, aber ich kann schlecht ein Gespräch mit den Worten beginnen, «hallo, du, ich find dich interessant, hast du nicht mal Lust vorbeizukommen?»

Wir gehen in eine Kneipe zum Essen. Es ist laut und unpersönlich. Die Freundin ist mitgekommen. Beim Essen kaum ein Wort. Ich kann hier nicht reden. Beim Bier Gespräche über die Gruppe, in der die beiden arbeiten, deren Arbeit ich inzwischen sinnlos finde. Es liegt eine Menge Spannung zwischen uns. Ich sage, das Sprüchemachen und Debattieren sei Scheiße. Dann reden wir über Terres des hommes, Dritte Welt und alles weiter Entfernte. Die Distanz geht nicht weg. Wie auch bei dem Thema. Ich rede mir den Mund fusselig, gleichzeitig sage ich aber, ich will nicht mehr reden.

Wir gehen zu mir in die Wohnung. Die Freundin sagt, sie wundere sich, daß ich sie in meine Planung mit aufgenommen habe. Wieder dieser formale Redestil, in dem ich mit Petra auch mal sprach. Ich sage, ich habe keine Planung, in die ich irgend jemanden aufnehme, ich wolle nur sie ganz einfach noch mal sehen, bevor ich wegfahre.

Ich fühle mich für das Gespräch, für die Unterhaltung verantwortlich. Also rede ich in einer Tour. Stelle mich mit Worten und Lippenbekenntnissen dar. Rede pausenlos. Es ist mir unangenehm. Die beiden sitzen auf einer Matratzenecke und hören zu. Wie eine Wand. Wir trinken eine Flasche Sekt. Aber es taut nichts. Die Freundin fängt einen Satz an und bittet Petra, ihn zu Ende zu sagen. Ich finde das albern. «Schade, daß wir uns über nichts mehr unbeschwert freuen können», heißt ihr Satz. Ich habe ein schlechtes Gefühl, als stopfe ich die beiden hier mit Problemen voll. Das will ich nicht.

Als ich vom Klo wiederkomme, liegt die Freundin bei Petra angekuschelt an den Knien. «Bist du müde», frage ich provozierend. «Nee.» – «Was denn?» – «Ist einfach nur schön!» Ich muß schlukken. Ein paar Minuten später reden wir über das Buch, das ich schreiben will. Wieder habe ich das Gefühl, ich sei ein Sprücheklopfer. Ich würde sie einfach nur gern angucken, nicht dasitzen und nervös herumreden. Als seien wir etwa zusammen, um möglichst viel Kluges in kurzer Zeit mit möglichst schönen Worten zu sagen. Aber in den Redepausen halte ich ihre Blicke nicht aus. Als erwarten sie von mir, daß ich weiterrede. Ich will nicht mehr, ich will mich nicht darstellen mit Worten, weil ich dabei nicht ehrlich bin. Nur beeindrucken will ich. Die Freundin fragt, ob Schreiben nicht anstrengend, mühevoll sei. Sie verzerrt dabei mitleidend die Stirn. Wie gerne ich möchte, daß jemand bei der Szene mitleidet, in der ich das Ende der Beziehung mit C. beschreibe. Mir tut ihre Frage gut.

Ich sage, ich stehe unter Druck, aus Italien ohne Manuskript zurückzukehren, jetzt, wo so viele Leute davon wissen. Die Freundin geht zu der Stereoanlage herüber und legt ‹Sticky Fingers› von den Stones auf. Ihre Bewegungen wirken zum erstenmal nicht vorsichtig, als sie vor der Anlage kniet und das Band in die Spule fingert. Sie sagt etwas leiser, als sie sonst redet, «haste nicht ‹Easy Rider›, ich möchte jetzt ‹Born to be wild› hören.» Es hört sich so sehnsüchtig an, wie sie den Satz sagt. Ich denke, daß sie verheiratet ist und einen regelmäßigen Job hat, aus einer anderen Welt kommt. Oh, daß wir so strampeln müssen, bis wir mal was von uns zeigen. Petra sagt, wer in das Haus einziehe, sei ungewiß. Sie sagt, daß sie sich vorstellen könne, daß ich mit in die Wohngemeinschaft hineinpasse.

«Ist es fest, daß du nach Frankfurt gehst, wenn du aus Italien wiederkommst?» fragt die Freundin. Wir sind jetzt ruhiger. «Ja», sage ich, «es ist wohl fest. Ich muß aus Kassel weg. Neue Leute brauche ich, neue Impulse, ein bißchen Tapetenwechsel, bißchen Wind um die Nase.» Sie sagt, «es ist wohl Flucht.» – «Ja», sage ich. Ich spiele mit ihrem blauen Batiktuch herum, das auf der Erde liegt. «Schön», sage ich. «Schenke ich dir», sagt die Freundin.

Ich weiß nicht, wie ich mich verhalten soll, was ich sagen soll. Eigentlich will ich sagen: ich habe Angst, nach Frankfurt zu gehen, vor der großen Stadt, den neuen Leuten, der ungewohnten Atmosphäre. Ich sage, «ich brauche mal was Neues.» Ich weiß nicht genau, was ich damit meine. Vielleicht habe ich Angst, mir selbst einzugestehen, daß ich fliehen will. «Ist es nicht eine Herausforderung, hier in Kassel ein Zuhause aufzubauen, mit Leuten, die das mit dir auch wollen?» fragt die Freundin. Ich sage nichts. Verflucht, ich will jetzt aufhören zu reden. Ich halte die Distanz, die Kälte, die die Worte schaffen, nicht mehr aus. Ich will spüren, mehr als die Vibration ihrer Stimme an meinem Trommelfell. Die Freundin sagt leise, etwas in sich gekehrt, «schade, daß es Bereiche im anderen gibt, an die man nicht herankommt.» Verdammt, ich hatte recht mit meinem Gefühl, daß ich mit Petra, mit ihrer Freundin mehr reden kann, oder mehr, als nur reden kann. Warum die Show, das Gefasel, vorhin in der Kneipe?

Kafka: ‹Ich will die Axt für das gefrorene Meer in uns.›

Petras Freundin, «schade, daß es Bereiche im anderen gibt, an die man nicht herankommt.» Die Angst vor der Angst. Die Kühle, die Fassaden, die Distanz, das Reflektieren, die fehlenden Gefühle sind nichts anderes als Angst.

Petra erzählt von ihren Redeschwierigkeiten. Die Angst, etwas zu sagen, vor anderen. Und ich hatte Angst vor ihr, vor ihrer coolen Fassade, wenn sie schwieg.

Ich sage Petra und ihrer Freundin, daß ich Angst habe vor Frankfurt. Ich sage ihnen, daß ich nicht mehr brauche, als dieses eine Zuhause mit einigen Leuten. Aber ich habe auch Angst davor, meine Fassade zu verlieren. So denke ich, daß ich fliehen muß. Angst vor dem Hierbleiben und vor dem Weggehen habe ich. Ich werde nach Italien gehen, um nachzudenken, und anschließend nach Frankfurt, um mein Sozialpädagogik-Studium zu beenden, «aber sicher bin ich mir nicht», sage ich.

Ob ich nicht aus Frankfurt wiederkommen könne, wenn ich merke, ich schaffe es nicht, fragt mich Petras Freundin.

Ein Zuhause, in das ich zurückkommen kann!

Ich war zu schüchtern, sie für diese Frage zu umarmen.

Am nächsten Morgen fahre ich mit dem Auto Richtung Süden.

Ich wundere mich, daß ich die Autobahn so stur entlangfahren kann, daß ich der Versuchung widerstehe, an einer der Abfahrten herunterzufahren, um Freunde zu besuchen.

Die Zweifel wegschieben durch große körperliche Anstrengung, damit sich die Unsicherheit in Erschöpfung auflöst. Ich fahre ohne größere Pausen, bis ich die Alpen hinter mir habe, sicher bin, nicht mehr umkehren zu können. In Bozen lege ich mich in ein Hotelbett und schlafe mich gründlich aus.

2009/4

Soziale Konflikte

Matakas, Frank
Sprünge in der Seele
Psychische Erkrankungen und was man dagegen tun kann. Ein Handbuch
(4831)

Mosler, Peter
Was wir wollten, was wir wurden
Studentenrevolte – zehn Jahre danach
(4119)

Rumpeltes, Christiane
Arbeitslos
Betroffene erzählen
(5024)

Herbert Spaich (Hg.)
Asyl bei den Deutschen
Beiträge zu einem gefährdeten Grundrecht
(4823)

Wahl, Klaus / Tüllmann, Greta / Honig, Michael Sebastian / Gravenhorst, Lerke
Familien sind anders!
Wie sie sich selbst sehen
(4636)

2009/4a